南开大学中外文明交叉科学中心
南开大学梅田善美日本文化研究基金　资助项目

南開大學梅田善美
日本文化研究基金
Umeda Yoshimi Japanese Culture Research Fund, NKU.

善美原典日本研究文库
井上哲次郎儒学论著选集
刘岳兵 主编

日本朱子学派哲学

［日］井上哲次郎 著
万丽莉 译

中国社会科学出版社

图书在版编目(CIP)数据

日本朱子学派之哲学 /(日)井上哲次郎著；万丽莉译 . — 北京：中国社会科学出版社，2021.9
（善美原典日本研究文库. 井上哲次郎儒学论著选集）
ISBN 978-7-5203-9116-0

Ⅰ.①日… Ⅱ.①井… ②万… Ⅲ.①朱熹(1130-1200)—哲学思想—研究 Ⅳ.①B244.75

中国版本图书馆 CIP 数据核字(2021)第 188266 号

出 版 人	赵剑英
责任编辑	韩国茹
责任校对	张爱华
责任印制	张雪娇

出　　版	中国社会科学出版社
社　　址	北京鼓楼西大街甲 158 号
邮　　编	100720
网　　址	http://www.csspw.cn
发 行 部	010-84083685
门 市 部	010-84029450
经　　销	新华书店及其他书店
印刷装订	北京市十月印刷有限公司
版　　次	2021 年 9 月第 1 版
印　　次	2021 年 9 月第 1 次印刷
开　　本	650×960　1/16
印　　张	33.25
插　　页	2
字　　数	385 千字
定　　价	138.00 元

凡购买中国社会科学出版社图书，如有质量问题请与本社营销中心联系调换
电话：010-84083683
版权所有　侵权必究

"善美原典日本研究文库"编辑委员会

（按拼音排序）

顾　　问：王金林　王守华

主　　编：刘岳兵

编委会成员：江　静　李　卓　刘　轩　刘雨珍
　　　　　　　刘岳兵　吕顺长　莽景石　乔林生
　　　　　　　宋志勇　王宝平　王　勇　杨栋梁
　　　　　　　尹晓亮　张玉来　赵德宇

回归原典，与史料肉搏

——编纂"善美原典日本研究文库"缘起

回归原典！与史料肉搏！

这口号已经喊了有十多年吧，但一直是雷声大雨点小。之所以一直没有太大的动静，一是因为要系统地整理、译注某一方面的史料，并不是件容易的事，这是可想而知的；二是没有碰到可以促使我下决心尽快动作起来的机遇。前者是急不得的，史料的译注，是基础性工作，必须仔细认真，力求尽善尽美；而后者是可遇不可求的。

是的，我们将这个"文库"命名为"善美原典日本研究文库"，其中的"善美"当然可以理解为尽善尽美。对善、美的标准的理解，我们还在不断的修为中提升；实事求是、精益求精、追求卓越，是我们立身为学的基本态度。

其实，"善美"也是一个日本友人的名字，他叫梅田善美。我们设立此文库，并以他的名字命名，是为了纪念和感谢梅田夫妇为中日文化交流事业所作的无私奉献。梅田夫妇曾经致力于支持和推动浙江大学日本文化研究所、浙江工商大学东方语言文化学院和东亚研究院的中日学术和文化交流工作，并于2013年6月，梅田善美先生的夫人梅田节子女士在南开大学设立"南开大学梅田善美日本文化研究基金"（简称"善美基金"）。该基金设立之时，善美先生已经逝世两年多了。在2020年，即善美先生逝世10周年之际，我们开始筹划编纂本文库。

原典（the original text）一词，《辞海》里虽然还没有收录，但是学界已经比较常用了。给我印象最深的，是日本的中国思想史研究者积十数年之功而推出的六卷本《原典中国近代思想史》（西顺藏编，岩波书店1976年、1977年），而经历了三十多年之后，又出版了七卷本的《新编原典中国近代思想史》（岩波书店2010年、2011年）。六卷本的《总序》中对之所以选择按照原典来编纂思想史这种形式有这样的解释："为了打破日本学界、论坛上被视为权威、作为常识的认识框架，深化中国认识，进而去改变日本认识，与其对鸦片战争以来中国人的思想活动进行评价、解说，首先将史料原原本本地提供出来，让每个读者都能够直接接触到，与之搏斗，这样不是更为紧要吗？"只有回归原典、与史料肉搏，才能打破陈规，更新范式，推陈出新。日本人认识中国是这样做的，中国人认识日本，何尝不需要这样做。

我们相信"每一件史料都在呢喃细语，都有自己的思想"。而历史之学就是"一种倾听，一种体察，一种理解"。种种史料，散在于史海中，有些在现在看来可能极为"荒谬"，在当时却"司空见惯"；有些在现在的中国可能被视作极为"反动",而在当时的日本却"理所当然"。历史之学不仅要对"荒谬"和"反动"的史料作出解释,而且也要对与之相应的"司空见惯"和"理所当然"的史料作出说明。广义地说,任何历史遗存都可以被当作史料,为历史学研究所用。这里所说的"原典",既强调史料的"原始性",即是指第一手史料,同时也强调史料的"典型性",即是指有代表性的史料。成为某一学科、某一领域的范式的研究著作,也可以纳入原典中。而收入本文库的原典,都是系统的,而不是零散的。通过阅读本文库,读者可以对某一历史现象、或某一学科领域、或某一具体问题的发展历程或研究状况有系统的了解。这是编委会的共同心愿,也是我们编纂本文库的理想。

本文库的编委,一部分是"善美基金"管理委员会的教授,一部分是梅田善美先生生前与浙江大学交流时结识的好友,也都是中国学界日本史、日本哲学和中日文化交流史领域的代表性学者。本文库作为中日文化交流的结晶,同时作为善美基金的重要成果,经过编译者和出版者的共同努力,一定可以为中国学界、论坛,也期待为民众、为每一位有心的读者提供一个认识和了解日本,同时也反思中国及中日关系的值得信赖的读本。

现在机遇来了,我们奋力前行!

刘岳兵

辛丑清明节

(原文发表于《中华读书报》
2021年6月16日第10版)

编者的话：《井上哲次郎儒学论著选集》导言

这是为"南开大学梅田善美日本文化研究基金"（以下简称"善美基金"）出版项目所写的第三篇"编者的话"。前两篇分别是为天津人民出版社2015年出版的《日本的宗教与历史思想——以神道为中心》和2016年该社出版的《日本儒学与思想史研究——王家骅先生纪念专辑》写的，这两本书作为"日本思想文化史研究"系列著作的"初集"和"续集"，原来是想将这个系列一本一本地编下去的。后来杂务渐多，但一直惦记此事。各种机缘巧合，这套《井上哲次郎儒学论著选集》作为"善美原典日本研究文库"的"初集"终于要出版了，实际上这套书也可以算作上述"日本思想文化史研究"系列的"第三集"。只是这一集不再是单本，而是"自成系列"的一个四卷本的小丛书。这一集虽然迟来了一些，但是相信这种等待不是没有意义的。

一

井上哲次郎（1855—1944 年，号巽轩）的儒学研究，对我而言在多种意义上都是旧话重提。

我的博士学位论文《日本近代儒学研究》①虽然没有专门研究井上的儒学思想，但是他的儒学研究著作和《敕语衍义》等都是我写作的重要参考文献。大概是意识到自己研究的不足，后来我编了一本《明治儒学与近代日本》②，组织相关领域的研究者力图对明治儒学的方方面面进行比较系统的梳理，其中第二章就是"明治儒学的意识形态特征：以井上哲次郎为例"。该章的内容由三位作者的三篇文章构成，分别是陈玮芬先生的《井上哲次郎对"忠孝"的义理新诠：关于〈敕语衍义〉的考察》、严绍璗先生的《井上哲次郎的"儒学观"："皇权神化"的爱国主义阐述》和卞崇道先生的《权威话语的借用：从〈敕语衍义〉看明治儒学再兴的途径》。这些文字，我相信已经成为中国学界关于井上哲次郎儒学研究的经典论述，也是一次最集中表述。

后来我有感于学界对朱谦之日本哲学思想研究了解得不充分，特别是有些人对朱谦之与井上哲次郎日本儒学研究之间关系的轻率表述，先后发表了《朱谦之的日本哲学思想研

---

① 刘岳兵：《日本近代儒学研究》，商务印书馆 2003 年版。
② 刘岳兵编：《明治儒学与近代日本》，上海古籍出版社 2005 年版。

究》①、《中国的日本哲学思想史研究如何从朱谦之"接着讲"——纪念朱谦之先生诞辰120周年》②等。其实，我在博士学位论文写作时就对照着阅读过井上和朱谦之两人的相关著作，还指出过对朱谦之著作中"以讹传讹"的一处瑕疵。这一点后来被书评作者发现，作为评价我"考辨之细微""实证求实的治学态度"的证据。③

来南开和我一起学习过的同学中有对井上哲次郎的思想感兴趣，并发表过专门的学术论文的，在学的同学还有准备将井上哲次郎的思想作为博士学位论文选题的。这次系统地将井上哲次郎的儒学研究成果介绍到中国学界来，所有的译者也都是我的学生。这样"兴师动众"，我相信也不是没有意义的。

二

东京富山房出版的《日本阳明学派哲学之研究》（1900年）、《日本古学派哲学之研究》（1902年）和《日本朱子学派哲学之研究》（1905年）被称为井上哲次郎的日本儒学研究"三部曲"，是运用西方哲学观念整理、分析和研究江户时代日本儒学思想的开拓性的、具有奠定这一领域研究范式的划时

---

① 刘岳兵：《朱谦之的日本哲学思想研究》，《日本学刊》2012年第1期。
② 刘岳兵：《中国的日本哲学思想史研究如何从朱谦之"接着讲"——纪念朱谦之先生诞辰120周年》，载杨伯江主编《日本文论》第1辑，社会科学文献出版社2019年版。
③ 张国义：《评刘岳兵的〈日本近代儒学研究〉》，《历史教学问题》2004年第2期。

代意义的著作。在学术史和思想史上，这三部研究著作和育成会1901年到1903年出版的十卷本资料集《日本伦理汇编》（井上哲次郎、蟹江义丸编）一起，对于我们了解江户时代日本儒学和伦理思想的历史状况具有里程碑的意义。

研究著作中设专章论述的，日本阳明学派的代表人物有：**中江藤树**、**熊泽蕃山**、北岛雪山及细井广泽、**三重松庵**、三宅石庵、**三轮执斋**及繁伯、川田雄琴及氏家伯寿、**中根东里**、林子平、**佐藤一斋**、梁川星岩、**大盐中斋**、宇津木静区、林良斋、吉村秋阳及吉村斐三、山田方谷及河井继之助、横井小楠、奥宫慥斋及冈本宁斋·市川彬斋、佐久间象山、春日潜庵、池田草庵、柳泽芝陵、西乡南洲、吉田松阴及高杉东行、东泽泻、真木保臣·锅岛闲叟。

古学派的代表人物有：**山鹿素行**、**伊藤仁斋**、中江岷山、**伊藤东涯**、井河天民、原双桂、原东岳、**荻生徂徕**、**太宰春台**（三版时附录中增加：**山县周南**、**市川鹤鸣**）。

朱子学派的代表人物有：**藤原惺窝**、林罗山、木下顺庵、雨森芳洲、安东省庵、**室鸠巢**、**中村惕斋**、**贝原益轩**、**山崎暗斋**、**浅见䌹斋**、**佐藤直方**、**三宅尚斋**、谷秦山、柴田栗山、**尾藤二洲**、佐藤一斋、安积艮斋、元田永孚、中村敬宇。

上述以黑体字标出的儒者的著作都可以在《日本伦理汇编》中找到（朱子学派中还收录有山县大贰、赖杏坪的著作）。此外，《日本伦理汇编》的第九卷是折衷学派的资料（代表人物有细井平洲、片山兼山、井上金峨、大田锦城），第十卷是独立学派（代表人物有三浦梅园、帆足万里、二宫尊德）

和老庄学派（代表人物有卢草拙、有木云山、阿部漏斋、广濑淡窗）的资料。

井上哲次郎的日本儒学研究"三部曲"，自出版之后，就不断重印、修订或改版。由于初版距今已经有上百年的历史，许多原书中的图片原本就不十分清晰，这次都全部割爱了。本次翻译的最大特点之一是尽量做到每一个译本都将其初版和后来最有代表性的"巽轩丛书"①版进行互校，不同之处以注释的形式标出，有心的读者从这些或细微或显著的变化中一定可以读出某种意义来。我相信译者的这种用心也不会是没有意义的。

三

对井上哲次郎日本儒学研究三部曲的意义、影响和评价，

---

① 据井上哲次郎自定年谱，1924年11月5日其门人知友约二百名于华族会馆为其开古稀祝贺寿宴。寡闻所及，1926年5月30日发行的《日本阳明学派之哲学》第十四版的封面衬页有印有红色的"巽轩丛书"字样。扉页的虚线方框内有落款为"大正十三年十月吉旦　巽轩会同人"的说明文字。全文为："维新以来，裨益我国运之发展者，教育、政治、军事、产业各界人才辈出，丰功伟绩，新人耳目。学界亦不乏其人。其中如吾巽轩井上先生乃其泰斗。先生夙从事于东洋哲学研究，对儒教、佛教、神道等多有阐发。先生学问渊博，博闻强记乃其天性。对于哲学、伦理、宗教乃至社会问题，多有犀利卓拔之见。余技亦及文学，尚有诗歌创作。且先生夙尊国体，以推进国民之道德为己任。大而言之，可谓纲常因先生而得以维持。先生于我国文化之发展，其功绩岂可谓鲜乎？今先生年至古稀，精力毫不衰减，读书钻研，其气概不让少壮。客岁以来，吾辈受先生之教诲恩泽者，胥谋组织巽轩会，一为先生祝寿，一欲以先生之学为念。因兹发行巽轩丛书，以为事实上之表征。"此版权页上所标记的"订正十三版发行"的时间为"大正十三年十月二十日"，正好与以上落款的时间一致，但是井上哲次郎的《重订日本阳明学派之哲学序》落款的时间是"大正十三年十一月十七日"。因未见"订正十三版"，巽轩丛书版最初的出版时间待考。

有一些专门的学术论著做了分析。总体的论述，比如九州大学教授町田三郎的《井上哲次郎与汉学三部曲》①、井之口哲也的《关于井上哲次郎江户儒学三部曲》②，都值得参考。把井上的日本儒学研究放到日本儒学史研究的长时段学术史大背景中去看，陈玮芬的论文《对"日本儒学史"著述的一种考察——从德川时代到1945年》③可以参考。

我们先从丸山真男的"日本政治思想史"课堂上，看看他是如何介绍和评价井上哲次郎的这个三部曲的。

丸山真男1948年"日本政治思想史"讲义的参考文献第二类"儒教思想"中，只列了井上哲次郎的《日本朱子学派之哲学》《日本阳明学派之哲学》和《日本古学派之哲学》三册，并附有简短的评介："在德川儒教史研究中占有古典的位置。大体上是将近代学问的方法论运用到德川儒教史中的最初尝试。"④1964年丸山真男的"日本政治思想史"讲义的参考文献中，基础史料第一项就是井上哲次郎和蟹江义丸编的《日本伦理汇编》（10册），"主要是由江户时代特别是儒学系统的思想家的主要著作汇集而成，按照不同学派编成"⑤。1965年讲义录的参考文献中除了《日本伦理汇编》之外，还列出了井

---

① 町田三郎：《井上哲次郎与汉学三部曲》，收入氏著《明治の漢学者たち》，东京：研文出版1998年版。
② 井之口哲也：《关于井上哲次郎江户儒学三部曲》，《东京学艺大学纪要人文社会科学系Ⅱ》第60集，2009年。
③ 陈玮芬：《对"日本儒学史"著述的一种考察——从德川时代到1945年》，载九州大学中国哲学研究会编《中国哲学论集》通号23，1997年10月。
④ 《丸山真男讲义录》第一册，东京大学出版会1998年版，第53页。
⑤ 《丸山真男讲义录》第四册，东京大学出版会1998年版，第39页。

上的日本儒学研究三部作,并介绍说:"井上哲次郎的三部作。具有近代【西洋】哲学史素养的博士,以受此训练的眼光来探索近世儒学史的著作。对个别思想家而言,放入阳明学派是否合适之类的问题还值得探讨。近代儒学史研究的开端,在今天也是有意义的研究。"① 1966 年的讲义录对这三本书的介绍是:"以明治 30 年之后'国民道德'论兴起为背景的著作。运用西欧的学问方法来研究儒教思想史的最初的著作。"② 1967 年讲义录参考资料中这样评价井上哲次郎的三部作:"明治时代用西欧的方法研究江户儒学的最初著作。与《日本伦理汇编》同时代刊行,具有划时代的地位。但是明确地区分朱子学、阳明学、古学,这不是没有问题的。不仅仅因为采取折衷立场的儒者也不少,将幕末志士等归入'学派',而且大多划入了'阳明学派',这等于是将其视为普洛克鲁斯特床上的俘虏。"③虽然不同年份的评介各有侧重,但对其学术史意义,是一直肯定的。尽管对"学派"的划分可以讨论,但是其研究范式,也不得不承认已经成了一种沿袭的"传统"。如丸山所言:"江户时代儒教思想的历史展开,可以从种种角度来追溯。朱子学派、阳明学派、古学派、折衷学派,这种按照'学派',特别是以宋明学与古学的对立为中心而进行的探索,是井上哲次郎以来为许多学者所沿袭的做法。"④

---

① 《丸山真男讲义录》第五册,东京大学出版会 1999 年版,第 9 页。
② 《丸山真男讲义录》第六册,东京大学出版会 2000 年版,第 9 页。
③ 《丸山真男讲义录》第七册,东京大学出版会 1998 年版,第 11 页。
④ 《丸山真男讲义录》第七册,第 252 页。

1983年，丸山真男在他的《日本政治思想史研究》英文版作者序中毫不隐讳地宣称，自己的著作"无论对哪方面的德川思想史研究者而言都异口同声地承认是'出发点'"①。但是这个出发点不是凭空产生的。这里他分析了近代以来日本思想史研究的几种类型，第一种就是以"国民道德论"为基础的日本思想研究，而这种类型的代表人物，就是井上哲次郎。下面的引文稍微有点长，但是这种解释是值得倾听的。

> 所谓"国民道德"，既然道德本来是良心的问题，那么道德的承担者就不可能在个人之外——这种想法如今对于居住在基督教世界以外的文化圈中的人们而言也已经是常识——立足于这样的思考时，这一词语直译起来便难以理解。尽管如此，这一词语在日本帝国，自明治中期（二十世纪初）前后，在政治家和教育家之间就开始强调，一直到第一次世界大战后的所谓"大正民主主义"时代，都是根深蒂固地残存在保守阶层之间的一种意识形态用语。最为善意地来解释的话，这是明治维新后日本遭遇西欧化的洪流，为了寻求自己的国家以及国民的同一性（national identity）的一种绝望的努力在道德方面的表现。他们反复宣称，对日本帝国而言，并非是在儒教、佛教、神道这些非西欧的说教与在西欧的伦理中寻求"偏向性"，毋宁说，要将之与上述"传统"说教中所缺乏而必须补充的道德——比如所谓的公共道德——进行适当的捏合，从而树立帝国臣民

---

① 《丸山真男集》第十二卷，岩波书店1996年版，第76页。

应该遵守的新道德，并将之作为现代日本最切实的课题。既然是道德上的问题，"传统的"意识形态中，特别着力于儒教是很自然的。学者或教育家中这种想法的热烈主张者，被称为"国民道德论者"。①

丸山真男认为井上哲次郎就是典型的"国民道德论者"之一。他接着评价说：井上"关于'国民道德'的许多著作和论文，鼓吹的调子越高，其学术价值越低。但是其中他运用在欧洲留学所学到的西欧哲学范畴研究德川儒学的三部曲，是近代日本德川儒学史研究具有划时代意义的里程碑。因为它不为拥有长久传统的'经学'（中国古典的注释学）所束缚，不管怎样是将日本儒学史作为'思想'的历史来对待的最初的力作。即便考虑到将德川时代的儒者或儒教的思想家强行塞进朱子学派、阳明学派、古学派的某个框框里，或者在儒学史中机械地套用欧洲哲学的范畴或学派来进行解释这些缺点，这些著作，即便在今天，依然不失其生命"②。

这里可能有读者会问，丸山真男把井上的三部曲作为用西方哲学范畴研究日本德川儒学的开创之作，强调其划时代的里程碑意义，也就是说井上的三部曲可以说是近代日本学术史上日本思想史研究的一个"出发点"，这和约半个世纪之后他自己的《日本政治思想史研究》也成为该领域公认的"出发点"，这两个出发点之间有什么关系？丸山真男本人的态度，

---

① 《丸山真男集》第十二卷，第 80—81 页。
② 《丸山真男集》第十二卷，第 81 页。

或许如他所言:"基于'国民道德论'及在此谱系上成为时代流行的'日本精神论'的思想史的力作(在量上占了绝大多数),即便不那么盲信,以此为前提的伦理上和政治上的教条,对于青年的我而言,几乎有近乎生理上的厌恶感。"①尽管如此,第一个"出发点"和战后日本思想界的关系如何,恐怕也是一个值得思考的问题。而且高调的"国民道德论"著作,即便其学术价值很低,但是其历史价值不低。我们相信本次推出井上的儒学论著,除了其"经典"的三部曲之外,还特意编译了一本《儒教中国与日本》,也不会是没有意义的。

四

其实,井上哲次郎对自己所从事的工作的意义,是有充分的自觉和自信的。根据井上的传记和年谱,他是东京大学哲学科(兼修政治学)的首届毕业生,自从1880年毕业之后,研究、编撰和讲授"东洋哲学史"是贯穿其整个学术生涯的一项重要工作。而以著作的形式展示这项工作的最初成果,就是他的日本儒学研究三部曲的第一部《日本阳明学派之哲学》。

井上哲次郎日本儒学研究的学术史意义和贡献,一言以蔽之,就是为"东洋哲学"研究奠定了基础、建立了范式。具体而言,一方面是运用西方哲学范畴研究、梳理日本哲学思想史的传统资源,一方面是对日本儒学的总体把握和学派分析。其

---

① 《丸山真男集》第十二卷,第89页。

思想史意义，主要是为东洋哲学思想的传统与发展赢得了话语空间。一方面挖掘了日本国民道德建设的传统精神资源，另一方面也为实现他的东西哲学思想融合的理想提供了一个蓝图，同时，这项工作本身也是一次思想融合的尝试。①

《日本阳明学派之哲学》的序文中开篇即表明自己从大学毕业后就开始着手编著东洋哲学史，积累了大量的中国哲学、印度哲学的材料，后来到1897年赴巴黎参加万国东洋学会，发表了《日本哲学思想之发达》，"归国以来益觉对日本哲学进行历史的研究之必要。于是稍致力于阐明德教之渊源、寻绎学派之关系，其稿渐多，堆满箱底。其中有关阳明学者自成一部，名之曰《日本阳明学派之哲学》，以稿本之原貌公之于世，欲为医治现今社会病根之资"。这里所说的"社会病根"，就是该序文中后面提到的明治维新以来，功利主义、利己主义思想流行，破坏了日本国民的道德心，如他在《日本伦理汇编叙》中所说的，造成了"可怕的道德上的危机"。那么如何培养或重振国民道德心呢？他说："欲知我国民道德心如何，需要领悟用以熔铸陶冶国民心性的德教的精神。如此书所述日本阳明学派之哲学，岂非其所资者乎？"他自信不仅日本阳明学派之哲学，也包括日本古学派、朱子学派之哲学，"在东洋哲学史中虽然不过为大鼎之一脔，庶几可成为将心德发扬

---

① 关于日本明治时代政治、宗教、教育领域中日本与西方以及中国与日本之间的文化交涉，请参阅陶德民的著作《西教东渐与中日事情——围绕礼拜·尊严·信念的文化交涉》（大阪：关西大学出版部2019年版）。与本文相关的特别是该书第五章"'教育与宗教冲突'的背景与本质"和第七章"明治末年出现的神佛耶三教会同与归一协会的意义"。

于世界万国之一具"。

井上对日本儒学学派的划分，我们从其三部曲的不断重印再版中可以看出他的观点基本上是一以贯之的。比较大的变化，比如阳明学派，在重订本（1926年巽轩丛书版）中增加了"渊冈山"一章，在新订本（1938年富山房百科文库版）中删去了佐久间象山，新订本序中指出："佐久间象山应该作为朱子学的倡导者，因此将他删了，换成了高井鸿山。"对佐藤一斋这种被评为"阳朱阴王"的儒者，在《日本朱子学派之哲学》中都只留其章名（第四篇宽政以后的朱子学派 第三章佐藤一斋），而该章的具体内容只有"揭于《日本阳明学派之哲学》第二篇第八章，故兹略之"。可见井上也已经注意到学派的复杂性。按学派来研究哲学思想史，有利于揭示其整体特征和发展状况，只要研究者不局限于学派，并不影响揭示个别哲学思想家的复杂性。

其他的修订，这里只举一个例子说明。《日本阳明学派之哲学》初版第37页中介绍中江藤树的著作，最后一项是"《藤树全书》十卷"，如其所言，该书明治二十六年刊行，当然是最新成果了。到1926年的重订本即巽轩丛书版中的这一项[①]，最后增加了一句："现在另有《藤树先生全集》的编纂与发行的计划，此书一旦出版，较之从前的将更加正确、完备，故裨益学者亦甚大。"到1938年8月"富山房百科文库"版的《新订日本阳明学派的哲学》中，则在此后专立一目"《藤树先生

---

① 井上哲次郎：《日本阳明学派之哲学》，东京：富山房1926年第十四版，第35页。

全集》（五十卷五册）"，并做了详细的介绍："此书由加藤盛一、高桥俊乘、小川喜代藏、柴田甚五郎四人编纂，是最为完备的藤树全集。尚增加有别卷一册，卷末不仅附有索引，而且刊登了英文的《藤树论》。学者宜用此书研究藤树之事迹及学说。"①《藤树先生全集》虽然到1940年才由岩波书店出版，因为井上哲次郎为该书的顾问，便提前在自己的著作中做了说明。其修订的状况，由此可见一斑。

还有一点是三部曲的"现实意义"，也不容忽视。《日本阳明学派之哲学序》落款日期为"明治三十三年九月廿四日"，就是1900年9月24日。同年7月14日，包括日本在内的"八国联军"占领了天津，8月15日入侵北京，光绪帝与西太后等西逃。八国联军中日军在中国的"出色表现"成了井上哲次郎宣传"高洁"的日本国民道德心的重要"证据"。他在这篇序文中写道："若再就眼前的事实来证明我国民道德心的表现的话，那看看我国军队在中国的表现吧。其独放异彩的是什么呢？不恣意掠夺，不逞暴恶，严守军纪，不为私欲所动，这不是我国民道德心的表现是什么呢？正是因为有如此的国民道德心，我们的军队才能独放异彩。"还说道："该事变是如何暴露了联合国军中各国官兵应被责难的地方的呢？在此期间，我国军队通过剑光炮声彰显了我国民的道德心无比净洁的姿态，闪耀于世界各国眼前。是该培养我国民的道德心呢？还是该消灭呢？我觉得问这个问题就十

---

① 井上哲次郎：《新订 日本阳明学派的哲学》，东京：富山房1938年版，第28页。

分愚蠢。"

  这两段话，如果所说的事是真实的话，的确是很有力的证据。我手头恰好有两本关于八国联军的书，一本是《京津蒙难记——八国联军侵华纪实》①（以下注释简称《纪实》），一本是《中国和八国联军》②（以下注释简称《联军》）。两本书记录的都是当时的亲历亲闻之事和书报资料。日军当时从中国抢劫掠夺了多少财宝，书里有不少的数字记载，如"户部银库存的300余万两白银和内廷所存金银，全被日本人抢去"③，日本的媒体也报道过从开战到10月初，日本从中国"所得"多少米多少银多少武器军火。④准确的数字，待今后有空再去细查，否则有可能否认"掠夺"过的事实。兰道尔的书中是这样描述日军士兵的，说："和其他人一样，他们也抢劫，但用的是一种平静、温和，甚至是优雅的方式。""他们拿走喜欢的东西，但做得是如此得体，以至于你看上去不觉得这是抢劫"。⑤同时也记载了日本兵不温和不优雅的举动，和其他帝国主义侵略者一样幸灾乐祸地虐待中国的俘虏⑥、向中国的平民逞其暴恶⑦。兰道尔在评价当时的美国兵时说：

---

  ① 北京市政协文史资料研究委员会·天津市政协文史资料研究委员会编：《京津蒙难记——八国联军侵华纪实》，中国文史出版社1990年版。
  ② 兰道尔：《中国和八国联军》上下卷，李国庆、邱葵、周珞译，国家图书馆出版社2014年版。
  ③ 《纪实》，第37页。
  ④ 《纪实》，第90—91页。
  ⑤ 《联军》上，第182页。
  ⑥ 《联军》上，第343页。
  ⑦ 《联军》上，第357页。

我看到美国的报纸报道说，美国兵是在中国唯一绝对没有进行抢劫的士兵。这句话引申出来的意思就是，美国兵的道德观要高于其他国家的士兵。毫无疑问的是，其他参战国家的报纸也是以同样方式写他们的同胞的。如果报纸的内容总是真实的，那倒是一件非常愉快的事。但是就这件事而言，那种报道特别的虚假。在抢劫这件事上，美国士兵没有比其他人更坏，但更确实的是，他们也并不比其他在场的士兵更好。①

井上的上述文字，大概也是看到当时日本的特别虚假的报道，而引申出来的意思。因为事实是虚假的，从虚假的事实所引申出来的意思也自然是不可信的。从虚假的事实中引申出闪耀于世界各国眼前的日本国民道德心的洁净姿态，这就是日本当时真实的意识形态操作，作为史料，是非常珍贵的。但是，我发现在后来的重订本和新订本中，初版序言中的这两段都删去了。②这当然又是另一种历史的真实。把史实原原本本地摆出来，这对于我们深入了解日本近代的学术思想不会是没有意义的。

---

① 《联军》上，第183页。
② 另外，《日本朱子学派之哲学序》落款日期为"明治三十八年十一月廿三日"，即1905年11月23日。时值日俄战争结束，第二次日韩协约签订，日本掌握了韩国的外交权，在首尔设置统监。由此，该序的结尾这样写道："目前日俄战争已宣告终结，我邦之荣光发扬光大于四海宇内，欧美学者试图究明我邦强大之原因。此时展开朱子学派的历史研究，认识我邦德川氏三百年间的教育主义在国民道德发展史上带来的巨大影响，已是时不我待之事。有志于德教之学者，宜深思之。"这一段后来的巽轩丛书版没有修改也没有删节。

五

井上哲次郎，不只是一个普通的思想家，也是近代日本官方意识形态的重要代言人。这就决定了他的儒学和相关思想研究，不可能停留于纯粹学术的层面，他的研究和学术要为当时的国家意识形态服务。因此，要全面了解井上的儒学研究成果，只知道上述三部曲是不充分的。为此，我们编译了第四卷《儒教中国与日本》。

第四卷《儒教中国与日本》是一本"新书"。井上一生，著作等身。但有意识地编辑单册选集的，就我所知，最重要的应该是其自编的《井上哲次郎选集》，1942年11月由东京的潮文阁出版发行。该选集的内容依次分为哲学篇、伦理篇、宗教篇、教育篇、武士道篇、经济篇、圣德篇、圣哲篇、贤哲篇、军神篇，共收录21篇文章。这些文章一定是他在所涉及的相关领域自认为得意且能适应时代需要的作品。2003年，岛薗进和矶前顺一编纂的九卷本《井上哲次郎集》，列入"日本的宗教学丛书"中，由东京的クレス出版（KRESS株式会社）影印发行，为我们进一步了解井上哲次郎的相关思想提供了资料上的便利。以上选集或著作集，都是我们编辑《儒教中国与日本》的重要参考。

《教育敕语》（1890年）是继《大日本帝国宪法》（1889年）颁布、近代日本国家组织结构成型之后，以天皇的名义发布的宣示国民道德根源、国民教育基本理念的重要文献，可以说它是近代日本官方意识形态的灵魂所在。对《教育敕语》的解说书籍汗牛充栋,而井上哲次郎的《敕语衍义》(1891年)作为师范学校和中学教科用书,影响最大、流传最广。①1899年井上对《敕语衍义》稍加修订,出版过《增订敕语衍义》(文盛堂·文魁堂),而《儒教中国与日本》中收录的《释明教育敕语衍义》是井上哲次郎《敕语衍义》的最终版,1942年10月由东京广文堂书店出版发行。

井上哲次郎的《敕语衍义》的特色与意义,特别是与儒学的关系,如前所述,拙编《明治儒学与近代日本》中已经阐述得非常清楚了,我们不妨来重新温习一下。比如,对《敕语衍义》在中日学界的回响,陈玮芬做了这样简明的概括②:

> 严绍璗认为它深深烙着德国国家主义的印记,指出井上的信念是留德期间受到俾斯麦、斯坦因等集权主义思想影响的结果。他批评井上的思想体系"既是学术的,又是政治的",这个庞大体系的全部价值,"在于使国民加强天皇制国家体制的意识"③。王家骅主张《敕语衍义》刻意将天皇的神格和国家有机体说加以结合,构成一种天皇与国家一体而至上,"忠君"即"爱国"的专制思想,毒害了数代的日本人④。而日本学者则指出井上在《敕语衍

---

① 参见拙著《日本近现代思想史》第三章第二节"《教育敕语》的颁布及'敕语体制'"的形成,世界知识出版社2010年版,第105—116页。
② 陈玮芬:《井上哲次郎对"忠孝"的义理新诠:关于〈敕语衍义〉的考察》,载刘岳兵编《明治儒学与近代日本》,第60页。
③ 严绍璗:《日本中国学史》,江西人民出版社1991年版,第305页。
④ 王家骅:《儒学的政治化、社会化与日本的现代化》,载李玉等主编《传统文化与中日两国社会经济发展》,北京大学出版社2000年版,第151—152页。

义》中完整回顾了古来的日本人如何理解、说明、实践"孝悌忠信"的历史，这种"忠君爱国"、"死轻鸿毛"的精神，规定了井上此后的思考举措，成为他终身不渝的信仰①。

陈玮芬对于从《教育敕语》到《敕语衍义》的精神逻辑如何展开，在其论文的"结论"部分做了详细的阐述：

> 井上哲次郎的《敕语衍义》为《教育敕语》奠定了解释的基调，成为此后五十年间人们理解《教育敕语》的准则之一。当然，衍义虽然是敕语的注释，但是两者的思想理路、企图与策略并不是完全一致的。其最大不同，在于敕语的制定动机是针对维新以来西学影响的反省，关注的焦点在于国民道德的问题，而衍义的论述则着重于日本万世一系的特殊国体，甚乎国民道德。
>
> 《教育敕语》把国民道德的根据限定为天皇祖先的教训，除此之外，不允许人们由内在层面、或是精神权威（如良心）中寻求道德依据。国民如果选择了此外的道德权威，便违反了国体，必须加以遏止。文中罗列了孝父母、友兄弟、夫妇和、朋友信、恭俭、博爱、义勇奉公等各项德目，并不尽然是由儒教道德中取材。即便是五伦之一的夫妇之道，也避开儒教习用的"有别"，而以近代的解释"相和"代之。至于个人的修德修学、社会道德范畴

---

① 町田三郎：《井上哲次郎と漢学三部作》，载氏著《明治の漢学者たち》，东京：研文出版1998年版，第235页。

的博爱公益，或者是立宪国民国家的要件如遵守国宪国法等，无一不在谆谆规范的项目中。至于国家有事时必须义勇奉公的要求，也许不能直接判为与近代国民道德互相矛盾的行为。

如果剔除《教育敕语》中天皇与国民的关系，可以发现其人际关系论中的道德，也就是所谓"父母孝，兄弟友，夫妇相和，朋友相信"，对于儒教已相当普遍的东北亚来说也完全没有任何不妥，它是一种理所当然的道德，也通用于现今的社会。不过，就算各个单项的德目无可挑剔，《教育敕语》本身却存在了根源性的问题，那就是要求国民奉行这些德目的最终目的，并不在于培养出具备"善良"人格的子民，而在于塑造出"朕忠良之臣民"与"显彰祖先遗风"的忠臣与孝子。可以说，《教育敕语》所描绘的理想人类图像，是一个绝不被允许跨出天皇制意识形态框架的人类。

此外，《教育敕语》虽然以"天皇祖训"的方式，为上述训诫日本臣民的教条赋予特殊的个别价值，但同时也反复使用"不谬"、"不悖"、"通古今"（＝时间性），以及"施中外"（＝空间性）等字眼，强调它所具备的普遍性、妥当性。这种将个别价值扩大为普遍价值的逻辑，正好等同于昭和时期甚嚣尘上的天皇制国家乃"八纮一宇"的逻辑。

井上哲次郎认同这样的逻辑，为了统合民心、巩固天皇权威，大篇幅铺陈《敕语衍义》，此书也和《教育敕语》、《大日本帝国宪法》等互为表里，成为天皇制国家的伦理、法理根据，担负了维持天皇政体精神秩序的使命。他试图转化宗教性的虔敬之心入道德领域中，建立"世俗的、实际的"国民道德，又藉由儒教的"差等之爱"来建构以天皇为顶点的世俗秩序①。他明确主张忠重于孝、使用"广泛"、"深大"等语词为忠君爱国的行为赋予正当性。他刻意忽略儒家对"仁政"的要求，批评中国的人民与皇帝之间、家族与家族之间都无法真正能够达到"血缘"的连结，国家由个别家族组成，无法真正贯彻"忠孝一本"的观念；加以历史上再三改朝换代，也造成人民在忠孝之间难以抉择。藉以标举世间唯有皇统一系的日本，把个别的家族制度都包含在天皇的大日本家族之中，提供了忠孝合致的理想社会。他采用日本拥有他国所欠缺的独特而完备的历史传统这样的论调，来激发全体国民的使命感，虽然所使用的诠释语言显然易见是简单、暧昧、也模糊的，却也的确成功地培育出许多忠臣良民。②

严绍璗先生的《井上哲次郎的"儒学观"："皇权神化"的爱国主义阐述》对《敕语衍义》的主题思想和精神实质做了清晰的概括：

---

① 井上哲次郎：《儒教的长处短处》，《东洋哲学》第15号，第67页。同《非难教育上的世界主义》，《日本主义》第1号，东京：开发社1897年版，第12页。

② 刘岳兵编：《明治儒学与近代日本》，第82—83页。

日本社会正在日益接受欧美的文化思想，而这种世态的加深发展，势必会动摇日本天皇制政体的国家利益，于是，井上哲次郎便致力于把日本传统儒学中的伦理观念，与欧洲的（主要是德国的）国家主义学说结合为一体，着力于阐述"孝悌忠信"与"共同爱国"为日本国民的两大德目，是所有的"臣民"对天皇应尽的义务，从而试图创立起一种新的日本精神。

井上哲次郎的《衍义》，从儒学研究的视觉来考察，最可注意点有二：

第一、井上哲次郎抛却历来关于"孝悌忠信"的陈腐旧说，直接把它与"共同爱国"连接为一体，申言这是拯救日本的唯一之道，不仅使人耳目一新，而且使它具有了现代价值观的诠释。与十年前天皇的近臣永田元孚等江户老儒，用陈腐不堪的言辞来指责"文明开化"不同，在井上哲次郎的一系列的阐述中，非常注重近代性的国家意识的表述，其重点在于使"臣民"对于"君主"的忠诚，具有了"爱国"的最普遍与最神圣的意义，这就把传统儒学的政治伦理与欧洲国家集权主义学说融为一体。这是近代日本儒学主流学派的最基本的特征之一。

第二、当井上哲次郎在着力于重建日本国民的精神时，虽然阐述的主旨是传统儒学的伦理道德，诠释的方式是西洋的国家主义，但是，这内外两个理论于日本而言，却都是"异邦文化"，这对井上哲次郎来说，确是一个颇为棘手的问题。于是，他又以十分的努力，致力于强调日本天皇臣民爱国的真正内容，在于建立起日本形态的皇统观念。

井上氏在为《敕语》的第一句话"朕唯吾皇祖皇宗，肇国宏远，树德深远"作"衍义"时是这样诠释的：

当太古之时，琼琼杵命奉天祖天照大御神之诏而降临，列圣相承。至于神武天皇，遂讨奸除孽，统一四海，始行政治民，确立我大日本帝国。故而我邦以神武天皇即位而定国家之纪元。神武天皇即位至于今日，皇统连绵，实经二千五百余年之久，皇威愈益高涨，海外绝无可以与相比者。此乃我邦之所以超然万国而独秀也。

这里阐述的是最典型的"日本大肇国观念"——所谓日本天皇，为"天孙降临"，乃"万世一系"；所谓日本国民，为"天孙民族"，乃"八纮一宇"；故而，日本乃"神国"矣，为"超然万国而独秀也"。这是井上哲次郎把握的《教育敕语》的真精髓，是他在《衍义》中贡献于日本国民面前的"爱国"的真内容，这也就是近代日本儒学研究的真灵魂。

《教育敕语衍义》构筑起了一个把传统儒学、西洋国家主义，与日本神国尊皇观念融为一体的缜密的思想体系。这个思想体系以粘着于天皇制国体为基础，以儒学的政治伦理为内核，以神国皇道观念为灵魂，以国家主义为表述形式。①

---

① 刘岳兵编：《明治儒学与近代日本》，第90—92页。

编者的话：《井上哲次郎儒学论著选集》导言

　　严绍璗在该文中还将井上哲次郎的《敕语衍义》和日本儒学研究三部曲及1912年出版的《国民道德概论》联系起来，指出："井上哲次郎以深厚的儒学教养，足实的西洋文化的熏陶和对天皇制国家的忠诚，开启了近代日本儒学研究的一个新的学派。"①对井上的儒学研究三部曲，严绍璗评价说："在这三部著作中，井上氏遵循他的基本思想，把儒学的伦理与国粹派的尊皇观念的统一，把日本的传统（指包含了儒学与国粹诸方面）与西洋的价值观念的统一，作了合理主义的诠释。或许可以说，从《教育敕语衍义》到这三部'学派之哲学'，井上哲次郎在近代日本的儒坛上，完成了作为日本儒学研究中主流学术奠基者的神圣任务。"②而井上的日本儒学三部曲也为他后来的国民道德论的铺陈与展开提供了重要的精神资源。

　　本书中收录的《释明教育敕语衍义》主要由四部分构成，第一部分绪言，说明《教育敕语》颁发的经过与原委；第二部分影印《敕语衍义》全篇；第三部分释明，这一部分是核心部分，是在《教育敕语》颁布半个世纪之后的新的历史时期，重新为其护教与辩诬，并赋予其新的历史意义；第四部分《附录　道体论之概观》也很重要，是要为日本的国体观念从哲学上寻求"道体论"的思想根据。

　　我们来举例看看他的说法，比如在"释明"部分的第十章"《教育敕语》与儒教主义"的结尾他写道：

---

① 刘岳兵编：《明治儒学与近代日本》，第92页。
② 刘岳兵编：《明治儒学与近代日本》，第92—93页。

> 我们日本国民如今在战时，在道德方面取得了优异的成绩，无论从任何国家的立场来看都无法非难。不仅在轴心国被赞赏，在同盟国也惊叹不止。正因为如此，《教育敕语》的精神，不仅从儒教来看，不能非难，无论从佛教来看，还是从基督教来看，都不应该非难，我觉得倒是应该大加赞同。①

在第十三章"《教育敕语》与目的主义"，也就是"释明"部分的最后一章，在结尾的部分，他这样写道：

> 我们日本正如《神敕》中所宣扬的"宝祚兴隆，天壤无穷"一样，历经二千六百年，时至今日，这一宣言越发成为事实，如今感觉其效验最为显著。同时，我立即想到的是，神武天皇在《奠都之大诏》中显示了八纮为宇的国民理想。这是一种非常亲切、蕴含了博爱精神的国民理想。首先使之在日本全国实现，进一步扩大到大亚细亚诸国，最终使世界各国纳入其范围内，这是一个世界性的大理想。佛教、基督教、拜火教都论说最终的理想，康德、费希特、黑格尔这样的哲学家也论述终极理想，而且儒教以治国平天下为目的，但由于出现各种各样的情况，世界并未按照他们的那些理想进展。时至今日，我们日本已经在横亘大东亚诸国的广阔范围，正在不断实现八纮为宇的大理想。此次神圣事业的参加者，都正在实现他们作为人

---

① 井上哲次郎：《释明教育敕语衍义》，东京：广文堂书店1942年版，第339页。

的生命的目的。

　　而且，为了使这种大理想惠及其他国家，兴亡盛衰不定，社会不安定的国家是不可能实现的。而我国像《神敕》中所说的"天壤无穷"那样，是一个永远无限发展的国家，只有我国才可能实现大理想。与实现这个目的相对，其他功利主义的国家、共产主义的国家、还有一群追随其后的小国家没有丝毫神圣的意义，这是显而易见的事实。我国现在举国正在不断成就着非常伟大的神圣事业，这是由于其在其根基上能够实行"惟神之道"这种大道的缘故。我认为这些事值得今天及今后的学者大力研究，为了广大的世界人类，应该阐明其真相。①

以战争中日本在道德方面的优异成绩来证明《教育敕语》精神的普遍价值，这种论证的方法，井上已经在前面提到的《日本阳明学派之哲学序》中用过一次了，后来相关文字虽然删去了，但是由此可见其思维方式并未改变。不仅没有改变，而且变本加厉，把近代日本自身所进行的"以帝国主义、侵略主义为目的，蚕食或吞并他国，或使其殖民地化，以他民族作为榨取对象"的行径美化为"伟大的神圣事业"，而且从不着边际的所谓"神敕"中寻找精神慰藉和动力。

　　在《附录　道体论之概观》一文本论的结尾部分，井上还煞有介事地论证着日本的"惟神之道"与其他各国的道的功能和特点不同，津津有味地讲述着其优越性和永恒性，相信在此

---

① 井上哲次郎：《释明教育敕语衍义》，第355—357页。

引领下可以将世界化为一个"伟大的神国",并且认为:"只有具有万古不变的基础的皇国,才可能实现这种社会的理想。"①这里已经将"皇国"日本及其"惟神之道"作为一种信仰,神圣化了。所谓论证,不知不觉中进入(或者被带入)一个"解释循环"之中。打破这个"循环"的,只有等到日本的战败。可惜他没有等到这一天。也许他是幸运的,可以抱着他的梦想死去。

《儒教中国与日本》中收录的其余二十八篇文字分为"中国哲学与文化""儒教与日本""古今人物论""序跋与行履"四个部分,其中"中国哲学与文化"部分值得听取的内容不少,特别是《性善恶论》这篇文章,其论述之条理、系统、深入,眼界之开阔,很难想象这是130年前发表的论文。"序跋与行履"部分收录了相关著作的序言和他对自己学术、人生的回顾以及自订年谱,这些对于了解井上哲次郎其人其学都是必要的材料。放弃个人的"厌恶感",这些文字作为知识考古学的重要标本,是研究那个时代的精神结构、分析日本近代官方意识形态话语的形成的珍贵资料。由于井上哲次郎的"学界泰斗"身份,这些文字对于我们辨明近代日本的学术与政治生态,尤为重要。中村元、武田清子监修的《近代日本哲学思想家辞典》②,不愧如监修者所言,可以说至今仍然是近代日本哲学思想家个别人物研究"集大成"的辞典。按照经历、思

---

① 井上哲次郎:《释明教育敕语衍义》,第404、405页。
② 中村元、武田清子监修:《近代日本哲学思想家辞典》,东京:书籍株式会社1982年版,第59—62页。

想、著作、文献四个部分，囊括近代日本约一千名思想家，是所见辞书中对井上哲次郎记述最详细的一种。词条作者伊藤友信分析了战后学界对井上"负面评价"多的原因，在于他是官僚式的学者，而且具有国家主义者的思想性格。尽管如此，但是，作者提出对井上的思想不应该以其官僚的、国家主义的侧面为前提去看，而应该在明治时代的哲学潮流中对其进行客观的把握。①要简单地否定它很容易，但是要究明其思想肌理、剖析其逻辑结构，才是思想史研究的关键所在，只有这样才能做到真正有效的批评，才能粉碎它以免重蹈覆辙。而这依然是日本近代思想史研究中的一个重要的、艰巨的课题。

六

中国学术界，其实对井上哲次郎早就不陌生了。关心中国近代学术史的有心人，对这种"厌恶感"也许早就已经有免疫力了。

稍微调查一下就可以发现，《日本阳明学派之哲学》在著名的《教育世界》杂志上几乎全书都译载了。从1907年3月第148期的《教育世界》开始，到同年10月第162期，以《日本阳明派之哲学史》为题连载翻译了除序言和附录的几乎整本《日本阳明学派之哲学》。此外，1915年到1916年的山西宗圣

---

① 伊藤有信：《井上哲次郎》，中村元、武田清子监修：《近代日本哲学思想家辞典》，第60页。

会刊物《宗圣汇志》（《宗圣学报》）也节译过此书。

井上哲次郎最初在中国有影响的刊物上亮相，大概要数在1899年5月发行的《清议报》第17期上发表的"来稿杂文"《读韩氏原道》了。该文结尾写道："韩氏《原道》，通篇支离而无理，矛盾而不通。既不通，又无理，可谓之旷世之大文字耶？近世学汉文者，何故藉藉称之也？吾久叹学汉文者无识见，而局于陈迹，不能驾古人而上之也。乃摘发韩氏原道之谬误，使其知前人之不及后人，后人之不复及后人。"文章劈头即狠批韩文"与真理相背驰也甚矣"。主要从论证逻辑和具体观点来批评韩文的论述。印象比较深的，首先是他从逻辑上指出："定名与虚位，毕竟无分别也。"其次是他认为个人的经验不能作为衡量"公言私言"的标准，"古今如此久矣，东西如此广矣，其所未闻见，不知其几千万也"。而且主张："公言私言不足以证是非正邪。"因为"真理之始出也，必私言也。若排斥私言，则真理亦不出也"。进而问责韩愈："韩氏排斥私言，则后世真理之不出于汉土，岂非韩氏之过耶。"从观点而言，与韩愈之排佛老，强调其道不同，井上则从三者可以统一融合的侧面，先强调"孔老二氏之学，其旨意亦往往相符合"。继而批评韩氏排佛之妄："佛氏说法，令一切众生始成世善，终成出世。终成出世，虽似外天下国家；而始成世善，与孔子之道何以异也。且夫佛氏以一切众生为平等无二，是与泰西所谓同等之权，其义稍相近矣。然则佛氏岂外天下国家哉。"最后，井上从经济学的观点来批评韩愈"鳏寡孤独废疾者有养"的结论"虽似仁者之道，而不必然也"。他将"人民"分为两类，一类是生产者，一类是耗产者。耗产又分为两种，一种是耗产而资以为益者，一种是耗产而后全不为益者。而"废疾者"则是属于"耗产而后全不为益者"之列。他担心以"夺生产者之所得，授之耗产而后全不为益者，则其由此而生之悲，不及由此而生之喜也。呜呼，是知二五而未知十之言也。生喜则生喜矣，然而后来妨生产之害，虽不彰著，而其实不尠尠也"。

在同月发行的《清议报》第18期上又刊载了井上哲次郎的《心理新说序》。该书为井上抄译倍因（Alexander Bain，1818—1903年）的《心理学》编成，于1882年出版。该序中强调"科学原出于哲学，而心理学实为哲学之根基"。通过对比东西洋哲学发展之兴衰，指出："我东洋虽不乏哲学，而论法未穷其精，实验未得其法，而继起无其人，此其所以少创起欤。"并以中国哲学的发展为例做了详细说明。之所以翻译此书，是因为作者倍因属于实验学派，"其说精该，最可凭信"，可以作为振兴哲学的阶梯。

他的基本哲学观念，也可以从发表在1903年10月《新民丛报》第38—39期合刊上的评论中江兆民的文章《无神无灵魂说之是非如何》中窥见端倪。井上在文章中对中江兆民在临死前所著《一年有半》和《续一年有半》中表现的哲学品格、破除迷信的自由精神表示钦佩的同时，也认为其无神论思想仅及事物表面现象而未及深入肌理，对此感到遗憾。他说："吾人手足耳目之所得接触者，现象也。现象者刹那刹那变动不居者也。拘泥现象，不求其他世界之理，人生之事遂不可得而解释，又何哲学之足云？盖世界人生之事理于手足耳目所得接触之现象而外，又有不变之实在弥纶磅礴于其间。笃学之士，极深研几，发现此不变之实在以为立论之基础，始得解释世界人生之事理，始得谓之哲学。"那么这种实在究竟是什么呢，他说："实在云者，依心传心之物也。《起信论》所谓'离言说相离文字相'者也。惟其不可以言语文字显，故能超然而为世界及人生之根本主义，亦惟其为世界及人生之根本主义，故必由多方以显之。此各种之写象法所由兴也。"井上力图以"现象即实在论"的主张，会通东西哲学各派的宏愿，复流于另一种表面，这也不仅仅是个人的心力所限，那个时代的脚步太快，而对西方的了解尚浅。

作为教育家的井上哲次郎，尤其受到近代以来中国学界的关注。他的道德理想主义的教育理念，他对德育的重视、对东洋传统中道德精神要素的阐发，在日俄战争之后，特别是他的日本儒学研究三部曲完成之后，就陆续在不同的杂志上翻译介绍到中国来。1906年在东京创办的《政法杂志》第1卷第5期（1906年7月14日发行）翻译发表井上的讲演《行为与目的之关系》（亦见于同年8月重庆广益书局出版的第114期《广益丛报》）、同年11月出版的《直隶教育杂志》第20期发表其《普通教育之德育》、1909年6月《教育杂志》第1卷第7期发表其所拟《学生座右铭》、1917年10月出版的《学生》第4卷第10期发表其《意志之修养》等，都是专门探讨教育的。不仅如此，我们也注意到，井上以自己的教育理念和道德观念对当时社会思潮和社会现象进行批评的文章，即作为思想家的形象也受到中国学界的关注。如发表在1921年3月刊出的《改造》（上海）第3卷第7期上的《私产之种类与其道德价值》，就是针对当时流行的社会主义思想而发表的。私有财产的道德价值，这是一个很有意义的话题，其中的一些论述也不乏精彩之处。但是他认为社会主义否定依靠自己劳动获得的私有财产，认为社会主义只重视体力劳动而不重视精神劳动，从而批评社会主义思想，这些都是时代的偏见或阶级的偏见。

1938年10月大阪每日新闻社编的《华文大阪每日》半月刊的创刊号上刊登了井上的《论新民主义并勖中国当局》，后来在该刊第3卷第11期（1939年12月）、第5卷第1期（1940年7月）还先后发表了他的《中国今后的思想界》《今后中国思想界的根本问题》，日本占领武汉之后成立的"奴化宣传机构"中日文化协会武汉分会出版的《两仪》月刊第2卷第2期（1942年2月）发表的《新东亚文化与日本之使命》，也是从井上的上述著作《东洋文化与中国之将来》中翻译的。这些文章和著作，充分发挥了井上作为官方意识形态代言人的作用，在日方操纵的中文杂志上传播，是不足为怪的。

话题扯得有点远，了解一些学术史，对于中国的研究者而言，大概也不是完全没有意义的。

七

这套《井上哲次郎儒学论著选集》从选题到编辑、出版，我的师妹韩国茹博士所付出的心力与辛苦，值得铭记。也要感谢中国社会科学出版社的社长赵剑英博士和总编辑魏长宝博士的大力支持。作为中国社会科学院培养的博士，我对"原典日本系列"的呼唤，从"打雷"到"下雨"，从《"中国式"日本研究的实像与虚像》的出版到"善美原典日本研究文库"的开张，都有幸得到了"自家"出版社的关照，我感到非常温馨和庆幸！

也期待这套"选集"的出版，不仅能够为推进和反思日本儒学研究提供一份"原典"参考，更期待我们能够在充分消化、理解、批评"原典"的基础上，即经过一番与史料的"肉搏"之后，化"井上之学"为方法，为我们在建设人类命运共同体的征程中思考与处理传统与现代、东方与西方、理想与现实、学术与政治这些具有普遍性的问题时提供一些经验与教训。

刘岳兵

辛丑初伏第九日初稿于九樗仙馆

日本无条件投降七十六周年纪念日定稿

目 录 CONTENTS

1 / 序

1 / 凡例

1 / 序论

1 / 第一篇　藤原惺窝及惺窝系统

　　第一章　藤原惺窝 / 3

　　　　第一　事迹 / 3

　　　　第二　著书 / 10

　　　　第三　学说 / 11

　　　　第四　惺窝门人 / 19

　　　　第五　惺窝相关书籍 / 23

　　第二章　林罗山 / 25

　　　　第一　事迹 / 25

　　　　第二　著书 / 31

第三　学说 / 32
　　　第四　子孙（附林家系谱）/ 46
　　　第五　罗山相关书籍 / 50
　第三章　木下顺庵 / 52
　第四章　雨森芳洲 / 65
　　　第一　事迹 / 65
　　　第二　学说 / 71
　　　第三　芳洲相关书籍 / 84
　第五章　安东省庵 / 86
　第六章　室鸠巢 / 96
　　　第一　事迹 / 96
　　　第二　著书 / 107
　　　第三　学说 / 110
　　　第四　鸠巢门人 / 131
　　　第五　鸠巢相关书籍 / 134

137 / 第二篇　惺窝系统以外的朱子学派
　序论 / 139
　第一章　中村惕斋 / 140
　　　第一　事迹 / 140
　　　第二　学说 / 144
　　　第三　惕斋相关书籍 / 151
　第二章　贝原益轩 / 153
　　　第一　事迹（附贝原氏家系略图）/ 153
　　　第二　著书 / 165
　　　第三　学说 / 174

第四　批判 / 200
　　第五　益轩相关书籍 / 204

207 / **第三篇　南学及暗斋学派**
　第一章　南学起源 / 209
　第二章　山崎暗斋 / 222
　　第一　事迹 / 222
　　第二　著书 / 234
　　第三　学风 / 237
　　第四　学说 / 241
　　第五　暗斋门人 / 252
　　第六　暗斋相关书籍 / 257
　　第七　暗斋学派 / 259
　第三章　浅见䌹斋 / 264
　　第一　事迹 / 264
　　第二　学说 / 267
　第四章　佐藤直方 / 270
　　第一　事迹 / 270
　　第二　学说 / 275
　第五章　三宅尚斋 / 286
　　第一　事迹 / 286
　　第二　学说 / 288
　第六章　谷秦山 / 297

303 / **第四篇　宽政以后的朱子学派**
　第一章　柴野栗山 / 305

第二章　尾藤二洲 / 309
　　　第三章　佐藤一斋 / 317
　　　第四章　安积艮斋 / 318
　　　第五章　元田东野 / 327
　　　第六章　中村敬宇 / 336

345 / 第五篇　水户学派

353 / 结论

359 / 附录
　　附录一　朱子学起源（附朱子学起源略系）/ 361
　　　第一　总论 / 361
　　　第二　京师朱子学的起源 / 367
　　　第三　海南朱子学的起源 / 397
　　附录二　朱子学派系统 / 409
　　附录三　朱子学派生卒年表 / 414
　　附录四　孔子的人格（孔子祭典会讲演）/ 417
　　附录五　儒教的长短处（哲学会讲演）/ 436
　　附录六 / 462
　　　第一　朱舜水的事迹及学说 / 462
　　　第二　赖山阳的精神及影响 / 467
　　　第三　佐久间象山的人格及学说 / 471

475 / 译后记

序

　　《日本阳明学派之哲学》和《日本古学派之哲学》于明治三十三年（1900）、明治三十五年（1902）相继出版，书中就我邦阳明学派、古学派之学脉、学风及学说等进行了介绍。但若不进一步阐明我邦朱子学派变迁史的话，就不能说德川时代最有势力之重要哲学学派研究已经完备。因此自明治三十五年九月伊始，我在研究纯理论哲学之余，开始着手我邦朱子学派之历史研究。历经三载，今年九月总算完成了其概要部分，兹得以完稿。故而辑为一卷，名为《日本朱子学派之哲学》，并交予富山房书店出版。

　　即将付梓之际，又将朱子学派与堀川学派以外的古学派，及阳明学派相比照，深感其多有妥当且公平之处。尤其将其作为教育主义的话，在儒教诸学派中，是危险因素最少的。只是其似乎陷入寂静主义中，令人感到遗憾。概而言之，朱子学使得人们温良、恭谦而笃实，即促使人们成长为君子。朱子学与功利主义完全不同，以促进人格完善为己任。朱子学派的道德主义和当今所谓自我实现说虽然在形式上有所差异，但在精神上如出一辙。这和英国新康德学派学者托马斯·希尔·格林（Thomas Hill Green）与约翰·缪尔黑德（John H. Muirhead）等人所持的观点也是完全符合的。

我们要知道，道德主义中存在古今相通、东西一贯而不可易的内容。本来朱子学派的学说，并非全部需要修正，也并非全都是正确的。毫无疑问，在今天看来荒谬之见不少。但不能仅仅看到这些，而否定其中亘古不变的道德主义。朱子学派正是因为这种道德主义而得以存在，并非出于危言耸听的华丽态度，也因此其言行才容易显得普通。如此一来，也不是不可能产生这样的倾向——受到有些人的轻视，但这反倒成为朱子学派在人生中须臾不可离的证明。朱子学派的言论正如指着眼前之平地而示之一般，没有任何奇异之处。但其中危险而缺乏公平性的不同见解却如奇山突兀地秀于天际，无比吸引人们的眼球。而人们平生所追求的利却并非如这奇峰峻岭，倒不如说是如眼前之平地般寻常。因此世人读此书，当知悉朱子学派学说虽千篇一律，单调枯燥，但不能马上就瞧之不起。关于朱子学派之学说，吾等当学习之处固然不少，但在所应当践行之道德上，我辈当学习之处却更多。尤其是藤原惺窝、林罗山、木下顺庵、安东省庵、室鸠巢、中村惕斋、贝原益轩等人，其人格之清高，品性之纯洁，都可以称之为我邦朱子学派之代表人物，又为永垂后世之道德楷模。目前日俄战争已宣告终结，我邦之荣光发扬光大于四海宇内，欧美学者试图究明我邦强大之原因。此时展开朱子学派的历史研究，认识我邦德川氏三百年间的教育主义在国民道德发展史上带来的巨大影响，已是时不我待之事。有志于德教之学者，宜深思之。鄙人述偶感之杂思，以之为序。

明治三十八年十一月二十三日
井上哲次郎谨识

凡 例

一　此书和《日本古学派之哲学》《日本阳明学派之哲学》相辅相成，系统地叙述并评价日本哲学思想的发展。期望诸位学者将此三书进行对照讲读。

一　朱子学起源，按照历史的发展顺序，本应当编于卷首。但因为其中基本上没有需要特别介绍的学说，因此作为附录载于卷末。

一　卷中插入先哲的肖像，本非著者之意。但因仰慕其高风亮节，期望以资学者参考，因此插入相关页码。比如本书中藤原惺窝、林罗山、木下顺庵及贝原益轩的肖像，就是出于此种考虑。惺窝的肖像由堀钺之丞先生所藏，罗山的肖像则由史料编纂人员所藏，顺庵的肖像收录在《锦里文集》中，益轩的肖像由其子孙所藏。①

---

①　由于原书出版年代久远，且书中肖像原本模糊不清，中文译本选择删除之。——译者注

一　此书编著之际，文学博士三上参次先生在德川时代相关史料上提供了诸多帮助。堀钺之丞先生又将其所收藏的惺窝肖像加以缩印，正木直彦先生为我复印益轩的肖像写真，在此一并表示深深的谢意。

明治三十八年十一月二十三日　著者又识

序 论

文学博士 井上哲次郎 著

应仁天皇十五年至十六年间①，儒教经由百济传入我国。到平安朝（794—1185），讲习经书及诸子类的学者逐渐增多，尤其菅原、大江二氏以儒教兴家，其门下人才济济。尽管儒教在当时盛极一时，但从未涉及过哲学考察。佛教方面，空海虽然多少论述过哲学考察的结果，而儒教方面，仅仅是根据汉魏古注来讲解经书及诸子类的主旨。与其说是表达自己意识中的哲学思考，不如说仅仅在形式上进行解释、了解和传承。汉魏学者致力于训诂，以经典解读为主。他们和周末的学者不同，头脑中并未展开过哲学思考。平安朝学者们以此没精神没趣味的训诂学者为先容，讲授经书及诸子类。如此一来便不能很好地理解文章的真正含义，也未能在自己的内心世界中萌生思想

---

① 井上原著"应仁天皇十五年至十六年间"有误，此处应为"应神天皇十五年至十六年间"，指284—285年。——译者注

源泉。这大概就是他们终究未能展开哲学思考的缘由所在吧！从平安朝（794—1185）到镰仓时代（1185—1333），儒教开始衰退。自镰仓时代起，国内战争与日俱增，人们尚武轻文，不利于孕育哲学思想的胚胎。尤其是元弘建武年间，即自十四世纪进入乱世，到之后的庆长年间（1596—1615），即十七世纪初德川家康执掌霸权，平定海内。在此二百七十余年间学问萎靡不振，文坛荒芜最甚，可以说是我邦至暗时代，朱子学正是从这一至暗时代开始兴起。经历了这一至暗时代之后，德川时代初期迎来和平曙光，同时文艺复兴（Renaissance）也开始呈现出迅猛之势。而成为这一文艺复兴先驱，大大鼓舞和感化人心的正是朱子学。我们将其称为德川时代哲学思想的先行者也不为过。在此我们首先看一下朱子及朱子学的地位。

朱子，名熹，字元晦，一字仲晦，号晦庵，又号考亭，另有多个别号。南宋建炎四年（1130）九月生于延平尤溪，尤溪位于今福建省。庆元六年（1200）三月病殁，年七十一。其为人笃实，博学超群。柏林的威廉·硕特（Wilhelm Schott）曾在学士会院讨论过朱子的事迹，并将朱子称为polyhistor（博学家），非常恰当。朱子曾走上仕途，历任多种官职，前后上奏十余次，直言进谏。但其言论多显迂腐，不识时务。大概是因为朱子本非政治家，而是彻头彻尾的道学之师。作为道学之师，其感化之深远，几乎可与孔子相匹敌。他的学问在中国、朝鲜及我邦都产生了深远的影响，后世对其表示敬仰之人数不胜数。虽然儒教学派众多，但没有出其右者。朱子著书甚多，可以说是著作等身，但他的学说集中体现在经书、语类和文集中。

　　为了弄清朱子及朱子学的地位，需要考察一下中国学问的变迁史。中国的学问从周末到赵宋，共经历了三次变迁。周末的学问自周朝建立以来焕发新生，其思想之清新，其气象之活泼，其观点之新奇，现如今看来都是可圈可点的。当时的思想，并不单一，包括孔孟在内，诸子百家可以自由表达见解。周末大概可以被称为哲学思考的时代，如果能发展充分的话，或可与古希腊相匹敌。遗憾的是，秦始皇统一中国，自由之精神受到桎梏，哲学思考从此消失殆尽。从汉代至唐代，经历了一千一百余年的风霜，而哲学思考却寥寥未有所闻，似落落晨星般稀少。如果勉强举例的话，虽可举出董仲舒、王充、杨雄、王通、韩愈等人，但都仅仅是受到了周末薄弱的影响。隋唐之际，佛教徒中出现了一些有力的思想家，但是未能与中国独立思想家相提并论。只是西汉以来的学者们专注于训诂之学，孔安国、马融、郑玄、赵岐、王肃、王弼、何晏、杜预之辈，对周末经书加以注解，欲将古人思想流传于后世。因此汉唐并非哲学思考的时代，而是训诂的时代。然而进入赵宋年间，学问之风转变，北宋时出现了周濂溪、邵康节、张横渠及程明道、程伊川等人物，他们致力于哲学思考，并追踪至周末孔孟之学。正因如此，秦汉以来消失殆尽之精神，已如同木乃伊般的道义之学开始复苏，变得有血有肉，充满活力。因此通过客观钻研千百年来历史中圣人的轨迹，它们未曾疏远，似乎可以感到圣人的情感在内心升华。简而言之，与其试图通过解读语言文字来了解圣人之道，不如在头脑中展开哲学思考，可以更直接地从内部进入圣人之域。该学问一时兴起，由此再度回归哲学思考的时代。到南宋时，朱子解读北宋之道学，将其纳入自身学问体系中并集大成。在其积累的基础上，对古书加以注释，并从《礼记》独立抽出《大学》《中庸》。虽然这一工作始于程子，而将其与《论语》《孟子》合称为"四书"，一并加以注释却始于朱子，因此他功不可没。朱子的注释称为新注，朱子以前的汉魏注释称为古注。如同玄奘以前的译经称为旧译，玄奘以后的称为新译一样。朱子的注释不仅仅是对正文的注释，同时也是他自身思想的体现。换言之，是他眼中的孔孟之道。如同和孔孟一起，进入了哲学范畴中。总之孔子以来规模最大的当属朱子了。孟子曾称孔子为集大成者，在这一点上朱子和孔子最为相似。如此可以说朱子是学术界的又一伟人。之后中国虽然诞生了阳明学派、古注学派（即考证学派），但是朱子学的势力仍然是其中最大的。尤其是明代以后朱子学成为官学，成为进士及第的标准。由此看来朱子学可谓占据了"东正教"的地位。在韩国，则有金宏弼、郑梦周、李退溪等铮铮学者，且都属于朱子学派。尤其是李退溪作为韩国第一学者，对我邦朱子学派产生了不小的影响。

在我邦，朱子学先于古学和阳明学而兴起，且作为德川氏三百年间的教育主义，成为学术界的重镇以及思想界的根基。朱子学在诸学派纷争中，一直占有重要的地位，一定有其缘由所在。依我之见，和其他学派相比，朱子学至少具有以下两点优势。

（一）朱子学重视实践和学问，即兼具修德和研究的特性。因此并未偏颇于道德的一面或是知识的一面，而是将二者合一，具有中庸的倾向。与此相反，阳明学则倾向于道德实践，具有动辄忽略知识探究之弊端。此外，蘐园一派之古学以及古注学派往往以知识探究为主，难免会忽视道德实践。

（二）朱子学虽然同时注重实践和学问，但其学问是为实践而存在的，并非崇尚脱离实践的学问。因此没有仅以知识探究为主之弊端，反而最终以修身为主。朱子学也因此具备了作为教育主义相对稳健的性质。

但是，古学派中堀川一派的学问和朱子学比较类似，如果举出和朱子学的相同点的话，第一，两者都认为道出于自然；第二，主张气质变化；第三，致力于穷理；第四，学圣人并欲达之；第五，除孔子之外，还尊奉孟子。因为堀川派学问比较接近朱子学，在修德这一点上，都遵循同一路径。由此可以看出仁斋以及东涯的性格和朱子学派的特征何等相似。抛开堀川一派来讲的话，朱子学派的确具有上述优点。如果举出德川时代朱子学派代表人物的话，主要有藤原惺窝、林罗山、木下顺庵、中村惕斋、贝原益轩、室鸠巢等。上述人物都是一代之纯儒，道学先生之榜样。其中顺庵极富感化力，益轩博学而有德行，鸠巢操守坚固，皆是他人难以企及之处。此外，山崎暗斋具有宗教性的克己自律的一面，这也是极其难能可贵的。这些人物以谨严笃实的人格所主张的朱子学，对庆长以来三百年间的德育贡献极大，这一点是无人可否定的。明治维新以来洋学勃兴，彻底改变了我国教育之面貌。但在德行方面朱子学派的代表人物永远值得人们学习。这一点是吾等断不可怀疑之处。

《感怀十首》（节选四节）

披书见古人，反思志不高。前贤直自期，磨砺何厌劳。汗血惊鞭影，奔帆截雪涛。消除经营心，超达即人豪。

吾慕紫阳学，学脉渊源深。洞通万殊理，一本会此仁。遂退任天命，从容养道心。叹息千秋久，传习有几人。

围棋何其变，颜面一不同。人事率如此，变态诚无穷。何以应无穷，灵活方寸中。果知君子学，总在格知功。

心官只是思，思则真理生。或在一身上，又入天下平。古今天地事，莫不关吾情。寂然一室中，意象极分明。

——横井小楠

第一篇

藤原惺窝及惺窝系统

| 第一章 |

藤原惺窝

第一　事迹

　　自元弘建武以来积年之兵乱平息，国内讴歌太平盛世之际，倡导文艺复兴（Renaissance）之大儒藤原惺窝横空出世。惺窝被誉为京学之祖，名肃，字敛夫（一说敛夫为误）。惺窝为其号，另有柴立子、广胖窝、竹居、都勾墩、北肉山人之号。永禄四年（1561）生于播磨国三木郡细河村，时值信玄、谦信川中岛战役之年。惺窝出生于我邦第一名门藤原家，为著名歌人中纳言藤原定家十二世孙。其祖先世称冷泉家，以歌道之名显赫于世，播磨国三木郡细河村为其领地。其父为纯，乃参议、侍从，育有五男，惺窝排行第三。因土豪别所长治之故，其领地被掠夺，为纯与长子为胜虽坚持抵抗，终因不利皆战死。是时正当织田信长欲称霸中原，羽柴秀吉作为家臣而助之。惺窝乃告秀吉要视情况为死者复仇，秀吉告之不如待时，或因此最终导致丧失其地。惺窝幼年颖悟，七八岁时跟从僧人东明、龙野学习《心经》《法华经》等，其进步显著，人称神童。之后不久便剃发遁入佛门，名藸，号妙寿院，广涉禅教，阅览群书。后游学京师，入相国寺，更致力于佛教研究。是时五山诗学尤盛，其中不乏已崭露头角之人。但每遇惺窝，则折北不支。由是惺窝在佛门名声大噪。天正十九年（1591）关白丰臣秀次于相国寺会五山诗僧，命其作联句斗技。惺窝一会而后不复赴，众人强之而不肯。或委以关白之旨要挟，惺窝掉头曰：

　　夫物以类聚，如韩孟相若而后联句可也。若否，则如双脚著木屐，双脚著草鞋，欤其不耦也必矣。吾不欲耦于（即木偶）俑也。

秀次闻之，不悦。是时正当朝鲜之役，太阁秀吉于肥前名护屋整顿军队，惺窝避开秀次奔赴名护屋，路遇丰臣秀秋。秀秋与惺窝乃旧相识，便邀惺窝为客。他虽年少，为人粗豪，却对惺窝多有敬惮。虽饮宴嬉戏之间，若闻惺窝入来，便改容而待之，其性行多有所改。德川家康亦在军中，闻惺窝之贤，时有延见，以圣学之要问之，内窃敬重之。由是惺窝游于丰后，赴江户，又还于京师，独自寓居。此时读宋儒性理之书，遂不满佛教，欲脱佛门而归儒教。然忧当时无良师，忽欲奋发入明国，直到筑阳（筑前博多），上渡航之途。是文禄二年（1593）之事也。其出发之际有赠友人歌，云：

朝夕相处间，心似月宫山。

然遇风涛，漂流至鬼界岛，时又赋歌，云：

曾闻大和歌，哀切意难抑。鬼岛遇风浪，目视不可及。

其时又赋歌，云：

今日出岛，旧日回忆，追思不已。
云中飞鸟，归路有山，时隐时现。

鬼界岛为今之硫磺岛，属萨摩河边郡。俊宽曾处流罪之所也。其年冬，惺窝自鬼界岛出发，泊于鹿儿岛湾口山川港，偶访正龙寺，闻有僧人问得，以《四书新注》之训读授予徒弟。惺窝心中多怪之，假试诵读之，其所施和训，未有不称其义者。因问其所循之处，始知系南浦所点。南浦所点即修正岐阳及桂庵所传而成也。惺窝偶得南浦之点，乃叹之曰：

今将渡明，亦无他，唯求之哉。

因请问得，悉写之，后还于京师。以为"圣人无常师，吾求之于六经足矣"，乃闭门谢客求之于"六经"，最深究《四书新注》，遂以儒立家，至京师学（也称京学）之祖。元和五年（1619）秋九月十二日卒，享年五十九，葬于京师相国寺。

除受德川家康知遇之恩以外，惺窝还一再被当时豪门世家所优待。庆长之初，少将丰臣胜俊，号长啸子，潜居于京师东山之灵山，好咏和歌，且多有藏书，曾听闻惺窝之名，便招之，就学问文艺一同论谈评骘。《惺窝文集》中有不少寄给长啸子的诗歌文章，由此可知其交谊之深厚。《赴灵山长啸子看花》云：

> 君是护花花护君，有花此地久留君。入门先问花无恙，莫道先花更后君。

龙野城主赤松广通（一说为政村，有误）好学，深尊信惺窝，尝创设学校，行释奠。惺窝窃以为此人当期斯道。其时石田三成居于佐和山，亦敬重惺窝，使户田内记聘之。惺窝欲往而未果，明年及三成战死，广通亦自杀，惺窝为之恸哭。《歌集》中有《悼赤松氏》三十首，今举出其三首，云：

> 就此俱毕，笔记草草，目不忍视。
> 忍冬十月，思之即悲，夕霜染剑。
> 寒冬凛冽，我若殉之，死不足惜。

朝鲜刑部员外郎姜沆归化，居于龙野。一见惺窝，盎然心醉，称赞不已。惺窝与姜沆信中云：

> 赤松公今新书四书五经之经文，请予欲以宋儒之意加倭训于旁，以便后学。日本唱宋儒之义者，以此册为原本。呜呼！流水之知音，虽无子期，后世之知己，又有子云乎？

姜沆尝作《文章达德录序》，推尊惺窝曰：

敛夫以王纲不振，乱贼横恣，自幼隐居以道自乐。余之落日东者三年，得敛夫于王京，与之游者数月，始知其为人而叩其为学焉。既叩其为学而益信其为人焉，其为人也韬晦不求闻达，人可闻而不可见，可见而不可知也。见善若惊，疾恶如风，道所不合，虽王公大人有所不顾也。箪瓢陋巷，处之裕如，义所不可，虽千驷万钟有所不屑也。其为学也不局小道，不因师傅，因千载之遗经，绎千载之绝绪，云云。

由此亦足以证明惺窝之人物性行。但惺窝《与姜沆书》中所提到的以宋儒之意为四书五经加入和训，以其为嚆矢之说则有失偏颇。在四书中加入和训，始于岐阳。桂庵、南浦次之，并对其作了修正，最终传至惺窝，这一史实需要加以证实。只是，五经之和训尚未一一展开，《周易程传》之本义已加入了南浦和训。因此将惺窝和训完全视为其独创，则需要探讨。这大概不得不看作惺窝一生中的过失。惺窝本为禅僧，和岐阳、桂庵、南浦等人一样好宋学，没有太大差异。然而惺窝脱佛转儒，倡导宋学，这一点和岐阳、桂庵、南浦等人则大相径庭。物徂徕《与都三近书》云：

昔在邃古，吾东方之国，泯泯乎罔知觉，有王仁氏而后民始知字，有黄备氏而后经艺始传，有菅原氏而后文史可诵，有惺窝氏而后人人言则称天语圣。斯四君子者，虽世尸祝乎学宫，可也。（《徂徕集》卷二十八）

惺窝对我邦文教有功，洵如徂徕所言，惺窝脱佛转儒之后，僧人遇之，有行迹不相容之处。关原之乱平定后，德川家康入京师，屡次召见惺窝。惺窝着儒服见之，家康便不听其言。时有僧人承兑及灵三在席，诘惺窝舍其真而还俗，惺窝乃答曰：

> 自佛者言之，有真谛，有俗谛，有世间，有出世。若以我观之，则人伦皆真也，未闻呼君子为俗也。我恐僧徒乃是俗也，圣人何废人间世哉？

他日，惺窝又与承兑、灵三于某处会面。墙上挂有一幅草书，皆不能读之，均言草书之难读，楷书之易读。惺窝看完便读道：

> 能读真者，亦能读草。

众人更不悦。

如此惺窝多次与承兑、灵三等人发生冲突，于是不欲复出，乃隐退洛北市原村，开始韬光养晦。

庆长十八年（1613）林罗山向东照公谏言在京师设立学堂，以惺窝为祭酒（即校长），广纳四方俊杰前来受教。东照公欣然同意，因此着手选择校址，但不巧的是爆发了大阪之役，东照公因此牺牲，这件事便搁浅下来。大臣列侯商议，将惺窝推荐给台德公。台德公也尊信惺窝，但并未及时将此事确定下来。元和五年（1619），开始论及聘礼时，惺窝去世。惺窝终生未走上官途，即终生都是民间之一大儒。林罗山论惺窝曰：

第一章　藤原惺窝

先生不出而道益高于当时，先生能言而道益行于后世者乎！

上述评价非常贴切。①惺窝为人宽厚仁慈，后光明天皇在序中曾提到其为"宽仁大度之君子也"，其从容不迫之状可想而知。但是其义所存之处，庄重不容侵犯。《茅窗漫录》中曾形容他"温良恭严，威而不猛"，也非常恰当。或时某访惺窝，见窗前蜂巢，欲杀之，惺窝以其无螫故止之，某起扬扇频欲扑之，惺窝遂放蜂，后某为之绝交。惺窝连虫类都给予同情，对不仁之人也自然表示出憎恨之情了。

惺窝好山水，爱花草，常即兴吟诵，喜欢白乐天之风流，仰慕彭泽（即陶渊明）之为人，其超凡脱俗之气派自然可想而知了。

惺窝左眉旁有黑点三寸余，俗所谓"黡"，眼有重瞳子。其归儒后，或余其项发，不厌长，人甚异之，而惮其严不敢问其故。②性嗜酒，然或经旬不沾唇，或痛饮辄醉而不乱常。不好往来杂沓，然接人欣然则竟日讲谈不已。或有来问者，随其人品以教诲焉。然如撞钟，则或小鸣或大鸣矣。总体上因人力量而有所差。

惺窝曾作诗著文，又巧于和歌，长于国文。因为他是定家后裔，最擅长和歌和国文。其诗文豪放，但不细腻。如其学问

---

① 1937年版，此处加入眉批：那波活所称赞惺窝曰："呜呼嘻嘻！先生之嘉言善行，人人无不知之，所谓四海苍生口是铭者乎！"

② 1937年版，此处加入眉批：《玉山遗稿》（卷之八）中收录有《惺窝先生肖像赞》。

一样，规模庞大，而深度有所欠缺。作为我邦儒学创始之人，其滥觞之功劳，开启了德川三百年之文教。

第二　著书

《惺窝文集》五卷（林道春编）

同《续编》三卷（菅得庵编）

《惺窝文集》十二卷（藤原为经编，源光国校）

此文集在形式上虽比前者更加合理，但内容上互有异同。学者宜参照两者进行研究。

《惺窝和歌集》五卷（同上）

《文集》和《歌集》凡十七卷，是惺窝之孙藤原为经所编，卷首载有后光明天皇之序，其中云"近世有北肉山人惺窝先生者，宽仁大度之君子也"云云，是儒林之至高荣誉。

《惺窝和歌集》一卷（写本，内阁本）

《文章达德录》一百卷

《文章达德录纲领》六卷

此书收集古人关于作文方法之言论并加以分类。卷首载有朝鲜人姜沆及堀杏庵之序，为上述《文章达德录》之纲领。

《千代茂登草》一卷

此书为惺窝向其母讲授儒教所著。冈山之菱川冈山（名宾，字大观）为之作序，系天明八年（1788）所刊行。近期又收录于《日本伦理汇编》卷七中。世有名为《假名性理》一书，为此书之别名。

第三　学说

在叙述惺窝学说之际，先要考察他何故弃佛归儒。林罗山所撰《惺窝先生行状》云：

> 先生以为我久从事于释氏，然有疑于心，读圣贤书信而不疑。道果在兹，岂人伦外哉？释氏既绝仁种，又灭义理，是所以为异端也。

由此观之，惺窝认为佛教蔑视人世，企图出世，对世间一切义理都无所顾忌。惺窝正是看穿此弊，才决定脱离佛门而还俗成为一介儒者。但在他成为儒者之后，却未对佛教有过非议。他曾说道：

> 上有治统之君，下有道统之师，则渠何妨我？若其无，则奈渠何？且如余者，坚白未足，而妄试磨涅，还为渠所议，可愧莫甚焉！唯自警自勤而已。（《答林秀才书》）

从上述言论可知，惺窝试图从实践上与佛教徒相抗衡。可知他的气势正是由此而来，此外其《行状》中还有如下记录，云：

> 先生幼学至壮不怠，出入于释老，阅历于诸家，兼习《日本纪》《万叶集》，历代倭歌诗文等，其间读圣贤书，而后弃异学醇如也，云云。

他在佛教之外，兼攻道教及神道之书，但最终归于儒教，开始了儒学纯正之系谱。

惺窝推崇朱子之学，正所谓"如朱子者，继往圣，开来学，得道统之传者也"。但是他又推崇陆象山之学，试图将陆学与朱子学相调和。其言云：

> 紫阳（朱子）质笃实而好邃密，后学不免有支离之弊；金溪（象山）质高明而好简易，后学不免有怪诞之弊，是为异者也。人见其异，不见其同。同者何哉？同是尧舜，同非桀纣，同尊孔孟，同排释老，同天理为公，同人欲为私。然则如何？学者各以心正之，以身躬之。优柔餍饫，圆机流转，一旦豁然贯通，则同欤？异欤？非见闻之智，而必自知然后已矣。（《答林秀才书》）

惺窝将朱陆之学问加以调和，颇似禅宗顿悟之说。然而从学问之根基来看，两者之间原本就是融合一致的，不允许些许矛盾存在。惺窝不拘泥于区区枝叶，即不在意其间的差别而实现了超越。其左右逢源，合二为一，着眼于终局之处，确立立足之处，此其之所以规模大的缘由。他在《又寄林三郎书》中提到：

> 先哲尚因资禀之所近，点出数字示人为警策，各得入头处。所谓大小程子之敬，朱子之穷理，金溪之易简，阳明之良知等也。

又《惺窝答问》云：

第一章　藤原惺窝

> 圣贤千言万语，只要人理会得，故所示不同，所入即一也。且古人各自有入头处，如周子之主静，程子之持敬，朱子之穷理，象山之易简，白沙①之静圆，阳明之良知，其言似异，而入处不别。（《罗山文集》卷三十二，第七页左）

惺窝仍然是以大小程子、朱子、陆象山、阳明等为例，将其思想作为囊中之物，表明凡吾等所悟之头绪，未必拘于一者。《寄林三郎书》中又提道：

> 阳明诗一册，丘濬诗一册，暂留之。《阳明文录》在僧三要书室，先是借以瞥尔过了，云云。

另外又提道：

> 阳明诗洒脱，可爱。

由此可知，惺窝好阳明诗文，并多有讲读。又因标榜自己崇尚朱子学之故，欲摒弃之。宽永末年，中江藤树开始提倡阳明学，但最初讲读阳明诗文的却是惺窝。惺窝将宋明诸子的学问加以融会贯通，未得纯正朱子学派之称呼，对此佐藤一斋曾说道：

> 我邦首倡濂洛之学者为藤公（即惺窝），而早已并取朱陆如此。

---

① 原著白沙全作白砂，据中文习惯改。下同。——译者注

正如其言，但惺窝不仅对宋明诸子的学问兼收并蓄，还对儒佛二教加以协调融合。《柴立子说赠蕣上人》是已经转向儒教的柴立子，赠予尚处于佛门的蕣上人的书信，似游戏又非游戏，试着一读，论点新奇，其中有言曰：

> 儒释之道，所造虽异，用力之功，亦应不殊。至于真积力久，造一朝豁然之境，则吾儒之所谓知至，而佛者之所谓契悟也。

尽管儒佛二教具有差异，但在得道这一点上，并非没有共同之处。这便是惺窝所道破之处。他于异中求同，但若就其形式而论，儒教和佛教具有左支右吾，不相容之处。因此惺窝虽然点明了儒佛二教的一致性，但其转向儒教之后，对于佛教便没有任何同情之处了。这或许是因为所处立场之不同吧！也因此《重建和歌浦菅神庙碑铭》中云：

> 列国侯伯达官，唯有佞卖瞿云，衔耶稣者之诗张为幻，而未闻有崇儒教者，彝伦攸斁，是之惧。

文中感慨儒教之不振，《又寄林三郎书》中云：

> 佛书非今日急务，佞嗣音异书者先哲所戒，然亦知彼涯略则不堕其术中。

此处并非暗指钻研佛书的必要。有必要钻研佛书，只存在于尊崇佛教，皈依佛门之人中。这些佛教徒中计而不自知，才觉得有此必要。

除此之外,《千代茂登草》中有值得警示学者之处,特抄录如下:

一

所谓明德,自天分来,为我心。如何明之?无一邪处,合天道者,谓之明德。如自天而生,磨立此明明德者可言圣人。又人自生来后,有所谓人欲。所谓欲,心为所见所闻而迷惑者也。若逆此人欲,明德衰,形为人,而心为鸟兽一也。譬如,明德如镜之明,人欲为镜之浊也。若非日日夜夜磨此明德之镜,人欲蒙尘,失本心。明德与人欲为敌我,一方胜,则一方比败也。

二

天之本心,为繁荣天地间所有之物而怜惜之。故为人者,以施人慈悲为要也。施慈悲有次第,首先,若为无一门一类依靠之贫者,子子孙孙都当施慈悲而怜惜之。其次,他人中若有无亲无子无所依靠者,当与其身份相应而与之。天之道,以不乱次第为要。先我家之内,善眷属,其后治国,施慈悲于天下。如此,不受人之恨也。施人慈悲,又常有善报。因为没有善报而为慈悲,非慈悲也。又将物予之富贵者,不合天道,非慈悲也。

三

"人心惟危,道心惟微,惟精惟一,允执其中。"尧舜禹三圣人以此十六字，治天下，云云。此十六字，万世圣人心学之传授也。此十六字之含义，所谓人心，人之心也；所谓道心，天之心也。我心之初，与天之心一体也。然生而为人，有所谓人心者也。虽上智之人，有人心。又虽下愚之人，亦有道心。此二者，交于人之胸中者也。若不知如何治之，则人心为主人，道心为仆人，而天理灭。当详察此人心道心二者也。又正此本心，使其不离胸中而为一者，时时都可忍耐，则道心为主人，人心为仆人。天理日日而明，合天心，云云。人心易长，道心易灭，譬如荆棘、枸橘易茂，牡丹、芍药易消，恶人盛，善人稀也。学四书五经其外万卷之书，亦因不知此十六字之含义也。著于笔，言于口，有难解之妙处。然以之为本，反复思考，当至圣人之境。欲深，教民垂人，集财宝之事，人心长上也。又世人不称博识者，人心也。只为磨心之学问也。又优于艺能，不为人所誉，人心也。不受领地之分，更不及音信。仅为君舍命之事，当为道也。即使鸟类畜类，其役役勤于学也。为人而不若鸟类乎？又我家之不齐，眷属之子孙贫者亦不得供养，而与物于他人，人心也。即使一类，不应与富贵之人宝物，惠他人之贫者为仁也。

除此之外，《千代茂登草》中还对儒教和神道加以调和，论及其契合一致，其言云：

　　日本之神道亦正我心，怜万民，以施慈悲为奥义。尧舜之道亦以此为奥义。中国曰儒道，日本曰神道。名有所异，而心则一也。

由此观之，惺窝不仅试图调和儒佛二教，还试图融合神儒二教。惺窝超越了宗教限制，具有将一切融合在一起的博识。此外，还有另外一点值得注意，惺窝虽然已经从佛教转向儒教，但是依然相信佛教因果报应之说。《千代茂登草》云：

> 虽为恶人，但有一代富贵之荣。虽为善人，但亦有贫穷者。此心为二。先祖之人为善人，施慈悲而惠人，其子孙虽为恶人，但亦有荣。又有生于吉日良辰且富贵之人，然其人为恶人，则一代或子孙遭果报而则灭焉。如夏桀殷纣王，日本之赖朝，明智日向守之类，又生于凶日，变为穷人。

此外，惺窝还论述《五事之难》，其中也提到了因果报应之理。其所谓五事，指的是一、天道；二、灾难；三、因果；四、有正直而贫贱者，有邪曲而富贵者；五、恶人之荣。针对"有正直而贫贱者""有邪曲而富贵者"，他曾论曰：

> 凡正直者近乎义，故常知羞于己，而未知走于利，是以必不富矣。邪曲者溺乎欲，故日夜处于污秽，而放于利，是故必富矣。

舜为圣且富，得气之通正，乘吉星之运。跖邪而富，虽乘吉星之运，但得气之偏狭。故其思想幼稚，迄今更不足为论矣。《歌集》之末载有《教训书》一篇，凡十章。一、君臣；二、父子；三、夫妇；四、兄弟；五、朋友；六、嫡子庶子；七、女子；八、妾妇；九、邻国；十、隐居。现在读来，没有什么卓见，但平易叙述儒教旨意，在当时为有益读物。此书是惺窝奉后阳成帝之命所著，谨呈阙下。另外一说是此书为幕府大佬本多正信付诸实践，对当时政治产生了不小的影响。

此外惺窝还为其门人吉田贞顺作过《舟中规约》，其文如下云：

一、凡回易之事者，通有无而以利人己也，非损人而益己矣。共利者虽小还大也，不共利者虽大还小也。所谓利者义之嘉会也，故曰贪贾五之，廉贾三之。思焉。

一、异域之于我国，风俗言语虽异，其天赋之理未尝不同，忘其同，怪其异，莫少欺诈谩骂，彼且虽不知之，我岂不知之哉？信及豚鱼，机见海鸥，惟天不容伪，钦不可辱我国俗，若见他仁人君子，则如父师敬之，以问其国之禁讳，而从其国之风教。

一、上堪下舆之间，民胞物与，一视同仁，况同国人乎哉！况同舟人乎哉！有患难疾病冻馁则同救焉，莫欲苟独脱。

一、狂澜怒涛虽险也，还不若人欲之溺人。人欲虽多，不若酒色之尤溺人，到处同道者，相共匡正而诫之，古人云畏途在衽席饮食之间。其然也！岂可不慎哉！

一、琐碎之事，记于别录，日夜置座右以鉴焉。

这是极其适用于海外贸易的《舟中规约》，从中又可以看出惺窝之宏量雅怀，尤其是"凡回易之事者，通有无而以利人己也，非损人而益己矣"一句，虽然言简意赅，但一语道破贸易的本来旨趣，又有余韵。此外"莫少欺诈谩骂"一句，"惟天不容伪，钦不可辱我国俗"等等，都是贸易上需要顾及之处。即使在今天，也丝毫无差，信用对于贸易来说，不容有虚假之处。但我邦商人在和外国商人展开贸易之际，却忽略这一点，多有虚假之行为，也因此丧失信用，伤及我邦影响之事亦不少。惺窝之言，适用于普遍意义上的贸易。此外"上堪下舆之间，民胞物与，一视同仁"，声明了四海同胞之旨意，开示了人道博爱之精神。"到处同道者，相共匡正而诫之"，正是《舟中规约》不可或缺之处。贞顺和安南通商，因此才有了此《舟中规约》。关于贞顺，详见于惺窝门人条目。

第四　惺窝门人

林罗山，名忠，其事迹后文详细列出。罗山所作《惺窝先生行状》中，惺窝曾语人曰："近时皆驴鸣犬吠也，故久废笔砚。今夫道春起予者，韩山片石可共语。"可知罗山作为惺窝门下高足，备受期待。

松永尺五，名遐年，字昌三，小字昌三郎，号尺五，又号讲习堂，平安人，六十六岁时卒于其家塾中，或为明历元年（1655），或为明历三年（1657），具体不详。门人有木下顺庵、宇都宫遁庵等人，尺五事迹收录于《先哲丛谈》卷二中。

那波活所，名觚，字道圆，播磨人。正保五年（1648）殁，享年五十四。

堀杏庵，名正意，字敬夫，号杏庵，又号杏隐，近江人，当时和林罗山、松永尺五及那波活所被称为惺窝门下四天王。杏庵儒、医兼学，尝仕尾张侯，宽永十九年（1642）十一月二十五日殁，享年五十八，葬于芝切通金地院。物徂徕在《与屈景山书》中云：

> 余不佞髫年时，闻之先大夫，昔洛有惺窝先生者焉。其高第弟子，若罗山、活所诸公者五人，名闻海内，皆务以辨博相高。而屈先生者，独为温厚长者，乃诎然于四人之间，退让自将，不求名高。其来东都，先大夫亦尝一二接见云。夫儒者龂龂，自古为然，而乃能尔者，千百人中一人耳。（《徂徕集》卷二十七）

可知杏庵为谦让之人。杏庵有二子，长子名正英，号立庵，仕安艺；次子名道邻，仕尾张藩。立庵有二子，为玄达、正朴。玄达之子为正超。正超字君燕，号景山，和徂徕是同时代之人，有学名。正朴娶木下顺庵之女，生正修。正修字身之，号习斋，又号南湖，名声与景山相对。

其系图如下：

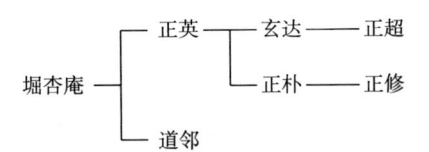

```
                ┌─ 正英 ─┬─ 玄达 ── 正超
堀杏庵 ─┤        └─ 正朴 ── 正修
                └─ 道邻
```

现今第一高等学校教授堀钺之丞，就是杏庵远裔。杏庵事迹收录于《日本古今人物志》（卷五）①、《先哲丛谈》（卷二）、《皇国名医传》（上卷）以及《近世丛语》（卷四）。

菅得庵，名玄同，字子德，号得庵，又号生白室，播磨人。得庵虽未进入四天王之列，但也是仅次于四天王的有名之人。《先哲丛谈》（卷一）记录有"惺窝高第弟子五人，得庵其一也"的说法。宽永五年（1628）六月十四日，其家人皆外出参观祇园祭，唯得庵在家中读书，不经意微睡时，其弟子安田安昌潜伏进来将其刺杀，时年四十八。得庵编撰过《惺窝续集》，林罗山为其作碑铭，见于《罗山文集》（卷第四十三）中。其事迹还可见于《日本古今人物史》（卷五）及《先哲丛谈》（卷一）中。

三宅寄斋，名岛，字亡羊，号寄斋，又号江南野水翁，通称玄藩，和泉人。《先哲丛谈》（卷一）后编中记载有"其学无常师"一句，但是《古今人物史》中则记录有"师事惺窝先生"。因此按照这个说法，寄斋生于天正八年（1580）正月元旦，庆安二年（1649）六月十八日殁，享年七十，葬于洛北鹰峰。寄斋无子，乃收门人合田道乙为养子，以其女为之妻。道乙名子燕，号巩革斋。寄斋事迹收录在《日本古今人物史》（卷五）、《先哲丛谈》（卷一）后编以及《近世丛语》（卷七）中。

石川丈山，名凹，初名重之，字丈山，俗称三弥，后称嘉右卫门。号有多个，如六六山人、四明山人等。其他还有凹凸窠、大拙、乌鳞等为其别号。三河人，生于武人之家，少壮有

---

① 经译者查阅，此书应为《日本古今人物史》，或为井上使用错误。——译者注

勇气。元和元年（1615）大阪之役中，孤身出阵营，斩杀敌人首级而加爵二级，但因违反军令而被罢免。后隐居叡山西麓一乘寺村，以翰墨自娱。曾选出汉晋到唐宋之间擅长作诗者三十六人，请求画工狩野守信（即探幽）为其作像，自己分别抄录了每人一首诗，装裱张贴于居所堂中，并起名为"诗仙堂"。每当有显官巨公来访时，他都闭门谢客。仅和林罗山、堀杏庵、野间三竹、僧元政及明朝陈元赟之徒交好。后水尾帝屡次召见，但都辞而未出，并作和歌一首述其志，云：

濑见川虽浅，自古既有之。如若强渡之，徒留影自羞。

又尝作《富士山诗》云：

仙客来游云外巅，神龙栖老洞中渊。雪如纨素烟如柄，白扇倒悬东海天。

此诗脍炙人口。简而言之，他首先是一位诗人，虽汲汲攻读经义，但非学究。宽文十二年（1672）五月二十三日殁，享年九十，葬于洛北一乘寺。丈山未娶妻妾，故无子嗣。著有《覆酱集》三卷、《覆酱全集》二十四卷等。其事迹收录于《先哲丛谈》（卷二）、《近世丛语》（卷四）、《先哲像传》（卷一）、《隐逸全传》（下卷）以及《事实文编》（卷十二）等。

吉田素庵，名贞顺，另一名为玄子，字子元（另一说字子允，盖为贻误），通称与市，素庵为其号。居于洛西嵯峨角仓，故世人又称其为角仓氏，是大名鼎鼎的角仓了以之子，工业有功，又遣商船至安南进行贸易。也因此，惺窝为其作《舟中规约》。素庵擅长作诗咏歌且能书,其风流名噪一时。他又随从惺窝研究经史,又与罗山相识。庆长九年(1604)三月,将罗山介绍给惺窝的实为素庵。《惺窝文集》及《罗山文集》中所谓田玄之便是素庵其人。惺窝常说:"素庵信道之笃,不可企及。"由此可察其人物性情。素庵曾得《史记评林》一书,并将其翻刻出来,世称嵯峨本。著有《藤原系图》一卷、《武家系图》三卷,其事迹见于《先哲丛谈续编》(卷一)。

第五　惺窝相关书籍

《惺窝先生行状》(林罗山撰)

收载于《惺窝文集》卷首。

《惺窝先生略系谱》(藤原为经撰)

收载于藤原为经所编《惺窝文集》首卷中。

《本朝儒宗传》(下卷)(巨正纯·巨正德编)

《先哲丛谈》(卷一)

《近世丛语》(卷二)

《先哲像传》(卷一)

《大日本史料原稿》

《日本诗史》(卷三)(江村北海著)

《古今诸家人物志》(释万庵著)

《日本诸家人物志》

《儒林姓名录》(永忠原编辑)

《学问源流》(那波鲁堂著)

《近世大儒列传》（上卷）（内藤灿聚著）

《望海每谈》

《垂统大记》

《汉学纪源》（卷四）（伊地知季安撰）

《儒林传》（涩井太室著）

《斯文源流》（河口静斋著）

《举白集》

《扶桑拾叶集》

《罗山文集》

《梅村载笔》

《老人杂话》

《明良洪范》（卷一）

《茅窗漫录》

《野史》（第二百五十一卷）

《事实文编》（卷七）

《前桥旧藏闻书》

《日本名家人名详传》（下）

《大日本人名辞书》

《鹿儿岛外史》

《近代名家著述目录》

《庆长以来诸家著述目录》

《墨水一滴》（稻叶默斋著）

第二章
林罗山

第一　事迹

将德川氏三百年间（1603—1868）的教育主义确立为朱子学的人物是林罗山。罗山名忠，一名信胜，字子信，又称三郎。幼名菊松丸，剃发后称道春，罗山为其号。另有浮山、罗洞、四维山长等别号。其祖先为藤原氏之余流，加贺士族。后移居纪伊，祖父为正胜，有三子，长子吉胜，次子信时，幼子周坚。罗山为信时之子，其母为田中氏。正胜去世时，其三子尚年幼，乃从母移居大阪，后到京师居住。天正十一年（1583）八月，罗山生于京师四条新町，幼时神采秀彻，非常人所能及。十三岁[①]时在建仁寺读书，夙夜孜孜不倦，造

[①]　《先哲丛谈》以及《近世丛语》中记录为十四岁。《行状》以及《年谱》中为十三岁。此处采用十三的说法。

诣不可小觑，当时禅僧中有名于世之人若有疑义，就问罗山，所得不少，于是有"如多智文殊"之评。他们以为若此人遁入佛门，必善智识，因劝其出家。但罗山未肯，竟去而归家，未入寺门，誓曰：

> 余何敢入释氏而弃父母之恩哉？且无后者，不孝之大矣，必不为之。

于是四方求书，得而攻究之，学业渐进，遂着眼于宋儒之书，精专四书六经，尝言：

> 汉唐以来之文字，皆有所原。推而究之，大要归于六经。唯六经之文字，无有所原。道固在于此。

又言：

> 后世能得六经之旨者，唯有程朱之学。今日异端外说，又壅塞之，是当力辟。

罗山一意以兴洛闽之学为己任，十八岁时已可以讲解宋儒之书，以教徒弟。当时清原家之儒者讲四书也唯《大学》《中庸》，用朱子《章句》。如《论》《孟》，尚用何晏赵岐之注，皇侃邢昺之疏，未取朱子《集注》。五经仅窥汉唐注疏。但罗山不拘之，讲宋儒之学，乃用《论语集注》，人喜其新奇，来听者满席。于是清原秀贤忌其才，奏曰：

> 自古无敕许，不能讲书。廷臣犹然，况俗士乎？请

罪之。

这是清原欲垄断学问之意，其气量狭小，无容豆之余地。秀贤之言遂闻于家康，家康莞尔哂曰：

当各从其好，何为告诉之浅卑乎？

家康反而以为罗山有可取之处。于是秀贤三缄其口，罗山因此而益加用力讲学。时闻藤原惺窝隐居洛北，倡导程朱之学，罗山对其仰慕不已。庆长九年（1604）罗山年二十二，惺窝门人吉田玄之将其引荐给惺窝，遂拜入门下。惺窝乃予罗山深衣道服，罗山于是着深衣讲书，举疑问之点问之于惺窝，惺窝为之批答，是为《惺窝答问》，载于《罗山文集》第三十二卷以及第三十三卷。惺窝尝语人曰：

伶俐者世多有，而立志者寡矣。我非翅嘉信胜利智，只嘉其志而已。近时皆驴鸣犬吠也，故久废笔砚，彼夫起予者乎？

惺窝乃视罗山为高足，为之倾倒，称之"林秀才"。其后未几幕府聘罗山以备顾问，罗山祝发称道春，时年二十五。后至四十七岁时，与其弟永喜叙法印之位，为民部卿法印。中江藤树曾作《林子剃发受位辨》，大加非议：

林道春记性聪颖，博物洽闻。而说儒者之道，徒饰其口，效佛氏之法，妄剃其发，旷安宅而不居，舍正路而不由，朱子所谓能言之鹦鹉也，而自称真儒矣。

又曰：

又曰：

己巳除夕，以沙门之位赐之。林氏兄弟者受之，以为荣幸，而虑世之毁笑乎？作文以饰其非，而成其恶。

又曰：

夫林氏剃发，若非佛者，则假形之徒，非从我俗矣，不言而可知。而附断发之权，卿服之义，自欺欺人。其惑世诬民，充塞仁义，其害不可胜言。譬之小人，犹如穿窬之盗哉？

其言虽残酷之极，罗山亦只得忍受。然罗山当幕府创业之际，确为有用之人物。其学问渊博，且有诗文之才。律令之制、官府之书自不待言，从宗庙祭祀之典到异国交际之事，无不参与规划。或以其比之为汉代叔孙通。明历三年（1657）正月十七日，罗山照旧诣红叶山，拜东照公之庙，还于家中后，气宇轩昂。十八日江户大火，春斋家中遭遇火灾，唯有书库独存。十九日江户又发生火灾，城下町多半遭遇火灾，罗山家亦化为乌有。罗山遁赴别墅时，舆中唯携带朱笔《梁书》一册。罗山晚年欲将《二十一史》从头至尾全部逐卷加以朱笔点校，已览《晋书》《宋书》《南齐书》，且加完朱点，方读《梁书》过半，燃起熊熊烈火，罗山尚端坐而加朱点。紧要关头，春斋、春德二子护之而出。及罗山已至别墅，尚以为铜库坚牢，必可免于火灾。既闻是已化为焦土，叹曰：

多年之精力，尽于一时。呜呼！命矣！

罗山终夜叹息，胸塞气郁，遂卧病，至二十三日易箦，时年七十五，私谥文敏先生。子孙继其家学，门人亦不少，人见卜幽轩、同鹤山（一号竹洞）、永田善斋、那波木庵、坂井伐木、菊池耕斋、白井灵兰等皆曾受罗山熏陶。

罗山为人恭谦谨恪，不敢忤上，是以历事幕府四代，未曾逢其谴责，前后执政亦无所谤害。罗山虽有胜众之才，但未敢夸其才。《年谱》宽永十六年条云：

先生天性敦厚，不以才名夸于人。

盖其交际圆熟，其得游官多年，无疑亦因由于此。罗山平生谨保养，偶遇微疾，但未至重症，能维持健康情态。但罗山有鼻疾，终身忧之。其疾寒涕常有流至胸间之时，混有血痂，或为今天所谓鼻炎。虽然不是什么危险之疾，但丑秽之甚。罗山因作《鼻疾赋》，叹曰：

惟鼻之为状兮，乃天中面上之山。偶金脏之蕴热兮，寒涕流而为渊。剩齉颇之未止兮，痂血出而朱殷。

又《赠石川丈山》云：

宿痾鼻涕，如雨滴流于壁，云云。右鼻内烂如疡，时时为痂，而抆以纸，则与血同凝落。

然丈山亦有同样鼻疾，《与罗山书》曰：

> 兼闻足下鼻涕流未止，云云。余亦有鼻疾，云云。捻纸实鼻，余老此患弥留，可以怜焉。

由此可以想象罗山苦于鼻疾之事。其又屡次并患耳疾咳疾，《与丈山书》可以为证。

与其说罗山专攻精到，其更务博览强记。他二十二岁时所读之书已多达四百四十余部，其终身造诣由此可以推测一二！《行状》云：

> 所谓世间有字之书，无不读者，先生是也。

又《先哲丛谈》云：

> 罗山洽博，于天下之书无不读。

此绝非虚褒滥赏之词，罗山著作有一百四十七种，合《文集》《诗集》，有一百五十多种，真可谓著书等身。然作为多年研究之精粹而出于世者几乎没有，大抵都是粗杂之物。固可资今日参考者唯有此，但对学者不可或缺者稀。而罗山作为德川时代一大巨儒是任何人都不能否定的。

幕府尝将上野之地（今山王台所在地）赐予罗山，罗山乃以为别墅，建圣堂，设文库，为讲学之地。今日御茶水圣堂便是自上野移过去的。

第二　著书

《罗山文集》七十五卷

《罗山诗集》七十五卷

《罗山文集附录》五卷

《文集》及《诗集》为罗山殁后，其子鹅峰与弟弟春德共同编撰，是了解罗山学说的唯一材料。尤其是往来书信、《惺窝答问》及随笔之类最值得关注。

《儒门思问录》四卷

分上下两册，共四卷。鹅峰在《罗山先生编著书目》中记录为三卷是有误的。

《道统小传》两卷

开篇为罗山序，系宽永二十一年（1644）所作。结尾有源信成所作后序，详细叙述该书由来。此书为探究儒学之谱系所不可或缺的著作。

《经典题说》一卷

此书为《诗》《书》《礼记》《周礼》《仪礼》《乐经》《周易》《春秋》《左传》《公羊传》《谷梁传》《孝经》《尔雅》等十三经之解题。

《阳明攒眉》一卷

此书现今未存。据鹅峰所编《罗山先生编著书目》记载，此书为排斥阳明学说之著作。

《梅村载笔》三卷（写本）

此书为随笔体著作，其中随处可见惺窝学说，读来饶有兴味。《百濑川》（卷二十三）中将其作为一卷收录。

其他经书注释，《老子》标注及神道相关书籍等亦不少。①

第三　学说

罗山为纯正朱子学派之人，虽曾师事藤原惺窝，但并非和惺窝一样崇敬陆象山，更不用说其他异端之学了。罗山二十二岁拜入惺窝门下，不仅已经通读四百四十余部著作，还形成了一家之定说，恪守朱子学。从其《行状》及《年谱》中可以得知，罗山自十八岁时研读宋儒之书，二十一岁时已有倡导朱子学之气势。由此观之，罗山成为朱子学派，并非是受惺窝熏陶，拜师惺窝之前，罗山已具有了独立见解。若言及学问之博宏，才识之敏慧，罗山远比惺窝优秀。然惺窝长罗山十八岁，德高邵于一代，不仅如此，若言及心胸之量度、学问之正大，罗山则必须恭让惺窝数步。是其所以执弟子之礼，而师事于惺窝也。然惺窝学问失之宏大，其所主张终有茫漠之弊，其取朱子学，而亦未能弃陆氏；虽已归于儒教，尚存佛教痕迹。佐藤一斋曾论惺窝曰：

我邦首倡濂洛之学者为藤公，而早已并取朱陆如此。

---

① 1937年版，此处加入眉批：《春鉴抄》《三德抄》《敕戒说》收录于《续续群书类丛》卷十《教育部》中。

第二章　林罗山

（《言志晚录》）

然惺窝并取之说并非限于朱陆，又儒佛并取，具有包容一切而融合之倾向。虽其未偏一派之学，亦不无模棱两可之态度。然罗山却旗帜鲜明，未见其有如此暧昧模糊之点。他既已崇奉朱子学，便全然崇奉之，不厌其烦排斥一切与之相异者，即排斥陆象山、王阳明，排斥道教、佛教、耶稣教，主张自己所取之朱子学。殊如其《寄田玄之书》云：

　　向者先生专言陆氏之学，陆氏之于朱子，如薰莸冰炭之相反，岂同器乎？同炉乎？

又曰：

　　其夫子之道在六经，解经莫粹于紫阳氏，舍紫阳弗之从，而唯区区象山之是信，不几于似惑欤？

其家学系统如上所示，不容置疑。但这是罗山通过吉田玄之寄给惺窝之书信，信中所言大抵都是对惺窝其人而言。盖为罗山未入惺窝之门时，先结识了惺窝门人吉田玄之，故通过玄之将书信递给惺窝。惺窝所答书信亦收录在《惺窝文集》中。从罗山所写此文及惺窝回信中，足可以看出二者之学问见识。罗山尊奉朱子学，与惺窝相比，具有峻峭明快之特征，但并非如山崎暗斋之偏狭固陋。佐藤一斋论之曰：

　　博士家古来遵用汉唐注疏，至惺窝先生，始讲宋贤复古之学。神祖尝深悦之，举其门人林罗山，罗山承继师

传，折中宋贤诸家。其说与汉唐殊异，故称曰宋学而已。至于暗斋之徒，则拘泥过甚，与惺窝罗山稍不同。（《言志晚录》）

又曰：

惺窝罗山课其子弟，经业大略依朱氏，而其所取舍则不特宋儒，而及元明诸家，鹅峰亦于诸经有私考，有别考，乃知其不拘一家者显然。

这本是一斋出于为自家所处首鼠两端的地位所作辩护之意，但罗山完全未掉入朱子窠臼中，对于这一点不能加以否定。然其作为朱子学派之旗帜并非暧昧模糊。一斋将惺窝和罗山视为一样，在宽宏之气度上无任何异同之处，此评论未得其肯綮。

罗山关于太极、阴阳、天命、心性等诸说，皆得自朱子。故叙述时只不过是重复朱子之旨意，丝毫不足以看出罗山之特色。故不可将此等置之度外，盖罗山并无自家独创之见，关于哲学伦理等，仅是叙述朱子旨意或加以敷衍。但先不论此，来看一下下文所当注意之处。

罗山尊崇朱子，唯独理气说上推崇王阳明之说，《寄田玄之书》论之云：

太极，理也。阴阳，气也。太极之中本有阴阳，阴阳之中亦未尝不有太极。五常，理也。五行，气也，亦然。是以或有理气不可分之论。胜（罗山之名）虽知其戾朱子之意，而或强言之。

朱子认为理气可分，是为二物。然阳明则认为理气合一而不可分。罗山和朱子相悖，赞同阳明之说，是其未完全埋没于朱子窠臼中之处。《随笔》四云：

> 程子曰："论性不论气，不备；论气不论性，不明。二之则不是。"古今论理气者多矣，未有过焉者，独大明王守仁云："理者，气之条理；气者，理之运用。"（《文集》卷六十八，第二十八页左）

这是说程子之后独阳明之说有所创见。又云：

> 理气一而二，二而一，是宋儒之意也。然阳明子曰："理者，气之条理；气者，理之运用。"由之思焉，则彼有支离之弊，由后学起，则右之二语，不可舍此而取彼也。要之，归乎一而已矣，惟心之谓乎？（《文集》卷六十八，第十页左）

宋儒之理气说，并非如出一辙。朱子认为理气是必然相辅相成而共存者，不欲说其合一，但未必不说其合一，遂决非断言是为二物。故可知朱子所取即理气并存论，然程子之见解却接近理气合一论。其以为性和气不可分，性虽就人所言，是亦不外乎理。是故其性与气不可分，即理与气不可分。然阳明以气之条理为理，以理之运用为气，分明道破其同体不离，说明此为一元。是故与其说罗山依宋儒之说，毋宁言其从阳明之说。其所言"归乎一而已矣"，意味着一元，其"惟心之谓乎"似意味着唯心。若更深入一层考察，则罗山或至主张唯心一元论，哲学上或产生最有趣之结果，但其终未能向前迈进一步。简而言之，就理气说而言，罗山不满足于宋儒之说，反而取阳明一元世界观。然于其他学问体系，罗山完全崇奉朱子，但绝非"阳朱阴王"，取首鼠两端之态度。《随笔》四云：

> 周子之主静，明道之动亦定，静亦定，伊川之主一，朱子之穷理，各有所悟入处，其成功一也。至皇明一代之巨擘，如陈白沙之静坐，王阳明之良知，则虽似顿悟，虽有高明，然不平易欤。（《文集》卷六十八，第二十四页右）

是罗山所以未能成为阳明学派之人也。然可见其论锋极为薄弱，其"不平易欤"之语，殊不适合阳明学。阳明学试图直接从内部到达圣域，直截简明，故可说最为平易。今罗山所谓"不平易欤"亦丝毫不足以对阳明学形成打击。罗山自言"欤"，表明其自家立论尚未巩固。而惺窝对此云：

> 古人各自有入头处，如周子之主静，程子之持敬，朱子之穷理，象山之易简，白沙之静圆，阳明之良知，其言似异，而之处不别也。（《文集》卷三十二，第七页左）

与之相比，其见解之精粗，果如何乎？《惺窝答问》中罗山论阳明曰：

> 阳明出，而后皇明之学大乱矣，必又有可畏之君子者

出焉而一之。

他又另著有《阳明攒眉》一书，排斥阳明学。反之，其尊崇朱子仅次于孔子，其言云：

> 其大开斯道全起圣学者，上之夫子，下之文公也。末俗小儒，吹毛吠声，妄议文公，固不足挂唇吻。（《行状》）

由此观之，罗山为左袒朱子者，但并非尸祝阳明者，无俟复论。

罗山排斥陆象山王阳明，似乎有些过度。《寄田玄之书》攻击象山，不遗余力，其中有谓云：

> 象山似庄周，朱子似孟子。若使庄周一见孟子，则闻道也必矣。象山见朱子，而其偏见遂不改，然则似则似，是未是乎？（《文集》卷二，第五页右）

此论未必为是。首先就象山似庄子一事并非没有异论，姑不可忽视。然"若使庄周一见孟子，则闻道也必矣"，因何而断定哉？若庄子真与孟子相逢，上下讨论，庄子是否果真轻易屈服于孟子，最为可疑。倒不如以老子与孔子之会面来推测更为恰当。何以草率得出"闻道也必矣"之结论？《随笔》六云：

> 周子之主静，明道之定性，伊川之主一无适，朱子之格物穷理，皆是其所入异而所致不异。若金溪之易简，新建伯之良知，则自以为儒，然世呼为儒中禅，其门人末流

之弊陷于狂禅。(《文集》卷七十，第十页左)

若言门人末流之弊，朱子亦有之，何独咎陆王乎？且夫世人如何呼之，未必需要顾虑。只是需要仔细攻究之，论证其与禅有何异同。然罗山不为之，而从世人所呼，似从开头便有摈斥之意，是其所以不免有偏见也。罗山还排斥老子，其言云：

> 李耳曰："道可道，非常道。"其所谓道者，言清净无为也，言天地未分也。夫人生乎今之世，不可为上古之无事，而况何以置此身于天地未判之先乎？若以天地为譬喻，以混沌未开为不起一念，则一息未断之间何以不起一念乎？人本活物也，争与枯骸似欤？蒙叟之槁木死灰及柴立之说亦如是，异端之言语也。圣人之道不然，其道不在君臣父子男女兄弟朋友之外，所以行之者五常也。五常本在一心，此心所具之理，即是性也。人人所共由者道也。得道于心谓之德，故道德仁义礼智，其名异，实一也，非李耳所云道也。若弃人伦，别谓有道，则非儒道也，非圣人之道也，非尧舜之道也。(《文集》卷六十八，第二十四页左)

如果罗山将老子无名解释为易之太极，和朱子的理一样，以实在观念加以表述，岂能如此排斥老子乎？《中庸》云：

> 喜怒哀乐之未发，谓之中。

此处"中"不应看作一念未起、混沌未分之境界。然罗山

第二章　林罗山

并未顾及这些事实，断然排斥老子，其所取之主义确乎固定，牢固不可撼动。惺窝曾教罗山，见解尚未坚定之时，不可妄读异端之书。（《文集》卷三十，第三页左）由此观之，罗山见解之坚定，亦起因于惺窝此言。

罗山还排斥佛教，颇有痛快之论。其主要论点为佛教废弃人伦，与圣人之道相悖。殊如其《告禅徒》之言，颇为奇特，云：

> 大灯国师妙超初为丐人（即乞丐），居五条桥下有年矣。其门徒作《行状》《年谱》，皆讳而不载。独狂云子宗纯作《赞》曰："风餐露宿无人犯，第五桥边十五年。"世传妙超弱龄问法显密之家，而不快于心，欲入元求法，遂赴博多，适遇僧绍明归自元，于是参禅嗣法。超有妻子，为断恩爱之欲，使妻买酒，因闭户，杀其二岁儿，串炙之。及妻还，见之怪焉，乃瞰炙儿以饮，妻熟视大叫唤而出，超亦便出，是乃紫野大灯国师也。（《文集》卷五十六，第二十九页右）

罗山叙述完此事，大声疾呼，举佛徒灭人伦、绝义理之非，痛彻攻击佛教。妙超啖自家小儿肉之事，虽亦载于《梅村载笔》中，未可知其是否果真属实。然其二十年间与乞丐为伍，过着极其枯淡的生活，似为事实。《本朝高僧传》（卷二十五）有《妙超传》，今读之，超曾于建长寺参大应国师，一朝忽然大悟，作偈，其后书曰：

> 吾宗到你大兴于世，但是二十年长养，然后使人知有

吾证明。

超乃还京师，欲实践之。《高僧传》云：

> 逸居洛东云居寺，衲侣数辈，枯淡自疆垂二十年。

而又于赞中明其乞丐生活，云：

> 第五桥边长养沈韰殆乎二十年，与乞丐厉人，将终其身矣。

一休曾作诗歌咏此事。其诗载于《狂云集》（上），与罗山所引之处有所异同，举之如下，云：

> 排尽大灯辉一天，鸾舆竞誉法堂前。风飧水宿无人记，第五桥边二十年。

妙超与乞丐为伍非十五年，实为二十年。然这并非仅是超之奇行，虽释迦本人，亦经历乞丐生活，后僧侣皆效之。罗山又作《谕三人》之文，愚弄嘲骂天台、真言及禅宗，论之曰：

> 浮屠氏毕竟以山河大地为假，以人伦为幻妄，遂绝灭义理，有罪于我道，云云。彼去君臣，弃父子，以求道。我未闻君父之外，别有所谓道也。（《文集》卷五十六，第三十一页右）

此外，还对修验道有所非议，曰：

> 今浮屠中之一徒，著头巾，挂露衣，带剑杖锡，佩大

螺贝。有事乃吹贝而呼众，世人所号山伏者是也。其徒有犯法当罪者，众胥议，穿深坑而活埋之。然后下石以封树焉。表曰：某之山伏有罪矣，官之所不能禁也，云云。吾闻浮屠贵不杀，何今其刻激哉？（《文集》卷五十六，第二十七页右）

又《寄颂游书》自虚实之处比较儒佛二教，论之曰：

夫儒也实，佛也虚，是虚实之惑，滔滔者天下皆是。今若于虚与实，则谁人取虚而舍实哉？云云。昔者关中之大儒张横渠壮访释书，累年尽究，其说知无所得，反而求之六经，涣然自信曰：吾道自足乌乎！横渠可谓善改过者也。其在李唐则韩氏之《原道》《佛骨表》，在赵宋则程子朱子巳下，愧言释老之事，云云。程子曰：佛书如淫声美色能易惑人。朱子曰：寂灭之说高而无实，云云。彼所谓道者，非道也。吾所谓道者，道也。道也与非道也，无他，实与虚也，公与私也。（《文集》卷三，第七页左）

罗山排斥佛教，取其教义中谬误之处，逐一列举，不厌其烦将其击破。从大处考察之，虽不过是单单论破其灭人伦，绝义理，陷虚妄之弊害，亦略得其要领。

罗山又排斥当时传教士所输入的耶稣教。其少壮时经由颂游（歌人松永贞德）介绍，与其弟信澄（一名永喜）共指责耶稣宣教师不于氏 Frois（葡萄牙人），有种种论难。后叙述其事，作《排耶稣》三篇。其中关于耶稣教教义之问答，值得学者一顾之处如下：

罗山问曰：利玛窦，天地鬼神及人灵魂有始无终，吾不信焉。有始则有终，无始无终，可也。有始无终，不可也。然又殊有可证者乎？

不于不能答。

罗山曰：天主造天地万物，云云。造天主者谁耶？

不于曰：天主无始无终。

罗山遁词不辨。更问曰：理与天主有前后乎？

不于曰：天主者，体也。理者，用也。体者前，理者后也。

罗山指面前之器曰：器者，体也。所以作器者，理也。然则理者前而天主者后也。

不于更换譬喻曰：灯者，体也。光者，理也。

罗山曰：所以火为灯者，理也。光者，非理也。唯云之光而已。

不于曰：作器之一念起处为理。一念不起以前，元无想无念而有体。然则体前理后也。

罗山驳之曰：不可也。不谓无想无念，唯言理与天主而已。无想无念之时，有理而存。

罗山以朱子学为立足点而论，不于以天主教为立足点而论，各执所见，欲使对方从于己，故一来一往遂无所归着。若理即哲理上之本体，天主为此之人格化，彼我之间未得以发现有融合调和之点。天主即儒教所谓上帝也，罗山问答之际，未联想到上帝，不得不说是意外之事，总之此问答无果而终。这终究是由于彼我之思想有相左之处。最后颂游笑曰："问高而答卑，彼之不解，信宜哉？"罗山乃有事起坐，时暴雨疾雷，不于不悦，曰：

> 儒者所谓太极者，不及天主。天主非乡曹弱年之所知，我能知太极。

对罗山一辈稍有侮蔑口气。是以信澄不耐之，骂曰：

> 汝狂谩也。太极者，非汝之所可知矣。

不于怒而杜口，时罗山复坐曰：

> 凡言义理，则不有益于彼，必有益于此。若争胜，则忿怒之色、嫉妒之气见于面，是害心术一端也，慎之哉！

真不愧是罗山，与信澄相比，其老实平静，自有大家之气象。（《文集》卷五十六，第三十一页至第三十四页）罗山又于《示石川丈山书》中论耶稣教曰：

> 耶稣变为异学，犹如妖狐之食妲己而化妲己也，可畏哉！云云。近岁禁最严矣！贼蛮虽革其面，然奸其心。其共同谋者叨唱异学，窃儒说天道而吐糟粕，其心密谓本于天主。天主者，彼所崇信也。掠佛说性空而诬心理，亦密谓传其天教。将夺之，先予之，亦盗老聃也。无善无恶，有善有恶，为善除恶，亦剽王阳明也。非儒，非老，非释，谓之三脚猫鬼，云云。不可不戒也。彼不识片字，自称为人师；不经一宿，自称曰大悟；不

知乌之雌雄，自称曰予圣。氓之蠢蠢，倾耳雷同，众之昏昏，异口渊默。吁！耶稣之变至于此极也！谁起太公于九原，斩妲己悬其首于白旗者，有之乎？举世怖狐之惑人是可恶焉。唯惧人中之狐，是诚最可憎也。（《文集》卷七，第四十页）

此外，以为耶稣教有害，论曰：

耶稣之变，果为乱臣贼子。唯是之惧，若有意者，何不防微杜渐乎？

又曰：

耶稣变为讹言，既败善类，或为妖狐，或为流离（鸟名），曷为不惩焉？

其排斥异学，主张自家学问，滔滔论之，娓娓辩之，其蓬勃之精神，一时进出，成光芒万丈之大文字。但从今天看来，其论旨有失刻薄者，盖为不可遮掩之事实。然若知此本出于其忠实热心于自家学问，亦不足深究。罗山又于《示石川丈山书》中对耶稣教徒布道一夫一妻制而难之曰：

虽世之匹妇妒忌最多，耶稣诳女以教男不蓄妾，不强奸，不和奸，故凡妇女悦而信奉之。彼邪学，诱劝诸方之室家亦如之云尔。（《文集》卷七，第四十四页）

又曰：

> 彼邪徒，外疏而内亲，阳默而阴谈，是迩日之仄闻也。教主人以鄙吝，诳妇女以夫不蓄妾，皆是蛮奴耶稣之妖变也。（《文集》卷七，第四十八页）

儒教本无一夫一妻之教，唯《文中子·魏相篇》有"一夫一妻，庶人之职也"一条。耶稣教一夫一妻之教，恰弥补儒教之缺陷，故罗山本应喜而取之，以为囊中之物反而对其有所非议，认为出于谲诈之策以外，复无其他旨意。此绝不可言为其精到之见。

罗山一方面极力排斥异学，同时又表现出与我邦神道融合之倾向。《文集》开头所载《倭赋》愤慨武人之跋扈，忧虑佛教之侵蚀，殊称历代帝王之威严，已非寻常儒者之口吻，《行状》中他尝曰：

> 本朝之神道是王道，王道是儒道，固无差等。（《文集》附录卷三，第二十七页）

神道、儒道、王道一致，可言复无二途，《随笔》二中，或问罗山如何区别神道与儒道，罗山答之曰：

> 自我观之，理一而已矣，其为异耳。（《文集》卷六十六，第三页）

又曰：

> 王道一变至于神道，神道一变至于道。道，吾所谓儒道也。（同上）

罗山如此融合调和神儒二教，《随笔》二又曰：

诣伊势皇太神宫之时也有外清净焉，有内清净焉。不食肉，不饮酒，不茹荤，不御女身，不触污秽恶，谓之外清净也，所谓斋也。心敬而忘名利，谓之内清净也，所谓心斋也。如今之世人，外净尚不为，而况于内净乎？是以未有协于神明者也。心为宅，神为主，敬亦为一心之主宰，故有敬则神来格。若无敬则亡本心，故为空宅。神何为来止乎？唯敬乎！敬所以合于神明也。

第四　子孙（附林家系谱）

罗山子孙，世世相继为幕府儒官，郁然成一家之系统。罗山共五子，长男为叔胜，字敬吉，小字左门，夭折。次男长吉，亦夭亡。次为春斋，名恕，又名春恕，一名春胜，字子和，后改之道，号鹅峰，殁于延宝八年（1680），年六十三，私谥文穆先生。著有《鹅峰文集》《本朝通鉴》等数十种。次为春德，初名守胜，字子文，通称左近，后名靖，字彦复，祝发称春德，函三子、读耕斋等皆为其别号，殁于宽文元年（1661），享年三十八，著述十余种。次为女子。春斋养有二男，长男为梅洞，名春信，又名憨，字孟著，宽文六年（1666）殁，年二十四，私谥颖定先生，著有《梅洞文集》十六卷、《史馆茗话》一卷等数种。次为凤冈，名戆，一名信笃，字直民，别号整宇，享保十七年（1732）殁，年八十有九，私谥正献先生。博学且著述颇多，长野丰山《松阴快谈》（卷之一）中云：

> 罗山凤冈二先生，其学该博，和汉古今之书，靡所不窥，可谓前无古人，后无来者矣。近世以博识自负者，或知彼而不知此，或知古而不知今，岂足望二先生之万一哉？

虽不免为褒奖过当之言，但凤冈和罗山一样，无疑是一位硕儒。凤冈养有三男，长男为春宗。次男为信充，一名怣，字士信，号榴冈，①著有《榴冈诗集》五卷、《正懿先生文集》六卷及其他数种。次为信智。信充养有二男，长信言，字士恭，号凤谷，安永二年（1773）殁，年五十有三，私谥正贞先生，著书数种。次为信宽，夭亡。信言育有一男，名信爱，明和八年（1771）殁，年二十八，私谥孝悼先生。信爱育有一男，名信征，天明七年（1787）殁，年二十七，私谥正良先生。信征以信敬为养子，信敬宽政四年（1792）殁，年二十六，私谥简顺先生。信敬以信衡为养子，信衡字叔统，一字公鉴，幼字熊藏，号述斋，天保十二年（1841）殁，年七十四，私谥快烈先生，著书颇多，为林家中兴之人，和佐藤一斋情同手足。述斋养有九男，长子为光，先殁。次子为辉，夭亡。次为煌，字用韬，号柽宇，所著所种。次为耀。次为爔。次为熿，字弸中，称式部，号复斋，著作颇多。次为爌。次为焜。

---

① 1937年版，此处加入眉批：榴冈门人有后藤芝山、柴野栗山等。

此外，又将其孙鸟居桄作为养子，述斋事迹收录于近世《先哲丛谈续编》（上卷）。中村敬宇先生尝论述斋曰：

> 林述斋先生为一时儒林之魁，豁达大度，成事者多。人之意出其表，而其嗣桱宇君，谨厚小心，循规蹈矩，与严君大异。人或以为言。公曰：儿之不学吾，正儿之善学吾矣。（《敬宇文集》卷之七）

是等子孙之外，罗山还有弟三人，永喜、甚性、宗吉，甚性与宗吉为僧人。永喜，一名信澄，号东舟，为刑部卿法印，宽永十五年（1638）殁，年五十四。其子信次，剃发改名永甫。春德之子胜澄，一名宪，字章卿，称右近，号晋轩，后改名为春东，延宝四年（1676）殁，时年二十三，私谥晋轩先生，著有《稽古录》六卷、《晋轩文集》十二卷及其他数种。养信如以为子，信如字翼成，号葛庐，通称又右卫门，享保十九年（1734）殁，年六十四，私谥温谦先生。信如育有一男，信亮，天明元年（1781）殁，年七十五，私谥斋庄先生。信亮之男为信方，宽政八年（1796）殁，年六十四，私谥良顺先生。信方之男为信隆。又凤冈之三男信智，称百助，宽保三年（1743）殁，时年五十七，私谥靖厚先生。信智之男为信有、信彭。信有，初称仙助，后称百助。天明五年（1785）殁，年五十五，私谥绍定先生。信彭，称赖母，后称主水，又称百助，为养子，宽政八年殁，年三十四，私谥坚顷先生。就中最杰出者为春斋、春德、凤冈、述斋（名信衡）四人。罗山子孙如此简单列出，可知其如何绳绳涉于漫长岁月而存续，所谓绵

第二章　林罗山

绵瓜瓞盖形容林家一族最为贴切之文字。如王朝时代菅江两家，虽成学阀，至其权势，远不及林家。归于林家手中之学阀权势，虽时有消长，而德川氏三百年间无所坠地，岂不可言盛乎？

林家系图①

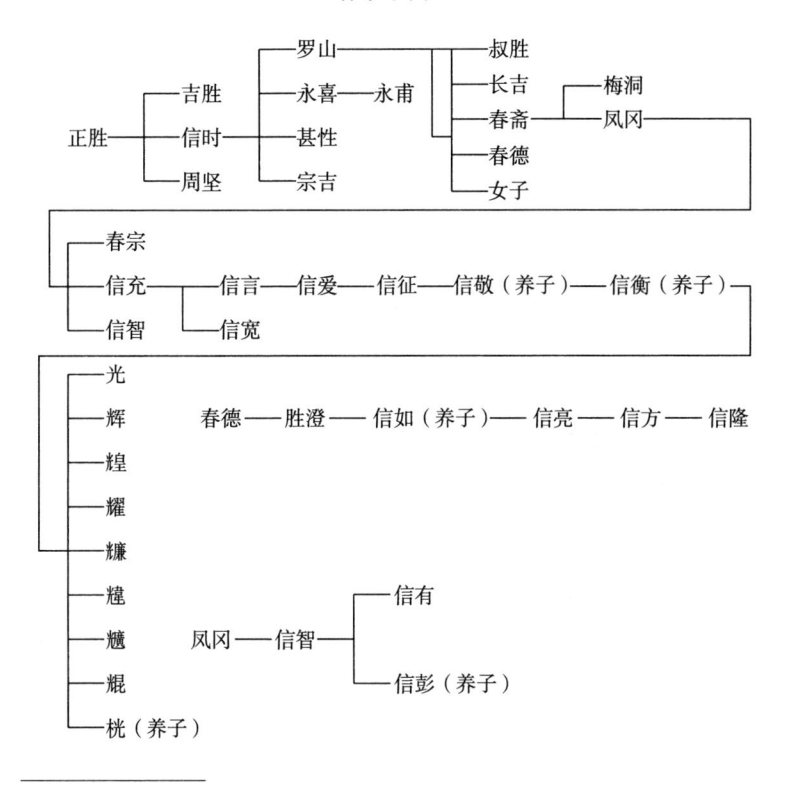

```
                    ┌─罗山──────┬─叔胜
            ┌─吉胜──┼─永喜──永甫  ├─长吉     ┌─梅洞
 正胜───────┼─信时──┼─甚性       ├─春斋─────┤
            └─周坚  └─宗吉       ├─春德     └─凤冈─────────┐
                                  └─女子                      │
┌─────────────────────────────────────────────────────────────┘
│     ┌─春宗
├─────┼─信充──┬─信言──信爱──信征──信敬（养子）──信衡（养子）─┐
│     └─信智  └─信宽                                              │
┌─────────────────────────────────────────────────────────────────┘
│  ┌─光
├──┼─辉
│  ├─煌
│  ├─耀
│  ├─爌
│  │      春德──胜澄──信如（养子）──信亮──信方──信隆
│  ├─熿
│  ├─爐
│  ├─焜
│  │      凤冈──信智──┬─信有
│  │                  └─信彭（养子）
│  └─桄（养子）
```

────────

① 1937 年版，此处加入眉批：罗山十二世孙林学斋仕幕府，为儒者奉行十八年。 王政维新后出仕司法省，后为群马县前桥师范学校以及女校校长。 从事教育多年，又曾管辖日光东照宫，明治三十一年（1898）辞请而住于熊谷柿沼，以闲云野鹤为友。 明治三十六年（1903）冒犯二贤，卧床三年，遂于明治三十九年（1906）七月十三日殁，享年七十四。

第五　罗山相关书籍

《罗山先生年谱》两卷（春斋撰）

《罗山先生行状》（春德撰）

《罗山先生编著书目》一卷（春斋撰）

上述三部书都收录于《罗山文集》附录中。

《先哲丛谈》（卷一）

《先哲像传》（卷一）

《近世丛语》（卷之一）

《儒职家系》（一）

《玉滴隐见》

《笔秀才》

《宽政重修诸家谱》

《鹅峰文集》

《近世大儒列传》（上卷）（内藤灿聚著）

《武门诸说拾遗》

《嶲燕偶记》

《明良洪范》

《老人杂话》

《常山纪谈》（卷之十八）

《日本古今人物史》（卷之五）（宇都宫遁庵著）

《近代名家著述目录》（一）

《庆长以来诸家著述目录》（上）

《鉴定便览》（一）
《大日本人名辞书》
《儒林传》（涩井太室著）
《日本名家人名详传》（上）
《读史论集》（山路弥吉著）
《事实文编》（卷之十一）
《图书解题》
《名家全书》
《日本德育史传》
《东洋伦理大纲》（后编）
《大日本史料原稿》一卷
《藤树全书》（卷十）
《野史》（第二百五十四卷）
《斯文源流》（河口静斋著）
《墨水一滴》（稻叶默斋著）

| 第三章 |

木下顺庵

　　木下顺庵继承惺窝系统，作为教育家大放异彩。顺庵，名贞干，字直夫，小字平之丞，顺庵为其号，又号锦里，京师人。幼年博闻强识，善读书写字，颇现早熟之征。僧天海见之，以为奇，欲使之为法嗣，然顺庵未从。年十三而作《太平颂》，载于《文集》卷十八中。其造句构思之技巧，难以想象出自十三岁幼童之笔。大纳言乌丸公将其献于后光明帝，帝大加赞赏。其后拜入惺窝门人松永尺五门下，学业大有长进，尺五期待其能成大器。既赴江户，见道之不合，复归京师，隐匿东山，读书育人近二十余年。其家塾被称为雉塾，集一世髦俊，人才辈出。于是顺庵声震天下，台阁公卿争而抢之，使其为门客，当时之名士贝原益轩、安东省庵、宇都宫遁庵等亦对其推崇有加，认为难与其比肩。其声望之高，可想而知。加贺侯重金召之，顺庵辞曰：

第三章　木下顺庵

> 余为尺五先生之门人也。今有先生嗣子永三（昌易之弟），未就仕途，家道屡空，请先聘之。

侯闻之，叹曰：

> 如顺庵，可言有古人之风。

遂即与松永氏共聘之。天和二年（1682）常宪公命其修国史，书成而上之。其后常宪公每当亲讲《周易》，常使顺庵侍其座。顺庵于元禄十一年（1698）十二月二十三日殁，享年七十八，私谥恭靖先生（恭靖或误作靖恭）。顺庵之墓位于今池上本门寺旁，大概当时葬于彼处。顺庵著有《锦里文集》十九卷及《班荆集》两卷。其养有二子，长男为敬简，字顺信，号净庵，早亡。次子为汝弼，字寅亮，小字平三郎，号菊潭，又号竹轩，仕加贺侯。菊潭之曾孙中有名静，字正直者，于天明中（1781—1789）校刻顺庵遗稿，便是今日所见《锦里文集》。顺庵弟弟为木下恒庵，恒庵之子为巽轩，名国坚，字弥夫，又号栗园。巽轩曾作《恭靖先生挽词十首》，载于《锦里文集》卷末。此外还有祇园南海寄送给巽轩之序，见于《南海文集》（卷之五）。

顺庵作为教育家非常成功，其门下人才济济。新井白石、室鸠巢、祇园南海、榊原篁洲、南部南山、松浦霞沼、三宅观澜、服部宽斋、向井沧洲等，皆受过顺庵熏陶。柴野栗山曰：

> 盛矣哉锦里先生门之得人也！参谋大政则源君美在中、室直清师礼，应对外国则雨森东伯阳、松浦仪祯卿，文章则

祇园瑜伯玉、西山顺泰健甫、南部景衡思聪，博该则榊原玄辅希翊，皆瑰奇绝伦之材矣。其冈岛达之至性，冈田文之谨厚，堀山辅之志操，向井三省之气节，石原学鲁之静退，亦不易得者。而师礼之经术，在中之典刑，实旷古之伟器，一代之通儒也。夫以若数子之资，而终身奉遵服膺先生之训，不敢一辞有异同焉，则先生之德与学可想矣。（《锦里文集》序）

顺庵门人中白石、鸠巢、芳洲、南海、篁洲五人，被称为木门五先生。此外加上南山、霞沼、观澜、宽斋、沧洲五人，被称为木门十哲。又因南山、霞沼二人甲子相同，被称为木门二妙。一说是霞沼和南海为二妙，另一说是南山和西山为二妙。顺庵曾有"旧游虽已没，二妙继余芳"一句。除这些门人之外，安东省庵也曾和顺庵有过接触，可以划入其门人之列。省庵《寄柳震泽》曰：

令师顺庵先生去年得特征，为天下之儒宗。盖先生学豁古今，道师圣贤，不肖在京所素知也，云云。不肖昔僭陪同门之末席，沐栽培，承陶铸，奉别以往三十余年，于今矣，未尝不引领东望，钦慕懿范也。（《省庵遗集》卷之五）

贝原益轩亦屡与顺庵相接而有所得（《益轩年谱》），可知顺庵对其熏陶之深远，非同一般。

顺庵虽著有文集，但未有可介绍之学说。从其作为教育家非常成功来看，其得以成功亦必有因。木下菊潭所撰《锦里先生小传》中云：

其在朝也，终日整齐严肃，如不容者。其在家也，虽燕居私室，恒盛服端坐，人望之如神。天资至孝，事父母致其志，极其养，云云。

又云：

娶三宅淡庵君女为配，先卒，后不再娶。孤枕独衾，如野僧然。平生一无嗜欲，食必淡泊，服必黄白，云云。

由此观之，顺庵作为古风之道学者，人格高尚。菊潭又论顺庵之学曰：

先君子抱天质颖悟之器，而遇太平无事之世，一生之受用，以道德性命之学为根本，以博闻多识为枝叶，其如诗赋文章，残膏剩馥而已。（《锦里文集》序）

木门出身中，如鸠巢、芳洲等重道德之士不少，可知其师之学也未必偏重文学。祇园南海亲炙顺庵之教，曾论顺庵曰：

恭靖公为一代之宿儒，道德文章，所谓醇乎之大贤。宾客门生熏然未有不化也，左右使令充然未有不醉也。（《南海文集》卷之五）

室鸠巢又曰：

呜呼！先生德业之崇，文章之懿，非独天资使然，亦由学术自致。故其行之笃，在家则事亲以孝，事兄以弟，及室家宗族之类，恩义之厚无所不至，云云。

由此观之，顺庵为有道之君子，无复疑也。比起语言，顺庵更注重通过实践来感化弟子。尽管他没有任何关于道学之著书，但致力于培养人才，教育效果于无声处显现出来。雨森芳洲在其所著《戏草》中曾记顺庵之事云：

或举"神，聪明正直而一者"之言问：所谓聪明是何意？吾师答曰：一念起，便可知。侍座之人皆如醍醐灌顶般有所悟。今记之，如此奇异之事亦可领会者，言词之外，大概有感人之事吧！吾师常言：头上三尺之天为贵也。

由此足以可知顺庵是如何感化弟子的。如今为考察其旨意，所罗门《箴言》第五章第二十一节曰：

因为人所行的道都在耶和华眼前，他也修平人一切的路。

与此相同，东西洋之暗合，至此聊有奇异之感。芳洲又在《橘窗茶话》（卷中）论顺庵曰：

恺悌爱书，教育英才则见之，其他非吾所得而知也。

芳洲此寥寥数言几乎可以形容出顺庵之人格，"恺悌爱书，教育英才"为顺庵一生之事业，这正是他作为教育家成功之所在。《近世丛语》（卷之三）叙及顺庵事迹，论之曰：

教人有方，磨垄淬濯，成就其器。

这大概描述了顺庵耳提面命之情形，虽不知其依据何在，但可想象得出与事实相差并不大。偶览长野丰山《松阴快谈》（卷之四）云：

> 余尊信程朱如神明，在我先辈，独折服于顺庵、鸠巢二先生。鸠巢才德，世皆知之，今不必论。至顺庵先生，则世唯目以温厚长者而已，不知先生德量之大，当时无双也。若夫鸠巢、白石、观澜、南海、芳洲数人，皆古所谓奇才豪杰，而各擅所长，名声震曜于天下矣。独先生默然如无所能者，而前数子皆师事先生，犹七十子之于孔子，无思不服。是岂徒以声音容貌、欺世盗名者之所能得哉？先生教人，各因其材而笃焉，犹孔门之诸子，德行政事，言语文学，各成其材也。是岂与世之腐儒，胶柱鼓瑟，刻舟求剑，县一定之权衡，以待人同哉？先生爱才好士，称誉荐达，有唐宋名贤之风度，亦余之所以深服其德量也。

这亦很好地描绘出顺庵作为教育家的人格。简而言之，顺庵虽未直接主张一家之言，但间接通过教育促进了朱子学的发展，其功不可没。

此外就顺庵学问文章，《先哲丛谈》（卷之三）有如下评论云：

> 物徂徕曰："锦里先生者出，而扶桑之诗皆唐矣。"服南郭曰："锦里先生实为文运之嚆矢。虽其诗不甚工，首唱唐。"又闻先生恒言，非熟读《十三经注疏》，则不可谓通经矣。由此观之，所谓古学亦先生为之开祖。

若此《十三经注疏》之事果真属实，与其说顺庵是古学开山鼻祖，不如说他是折衷派开山鼻祖。即使其曾言有必要熟读《十三经注疏》，也丝毫没有排斥程朱之意。他有《述怀诗》云：

> 滔滔儒流天地始，发源太极少人窥。羲黄尧舜百王祖，孔孟程朱万世师。敬直义方宜守静，博文约礼岂求奇。东夷小子空勤苦，佛法千年涵四维。

又有一首题为《朱子》之诗云：

> 遗经千岁决群疑，义理精微抽茧丝。仰止鹅湖论旧学，确乎鹿洞定新规。百王蓍鉴编《纲目》，四子阶梯录《近思》。顿悟金溪何足贵，泗源嫡派舍君谁。

其尊信程朱之笃，由此可知。只是自我贬低，称为东夷，与徂徕一样均陷入崇外之弊，这一点让人深表惋惜。简而言之，顺庵虽笃信程朱，但未陷入其窠臼中，更又兼取古注。其门人榊原篁洲采取折衷态度，不喜区分门派，古注新注并用，或许也是基于顺庵指导吧！一并记录下来，姑且存疑。

接下来看一下顺庵门人之事迹。

（1）新井白石，名君美，字在中，小字勘解由，初名玙，姓源氏，白石为其号，又号锦屏山人。江户人，仕幕府。白石为当时之人豪，学识非凡。然非经学者，更长于历史、故实、制度、诗文等。其著述有一百六十余种，然堤朝风所撰《白石先生著述书目》中共列举出一百七十余种。我邦自古以来著述未有超过白石者。白石少有大志，常自诵曰："大丈夫生不得封侯，死当为阎罗。"其殁于享保十年（1725）五月十九日，享年六十九，葬于浅草报恩寺。门人有益田鹤楼、土井霞洲。[《先哲丛谈》（卷之五）、《先哲像传》（卷三）、《近世丛语》（卷之二）、《文会杂记》、《鉴定便览》、《闲散余录》、《甘雨亭丛书》、《活版经籍考》、《近闻寓筝》、《白石先生著述书目》]①

（2）室鸠巢，随后介绍。

（3）祇园南海，名瑜，又名正卿，字白玉。一字斌，小字与一郎，南海为其号，又号铁冠道人。纪伊人，仕纪州侯。因诗出名，宝历十一年（1761）殁，享年七十五。著有《南海集》五卷、《湘云瓒语》三卷等。[《先哲丛谈》（卷之六）、《近世丛语》（卷之三）、《日本诗史》（卷之四）、《补遗鸠巢文集》（卷之六）、《诸家人物志》、《画乘要略》]南海之子铁船，名尚濂，字师援，小字孙三郎，亦以文墨著称于世。

（4）榊原篁洲，名玄辅，字希翊，号篁洲，通称小太郎，后以元辅为通称，篁洲为其号，又号惕惕子。和泉人，仕纪州侯。篁洲主要用力于经义，旁及杂技。顺庵晚年戏谓人曰："伯阳之华音，君美之典诂，师礼之经义，希翊之技艺，我门之手足矣。"篁洲善书画，又研究中国之法制，或可云：我邦讲明中国律学政书者，实始于篁洲也。篁洲常云：

---

① 1937 年版，此处加入眉批：在《先哲丛谈》基础上，加入了《白石先生年谱》。

> 天下技艺，各有四等。一曰偏多，二曰功者，三曰上手，四曰冥尽。上下三千年，纵横一万里，所存不出于此。学者之于道亦然。

他殁于宝永三年（1706），享年五十一。所著十有余种。一男名延寿，字万年。一孙名良显，字彰明，号青洲。[《先哲丛谈后编》（卷之二）、《近世丛语》（卷之三）、《后编鸠巢文集》（卷之十六）、《诸家人物志》、《鉴定便览》、《日本名家人物详传》]

（5）雨森芳洲，随后介绍。

（6）南部南山，名景衡，字思聪，南山为其号，又号环翠园，通称昌辅。长崎人，仕富山侯。正德二年（1712）殁，时年五十五。南山为人温恭，精通经史，以诗文著称。有一子，名为景春，字国华，幼而有诗才。享保二年（1717）殁，年仅二十三。[《先哲丛谈后编》（卷之三）、《近世丛语》（卷之四）、《先民传》、《鉴定便览》]

（7）松浦霞沼，名仪，字祯卿，通称仪右卫门，号震沼。播磨人，与雨森芳洲同仕对马侯，多次与韩人接触。享保十三年（1728）殁，时年五十三。著有《通交大记》五十卷、《宗氏家谱》三十二卷、《殊号辨正》两卷、《殊号事略正误》一卷等。其无嗣子，过继芳洲次子名权允者为其养子。权允字文平，通称赞二郎，袭职。[《先哲丛谈续编》（卷之五）、《近世丛语》（卷之四）、《诸家人物志》、《鉴定便览》]

（8）三宅观澜，名缉明，字用晦，小字九十郎，观澜为其号。石庵之弟，平安人，初仕水户义公，后经白石推荐仕幕府。正德二年（1712）殁，时年三十八。著有《中兴鉴言》一卷、《观澜文集》两卷等。其兄石庵尊奉阳明学，与其流派相异，他信奉朱子学，尤其推崇薛敬轩、丘琼山（《送严书记序》）。梁田蜕严题为《文柄》一书中云：

> 物徂徕老矣，弩末不能入缟。天又夺滕焕图，如失左右手。室鸠巢醇乎古先生，淡泊自守，无斗心也。宅观澜竖帜骏台，堂堂正正之威。殆使牛门塞关，不敢东饮马矣。不幸星陨，可胜叹也。（《蜕严集后编》卷之八）

观澜当时之名望，由此可知。其虽早逝，但与当时有名之士并称。［《先哲丛谈》（卷之五）、《近世丛语》（卷之三）、《甘雨亭丛书》、《蜕严集》、《诸家人物志》］

（9）服部宽斋，名保庸，字绍卿，通称藤九郎，宽斋为其号，又号龙溪。服部自行修改姓氏为服氏，东都人，文庙侍讲。宽斋为人至孝，而其行谨厚，博学多才。其弟愿，字维恭，亦同为侍讲。享保六年（1721）殁，享年五十五岁。（《诸家人物志》《鉴定便览》《名人忌辰录》）

（10）向井沧洲，名三省，字子鲁，后改称鲁甫，通称小三次，曾冒称柳川氏，摄津人，沧洲曾有仕志，遂未果。居家修学，其所居之堂称敬居。其言云：教育子弟，我宜当先躬之，以德为经，以才为纬，二者始于居敬。

事实亦然。其殁于享保十六年（1731）正月十九日，享年六十六。门人有宇明霞、石川麟洲、上柳四明等。［《先哲丛谈续编》（卷之五）、《近世丛语》（卷之三）、《鉴定便览》、

《诸家人物志》]

（11）西山西山，名顺泰，字健甫，号西山，通称健助，本为阿比留氏，后改为西山氏，自行修改为西氏。对马人，仕对马侯。元禄元年（1688）十月三日殁于江户，享年三十一。[《先哲丛谈后编》（卷之二）、《近世丛语》（卷之六）、《诸家人物志》、《鉴定便览》]顺庵曾作西山碑阴。（《锦里文集》卷十八）

（12）冈岛石梁，名达，字仲通，小字忠四郎，本姓为越智氏，仕加州侯，宝永六年（1709）六月殁，享年四十四。（《鉴定便览》）

（13）冈山竹圃，名文，字信威，小字文藏，东武人，其祖先为朝鲜人，壬辰之乱被我兵俘获，遂归化。竹圃为其孙，从仕而居于南纪。（《诸家人物志》《鉴定便览》）

（14）堀山辅，字顺之，江户人。年二十有余，始从学于顺庵，虽家贫，其志不屈，有高行之闻，故栗山亦称赞其志操。[《近世丛语》（卷之四）、《鉴定便览》、《诸家人物志》]

（15）石原鼎庵，名学鲁，字贯卿，鼎庵为其号，又号梓山，长崎人。元禄十一年（1698）殁，享年四十二，著有《梓山拾翠集》。[《续近世丛语》（卷之三）、《鉴定便览》、《诸家人物志》]

（16）圆田宗叔，字子彝，号云鹏，后改称胜田氏，东武人，以医为业。（《鉴定便览》《诸家人物志》）

（17）青木东庵，名证，字元证。①一字元征，又以行，别号松岳，姓余氏，京师人。(《鉴定便览》《大日本人名辞书》)

（18）安东省庵，名守约，字鲁兽，筑后人，后文详述。《锦里文集》(卷三)有如下诗文云：

送安东词宗还海西

渭城声里暗添愁，行色明朝天一涯。春树暮云千里眼，断山极浦几篇诗。

盟存车笠深知去，学辨陶阴博决疑。好赖平生稽古力，荣名长向九州驰。

（19）柳川震泽，名顺刚，字用中，通称平助，震泽为其号，又号雪溪钓叟。震泽在木门尤为前辈。篁洲、南山、西山、鸠巢等，皆事之以兄，可惜其仅过不惑之年便殁。著有《雪溪日录》六卷、《续录》六卷、《平庵漫录》两卷、《震泽长语》十卷、《韩馆酬和集》两卷及《遗文集》若干卷。[《先哲丛谈续编》(卷之二)、《鉴定便览》、《诸家人物志》]鸠巢在《与柳川三省书》中云："吾友震泽，有博物之识，过人之才，宜为世之所用，而遂以穷死。虽未尝识震泽者，苟稍好学知书者，犹爱惜而嗟叹之。况清与震泽同门之友，交游之久，每一念至此，未尝不慨然大息，继之以泣，云云。"(《前篇鸠巢文集》卷之八)

---

① 经查阅相关资料："青木东庵，名澄，字元澄。"——译者注

（20）板仓复轩，名九，字惇叔，小字九郎右卫门。江户人，初受业于木门，后与徂徕交，使其子亦学于徂徕。享保十三年（1728）殁，享年六十四。[《先哲丛谈后编》（卷之三）、《鉴定便览》、《日本名家人名详传》]

| 第四章 |

雨森芳洲

第一 事迹

惺窝、罗山以后尊奉朱子学,成一家之学者虽不乏其人,但在学说上可圈可点之处则相对较少。而雨森芳洲、安东省庵、室鸠巢三人在伦理方面立说较多,因此先考察一下芳洲。芳洲,名东①,一名诚清,字伯阳,小字东五郎,号芳洲,又号尚䌷堂。其祖先出于橘姓,或云京师人,或云伊势人。但据《对州十日记》,他本出身于近江国雨森村,十二三岁之时,或有人劝其学医。时伊势名医高森某者,谓人曰:学书者纸费,学医者人费。芳洲在旁听之,认为此话当真,以为人其可费乎,乃断学医之志。年十七八,赴江户,从学于木下顺庵。

---

① 《近代名家著述目录》中虽名俊良,但未发现确凿证据,故暂存疑。

芳洲为人风神秀彻，积萤雪之功，博学多通，顺庵乃称之为后进领袖。时值对马侯向木门索求人才，顺庵推荐之。于是仕对马侯，掌藩之文教，屡次接触朝鲜人，名闻海内外。其能通朝鲜语，又通中国话。故不需翻译，遂能与朝鲜人及中国人谈话。《橘窗茶话》（卷下）曰：

> 余用心唐话五十余年，自朝至夕不少废歇，一如搏沙难可把握，云云。

其之苦心，由此而知。芳洲并非以诗文见长，就中诗歌最拙，他晚年常谓人曰：

> 吾无诗才，生平所作，无虑数百千首，而可示人者，不过数十首也。（《日本诗史》卷之四）

晚年所作诗歌，虽多达数万首，亦未有成功者。换言之，作为文学者没有特别优秀之处，但他学朝鲜音和中国话，按照规则研究汉学，是其异于他人之处，且具有一定的见识。物徂徕对其推崇有加，《答屈景山书》云：

> 洛有伊原藏，海西有雨伯阳，关以东有室师礼。

徂徕目空一世，数尽天下学者而及海西之芳洲，而芳洲未有可诋毁之处，亦由此可知。《与江若水书》又云：

> 雨芳洲果来，戏谈三日，伟丈夫矣。其子显允，拜予为师。留门下者三月，行将西归，亦伟丈夫子矣。必不坠

家声者，余皆作序送之。芳洲更有丈夫子二人，皆幼善诗。渠不啻伟丈夫矣，亦可谓福人也。

徂徕虽如此推崇芳洲，芳洲心中对徂徕却有不满之处。芳洲尝于江户访徂徕，虽说相见甚悦，但学问文章与徂徕相异，此其不服徂徕之缘由。他曾窃评徂徕曰：

博览文章，域内无比，第于大纲上有差，心实慊焉。（《橘窗茶话》卷中）

又论徂徕教育法曰：

徂徕教人以盛气，此一术也。然不知者，激励未至，遂自许与。故不能如徂徕之精细，此亦不可不思也。（《橘窗茶话》卷上）

芳洲曾一度使其子显允从学于徂徕，既而叹曰：

茂卿一代豪杰，然其教人也尚浮华，而不原德行，不可久托少年辈也。（《甘雨亭丛书》）

乃令其子离开私塾而归家。概芳洲与徂徕心术、品行不一致者多。徂徕喜李王，芳洲则讳之，论曰：

如朱明王李等家集，读也可，不读也可。又从而言曰：不如不读。（《橘窗茶话》卷上）

这是其无视李王之言。徂徕崇拜中国之甚，将我官名地名皆改为中国式叫法；然芳洲大致是在汉文中使用其原名。徂徕对中国崇拜之极，或有不顾及名分之处；芳洲却严格正名分，其论云：

> 惺罗二先生以来，称东藩为柳营，呼将军为大树，名实相称，可谓识字儒矣。余廿岁时，在东，世人知读《唐诗选》，争以词语宏丽为贵，动用丹凤城青琐闼等语，以为东藩事。翰林宗匠，亦莫之能禁。盖人之无知，有如此者，云云。（《橘窗茶话》卷上）

此为其二十岁时之事，原本不是针对蘐园之徒而言的。尤其翰林宗匠，所指当是林凤冈（请参考《文集》卷之二）。然亦指出蘐园一派之弊，徂徕有豪杰之态度，却不重道德，与其说是道学先生，不如公言为曲艺之士。然芳洲俭素而重道义，耿耿良心存于胸中。他论道曰：

> 天下之言道者，发诸口而入之弟子之耳。弟子得诸耳，而又入之其弟子之耳。口耳相传而心无与焉，何益？故曰：教之以言，不如教之以身。（同上）

实践躬行优于千言万语，正如他所言，古人"讷于言，敏于行"，亦是此意。他又曰：

> 《中庸》云：《诗》曰，尚不愧于屋漏。君子之所不可及者，其唯人之所不见乎？余甚重斯言，铭心刻骨。自初学至于年将八十，未尝一霎而忘也，但未得其仿佛耳。

(《橘窗茶话》卷中)

由此观之,于私室时,其动作亦常谨慎,战战兢兢,不背圣人之教。他又遵奉极其简素之态度,其言云:

> 吾自饮食衣服,以至宫室爵位,绝无偏好。故闺厨寂然,家门无事。此即可以质诸鬼神而无愧。纵不及老庄,关尹以下蔑如。唯平生最不堪者有四,一曰诗恶,二曰棋输,三曰身疼,四曰钱无耳。(同上)

又曰:

> 余庸拙不肖,素无片善之寸称,但世人所患疝气痰火头痛痔疮等症,一无所有,禀质健康。年将八十,又早托侯家,身无冻馁之忧。长子虽亡,次男三男可以保家,女子女孙,早已出阁,孙儿非无箕裘之望,不亦人生大快事哉?王侯之贵,素封之富,非不盛也。然非吾所慕也,此皆祖宗遗德父母养育所致。平日祠堂香火,唯有拜谢,不敢为祈祷之言。盖器小量窄,愿欲易足故也。(同上)

他平生俭素而安于其分,平和常宿于其心中,不为贪欲之烦闷所累。其如此之人格,却出乎意料地好戏谑。或有人尝问其何故多戏谑,乃答之曰:

> 余素慕东方朔之为人,不敢愿为大先生故也。(同上)

由此可知,他原本虽修于德行,但并未陷入严肃的、完全无洒脱之趣的兴味索然之态度。室鸠巢《戏草》末尾记载有朝鲜赵泰亿赠予芳洲的离别诗，云：

> 绝海谁奇士，芳洲独妙誉。能通诸国语，且诵百家书。落拓宁非数，才华仅有余。明朝万里别，回首意如何。

祇园南海为木门俊秀，尝论芳洲曰：

> 予于诸友其所敬畏，莫如伯阳氏。（《钟秀集》）

芳洲被时人推崇至此，他和白石共出于木门，相识三十年，然终不合，以为白石心术不可测。据传白石对朝鲜使者，称幕府为日本国王。芳洲乃写信给白石，论其非，横说竖说，不遗余力，其信载于《文集》卷二之首，信末写道：

> 东作此书，实切忧虑。一言既出，驷马难追。倘加以谤讪时政之罪，则家门之祸可胜言哉！第一片慷慨忠义之心，勃勃不能自制。且任纪纲，正名分，唯为君子之学者能之。若自畏威偷安，钳口于履霜坚冰之际，则平生所读者，果何书耶？纵踏不测，实所甘心，云云。

他可以说是知名分之士。《诸家人物志》关于芳洲其人记录道：

> 性质温厚而不与人争。

虽然如此，但若是关于大义名分，却侃侃谔谔而争之，丝毫无所宽容。

芳洲殁于宝永五年（1708）正月六日，享年八十八。著有《橘窗文集》两卷、《橘窗茶话》三卷、《芳洲口授》一卷、《戏草》一卷等。其中《茶话》虽然只是普通的随笔，但足以看出其关于道学之修养，《芳洲口授》收录于《甘雨亭丛书》，《戏草》编入《百家说林》。

第二 学说

芳洲尊信宋儒学说，不喜明儒，虽然明儒认为宋儒迂腐，宋儒却反而更近似于孔子。明儒与此不同，杂申韩老庄之说，滔滔不绝流于诡异。他论之曰：

> 洙泗之后，唯闽洛之学可以垂于不朽。本末巨细，靡不悉备。诸家纷纷之说，如陆象山之顿悟，陈同甫之事功，王阳明之良知，皆在其范围之中。彼其务为一偏之说，卒然见之，非不竦，究竟去圣人也远矣。（《橘窗茶话》卷上）

他推崇程朱显得有些过度，虽将陆象山、陈同甫及王阳明之学说，均纳入其范围内，但终未能遽然肯认。若以为陆王之见解以明道为基础，姑且可以宽恕，但认为其皆不出于洛闽之学之外，则颇有言重之嫌。他虽然十分尊信程朱，但自身见解之高，超越洛闽。他论之曰：

上天之载，无声无臭。无声者无形也，无臭者无体也。佛家谓之虚空，道家谓之自然，儒家谓之理。曰："然则三家同门乎？"曰："立教有异，自修不一。五官四肢谓之形，凑而名之谓之体。"（《橘窗茶话》卷上）

可见这是对儒释道三教，从无差别的根本主义上来论述，同中求异，异中求同，自成一家之说。他又论之曰：

　　老聃者虚无之圣者也，释迦者慈悲之圣者也，孔子者圣之圣者也。三圣人之言形而上也，不谋而同。盖天惟一道，理无二致故也。其言形而下也，则差矣。（同上）

这是说儒释道在其教所衍生之精神上（即形而上）没有差异，布施其教之方法上（即形而下）则不同。的确如此，然而独以孔子为圣之圣，缘于其所好之偏向。或有人曾问于三教中待之之道，答曰：

　　余以为夫子也，迦也，聃也，此三人者，众父父也。我在子弟之列者，不敢抗也，不可抗也。不当扰遏之，则拱之揖之拜之，称之则曰先觉，不亦宜乎？（《橘窗文集》卷之二）

他又曰：

　　天惟一道，理无二致，惟立教有异，故自修不一。释子之法干燥，儒门之教滋润。彼以为与其滋润也宁干燥，此以为与其干燥也宁滋润。（同上）

其所谓干燥，意味阴气。其所谓滋润，意味阳气。他又述同一旨意曰：

> 仆不肖，窃立三家断案曰："天惟一道，理无二致。立教有异，自修不一。"一生所得，惟有此十六字耳。未知果然耶否耶？（《橘窗茶话》卷下）

其一生之所得，惟有此十六字。由此观之，这可以看作他一生得意之论。简而言之，他所持为三教合一说。在中国，元陶宗仪、明林兆恩之徒倡导三教合一说。在我邦，僧空海虽始言孔老释之一致，而作为儒者言此者，恐以芳洲为嚆矢，这是芳洲所得意之处也。宋儒有窃取于佛教之处，这点未曾公开明言，但排佛之心亦切。芳洲与之不同，对佛教采取宽大之态度，其言云：

> 或有人诽佛道，见其所作之文，大致仅是揭露僧徒之恶业，不及佛道之是非。述儒生不善之处，诽圣人之教，见其影，思其形，寻其流，知其源，若果真如此，仅言末之消耗，而不知其本源，实在可惜。（《戏草》）

此论可谓非常公正。此外，他认为老释之言，未必可非。对此，他论之曰：

> 老子之言，未可非也。释子之言，亦未可非也。所以为异端者，事业差耳。（《橘窗茶话》卷上）

道教佛教并非在根本上与儒教有所差异，只是在其立教之方法上，与其有不同之处。他又论老释曰：

> 三圣一致，而未敢言三教一法也。然为斯言也，自知其为洛闽之罪人也。（《橘窗茶话》卷上）

其见解超出了儒教的范围，越豁达，越会脱离程朱之道。这是他自称为洛闽罪人之缘由。他又认为佛教优于儒教，其言云：

> 形而上者谓之道，释老以为教。所谓第一义，佛法也。形而下者谓之器，吾儒以为教。所谓第二义，王法也。（同上）

若以道教和佛教为形而上之教，以儒教为形而下之教，这难道不是将儒教看作卑于道教和佛教吗？将这些言论当作皆出于纯然儒者之口而考察的话，多感奇异。可知当时已有怀疑芳洲立足点之人。《橘窗茶话》卷下云：

> 或曰：子喜言佛说。所谓骎骎然入于其中者乎？笑曰：非也。

他自己断言其非佛教徒，但说佛经而汲取理气二字，如同以如来藏为天道，具有以儒教旨意解释佛教的倾向。因此他不像其他儒者那样对佛教抱有激烈反对之态度。他论朱子曰：

> 朱子以修佛者为槁木死灰，盖迹上断也。（《橘窗茶话》卷中）

又论山崎暗斋曰：

　　尝为沙弥于妙心寺，廿岁左右著《辟异》一篇，贴于寺门，还俗蓄发，可谓丈夫。惜乎！其未知佛意也。（《橘窗茶话》卷中）

芳洲对佛教采取宽容态度，与森俨塾之徒无异。然又发挥儒教之长处，乃引朱子之言云：

　　异端固有说得著处，但不在纲常上说，君子之所以不屑为也。（《橘窗茶话》卷下）

又引杨子之言曰：

　　杨子云："老子之言道德，吾有取焉尔。及槌投仁义，绝灭礼学，吾无取焉尔。"吾于佛教亦云。（《橘窗茶话》卷中）

另积极明言儒教为世间教曰：

　　圣人之教，惟治天下也，非天上也。（《橘窗茶话》卷下）

又论及佛教之旨意已经包含于儒教中，曰：

　　释子生于西域，虽穷一生之力，所言不出于中国圣人之说。（《橘窗茶话》卷中）

此言失之过大。比如四谛之说，三界之说，十二因缘之说，三世因果之说，岂存在于儒教乎？解脱涅槃之说若非牵强附会之解释，则难说存在于儒教中。还有其他儒教中没有的，却存在于佛教中。一一算来，实不堪其烦。由此观之，认为佛教未超出儒教之范围，原本就不得当。

他就圣人之人格论曰：

> 所谓圣人者，即英雄之极也。（《橘窗茶话》卷上）

在印度，释迦及其他智者（比如耆那教派祖师），被称为大英雄Mahavira，其意与此相同。又曰：

> 思虑高人一等，便为一等之人。等而上之，至于圣人，高人不知其几何，所以为万世之教主也。（《橘窗茶话》卷中）

是圣人之人格超绝于天下万众，有不可思议之处。又曰：

> 圣人忧百世如一日，盖智愈大则虑愈远也。小人反是。（同上）

接下来就圣人之行藏论之曰：

> 富贵荣耀者，君子之所以不得已而处之者也。贫贱幽潜者，君子之所以甘而乐之者也。惟圣人则无意于荣耀，亦无意于幽潜，遭所遇而循其命而已。（《橘窗茶话》卷下）

这是以孔子为圣人之标本，写出其意中之真相。

芳洲论义利之别曰：

第四章　雨森芳洲

> 仁义之中，固有自然之利。义与利元非二也。然告人以如此则利，如此则不利，莫不倾耳而听。若告之以如此则义，如此则不义，莫不面有忤色。君子不以面有忤色，而以义自嫌，不以侧耳而听，而诱之以利。（《橘窗茶话》卷上）

又述同一旨意曰：

> 以功利诱之，则人皆喜。以道德责之，则人皆沮。君子不以其沮，而废其道德之责。盖诱之以功利，则人欲日炽，而祸必随之；责之以道德，则善心日兴，而祸或有归。岂非自然耶？（《橘窗茶话》卷中）

由此观之，芳洲以义作为道德行为之目的，明确了其不像功利论者，以利为目的。他认为，若以利为目的，反难以成利。以义为目的，反有利。这就是他所谓"仁义之中，固有自然之利"之缘由。他又进一步弄清楚其旨意曰：

> 圣者乐之府也。天下未有不乐圣人焉。然有意乎乐，乐不可得。唯为所当为，则不求而自得矣。（《橘窗文集》卷之二）

此说和 Green 氏伦理说左右逢源，几乎若合符节。Green 氏的道德行为之目的，认为快乐不在其物，而在自我满足（Self-satisfaction），其旨意与此一致。一般的幸福，即公利公益，虽是道德行为之目的，但个人的快乐并非道德行为之目的。道德行为之目的在于质问自己的良心时，没有任何亏心之处，在于自我满足。自我满足的结果是内心可以得到快乐。作为其结果，还可以得到外界之快乐。然而以快乐本身为目的而努力，难免会失去超越个人的高尚道德。那么芳洲之说与徂徕之说正好相反，但反而有其得当之处。

接下来看一下其为学之方法，其平素告示诸生曰：

> 学者所以学为人也。（《橘窗茶话》卷上）

或有人以其过于单纯且明白而怪之，问曰：

> 学者所以学为人也。此意人人知之。何得谓之奥妙？（同上）

他答之曰：

> 是是，人人知之，而人人未必知耳。（同上）

他认为学做人，即意味着人格修养。其言恐基于尹持讲所提出的"学者所以学为人也"，但将其作为为学之方法而告示，则很得当。又一日戒诸生曰：

> 老身叨据函丈之尊，动辄恣为责让，曰：贤等不敏。此非自敏老身，而独不敏贤等也。老身之于贤契，一同不敏中辈行。但读书日久，坐位较差耳。所谓聪敏者，必至程朱韩苏乃极。然程朱韩苏，未尝不以不敏自叹也。故曰，士希贤，贤希圣，圣希天。盖义理无穷故也，云云。

(《橘窗茶话》卷上)

此最后之言,将《周子通书》"圣希天,贤希圣,士希贤"加以倒装,大有意味。普通之士人为实现以天为己之模范,为此努力,过于反常。故其间设两个阶段,使之完全相接。或有人又訾毁曰:

叟将近八十,读书不倦,是不自知其学之竟不能成也,可谓愚矣。(同上)

其乃答之曰:

活一日,读一日。务欲上前,乃吾党之志也。学之莫能成也,吾知之久矣。(同上)

这是叙述他取向上之进路,一息之间亦无止境。他又说服讲学之妙,曰:

昨夜见一剑客,言其术甚详,反复万端,无非无听之以耳而听之以心,无听之以心而听之以气之说。夫艺者至理之所寓,故虽一击剑之微,精于其道者,其言暗与至道合,可谓奇矣。(《橘窗茶话》卷中)

长于一技一艺者,必有所长之原因。论及所长之原因,听者亦不得不联想到讲学之妙机。

最后芳洲尊重神道这一点亦不可忽视。《文集》卷首有《大宝说》,说到三宝意义,全面论述国体之尊严。其言云:

> 三宝之设也，一曰玺，二曰剑，三曰镜。玺者仁也，剑者武也，镜者明也。明以烛之，武以断之，而仁以成之，云云。

《大宝说》为其得意之文，《橘窗茶话》最后云：

> 吾平生文字只有《大宝》一说耳。

以此可察其意所存。又《橘窗茶话》（卷中）论曰：

> 神道者三，一曰神玺，仁也；二曰宝剑，武也；三曰镜，明也。我东尚质，未有以文之者，虽然深信笃行而有得焉，则何必言语文章之为哉？或不得已，而欲求其说，则求之孔门六艺之学可也。所谓三器者，本经也。邹鲁之所述者，我注脚也。人或有杂以释老异端之说者，其去神道也远矣。

他断言，"所谓三器者，本经也。邹鲁之所述者，我注脚也"，诚畅快。凡知国体之尊严，见识非一般也。他又曰：

> 《神代》一卷，不可以不尊重。其为言也，辽阔奥颐，弗究可也。人欲求其的确，可谓无识矣！（《橘窗茶话》卷下）

其认为神代之事不可究，虽难以赞同，但尊重《神代卷》之事，本出于尊重国体之意。但如今考虑到出自儒者之言，深感确有非常出色之处。尤其他认为：

> 天下人心，唯我国为淳厚。近古以今日视之，唐之与韩，有所不如，岂非神圣之遗泽也哉？（《橘窗茶话》卷下）

芳洲自己与其他儒者见解大异，这是他与中国人、朝鲜人亲密来往，而后依照自身经验所道破之处。因此反而可知有接近事实之处。

《橘窗文集》卷之二末尾所载《札记二十八则》为其语录，其中有谓云：

> 心正身修，只此四字，未尝顷刻而忘，便是君子。言忠信，行笃敬，吾友又新庵，唤做万病圆，余为之击节叹赏，今则亡矣。

由此观之，芳洲平素重德行，致力于正其心，修其身。在此将散见于其著书中的其他格言加以荟萃，列举如下：

一

> 夫书不可以不读，所以师圣而友贤者。于是乎得，何可以废焉？人不以圣人为师贤人为友，则平生如胶似漆者，皆是庸夫俗子，几何而不染为庸俗之人乎？人生虽得，百岁易过。懵憧鹘突，不明道理。大则为狗彘，小则为虫蛭。欧阳公所谓立德、立功、立言，三者一无所得。草木禽兽同归澌尽者，岂非可惭之甚者哉？

二

凡读书者，视圣贤之言，辄有喜悦恐怖自省自警之心者，庶乎可以成君子之学矣。若泛然而视之，居然而诵之，如听越人之说越，则虽或据案手卷，终日唔咿，竟于无成焉耳。况据未必案，手未必卷者乎！

三

天下之事，是中必有非，非中必有是，无全是焉，无全非焉。人之于人也，先是彼之所是，非彼之所非。然后徐而是我之所是，非我之所非，争论庶乎息矣。有争气者，遽非彼之所是，而欲厌之，是彼之所非，而欲张之，终朝竟夕，相压相张，呶呶然不能归于一，岂非惑乎？

四

凡人只知事君上，而不知事父母。盖臣之不肯听使者，即时罢职夺禄，其势不得不所使也。父母则不然，故欲事则事之，不欲事则不事，是之谓恃爱。然则其事君也为利也，非为忠也。

五

天下有二，曰才曰德。尚德者似乎迂腐，尚才者似乎聪敏。

六

尚德者君子之皈也，尚才者小人之渐也。

七

明察者，流于伪。质朴者，近乎暗。

八

身为外也，轻矣。心为内也，重矣。身外而求心安者，君子也。身之切切，不求心安者，小人也。

九

天下之不祥者，不若王侯也。

十

多侥幸之心者，必有不可救之败。

十一

君子劝君以恭俭，其欲有益于国也。不肖诱君以骄奢，其欲有利于己也。

十二

视下若有余，骄慢之心起。视上若无穷，谦虚之意生。世之自满自大者，皆视下而不自觉矣。

十三

地位高，则所见远矣。否则反之。君子小人之所以殊者，在其远近之间乎？

十四

物有固然，事有必至。有春必有夏，有秋必有冬者，物有固然也。春去夏来，夏去秋来者，事有必至也。少壮老死，一呼吸亦然。

第三　芳洲相关书籍

《先哲丛谈》（卷之六）

《近世丛语》（卷之一）

《续近世畸人传》（卷之四）

《甘雨亭丛书》

《日本诗史》（卷之四）

《类聚名物考》

《文会杂记》

《常山楼笔余》

《对州十日记》

《观澜文集》（上卷）

《后编鸠巢文集》
《名家手简》（二集上）
《木门十四家诗集》
《日本诸家人物志》
《绍述文集》（卷二十五）
《湘云瓒语》
《钟秀集》
《徂徕集》
《兼山丽泽秘策》
《近代名家著述目录》
《庆长以来诸家著述目录》
《日本名家人名详传》（下卷）
《鉴定便览》（上卷）
《大日本人名辞书》

所谓智识和勇气，创造出伟大。此二者使人不朽，是为不朽者之故。无论何人，凡有智识，则其价值愈大。而无智者则不能。生而为人，若无智识，世界如处黑暗中。见识与实力，如同目与手。若无勇气，则智识亦无结果。

——格拉蒂安

第五章

安东省庵

安东省庵,名守约,字鲁默,初名守正,通称市之进,省庵为其号也。筑后人,仕柳川侯。青年时于江户从学于松永尺五,日夜刻苦,消磨精神,濒死不已。友人谏之,他答曰:

> 方正学曰:人或不以为食,而不可不以为学也。不食则死,死则已。不学而生,则流入禽兽而不自知也。其与禽兽,毋宁死。我若为学而死,幸无大于此者。(《甘雨亭丛书》)

其人于是止住笑意。省庵偶患小疮,久卧褥中。时耶稣之贼,起于岛原。其乃忍病跨马,从侯而西,至岛原之有马,强忍剧痛立于头阵,其志于必死,时年仅十六。其勇敢之性,以此可知。明历元年(1655)明朱舜水来长崎,舜水为有学问、有节操之人。然时人未及知之,独省庵往而以之为师,割己之一半俸禄而赠之,世称一大高谊。伊藤仁斋《答安东省庵书》云：

> 承闻明国大儒越中朱先生，躬怀不帝秦之义，来止于长崎。台下急执弟子礼，师事之。且不蓄妻子，不恤衣食，奉廪禄之半，以作留师之计。其志道之高，行义之洁，非不待文王而兴者，岂能然乎？（《古学先生文集》卷之一）

舜水深感省庵之高谊，其《与孙男毓仁书》云：

> 日本禁留唐人已四十年。先年南京七船，同住长崎，十九富商连名具呈，恳留累次，俱不准。我故无意于此。乃安东省庵，苦苦恳留，转展央人，故留驻在此，是特为我一人开此厉禁也。既留之后，乃分半俸供给我。省庵薄俸二百石，实米八十石，去其半，止四十石矣。每年两次到崎省我，一次费银五十两，二次共一百两。首藕先生之俸，尽于此矣。又土仪时物，络绎差人送来，其自奉敝衣粝饭菜羹而已。或时丰腆则鱼鲗数枚耳，家止一唐锅，经时无物烹调，尘封铁锈，其宗亲朋友咸共非笑之，谏沮之，省庵恬然不顾，惟日夜读书乐道而已。我今来此十五年，稍稍寄物表意，前后皆不受。过于矫激，我甚不乐，然不能改也。此等人，中原亦少有。汝不知名义，亦当铭心刻骨，世世不忘也，云云。（《舜水文集》卷一）

省庵初师事舜水，为尺五殁后五年。省庵受舜水感化之处良多，其学问德行自此大有长进，遂被称为关西巨儒。之后，及舜水受聘于水户，尚屡送书翰，论学问道德，不废气脉相通。省庵十分尊崇舜水，他曾在《送舜水书》中云：

> 守约闻之，万物之生莫贵于人，人之业莫贵于儒。儒者之道，修身及家平国天下，可以配神明而参变化也。苟若不志于斯，其为生也，徒天地之疣赘耳。百工技艺之小而贱者，亦皆有师以广其术。况可儒而无师哉？守约虽昏愚而非无志者，不幸未闻君子之大道，汲汲乎求先生长者之教，犹饥寒于衣食。先生之来，岂非平生之愿乎？设有程朱来日本，不师事之，宁谓之有识见者哉？今先生之来，即程朱之来也。守约幸儒其业而不往见，不如彼曲艺小技之人寻师不远千里，将谓之志于道乎？（《省庵遗集》卷之六）

省庵一生唯孜孜讲学，修德著书，此外无大书特书之事。其《送舜水书》云：

> 守约门无杂宾，非学问事，虽诸生亦不来。（同上）

这大概形象地描述了其平素之状况。板仓胜明曾作《省庵传》曰：

> 晚节制行滋劭，威而和，毅而谦，粹如也。（《甘雨亭丛书》）

这也恰是吾等就省庵之为人，描绘出可想象之处。省庵殁于元禄十四年（1701）十月二十日，享年八十，著有《省庵遗集》十一卷、《耻斋漫录》两卷等十余种。省庵育有二男，长男早夭，次男元简，字守直，俗称正之进，号洞庵，继父业，仕柳川侯。著有《洞庵文集》。元简之男为守经，字士勤，号仕学斋。幼年丧父，往京师，从学于伊藤东涯，后归家继职，为藩之文学，著有《仕学斋文集》。省庵晚年《与元简遗训》曰：

> 我无才无德，汝与诸生勿撰《年谱》《行状》《行实》《碑铭》《墓铭》及《文集序》等。呜呼！垂无实之誉于后君子，谓之哉？我虽不若人，而生平不为自欺，岂死而欺人哉？（《省庵遗集》卷之七）

这与春日潜庵及叔本华遗嘱类似。潜庵将死之际，呼嗣子渊曰：

> 吾死后，勿刻碑文。大丈夫所以昭映宇宙者，非区区碑上文字也。

叔本华亦发遗嘱，碑上唯刻其名字，不可有其他字，亦不可有年月。门人贡内尔问遗骸当埋于何处时，答曰都可，世人皆可找到我。潜庵及叔本华碑文并非出于谦逊之意，然死后无需区区碑文则相同。世上立巨石、刻诔辞者，闻之岂不赧然乎？安积澹泊《与山崎玄硕书》云：

> 古人文集多附行状年谱，其懿德茂行，可以就见。而省庵卑谦敦笃，《遗训》一篇，其见卓越前古，使人叹服

不已，云云。（《澹泊斋文集》）

省庵感动时人之处不少，这也是其一证。

省庵尝作《遣兴诗》两首，其一云：

> 我生愚鲁不如人，自许居常慕隐沦。为善近名本非善，志仁役物亦何仁！种花静观有开谢，酌月朗吟作主宾。至乐知从自然得，随时舒卷任天真。

由此亦足以可知其抱负与性情。彼又尝作《杂箴六首》，其一为《立志》，云：

> 今不如古，以其无志尔。所食者，孔颜之食尔。所服者，孔颜之服。仁义礼智，口耳鼻目，动止语默，皆与吾同，于心何异？或私或公，公舜之徒，私跖之徒，尔何弗思？自甘归愚。我视百工，其术有遂，惟为士者，德业多弃，底缘而然，志立与不立，苟志无立，百事不集，犹无柂舟流荡无方，又无轮车推挽无将。五尺童子犹且知耻，得毁有怒，得誉有喜尔，傥求誉莫若勤学，圣域虽远，志之则卓。

其教青年弟子，可谓热情。又以三条规则教导诸生：一曰志仁，二曰慎言，三曰虚己。这也是青年子弟所当自我警示之处。通过省庵书目、目录等可察其学说，虽有数种，如今难以获得，仅从《耻斋漫录》中抄出几处。

他辨朱陆异同，颇有得其肯綮之处，云：

> 朱陆之同异，其说纷纷，终成千古未了之谈。予尝不自揣，作其辨曰：天下之水一也，其支分派别不同者，流之然也，其源未尝不一也。圣贤于道亦然，其立教也或繇本达末，或溯末探本，其所入不同，而其所至者一也，云云。朱陆鹅湖议论不合，其门人不知其师之渊源，左袒于朱者，以陆为禅寂；右袒于陆者，以朱为支离。互相姗议，随声雷同，彼坚我白，操戈入室，其流弊也甚于洪水泛滥矣，云云。盖朱子以博文渐次归于约为教，陆子以顿悟一蹴至于道为教。夫以博文为支离乎？经礼三百，曲礼三千，何为烦碎？以顿悟为禅寂乎？一贯忠恕，何为简易？其博文也所谓溯末也，其顿悟也所谓繇本也。其归于约与至于道，未始不繇本也。然本末元非二，况其师尧舜，尚仁义，去人欲，存天理，则其心同，其道同，是知其支离禅寂也，特末流之弊尔，云云。

省庵超越区区朱陆二派之论争，其欲接圣学渊源之气魄，实当尊敬。关于理气，他坚持理气合一论，认为理随气而具，具有向唯气一元论转变之痕迹。其言云：

> 天地之间，唯理与气，以为二不是，以为一亦不是。先儒之论，未能归一，岂管窥之所及哉？罗整庵曰："理须就气上认取，然认气为理便不是，此处不容间发，最为难言。要之人善观而默识之，只就气认理，与认气为理，两言明白分别，若于此看不透，则多说亦无用。"又曰："理只是气之理，当于气之转折处观之。往而来，来而往……

有莫知其所以然而然，若有一物主宰其间而使之然，此即所以有理之名。《易》有太极，即谓此。若于转折之处，看得分明，自然头头皆合。"此说极明，要须省悟。

由此观之，省庵与贝原益轩相同，在理气说上赞同罗整庵。整庵虽认可理气二元，主张理仅依气而存，以气为主。如以理来说其属性，故所归之处，唯得出气一元。整庵名钦顺，明人，著有《困知记》。省庵强调实践之训，于后进之徒多有裨益，下文将列举其凯切之处。

一

学贵自得。苟不自得，泥于文义，溺于闻见，本然之明，反为所蔽。所谓以学求益，反自损者，仍亦有之，可当自思。

二

志于道者，急迫求之，即所谓助长矣。甚求奇取异，至惊世骇俗。苟如此，人不能学，己亦不能久，且以道为一难行之事，是远人以为道也。

三

好名，学者之大病。为善为名，则是善钓名之具，不足以为善也。

四

所以恶好名者，无其实，徒以干誉也。若有实则名从，虽欲避之，不可得也。如其后世之名，非君子自始而欲求之也。

五

虽后世之名，无实而求之，则徒遗臭。

六

人能虚己，取善于人。江海虚而受，是以能容。甏盎狭而拒，是以不能容。圣自不为圣，所以为圣。愚自不为愚，所以为愚。克伐怨欲，意必固我，皆不虚心所致也。

七

君子之德业，宜当一日胜于一日，一月胜于一月，一年胜于一年。若往年如此，今年亦如此，其所积者，何事哉？只恐不终吴下阿蒙乎？

八

恶恶，即是羞恶之心。然不恶己之恶，而恶人之恶，人之不容。己亦病，纵令己无恶，急暴责人，亦取祸之道矣。

九

人皆曰我能受言，及其规之，辄成遁辞，自不能改。甚者，终有隙。盖自许为贤，故不知有所不善，所以不以人之规为善也。若能虚己反求，则当不待人之规，当有自知之者。

十

毁誉，虽为君子，不能无喜怒之心。盖自审知，不为之动也。我若有善，人之誉，理也。当自强修善，为可也。我若无善，人之誉，愚也，只恐不取虚名之笑也，何喜之有哉？我若有不善，人之毁，理也，当自励去恶，为可也。我若无不善，人之毁，狂也，只恐不招实恶之祸也，何怒之有哉？毁誉在人也，不喜不怒在我也。只当求在我，不当求在人也。

十一

命理难知，须先知人之所为，天之所为后可言之。春生秋杀，天之所为也。播种灌溉，人之所为也。天之所为，人不能为。人之所为，天不能为。宜当尽人事，待天命也。人懈其所为，一委之于天，天岂能为之乎？

从上述训言察之，无疑省庵胸中无名利之念，有粹然君子之态度。省庵叙述舜水平素之行状曰：

谨察其动静语默，莫弗一合道，其如矫饰虚伪得天下不为故。（《上朱先生书》）

又曰：

其为人也一生不伪，言行动息，自然合道。我侪交接之间，欲强悦人，不觉涉伪者，间亦有之。岂不愧乎心哉？若庸众人，有或昏夜乞哀，骄人白日；或富而叹乏财贫而夸多金者，莫言而非伪，莫行而非利。庶闻先生之风，起顽儒矣。（同上）

省庵受舜水感化，从上述言语中可以想象。省庵事迹可见于《先哲丛谈》（卷之三）、《甘雨亭丛书》、《先民传》、《近世丛语》（卷之六）、《儒林传》、《舜水文集》等。

第六章
室鸠巢

第一 事迹

　　大塚护国寺之右方有块小墓地，荆棘丛生；风景荒凉，为儒者坟墓。儒者坟墓之一隅有小碑，高约三尺，正面题有"室鸠巢先生之墓"七字，美国人诺克斯氏著《日本之哲学者》之际，劈头第一页上揭其照片，使人们追忆其人。今讨论鸠巢之事迹、学问等时，不失为一种启发。鸠巢，名直清，字师礼，又字汝玉，幼字孙太郎，通称新助、室氏，鸠巢为其号，又号沧浪。其祖先出于熊谷次郎直实，父名玄朴，号草庵，备中国英贺郡之人，初移摄州，后徙于武州，家居以医为业。母为平野氏。万治元年（1658）二月二十六日鸠巢生于武州谷中村。鸠巢幼而颖悟，大异于常儿，甚好读书，总角已如成人，年甫十五，仕加贺侯，称顺祥。一日奉侯之命讲《大学》，义理明畅，侯乃以为异器，叹之曰：真英物也，宜养成其才，当以之为天下之器。因命之游学京师，受业于木下顺庵。鸠巢于顺庵门下，以神童所称。《锦里文集》（卷十一）有如下诗文，云：

> 室少年颖悟绝伦，岁总十四（盖十五之误），头角崭然，既有老成之气象，讲书赋诗，适应羽林公命，卒赋小诗，辞义可观，感叹之余，为次韵以祝前程。
>
> 五岳英灵钟少年，一篇珠玉踵前贤。聪明自与世人异，未必降才无二天。

由此观之，顺庵的确惊叹于鸠巢之文才。鸠巢自此学益精，文益进，慨然以道自任，丝毫不为世之功名富贵而动心，泊如有所守。木门本多俊髦之士，皆为其让席。鸠巢于木门在学时间，虽不知其果有几年，据《鸠巢年谱》迄至二十三四岁，曾屡次往来于加州、京师及江户三处。以此观之，似乎非多年连续就学于木门。然其受顺庵熏陶绝非寻常。《文集》前篇之三中有诗云：

> 将赴贺阳奉简顺庵先生
> 斯文倚重在先生，休欵金门奏太平。齿德俱高悬北斗，风霜比洁照东瀛。缁帷尝辱十年诲，华衮肯分一字荣。征路惨将违杖儿，何时廊庙当调羹。

以此可知他是多么尊崇其师。他在京师也深深尊信菅公，据说他曾经花费一整夜时间于菅庙以祈祷将来之成功。这或许并非事实。《补遗鸠巢文集》卷十中有《祈菅神自警文》云：

维延宝辛酉二月壬寅，武城布衣室（顺祥）谨告于菅相公之灵。维相公生以道德忠义显于当时，死有神灵，以庙食于百生。方今天下众庶莫不尊信，矧维相公实我儒之先师，为本朝文学之祖，在（顺祥）等尤当依赖。（顺祥）自幼时以儒为业，窃不自量；欲立义行道，不负所学。而气质昏弱，不能自胜；因循苟且，以至于今。然自料区区之志，不可终已。夫虽为仁由己，不可他求。然使人有所畏，有所信而不敢自欺焉，非神之聪明正直者，其谁能之！自今以往，身心动静，维神是依，莫所顾虑。愿垂庇庥，监护弱质，使能自成立，以终素志。不胜大愿，敢布恳迫，神其鉴之。自警条目：

一、每朝卯前后可起。

一、每夜子前后可卧。

一、除宾客或疾病及难避事，不可一日懈怠。

一、每朝对案先整衣带，乃一坐了，非有事故，不可妄动。

一、对案之间，情念将生。呼起正念，可痛惩之，暂时不可忽。

一、不可妄语，虽下人不可接无益之言。

一、饮食须充饥渴，不可过节，及不可不时食饮。

一、色欲之念一萌，便可遏绝之，不可有时放之。

一、杂念不问善恶，最害于读书之间。战战兢兢，可预防之。

一、读书之时，凝定志意，不可急速。又明张心目，不可蹉过。

一、毕竟不过尽己职分，以终一生。则修行之间，不可有功利之念。

右十一条欲铭心肝而操守之，一一在天之照览，敢昭告于百神之灵。

是其二十四岁时所作。其如何推尊菅公，祈愿受其庇护，由此足可察知。正德元年（1711）被推举为幕府儒臣，颇受信任。其所注《六谕衍义大意》以及《五伦名义》《五常名义》皆奉命所撰。鸠巢初因白石推荐而仕幕府，但及已仕幕府后，对白石态度稍有不满。其仕幕府翌年写信给白石谏之曰：

昔于延喜年中，菅相公自儒家出，时被用，有专权。时奉三善清行书，谏菅公以慎身远祸之道。夫菅公之才德，古今杰出，居丞相之贵，固天下之众所畏服，谁敢间然乎？然清行以一介之贱士，独冒其威严，言人之所不言。其上有恭靖先生，时与仆论此事，以清行为天下之奇士。仆以为，清行岂敢求奇士之名乎？实出于爱菅公之深。今吾兄儒望之高，虽知不可比之菅公，于其学术文章，恐非菅公所及。加之逢圣主知遇，振其才力，菅公之后，未闻儒官之如斯。仆自昔辱同门之交，近顷蒙眷顾之厚日久。窃思，爱吾兄之深，有谁若仆乎？清行得言此于疏交相公，仆不言之为同学故人，既背切偲之情，又违辅仁之道。今闻吾兄宠隆，来忠告者，必不言。自今以后，慎迎接，远权利，是常人所知也。岂足为吾兄而论乎？仆所言非此。吾兄在志气之间，吾兄于朝廷，将顺匡救之功，颇赫赫于人之耳目。然比之古人于天下有功劳，恐未足并称。然以吾兄之豪杰，胸中当无尘芥。岂以是等么么之事，而有自满之志乎？盘根错节逃于利刃，破竹之势，其辞色之间，刚锐果敢之气自盛，谦退抑损之心少。吾兄亦当未觉其如此之为。书曰：有其善丧厥害，矜其能丧其功。仆愿吾兄无有其善，不矜其功。孟之反策其马，赏于圣人。冯异辟于树下，成古今之美谈。是吾兄所当取也。正考父《鼎铭》曰：一命而偻，再命而伛，三命而俯。循墙而走，亦莫余敢侮。盖其位弥上，其心弥下。譬如作堂添上一尺之崇，增下一尺之基，不然必有倾覆之祸。方今圣明临上，无谗毁之患。彼虽与延喜之时不等，害盈而谦福，恶盈而好谦。天人不易之常理也，不可不慎。仆愿吾兄秉谦谦之心，践天人之道，能终其誉，不如福音之事，今吾兄开宠锡之新，不以祝，以规。只哀吾兄其愚，察纳之，不备。

鸠巢晚年即享保十二年（1727）以来患末疾，久之不愈，或为脚气症。《骏台杂话》序中云："近顷，衰病日加，有痿痹之疾，起居亦不叶心，只日夜亲衾枕，书类亦疏。"其乃以疾之故，再三乞退养老，然均未获允。因尚带职名，家居骏台，以静养为事。骏台之邸宅盖幕府所赐之所。其著有一篇病间与门人子弟所讲论之书，是为《骏台杂话》。其序中录有享保十七年（1732）之月日。享保年间自徂徕于江户倡古学，其学风风靡一世。鸠巢当此时毫无与徂徕相争之气，宁出谦退抑损之态度，多谢绝生徒，超然扫迹，自守其节。然有笃志者来而请之，亦未强而拒绝，引之于其床下，竭力指教，谆谆不倦，各因其材而成就之。病已渐，尚著《太极图述》，尽其平生蕴蓄，是实属其之绝笔。其遂于享保十九年（1734）八月十二日殁，行年七十七。男名洪谟，字孔彰，通称忠三郎，号勿轩，年仅三十四而殁。女某嫁于高阶氏，甥有昌言，姓大地，称新八，编撰《鸠巢文集》。

鸠巢经学文章俨然一代大儒，享保年间与徂徕相对，学界重镇仅有他和东涯。省庵、仁斋、芳洲、益轩等相继殁之后，鸠巢与徂徕、东涯二氏成鼎足之势，确为不可轻视者。《橘窗茶话》（下卷）云：

观澜、鸠巢、东涯、徂徕何如？曰：之数人也，盛名雷矗，何待乎曹丘生也！

由此可知鸠巢当时之名望。江村北海《日本诗史》（卷之四）云：

余尝谓，经儒不习文艺，文士或遗经业，能兼二者，唯东涯、沧浪二儒而已。

此论全将徂徕置之度外，故难言公平。然经学与文章极难兼备，鸠巢能得以兼备之，亦足以为珍。又《锦里文集》（卷八）有如下诗，云：

鸠巢室生，吾门益友也。忠信笃敬，有志圣学，英才博识，专美文场。不日将归乡里，忽有留别琼赠。走笔和答，以华行色。

老境年来畏后生，羡君高志仰昌平。昌平兴起三千鲁，学士行登十八瀛。理义常甘刍豢美，橐装忽促锦归荣。好将软脚忘忧物，并遗萱堂颖谷羹。

作为老师之顺庵，其自己亦以鸠巢为益友，言其"忠信笃敬，有志圣学"，意味其以经学立身。又言其"英才博识，专美文场"，意味其文学之才卓越。由此观之，鸠巢亦为不易得之才。又长野丰山曰：

本邦儒先，如藤原惺窝、林罗山、木顺庵、室鸠巢诸公者，皆忠厚质直，千载传之无弊之学也。（《松阴快谈》卷之一）

亦可视为鸠巢崇拜者。又板仓胜明论鸠巢曰：

我邦醇于洛闽之学者，山崎暗斋、中村惕斋二人而已耳。然暗斋乏从容涵泳之味，惕斋少苦心力索之功，唯先生集其成者也欤。当时物茂卿之徒出，异说蜂起，先生独卓然以道自任，力排异端，以扶圣道，善类为之踊跃，斯道不堕于地者，实先生之力也。䌷斋浅氏曰：罗山子之功，不在十哲下。余于先生亦云。（《甘雨亭丛书》）

当古学全盛之际，鸠巢朱子学持续于一缕之危，有传于后世之形迹，此为事实。由此言之，鸠巢之功决不可埋没。于文章鸠巢尸祝唐宋八大家，殊称韩欧，故其所作与徂徕古文辞成显著对比（参考《答堀正修书》）。《拙堂文话》（卷一）云：

> 徂徕与鸠巢同世而出，盛气不相下，犹弇州与归震川睥睨相轧，弇州后心折震川，收功于桑榆，是胜徂徕处。

又摩岛松南《娱语》（卷之四）论鸠巢之文云：

> 尝读鸠巢集，其文辞齐整博赡，亦一时之鸿匠也。如寄朝鲜聘使二百韵诗，词锋精锐，足以冲鸡林，云云。

是等之评，大抵当其肯綮。鸠巢虽未敢对徂徕挑战，但无疑成隐然一对手。《先哲丛谈》（卷之五）有如下一节，云：

> 鸠巢与蘐苑之徒互相轻。金华一日来见鸠巢，出其得意文一篇示之，且求删正。鸠巢一过称善，金华强乞正，乃削二十字，更益五字，金华不善而去。至翌日，质诸南郭，南郭不得决焉，又质诸徂徕。徂徕视鸠巢所篡改者曰：如此而后成文。于是其徒始重鸠巢。

由此可知，徂徕于文章之技亦决不能侮鸠巢。鸠巢师事顺庵，其他亦多得于羽黑成实。成实，字养潜，号牧野。近江人，学于暗斋，有儒行。就官于彦根，后致仕徙于加贺。鸠巢尝师事此人，于其推重义理之学，成实之功非浅。《答羽黑先生第二书》云：

> 清自幼好学，有略得古人遗意者，所见闻士大夫亦颇

多。然于义理则必得高明之许可以自信，于文辞则必经木翁之品题以自足。私心自谓，二公天下之知己也。故平生以今世有二公为乐耳。（《前篇鸠巢文集》卷之十）

又《答游佐次郎左卫门第一书》中云：

与羽翁一邂逅于京师，见其趣向造诣非曲学浅识之徒也。既而翁寓居弊邑，相与优游，上下其议论十年于今矣，常得以虚往实，归日闻其所不闻，解我之惑，辨我之疑，诱我之善，戒我之恶，有所视而取法，有所畏而不为，使我免以陷于放僻邪侈者，翁力为多。岂古人所谓微斯人，谁与归者欤？（《前篇鸠巢文集》卷之八）

又作祭文而曰：

吾始于京师见公，寻而复来辱于北陲。尔来上下议论，往复切偲，忠告善道，一以道义相期，而不肖弱质，赖公而勉强以进于学者，十有七年于兹，云云。呜呼公乎！遂弃我而死耶！自今以往，若有惑，将谁为之辨乎？而有过，将谁为之规耶？譬之瞽而无相，伥伥乎其何之？（《补遗鸠巢文集》卷之十一）

由此可知，鸠巢所负羽黑牧野多矣。鸠巢虽最长于经学文章，亦能诗能歌，且长于国文之技，《谒恭靖先生墓之诗》云：

荒烟满目自伤春，愁见年年草色新。今日九原如可起，应怜白发泣恩人。

又《咏忠臣无二心歌》云：

身似葛叶，内里纠缠，两面之人心难定，切勿学之。

《北窗琐谈后篇》评此歌云："其体虽为后世之风，词完备，义理稳，读之有趣之歌也。"又有《大学和歌十八首》，如下：

明明德
人之本心，更似明镜，不打磨则乌云重重。
新民
奈良旧读苟日新，君何如？
止至善
以为善也，然难波江上，恶者不觉，小善也。
格物
家乃百芳园，无色亦知春。未知之物，见之重重，访之则山路漫漫。
致知
日阅百书，道深之处，已至白川关。
久见月与花，更胜花与月。不见花月色，月与花皆变。
诚意
心内之水，不见颜色。隐入江河，些微勿浊。
不照暗夜，昼也无心，锦衣之色分明。
未为人知之耻，羞耻自在心中，则宠辱不惊。

正心

重重三轮山，杉门立于间。千山复万水，神佛心可见。

修身

华衣朝夕护我身，道在举止行为间。日夜常思己过，心渐从容。

齐家

相携辩是非，本心不纠结。

治国

夕阳落西山，欲让千家万户袅袅炊烟起，当何为？

世间万事皆萦心，此之乃成国也，浮世桃源亦在此也。

平天下

玉衣重重漏衣寒，不知世间何所知。

春风拂面不求衣，四海升平天下和。

由《骏台杂话》一书可知，鸠巢如此擅长国文。三上博士《日本文学史》（下卷）云：

可为标本之国文精华，实在木门，非甚过言也。

这是因为除新井白石、雨森芳洲等之外，又有如鸠巢此等卓越作家之故。

败坏之先，人心骄傲。尊荣之前，必有谦卑。

——所罗门

第二　著书

《前篇鸠巢文集》十四卷

鸠巢尝于加州时，命甥大地昌言（通称新八）将其所作辑录成一家之集。昌言受撰次之命，亲手校之，亲手书之，累积经年，编成《前集》十三卷，但终未能完编，中途而殁。于是中村兰林（字明道，通称深藏）致信于加州，遂得其稿本，欲于其家塾刊行，但天不假年，遽然下世，其疾革也。遂使伊东淡斋（名贞）继其志，成其业。淡斋得备后藩之补助，至此书上梓。《前篇》凡十三卷，加上序目凡十四卷。其收载之处，悉鸠巢于加州所作。

《后编鸠巢文集》二十一卷

此篇收载鸠巢于江户时所作，凡二十卷，加上序目二十一卷。

《补遗鸠巢文集》十一卷

此篇收载前篇后编所遗漏。上述皆于宝历年间（1751—1764）刊行。

《鸠巢集外纂》二卷（写本）

此盖将前篇、后编及补遗所遗漏编次而成，编者未详。最后附有鸠巢墓志及门人所作祭文等。

《骏台杂话》五卷

此书为随笔体，所记录之处涉及方方面面，并非专论道学之书，然关于道学之处颇多，是了解鸠巢学说不可或缺之书。

关仪一郎氏为此作注释，名为《骏台杂话注释》，共上下两卷，由诚之堂发行。或有一说云，宽政异学之禁实基于鸠巢此书。

《书批杂录》三卷

此书为土佐铃木重充所辑录，收载于《甘雨亭丛书》。

《赤穗义人录》两卷

此书收载于《甘雨亭丛书》。大地昌言将其题跋成一卷，名为《义人录后语》。另尾张国枝惟熙作《义人录》之补正，名为《赤穗义人录补正》，共两卷，明治五年（1872）刊行。

《大学和歌》一卷

此为咏《大学》三纲领八条目之和歌，凡十八首。板仓胜明将其编入《甘雨亭丛书》，另有单行本，宽政八年（1796）刊行。今悉将其附载于《第一　事迹》末。

《鸠巢经说》若干卷（写本）

《大学或问》一卷，《中庸》两卷，《论语》若干卷，《孟子》六卷，《太极图述》两卷，合十卷有余，为鸠巢之经说，伊东淡斋编纂。

《献可录》三卷（写本）

此书叙述古今制度及其他对当时政治有所裨补之处，大概是鸠巢应幕府下问所著。其中，奉幕府之命所撰《五伦五常名义》，收载于此书上卷。

《西铭详义》一卷

《六谕衍义大意》一卷

《五常五伦名义》一卷

第六章　室鸠巢

此书收载于《献可录》上卷中，其跋文见于《后编鸠巢文集》卷之十五。

《朝鲜客馆诗文稿》一卷

《士说》一卷

与收载于《后编鸠巢文集》卷之十四或是同一篇。

《国丧正议》一卷（写本）

这是鸠巢代白石所作，载于《鸠巢集外纂》（上卷），另有单行本。

《不亡抄》（卷数未详）

《神儒问答》一卷

《鸠巢小说》三卷（写本）

此书又名《鸠巢逸话》，辑录其所见所闻之随笔。虽不可从此书中求证经说，但作为历史史实，多少可资参考。兵原平山①著有《鸠巢小说评论》一卷，从堤朝风《铃林卮言》六十八九两卷中所抄录。

《鸠巢小说后编》两卷（写本）

《鸠巢秘录》两卷

《骏台翁遗训》一卷

《兼山丽泽秘策》八卷（写本）

此书一名《鸠巢手简》，内容辑录鸠巢在江户仕幕府时，与金泽门人青地斋贤、青地礼干等来往之书翰。斋贤、礼干等书翰亦收录于其中。兼山为斋贤之号，此书为斋贤所编纂，故

---

① 巽轩丛书本中为"平山兵原"。——译者注

冒兼山二字。卷数因写本不同有所差异。

《兼山秘策拔书》一卷（写本）

此书从前文《兼山丽泽秘策》中抄录而成也。其成于何人之手未详。

《文公家礼通考》一卷

此书收载于《甘雨亭丛书》第一辑劈头第一。

《天下天下论》一卷

《病中须佐美》一卷

上述两部书亦编入《甘雨亭丛书》中。

《明君家训》一卷

此书为鸠巢拟明君之教训所作，故最初忌惮而未署己之名，世人不知何人所作。其时收录于井泽蟠龙《武士训》附录中，故往往认为此书为蟠龙所著。但据《兼山丽泽秘策》（卷五及卷六），可知其确定无疑为鸠巢所作。且鸠巢后将此书改题为《楠正成诸士教》，序文中提及上述理由。此书卷末有松宫观山所作跋，其中亦提及此书为鸠巢所作。由此可以明确此书并非蟠龙著作。

第三 学说

鸠巢为纯然朱子学派之人，并非如先前惺窝、之后一斋标榜朱子学，又并取朱王，而是彻头彻尾尊奉朱子。当仁斋徂徕之古学，呼应东西，震撼一代时，如屹立于狂澜怒涛中之严礁不可动摇者，乃鸠巢其人，由此可知其如何笃信朱子。其归于朱子学之由来，及其最后所决定之立足点，《骏台杂话》卷首有题为《老学自叙》所论明矣，云：

> 某日讲宋儒以来，及学术之异同，座中有人贻疑程朱之学。翁言，某若年时，习俗儒，学记诵词章，多旷年月。或时忽悟往日之非，古人有志于为己之学，不幸无良师友，诸儒眩惑于纷纷之说，程朱亦半信半疑无定见。又空经岁月，年近四十，深悟程朱之学不可易。自此日夜读程朱之书，潜心覃思，今三十年。仰之弥高，钻之弥坚。不过高远，不落卑近。圣人复出，必从其言。则天地之道，尧舜之道也。尧舜之道，孔孟之道也。孔孟之道，程朱之道也。舍程朱之道，孔孟之道不可至。舍孔孟之道，尧舜之道不可至。舍尧舜之道，天地之道不可至。老学本不足信，是有实见而言之。若无实见，言不然之事，誓翁之身当忽蒙天地之罚。座中亦改听气色也。

鸠巢虽发斯论，但程朱果真是否正传孔孟之道，即有异论，而仁斋及徂徕古学亦因之而起。是故单倡导程朱传孔孟之道，不为充分。故鸠巢需进一步指出仁斋及徂徕古学不过为妄谬，通过明确之事实证明程朱正传孔孟之道。然鸠巢对论证这一点丝毫无企图，故其所倡导，终究未免为独断之见解。又如其所提出的"舍尧舜之道，天地之道不可至"，可谓更甚一层之独断见解。即使依其实见，虽说蒙天地之罚，以此言代为证明，非有价值者。鸠巢又续其论曰：

> 其时翁言，是五百年来论定之事也。事到如今不可待

翁之誓。朱子以后，宋有真西山、魏鹤山，元有许鲁斋、吴草庐，明有薛敬轩、胡敬斋诸贤。其他有志于道学之人，无不尊信程朱。一代硕学，如宋潜溪，综核百家。如杨升庵，于文字论说之末，虽议程朱，于学术道德，不闻间然。到明中叶，世之学术正，名教未颓。然王阳明出，倡良知学，排朱子，明之学风大变。阳明既殁，其徒如王龙溪，终为禅学。自此世之学者沉醉于良知，困于穷理，其弊至嘉靖万历间，天下学者成阳儒阴佛之徒。诸贤善思，西山以下诸贤，即使污下，所好不至阿。又其德行材识，均非在明季及今之儒者之下。且以不及程朱万分之一之学识，轻浮讥议。笑燕鹏，似以蠡测海，韩愈所谓坐井小天之类也。然轻薄无识之徒，喜其说之新奇，雷同瓦鸣之事，举之不可数也。国家百年以来，太平久矣，文化日开，师儒辈出于世，不知其学之是非。仅崇信程朱，不失古之模范。有一幸事，近顷有作俑人，始立一家，集徒弟，老奸之儒欲立于其上。猖狂之论肆无忌惮。一犬虚吠，群犬和之之习，邪说横议，盛于世者，以理侍之，可谓诚此道之厄运也，云云。

鸠巢在此对于程朱之外另成一家之言，痛论其非，无疑是直指仁斋及徂徕倡导古学。东涯对于时学，不轻发议论，虽其趣大异，亦忠于其崇信之所学。然以程朱之学为五百年来定论，不免有僻于己之所好之訾。朱子之时，已不仅有陆象山别成一派。如阳明，继象山而开创新纪元。加之我邦古学派及清朝考证家，皆信奉程朱，但未必以程朱之学为定论。鸠巢又作《题高木氏伪学论》曰：

> 自古邪说之害道者多矣，然其诞妄粗恶，无所忌惮，未有若今世之甚者。或有称古学者曰："《大学》非孔氏之遗书。"又曰："我能塞伊洛之渊源。"或有矜文学者曰："道不出于天。"又曰："道非事物当然之理。"其他淫辞浮言，不可胜数。若使此等之说，出于数十年之前，虽庸人孺子亦知其妄，而非笑之，今也不然。自世之称师儒者皆为之所动，莫不崇其说而信之。况于后学晚进者乎？宜乎其靡然趋而归之也。吾于是知世道之日下，人心之日伪，亦可悲矣！虽然彼釜鸣瓦合之徒，何足道乎？吾意傥有能守规范而不变者，先后辈出乎其间，则邪说左道之炽于一时者熄矣。古人有曰：千人之诺诺，不如一士之谔谔。吾故尝闻世有正学不屈之人，则私心深以为喜，为此也。（《后编鸠巢文集》卷之十六）

又作《中村氏五经笔记》序曰：

> 奈何近世邪诞之说竞起，凌驾汉唐，诋毁程朱，欲以一己之私见，诬天下之耳目。至使有识之士，为之愤惋，殆废寝与食，可胜叹哉！（《后编鸠巢文集》卷之十三）

是等愤慨之言，皆鸠巢激昂于仁斋、徂徕古学所发，然多不显其人之名，如隐然敌抗者。独有时明言仁斋之名，不惮公然将其作为异端而加以排斥。《答游佐木斋第二书》论之曰：

伊藤仁斋驳经书，而非程朱，则我徒之倒戈者亦异端也。其他以博识著述鸣于京师及东都者，则所谓记诵词章之学，皆俗儒也。（《前篇鸠巢文集》卷之八）

鸠巢更有激烈之言辞，曰：

若有王者起，必聚海内之籍，悉取其丛杂无用之书而火之，然后诏天下之学者，专务体察践行，不事空言，抑虚文，剥浮华，正人心，距邪说，如是数年，则天下靡然复归于正矣。（同上）

其极度忠于自家所崇奉之学，表示出欲扑灭尔余一切之学之气势，殆如秦始皇暴王之口吻。凡文运之勃兴，种种思想竞起，为之振奋。然敢僻己之所好，悉剿绝己之所不好，其偏狭固陋而乏宽宏气象，宁当悯笑。人或以其为驯致宽政异学之禁者。征其言论对其考察之际，吾等尚不知如何否定这点。其抵排毁谤仁斋、徂徕及其他一切非朱子学派者，同时独赞赏叹美朱子，敬献于九天。其言云：

古之为经者，汉有专门之传，唐有义疏之说，儒家者流递相祖述，谓之无功于经，固不可也。然其学拘滞记闻，懵如大义，不能发明圣人垂教之意，徒乃区区分析章句训诂，以为得之，抑亦末矣。遂使学者厌其卑近，骛于高远，顾以老佛之说，乱圣人之言乃已。夫唯程朱之学乎！其说本于性理，切于进修，高之不流空虚，卑之不坠口耳，宜也。其经解之书，与本经相上下，犹日月并悬乎

天也，云云。（《后编鸠巢文集》卷之十三）

又云：

圣人之学，以明明德为体，新民为用，止于至善为体用之极，而博文约礼为进修之法。若朱子博文约礼，两极其至者也。故其克而为德行也，晬面盎背，周旋中礼；其发为事业也，政修事举，所至向风，考之《行状》则可见矣。及其晚年义精而仁熟，德盛而礼恭，声名溢于四海，施及蛮貊，岂殆入圣域者欤？其注六经，皆以其行而得于心者，施之文字以附于经。虽名为传注之书，其实与圣经并，以与日月争光者也。朱子之所以为朱子者，如此则近世之诸儒，虽稍有以文字树立者，岂足以望其藩墙哉？（《前篇鸠巢文集》卷之八）

可见鸠巢推尊朱子至尽矣。唯惜之，其言有差失溢美之嫌。其如此热心朱子学之故，对我邦朱子学派当深表同情，然却出乎意料得冷淡且直言批评而不惮。如林罗山、米川操轩、中村惕斋等皆未免其不客气之月旦评。又其评价山崎暗斋之言，如下云：

山崎氏逃佛而归儒，尊朱氏而黜百家，严师道而诱后生，其有裨于斯道，有不可诬者，亦近世豪杰之士也，云云。然闻山崎氏自处太高，待人太严，少含弘之度，不容人过失，其授受之间，无能平心虚怀，从容委曲，以尽彼我之情，此其所短也。（同上）

更以暗斋比朱子，道破"萤烛于太阳，涓流于河海也"，可见其意气昂然。

鸠巢学说，全基于朱子，别无自所发明。然关乎其道德之言，有益躬行者不少，故学者宜当倾听。其论慎独之要曰：

> 君子居于室，出言为善，应千里之外，况其迩者乎？居于室，出言不善，远千里之外，况其迩者乎？孔子者，然在家之事，非忽及千里。如风移于草木，其音弥高。自家至国，自国至天下，是自然之理，诚之不可覆也。是以君子常用心于内，无正眼前，饰外部之事。如覆衣锦，虽遮其美，却不可遮也。非也，或更显著。小人内行未修，只饰外貌，如为臭物加盖。其臭虽塞，但不可塞，更显也。枚乘谏吴王书中有"欲人勿闻，莫若无言。欲人勿知，莫若勿为"，此语似浅显却有深意，可谓名言也。口中所言，而不欲人闻之，身所为，而不欲人知之。虽为下流之比喻，如为恶添利息，而负于身。斗转星移，难以背负，则无论如何当掩饰。自圣人以下，君子亦非无过，但不可藏之，依人之所见而改之，则错归错，改则改，其方法无所藏，心中无丝毫阴霾、其德之光辉反而增加，云云。（《骏台杂话》卷之一）

是戒古来圣人之伪善，敷衍教以至诚之旨意者，可知于实践上颇为适切。《马太传》第十章第二十六节云：

> 对我来说没有什么是隐藏的，也没有什么秘密是我应该知道的。

此处无非亦言君子无愧于漏室,可谓东西圣人同心同德。其又论存养工夫曰:

> 寻有我之处,一念未生时,本然未发之体,是也。君子存养于此而不损,天地亦依我而位,万物亦依我而育,鬼神亦依我而感应。何事不依我乎?邵康节若无一念起,鬼神无所知。如不依我,依谁乎?云云。常人多心有闲思杂虑,常无断绝之事,所有事都自思虑作为中而出,惑于物。所谓我者,不能自立,然若失此我,当为心源存养工夫。心源存养工夫以无私欲为本。此心若无私欲,静虚动直,所有事不借思虑作为,只于静虚中,道理直出。无定于万物之先,无堕于万物之后。制鬼神,非制于鬼神。无声无嗅,天下之大本,可谓无体之体也。无思无为为万化之大身量,可谓不御之权。(《骏台杂话》卷之一)

又论对于善恶之用意曰:

> 我心人不知,一念所萌,独居之时,为暗处之事,风景不可见,与一年之中春来到一样,一念之萌处,有善恶所分,年之内有去年与今年之分同,千里之谬,亦自毫厘之差而起,此处有之事也。濂溪先生几有善恶,亦此事也。当知是非之境,善恶之关也。然不离目,守此关,问我与我心不可言善,不可言恶。一心一意去恶向善,我儒修行之本。若此处心缓,形于色显于声,若始悟,非只言手可触及,即使学习,用力当难也。(同上)

鸠巢认为我有本我，本我为善（即绝对善），非一切外物所能左右。然接外物，及起念，忽生善恶之差别，动辄恐有恶之倾向。因而其说存养工夫，论省察力行之所以。其辨圣门之学曰：

> 所谓学，务圣贤之道而习之事也。其务习有致知，有力行。然知其理，虽不限于书，以圣贤书为第一。所谓学，以致知为主。所谓致知，以读书为主，云云。然学不当限于书，读书讲义理，即事物而穷其理，同为致知之事，力行之始也。固圣人之道，不外乎日用事物，事父母事君，自朋友交，至其外世所有诸多应接，一事一物，均致知之地。一动一静，均力行之时。善，极其善之理。恶，极其恶之理。世事善恶皆我学中之事也，焉能有敏于事而懈之哉？（《骏台杂话》卷之一）

阳明学派之人认为朱子格物之说，首先穷事物之理，然后为其事者。鸠巢否定了这一点，并论之曰：

> 朱子所谓格物，非此也。事亲以上，其即事事，极孝之理。事君以上，其即事事，极忠之理。今日知昨日情未至，明日知今日事未尽，是格物致知之学也。如居官任职，必务其事以上，处当否，察事空，日日熟于职事，诚实推进，是则格物致知也，云云。然事有大小，若理无大小，无时无处，不可为格物之地。（同上）

有人问鸠巢，吾儒之道该百行，应注意些什么题目。他答曰：

> 平居当不忘三桩事，这三桩事即父之恩，君之恩，圣人之恩。（《骏台杂话》卷之一）

其更委婉说明曰：

> 报本不忘恩，人道之大端也，父母为我出生之本也。生我育我，一毛一发为父母之遗体，皆其所遗爱，如何能忘乎？然浴君恩，不饿不寒，养妻子，赈亲族，全养生送死之道，世人所谓一根箸亦受之于君恩，如何能忘乎？然饱食暖衣，不知仕君父及祭祀之道，则近禽兽。幸有圣人之教，知义理之大概，使之免于禽兽，此非圣人之大恩乎？如何能忘乎？为人常不忘此三者，天理常存，当不至失本心矣！可言众善所集之处也。

这似乎是其最重视之处，更吐露其衷情曰：

> 翁常不忘此三，回想起来，切身有感，可言家学之要诀。

他又论仁曰：

> 心之有仁，如人之有元气。人之元气显于脉，心之元气显于爱。脉绝则人死，爱之理灭则心死。仁者可谓心之生命。因心为活物，有人即有情，不忍之心，常欲见物之生，见父母自然亲爱，不忍不亲爱；见君长自然尊敬，不

忍不尊敬；见年长者自然逊让，不忍不逊让。闻义必感，闻不义必耻。若无情不知哀矜，则顽然如鬼畜木石，不知痛痒，将以何自爱？以何恭敬？闻义而不知感，闻不义而不知耻矣。由此可见，虽仁义礼智皆心之乱，各有其理，而其本源不出于仁。为人若不仁，义礼智虽有其样，有其用，终归非自内而生，非真德，非公之理。此故，仁为心之德，在外不言德。仁为爱之理，在外不言理。其所不言处，当知有深意。（《骏台杂话》卷之二）

是以仁为爱情，以爱情为唯一心德者，其伦理终究归于博爱。偶翻阅《哥林多前书》第十三章，有如下之言，云：

我若能说万人的方言，并天使的话语，却没有爱，我就成了鸣的锣，响的钹一般。我若有先知讲道之能，也明白各样的奥秘，各样的知识，而且有全备的信，叫我能够移山，却没有爱，我就算不得什么。爱是恒久忍耐，又有恩慈；爱是不嫉妒；爱是不自夸，不张狂。不做害羞的事，不求自己的益处，不轻易发怒，不计算人的恶。不喜欢不义，只喜欢真理；凡事包容，凡事相信，凡事盼望，凡事忍耐。爱是永不止息。先知讲道之能终必归于无有；说方言之能终必停止；知识也终必归于无有。我们现在所知道的有限，先知所讲的也有限。等那完全的来到，这有限的必归于无有了，云云。如今常存的有信，有望，有爱这三样，其中最大的是爱。

其精神与鸠巢所言完全一致。然鸠巢重视仁，同时不忘重视义，曰：

> 若无义之制裁，则损心之生道，仁亦当亡。

其着力于说义之要，且认为所谓浩然之气生于义，其言云：

> 浩然之气，至大至刚，非塞于天地之间乎？各思之，如斯盛大者，如何自义气而生乎？人得天地之正气，虽本为浩然者，有私欲，泥于心之裂缝，其气不知何时缩而变小，然当知浩然之气自心之裂缝而生，云云。浩然之气自义而生，其所生之气又助义，更觉奇妙。（《骏台杂话》卷之二）

然又基于义之观念，论武士道，颇有详细周到之处。或有人对其曰：

> 兵家山鹿某认为武士将金银之事挂在嘴边实属贪婪至极，此说实为偏见也。若没有金银，则好多事无法完成，因此金钱至关重要，不可轻视之。诸侯若送金银，则取而受之搁置起来。（《骏台杂话》卷之五）

其人述此事而质之，鸠巢乃答曰：

> 此盖出自兵家利害之众议。士道并非如此。武士最重义理，其次重命，金银又其次。此二者亦重要，故动辄临生死之场、金银之事，自然会理解错义理这一重要之事。

因此，需要注意不能将贪生贪利之事记于心，言于口，如此一来武士便不近利欲。总之所谓利欲，不仅是金银之欲，惦记自身情况，皆利欲也。因此命岂非重于金银乎？视其情况而言，虽为只保护性命而无利于情形之事，临义时，命则轻于尘芥，此为士道也，何况金银乎？若原本为重要之物，常谨于身之养生，不浪费金银，极有可能之事也。然搭上性命，心上口中都贵金银，适合商贾，乃武士不可为之事也。（《骏台杂话》卷之五）

由此观之，其人以义比生命、金钱更高尚。凡士者，为彻头彻尾立于义者。武士道之根本主义在于义。如其所论，实则是儒教之所重。儒教与武士道非相戾，武士道虽渊源在我邦，但无疑由儒教所促成，而更加发达。其又论鬼神曰：

神为正直者，虽尽人皆知，却不知聪明之事。无有如神之机敏者。故人以耳闻，耳所不及之处，师旷之聪，定亦不闻。以目视之，目所不及之处，离娄之明，定亦不见。有心则思虑，颖悟之人，更易犹豫。神不借耳目，不涉思虑，感真直，应真直，是亦无二无三，可知自唯一之诚而得德。然天地之间，有耳极聪、目极疾之物。不分时，不避所，呈现原本模样，往来直截了当，为所有物之体也。虽盈亘两端，原本无形无声，人之见闻所不及。唯有诚可感。若可感，则应。无诚，则不感。不感，则不应。应则忽有，不应则自无。此非天地之妙用乎？云云。譬如清澄之水，月映于其中，如互增光。久之，诚一则浑融,神与人则不分。譬如水也空空矣,水澄澈如许,至此洋洋乎如在其上,如在其左右。是神之所现也,诚之不可覆也。虽如此,然勿视神为遥远之事,只求于我心。如何言之,心为神明之舍也。无一毫私欲之障,自与天地神明同气相应,何等显著也!但若无相感之事,则无如此之事。(《骏台杂话》卷之一)

其如此信神之存在,且认为我有诚,得以与之相感应。现将其他著作中散见之格言,介绍如下:

一

天下之法,当宽大如江河,不可琐细如沟渠。江河大而显,易避之,然深广,难侮之。沟渠小而弱,难避之,然浅狭,易近之,故易犯。

二

文章不重于言语。

三

学问以勉励为要,恐急迫切。义理贵涵泳,戒缓懈弛。不迫切,不懈弛。于学者进修之道,当近缓急相得而不背。

四

一日行，尽一日之道而死。一月行，尽一月之道而死。一年行，尽一年之道而死。斯朝闻道而夕死，丝毫无遗念。

五

即使改正而难找借口之事有二。士错失当死之场与偷盗之事。此二者一旦有其事，为一生之疵，其人当废。然士生于家者，男女自幼少，常训导节义，不该忘却也。

六

君子之行，始于士，终于圣。

七

士以义为职，商贾以利为职。义利之间，士商判。

八

士之所重者，义也。商贾所重者，利也。重在于义，则轻利。重在于利，则轻义。

九

士之所志者，道也。所守者，义也。富固为我之所欲，当不在其道，今日之富贵，明日弃之。生固为我之所欲，当取其义，虽今日生，明日舍之。由是言之，天下无大于道者，无重于义者。至死生祸福，有君子不以为心者，况于一身之奉乎？

十

今士大夫之家，蓄古书名器，必择其真，后藏之。一旦觉其赝，舍而不收。至身之言行，则外是而内非，阳善而阴恶也，是以其身为天下之伪物。且身与书器，孰重，孰轻？书器非真，知鄙而弃之。身为伪物，恬而不耻之。亦见其理昧也。

十一

凡学患志之不立，不患力之不足。夫志为气之帅也。志之所至，而气从之。未闻有志立而力不足者。若夫好学而志不立，虽有善道，安有所施乎？然虽立志，有本有根，譬如有植木之地也，必有根而立，则强其木，固其根。

十二

学者立志之要，在信道笃矣。信道笃，则得之深。得之深，则守之坚。其得之深，而守之坚，则一心卓然有所根据。而天下无能易之者，岂外物所能夺乎？

十三

世之学者，无不读书，而善读书者，天下鲜矣。

十四

学不论深浅，行不论难易，只顾其志之邪正矣。

鸠巢专说节义，论忠孝，以期于世道人心有所裨益，此乃后世之人最当感谢之处。《日本诗史》（卷之四）论曰："尝著《大学新疏》《义人录》《骏台杂话》等书，莫非提起经义，维持名教者也。"诚然如此。然有一处可疑，即贵幕府，蔑如帝室。他在《寄朝鲜聘使》二百韵诗中称幕府为七庙，有将其拟为天子之嫌。摩岛松南在《娱语》（卷之四）中论之云：

夫当今"七庙"等称，非从天朝，决不得用之。其他措辞下字，皆无辨别。安知其所夸扬他邦者，适足以损我之德？关东诸儒，白石、鸠巢、徂徕、春台诸先生，皆不免此弊，惜哉！

又看《观澜文集》（下卷），有如下惊人记录，云：

有藤井兰斋者在京师，今则死矣。素以质行称，尝闻其为人亦个好人。其人恒言，名不正则言不顺，孔子之言昭昭。今土地政令，则悉归关东，而正朔冠服，仅在京师，不名不正之甚哉。吾于此论，确乎不易。若一日被关东征，则首发此议。直移虚位天子，准为三格耳，室直清话。予闻此论愕然惊，戚然愀。如知天地间渐有为此说者，使我执政，取诛此人，科均少正卯耳。

鸠巢对皇室之见解，果真如此，其于大义名分之误解实甚。他又极尊崇德川家康，而贬黜丰太阁，实为可惜，其论太阁曰：

> 丰臣秀吉本不仁，虽非诛暴止乱之兵，明胜败之大数，出师而不费力，行兵无所巧计。战则必一举收功，遂不闻顿兵旷日，所谓拙而近速者。其将略，恐谦信、信玄所不及也。然慓轻猾贼之人，礼乐慈爱，即使做梦亦不知。晚节兴无名之师，征伐朝鲜，暴露师旅之久，鱼肉人民之多，天下人心离叛，亦兵久不收之祸也。（《骏台杂话》卷之四）

又云：

> 征伐朝鲜，杀人之多。建立大佛，费财之多，于天下有害，于国家无丝毫之益。只惊扰愚人之耳目，稍有心之人，今之世事使人皱眉，然虽遗名于末世，当长久招讥讽也。（《骏台杂话》卷之三）

鸠巢非议太阁之言，并非全无道理，但亦可见其过度贬黜。英雄之心事非寻常儒者所能窥之，当时海内之争乱由太阁平定，无数勇士无故洩其郁勃之气，太阁乃悉驱之，武勇示于海外，锻炼大和男儿之胆力，为震天动地之大事业，不啻足以惊骇异邦之人，又永使后昆仿之而奋起。太阁雄大之气势，不无吞吐东方天地之状，岂非千古一大快事乎？鸠巢极度贬黜太阁，反之大加称赞家康曰：

> 今日光之御庙，屹立如泰山，国国奉祀，无不仰奉，是永代不朽之名誉。暂且不论此，有一所感之处，如此杰出于古今者，在世之内，不傲自身之聪明，常纳下之直言，可言真聪明矣。（《骏台杂话》卷之三）

家康无疑为一世之人杰，鸠巢殊尊崇之，非一度颂其德，遂至欲以对朝廷所言而拟之。果真如此的话，有佞其所事之嫌。偶读三宅尚斋《默识录》（卷之四），有如下言，云：

> 闻室某、荻生某等，阴有革命之说，大义湮晦，灭纲常，其罪莫所容矣。

吾等不信鸠巢革命之议，然其有不将皇室置于眼中之弊，此为不可遮掩之处。但鸠巢异于徂徕、春台等之说，称赤穗四十七士为义人，于名教不无裨补。然至楠正成，又有稍加贬黜之口气。其言云：

> 正成以如此绝伦之材，学圣贤之道。仅崇孙吴之术，可言遗恨也。凑川自杀，与弟正季语最后一念之事，甚陋。（《骏台杂话》卷之四）

鸠巢对佛教有如下之言，云：

舍君舍亲而归佛，于我身无所助。虽弃世，其心为君，为父，不舍其身。不舍身，不可言舍世。在世求名利，弃世求极乐，清浊虽变，思其身之乐，则同。固佛之教，视人伦为假，舍君父为善。既然如此，若非常想舍，第一当思身之乐而亦舍心。那么远离名利而有所夸耀，亦不至于逃离世事。名教中当有自然之乐地，何必舍人伦哉？当离事物，舍人伦。离事物，只求己之往生极乐，虽弃世，由未舍身而起，亦可言乐欲甚，云云。然自昔，归佛之人，不问贵贱男女，无不因思身之苦乐而起。（《骏台杂话》卷之五）

此言道破宗教心之利己方面，颇得其肯綮。固宗教心并非必然利己，至其高尚者，超绝区区个人藩畛，非常普遍。换言之，绝对博爱。然至滔滔世俗之宗教心，不以利己之动机为本者稀。鸠巢可谓戳中普通宗教家之要害。他又就神道有如下之言：

其所谓道，果何之道乎？若其不合圣人之道，则异端也。吾儒者，当力辨其异而排之，使人无他歧之惑。苟有当阿附之处，不可以为我国之道也。若其合圣人之道，则神道亦儒也，云云。当与儒并称，不当左右之也。（《鸠巢集外纂》卷之上）

且又述其守护之处，云：

若直清之愚，惟知道孔孟之道，学程朱之学而已。誓以此终一生，以为天下之道莫尚焉。（同上）

其深信儒教，不问儒教以外之道，如佛教、道教、神道，皆断然不信之，故其笃信所守之处当称赞，但顽固与崇外之訾，其所未免。最后鸠巢立教之态度，概为消极。换言之，是克制的，故最有嫌恶自由行为之倾向，乃论之曰：

> 成人不自由，自由不成人，盖宋时之谚云。然此虽俗语，最为切要之言。凡士大夫见其持身自由与不自由，然后一生成就可卜矣。吾观于天下之人，未有举动自由而能立身不坠名者。古称从善如登，从恶如崩，安有自由而不流于恶者乎？士大夫不欲为好人则已，苟欲为好人，凡言行动静须要从规矩绳墨中过，常如有所畏忌，乃善久则处之安矣。不然纵未至犯科招咎而陷于大恶，亦终为一无状小人乃已。譬如匠人制器不由规矩，方不成方，圆不成圆，不过为无名无用器物耳。况目之欲色，耳之欲声，四肢之欲安佚，苟无以制之，则其陷于大恶也，亦不难矣。但要其始在自由与不自由而已矣。一自由者为凶人之端也，一不自由者为吉人之端也，可不戒乎？可不惧乎？（《后编鸠巢文集》卷之二十）

若把自由二字理解为放荡无赖之义，则真如鸠巢所言。然自由当为不束缚个人发展之必要的行动之义，未必为放荡无赖之义。若一概嫌恶自由，有桎梏人之自然发展之弊。由此言之，鸠巢与徂徕的自由主义相反，无疑拘泥于形式，偏重消极方面。

第四　鸠巢门人

大地昌言，字士俞，一字行甫，通称新八郎，号奚疑，又逊轩，有东川等别号。加贺人，鸠巢之外甥也。彼幼时好学，年仅十二三，善属文作诗。新井白石称之千里之驹。及长，事无大小，以鸠巢为法，修容仪，深用心，常居非道不言，非道不行。动止进退，必有礼。是以士大夫皆服其有德，可谓真君子人也。宝历二年（1752）殁，享年六十，著有《奚疑遗稿》两卷（《燕台风雅拔抄》）。奚疑受鸠巢遗命，编辑《鸠巢文集》，唯完成其前篇，其《补遗》与《后编》未成而殁。其事详悉于伊东淡斋前篇叙。

中村兰林，名明远，字子晦，通称深藏，兰林为其号，又号盈进斋，姓藤原氏，江户人，仕幕府。其父玄悦，为幕府医官，是以兰林亦初称玄春，修父业，著有《医方纲纪》三卷。然其不好医官，其所志宁为儒官，尝叹之曰：士君子济世，奚只为医乎？乃上言幕府，请为儒官，未允。居数年，幕府命之以侍医行经筵之事。是盖虽出特恩，亦非其志。至延享四年（1747）始改医擢儒员，此时兰林年正五十有一，其得意可想。宝历十一年（1761）殁，年六十五。著有《所学山录》六卷，《讲习余笔》四卷。兰林虽学于鸠巢，不如鸠巢固守宋说，多少有参酌仁斋及徂徕说者。（《先哲丛谈》卷之七、《续近世丛语》卷之一、《前篇鸠巢文集》叙）

绫部䌷斋，名安正，字伯章，一字惟木，通称进平。丰后杵筑人。幼而颖悟，其父从道弘受书，及长，游于京师，从伊藤东涯、北村笃所有所学。后又到江户，见室鸠巢，大悦，乃为弟子。主治洛闽之学，旁从服部南郭讲词章。《后篇》卷之十三中有鸠巢送序，足知其人。绀斋性刚直而谨奉恪身，淡薄而持家有法。视人之穷乏，为赈恤，唯恐不及。尝仕杵筑藩龙溪公，能竭辅弼之道，时有诗云：

春晖岁岁知难报，细草指天是存心。

盖言其志。其殁于宽延三年（1750），享年七十五，著有《家庭指南》一卷。绀斋有二子，长为富阪，次为刚立，皆成一家。门人三浦梅园以独创之见显于世。（《近世丛语》卷之一、《后编鸠巢文集》卷之十三、《鉴定便览》等）

河口静斋，名子深，字穆仲，一说名光远，字子深，通称三八，静斋为其号，又号苧山。江户人，仕川越侯。宝历四年（1754）十二月十六日病殁，享年五十二，葬于麻布六本木之善学寺。著有《斯文源流》一卷、《静斋笔记》一卷等，收载于《温知丛书》第三编。别有《静斋文稿》之著。门人植木筑峰、近藤西涯、岩濑华沼及伊东好义斋最闻于世。（《鉴定便览》《名人忌辰录》《诸家人物志》）

伊东淡斋，名贞，字知量，通称贞右卫门，长门国丰浦人，好义斋之养子，晚年号悠哉。明和元年（1764）九月二十一日殁，享年六十六（一说七十一，又一说五十余），著有《性理节要抄》。淡斋之功在编纂鸠巢之文集及经说。文集《前篇》虽系奚疑所编辑，上梓者为淡斋。《补遗》与《后编》

为兰林刊行，不幸罹疾，自觉未复能起，召嘱淡斋继其志，以成此事。淡斋乃编辑《补遗》《后编》公之于世。（《文集叙记》《续诸家人物志》《鉴定便览》）

浅冈芳所，名朝，字之蕢，一字子喜，小字喜藏，芳所为其号。武州人，仕河越侯，为儒官。殁于明和中，著有经说及文章。或曰其受业于静斋。又据《补遗鸠巢文集》叙，似为淡斋门人，姑存疑。（《鉴定便览》《续诸家人物志》《庆长以来诸家著述目录》）

奥村修运，字子复，通称左卫门，禄三千石。

青地斋贤，字伯孜，一字伯强，通称藏人，号兼山。禄千石，著有《兼山丽泽秘策》八卷。

青地礼干，字贞叔，通称藤太夫，斋贤之弟，《补遗鸠巢文集》（卷之一）有《赠青地贞叔序》云：

伯也吾其缜栗而爱斋庄，叔也吾其恢弘而爱疏通。好礼近义，古道自处，卓然以至有自异于流俗者，二君同之，皆一国之选也。

小谷继成，字劝善，一字勉善，通称伊兵卫。

以上四人本羽黑牧野之门人，牧野殁后，皆师事鸠巢。（参看《斯文源流》）

河口仲宾，仕白河侯。

儿玉圆南，萨摩人，《后编鸠巢文集》（卷之五）有《送儿玉圆南》诗云：

征旆行行去不留，凉风萧飒岁云秋。沧溟云黑鲸吹浪，古渡月残客唤舟。腰下泣龙鸣佩剑，驿边立马赋登楼。南中旧友如相问，为道梦思感昔游。

圆南门人有山田君豹，作《补遗跋文》。

中根东里，名若思，字敬父，通称贞右卫门，东里为其号，伊豆下田人。其虽尝师事鸠巢，后又转于阳明学，其事迹及学问详见于《日本阳明学派之哲学》第二篇第六章。

第五　鸠巢相关书籍

《鸠巢先生行状》（大地玄昌撰）

收载于《翁草》卷四十一。

《文集叙记》（伊东淡斋著）

《前篇鸠巢文集》卷首所载《淡斋叙》，记述鸠巢事迹，加之昌言叙述其经历，以资参考。

《鸠巢先生年谱》

《鸠巢传》

《鸠巢先生墓志》（大地昌言撰）

收载于《鸠巢集外纂》下卷。

《先哲丛谈》（卷之五）

《近世丛语》（卷之三）

《日本诗史》（卷之四）

《北窗琐谈》（后篇）

《木门十四家诗集》

《儒学源流》

《日本诸家人物志》

《近代名家著述目录》

《濑田问答》

收载于《温知丛书》。

《大日本史料原稿》

《儒林传》(涩井太室著)

《野史》(第二百五十八卷)

《甘雨亭丛书》

《大日本人名辞书》

《松阴快谈》(长野丰山著)

《鉴定便览》

《近世大儒列传》(上卷)

《日本名家人名详传》(下)

《日本之哲学者》(英文)(诺克斯著)

《事实文编》(卷之七)

人胸中各有个圣人,只自信不及,都自埋倒了。

——王阳明

第二篇

惺窝系统以外的朱子学派

序　论

藤原惺窝一度于京师倡导朱子学，其脉络自成体系，仅经半个世纪，于我邦已成思想之一大潮流。其脉络关系大要第一篇中已述。然于惺窝系统外，往往有单独倡导朱子学者。其重要者有中村惕斋、藤井懒斋、贝原益轩，皆与木下顺庵，雨森芳洲、室鸠巢等大抵出于同时代。惕斋、懒斋、益轩，其多部著书，于当时名教多有裨补。懒斋，筑后人，尝以医仕久留米侯。其时疗一患者，见其未起，自思误治之至此，乃慨然投匕断念于医术，以儒成家。其学以紫阳为主，与米川操轩及中村惕斋为友，著有《本朝孝子传》《国朝谏诤录》之类，皆志于裨补名教，然其未成一家之学说。故今举惕斋与益轩作为惺窝系统以外的朱子学派。

第一章

中村惕斋

第一　事迹

惕斋，名之钦，字敬甫，小字仲二郎，称七左卫门，惕斋为其号，京师吴服屋之子。其自童子时，持身厚重，不好嬉戏。及长，唯务笃实，不喜浮靡。其家本于市中，惕斋厌其喧嚣，选闲静之地而居，日杜门，潜心大业。论学谈文之外，未敢与人交际。如德语所谓"自由学者"，过着极其单调的生活。或以其为阿州侯儒臣，但真否存疑。元禄十五年（1702）七月二十六日病殁，享年七十四，葬于洛北一条寺村圆光寺。著有《讲学笔记》《四书抄说》《五经笔记》《四书笔记》《读易要领》《三器通考》《三器考略》《慎终疏节》《追远疏节》《姬镜》《本朝学制考》等凡五十余种，亦可谓朱子学派中之一大家。

惕斋幼年时，虽有句读之师，但朱子学无常师，恐为独学自修所得。《名人忌辰录》上卷以惕斋为贝原益轩之门人，但无可信凭之根据。又涩井太室《儒林传》中以惕斋为山崎暗斋门人，亦全出于误闻。

惕斋，博物洽闻，以修德行，裨名教为己任，有纯然道学先生之气象。雨生芳洲曰：

> 余童卯时，米川仪兵卫中村迪斋、藤井兰斋，俱以经学教授京师，信徒者众。（《橘窗茶话》卷中）

迪斋为惕斋之误。惕斋在世时，伊藤仁斋于京师主张古学，概震撼一世。此时固守朱子学而与仁斋相对者，京师仅有惕斋及米川操轩之徒。又曰：

> 余少岁时，以明经为志，如中村、米川诸儒，固不可以博学名之。然其立身卓伟，自修谨严，亦可以为笃行乡先生。今则无斯人矣。（同上）

室鸠巢又论惕斋之人物曰：

> 闻洛下宿儒有中村惕斋先生者，隐居讲经于家，一皆崇尚朱子，其于《五经》、《论》、《孟》等书，皆有笔记，笃学之人也。其后惕斋已没，京师之学大变，今三十年犹使人感慕先辈之风而不能自已。（《中村氏五经笔记序》）

又曰：

惕斋在京师，其学行颇为人所信。（《答牧野先生书》）

又曰：

惕斋一生崇信程朱，始终不变，可谓近世之醇儒者。（《与和角清左卫门书》）

鸠巢如此屡次称赞惕斋人格与学问，虽因其同样崇奉宋学，但亦可察知当时惕斋在儒林中之名望。惕斋不好教授世之子弟，退而独自讲学乐道，以闭户先生自拟，颇有山中独善之风。是以鸠巢非议其所为而曰：

惕斋隐居，恶接人。有来执贽者，固辞不见。彼欲求志独善，故如此亦一道也。然朋来者，君子之所乐，丽泽之益，相观之善，自古有志于学者皆急之。今偏于绝物距人而以遁思自遂，则是得罪于大中至正之教，而不自知也。（《答游佐次郎左卫门》第二书）

惕斋实际上过着市隐般的生活，故几乎无门人。门人独有增田立斋。立斋名谦之，字益夫，阿州人，作《讲学笔记》序及《惕斋行状》。《先哲丛谈》（卷之四）云：

惕斋少伊藤仁斋二岁，颉颃齐名。当世称曰：惕斋难兄，仁斋难弟。

由此观之，惕斋虽退隐而少与人争，名声却显于世。惕斋盖为鸠巢之徒，然将其与鸠巢相比，虽更显消极，却又有粹然持己之气象。《闲散余录》（上卷）云：

> 中村惕斋为忠信笃实之学者也，旁好乐而精于音律。如朱子所言，如庚孔子之道，岂不欺于朱子乎？由其追随朱子等，可知其人品之温也。

又其生长于商家而淡泊财利，由如下事实可知也。《先哲像传》（卷三）云：

> 尝家中掌柜某有贪利之事，亲戚人人议将其罪讼官，惕斋独不许，从容谕而言，吾以财陷人于死地，甚不慈也，且非其意。自此虽家产零落，其志愈高，修性理之学，践行礼义，人称笃行先生。

此外其对他人抱有深厚同情，由《思斋漫录》（上卷）所述逸事可明，云：

> 有人曾言，某时近家失火，当时惕斋家处下风向，亲戚门人惊而驰集，忽风向变为上风，众人安心相贺，今无类烧之忧。惕斋一人却甚有忧色，人皆怪之，问其故，本来其火为上风向之人家心安，大意之时，风骤变，喜亦忽变，定周章失措，一想到此便忧。所集之人亦有所感，急忙驰往火源，防而助之。

又惕斋之人格，据其自像题诗可得其仿佛，云：

> 利名只字胡为者，亿万民生俱策驱。耆耋弃材憎世

计，考槃林曲永言娱。

其超然于名利之外，一生持学者之清节，均为他人所未能企及之处。又其欲裨补女子教育，著《姬镜》一书，其功绩决非鲜少矣。

汝果然在觅最高者，最大者乎？植物教之汝乎？然植物无此意志，汝以意志成之，即是也。

——席勒

第二 学说

惕斋学说所当介绍者，主要在《讲学笔记》中。《讲学笔记》如同语录，丝毫无系统之学说。然每一言每一语，都为其躬行实践之所成，于后世学者多有裨益。就中仁爱、存养、省察、生死等见解，殊有其中趣味，因举之如下。

（一）仁爱之说

吾侪为学，于克私推己之功，虽非无所少试，而未得其力矣。于所谓扩充者，则未尝识其旨趣如何。窃尝思之，是由未知仁者大公博爱之意味气象也。所以不知之者，又由立心之大本，未得其道也。立心之道如何，按程子有言曰："人只为自私，将自家躯壳上头起意，故看得道理，小了他底，放这身来，都在万物中一例看，大小大快活。"今由是论之，凡从事于学，而欲求道修德者，须先以张子所谓，为天地立心，为所学之头脑本领。不然，则其心之所注，皆自吾躯壳上发来。私欲之所由生，亦同其源。乃欲以此心克之，犹家人相争，无管之者。是以缠禁私欲，又随而生。我元无欲与人共其利，共其善之心。苟无与人共之心，则不惟要独利己，而视己之为是，亦嚣嚣自足焉。犹终日在讼庭，与人对头，争辩曲直，而伸己伏人，则悦以为得志者。是以虽一时推己及人，而少间复见物我相隔。今廓然忘其私躯壳之心，一为天地立定个心，以己为天地间一人，而于其是非利害，以己自知之实处人，以人视己之公自处，而爱恶无所僻，则其心之发用，殆与彼造物者，上下同流。凡应事接物之际，莫非我仁爱之所被。乃虽人情所可欲者，皆以公共之心视之，则真情自发见。而处之各不失其所宜，私情自缩退，而克之亦易容其力。虽未免有复萌之念，亦可以渐遏之。其推己及人者，亦中心油然，乐与人共其利，共其善，岂不得其推去不难，而又能保于后哉！其能若此，则我恻隐之情，可以类扩之，而充其本量矣。夫为学之大本既立，则善端之发见，皆可由此扩充，以全于己。又可由此推去以及于人。其不善者，亦可由此克治，以复天理。又由此尽己覆实，言行相顾，则可以存诚于己，而感动物。百行万事，皆由此进修，而可以庶乎全吾仁矣。

　　盖人得天地生物之理以生，而生理乃具于心。此便是心之德，所谓仁也。故人心爱物之情，便是仁之发用。人之生脉，而亦其用心所由公之主也。若不明此理，而徒欲秉直持平，以一物我，则似公而非公，只是绞直而已。其弊或讦父之罪，以为直者，竟奔奔荡荡，以至于都与仁无交涉矣。此惟知以无私为公，而不知以人心本然之生意为主之故也。窃谓人身是生气之会，而心是生理之府，若能放吾身同置天下人之间，以吾心本然之德，体天地万物，则外不容物我之私，内不生形气之欲。普博公平之中，自然有恻怛慈爱之意，乃所以为仁也，云云。凡君子所为，常存生机，云云。凡小人所为，皆归杀机。故虽有施爱，而爱得不公，是以喜者未餍，而怨者随至，且往往其所以爱之者，适足以害之。况厚其所私，则不免有夺诸公。是以其爱亦归杀而已。凡四端之善，虽随感而应，然皆由恻隐之情，以起其头，便是天地之生机，无少息者也。学者切戒勿击生机，须因生机之发动，皆扩而充之。此乃求仁之要也。这个工夫，岂惟知与人争是非曲直，而躯壳外，恝然无所忧者，所能与也哉？夫天地之大德曰生，人心之全德曰仁，其理一也。圣人所以继天治人之道，学者所以则圣修己之法，岂有他乎？尚仁而已。

程子曰，心要在腔子里。又曰，满腔子是恻隐之心。又曰，仁者以天地万物为一体，莫非己也。今要看得此三言，其皆相串，浑然一片，亦似可有益矣。盖仁是天地所以生物之理，人得此生理以生焉。心乃所以具此生理，而人之所由生由活者也。故直以人心为仁，以心之德训仁。朱子所谓"仁是此心之德，才存得此心，即无不仁者"，亦即是也。人能常收个心，在腔子里，则心得安其所，而充满腔子里，乃其所充满者，皆吾恻隐之所由发也。满得至十分，则所触而应，所思而及，无细无大，皆由恻隐之情以发见流行。其如此，则虽天地之大，万物之众，而无非吾仁之所包，无非吾慈爱之所贯，岂非以为一体者哉？若于天下事物，有慈爱恻怛之情，所未应未及者，是吾本心满腔子里，未十分之故也。何能得以天地万物为一体？然而其所以未满腔子者，乃只由个心或为物所诱，而放逸在外，或为物所系，而不安其乡。故学者能持敬慎独，以克去物欲，操存个心，常在腔子里，则心得所养，而生理滋息，恻隐之所由发，可渐以至于满腔子十分。愚要看得程子三言，相串成一者，其意如此矣。然程子所谓满腔子是恻隐之心者，只是不过以人身之生气，语仁之体段。盖人之一身，无生气所不贯。故触处必觉痛痒，欲人因此知满天地此理本充塞，生气遍贯通，而强恕以求至仁耳。然常人之心，人之痛痒，不关己身。若由人心之德，本不隔人己观之，则所谓木顽不仁者也。一身之痛痒不相贯，为风邪障之也。人己之忧欢不相关，为私欲隔之也。身体之不仁，虽未至废用，而必患之，以求疗安。心术之不仁，则亡我所以为人者，而不知患之，可哀矣哉。故愚又尝谓人莫不好生恶死者，莫不趋利避害者，以一己言之，则私意而已。然实是人心本然之德，由爱之理而发者也。

盖天生成万物之外无他心，而人之所以为道者，无一非赞其生成之功矣。但其亲亲而仁民，仁民而爱物，所施有缓急之序耳。生也者，天之仁心也。仁也者，人之生道也。惟仁可以配天德，则至大也至难也。而其所由出之源，即在我心。所谓仁者，心德也。其行之之术，亦独在尽己心以推之于人而已，则亦至近也至易也。然扩而充之，则能弥六合，贯万物，是所以为圣人之道也。

（二）存养省察之说

朱子常举为学之要示人，在涵养致知力行，而三者之序，乃涵养做头，致知次之，力行又次之。凡读书穷理之功，固以涵养为本。然见闻讲讨之积，虽有浅深，皆有所随分以开明，所明既多，则又得相照以进矣。若夫躬行实践之工夫，则常患其难进而易退，特其所赖进者，专主涵养之功，而其所以常存而不失，则又在省察之力。故《中庸》首章，以戒惧慎独，为体道之要。戒惧，存养也。慎独，省察也。欲自修之士，必以此两端，并施其功，而不可须臾忘矣。

今尝据二者名义，论其略曰，所谓存养者，何也？操存此心，而涵养之之谓也。盖心之为体本静，而天理完具，操心而存之，则湛然之静体不失，而与天理涵泳，所以得滋息长养也。其用功之法，收敛此心，而纯一之清虚之，以使常团团惺惺，是固所以向内而存之也。如衣冠整齐，容貌严肃，出门如宾，承事如祭之类，亦皆所以由外之恭敬，而养其内也。动静相含，表里交正，是为存养之全功矣。盖以其为统体之工夫，故包体用贯动静，而又所以为省察之地也。且存养之要，在见其成熟之效，若养而不熟,则无所贵乎养。然而其所以不熟者,又由其用功之有间断矣。夫出入无时,而莫知其乡者心也。其机之所系,至危而不可测,故不操焉,则为舍之,不存焉,则为亡之。若其舍而不顾,亡而不寻,则不亦甚乎,云云。人心既有所养,则扩充其善,推去其恕,亦皆有所资力。灵根得滋息,则知识启发,而耳目聪明。故穷理致知之功,亦得由而进矣。格致愈精,则涵养愈熟。故先儒谓此二事互相发,若存养之功深造,则至密虽屋漏之地,亦无所耻。至静虽未睹闻之时,亦不忘所戒惧。如是,则至静至密之中,自有炯然不昧者,而不陷顽冥,乃能存静中之动。故及其发也,喜怒哀乐,皆得中节。是以能致中和之德。而至于天地位,万物育,是圣学之极功也。

所谓省察者,何也?有所自警省检察也,专属发用,而施之在将动之始,所以备存养之间也,云云。然人心之体,未始不静,但其所发于用者,由静而动则为正,由动而动则为妄。是人所以常失于动也。故圣人主静而立人极,其所以能赞化育,而参天地者,亦在兹也。盖居敬以存心,固所以涵养其静体也。省察之功,虽属动端,然内察心之存否,以兴提撕收敛之敬,外察身之应接,以审是非正偏之几。或事将来,而察其所先有。或事既过,而察其所后滞。察则心止而静,静则欲退而理见。故凡事必心一静,而乃应之,斯免妄动,即是所以使此心不失其动中之静也。苟一时之不察,则失其主宰,而无以检此身。一念之不察,则失其权度。而应接不得其正,使缉继存养,克治私欲之功，亦并废于其所不察矣。若省察之功致其精，则视听言动，莫有一不察者。乃至于其见之于羹，见之于墙，见其参前倚衡，则道理与心目，常相依而不离。岂惟念念而省，事事而察哉？其能如此，则存察并无间断，而其日就月将之效，不可穷矣。就是而克夫欲，犹红炉上一点雪耳，原夫理是心之蕴，而仁是心之德也。敬也者，所以操心而体仁之要也。存养之功，全赖主敬，而省察克治，亦皆以敬为本。察而克之，其功亦归存养。盖理本心之固有，而害之者私欲也。故欲存其理，以养心者，不可不先察理欲，而克去其欲。理常存焉，则心之德周流，而慈爱无所不暨，乃可以语仁矣。今学者立其心，当以求仁为本。用其功，当以存察为要。立心用功二者并行，而犹未得其效，则亦当只自咎其为之之未着实，且其未备尝困勉之味而已。岂又有他术焉哉？

（三）生死之说

谓既见其当死，而自许以死焉，再深察之，则又疑其有未可死之义。然苟难过高之人，于是未决其是否，而遽就死，则恐有义未正，而反害其勇者。若理既定，而后就死，则非果乎死也。呜呼！死生大事也。奉行遗体而不敬之，则毁伤且为不孝。况灭性乎？其死果是也，则义正勇全，而不辱遗体，乃为孝矣。其死或非也，则义未正，勇未全，而不慎遗体，乃为不孝矣。二者在疑似之间，而辨之不审，则相违霄壤矣。死而过焉，不可复改。事已迫焉，不可不决。自非明哲之君子，则孰能不眩惑，云云。若一时所见是非相半，则与其苟贪生，宁安就死。是又理之疑者，从厚之义也。然其志趣常在此，则有未称时宜，而轻死之失，故临事择义，以虚心为至要，云云。

（四）神明之说

天地之神，洋洋浩浩，使人齐明盛服，以承祭礼。然比于人心神速灵妙之至，犹为汎然未亲切。且天监之明，虽幽暗无不照。然人犹视以为有彼此之别。若夫心之神明，在己自知，则将奈之何乎？呜呼！可畏而不可罔者，莫严于我心，可尊而不可忽者，莫重于我心，安得有可闪躲之地，可放置之时哉？又安可忍以此身，须臾居卑下之地，毫厘犯秽污之事哉？彼自为贪冒玷污之事，而要侥幸以免者，皆掩耳窃铃之智耳。故学道者虽一言一动之微，亦不忘尊奉我天君，而后操存之功，有得其力，而可以庶乎屋漏之不耻，云云。

上述惕斋之见解，丝毫未超出朱子学范围，大抵皆着实而稳健，颇有得其肯綮者，由此可知其为笃学之人。言辞之间有超出近世之内容，不可忘记其旨意真挚，且有益于实践。

第三　惕斋相关书籍

《惕斋行状》一卷（增田立斋撰）

其概要转载于《先哲像传》。
《先哲丛谈》（卷之四）
《先哲像传》（卷三）
《近世丛语》（卷之五）
《诸家人物志》
《鉴定便览》
《橘窗茶话》（中卷）
《名人忌辰录》（上卷）
《鸠巢文集》
《闲散余录》（上卷）
《大日本人名辞书》
《日本名家人名详传》
《事实文编》（卷之十九）
《思斋漫录》（上卷）
《近代名家著述目录》
《庆长以来诸家著述目录》
《儒林传》（涩井太室著）

| 第二章 |

贝原益轩

第一　事迹（附贝原氏家系略图）

贝原益轩，日本朱子学派之巨擘。益轩，名笃信，字子诚，小字久兵卫，益轩为其号，初号损轩，后或受人之劝，改号益轩。筑前人，仕黑田侯。益轩，宽永七年（1630）十一月十四日生于福冈城中官舍。父利贞，号宽斋，黑田侯医官。偶览《存斋遗集》，有诗云：

称先考有美德
谦德平生不侮臣，外遇急难内常春。机心既尽无机事，安乐场中自养真。

由此观之，宽斋为人有谦德，如有自得之处。母，绪方氏，益轩为其四子，有三兄。长为家时，称山三郎，其事迹不详。次为元瑞，号存斋。次为义质，号乐轩，春斋、乐轩为其学名。益轩自幼警敏，有殊质，甫九岁，就兄存斋读书，多可背诵。《年谱》曰：

> 先生深耽于读书，虽然此时也家贫无书，村居无师，且梓行之书未多，故不能读书籍，徒费时月而已。

益轩少时之苦学，由此可以想象。然其父兄能识文字，或字或诗或歌，家庭教育无所不备。其父为医官，亦略通医书，可知其日后说养生之道，皆源于此。《年谱》又云：

> 先生素崇浮屠，日诵佛教，常念佛号。每月当佛日，则素食，拜佛堂。仲兄（存斋）告之以浮屠之非，一旦悟其过，而终身不好佛。自是始知圣人之道可尊而深信之。

此为其十四岁时之事，可知其作为儒者之征候已十分明显。及中年，于京师讲学，然尝无常师。其后屡往来于京师、江户、福冈之间。又好于各处旅行，足迹殆遍及海内。正德四年（1714）八月二十七日，病殁家中，享年八十有五，葬于荒津之金龙寺，有辞世之歌，云：

> 忆往昔，似一夜。梦醒时分，八十余年已逝。

益轩之妻，江崎氏，名初，字得生，号东轩。年仅十七嫁与益轩，时益轩三十九，能教育东轩，东轩遂得以成才德，然先于益轩一年病殁，享年六十有二。东轩无子，是以益轩初以乐轩之子好古（号耻轩）为养子。然好古先于益轩殁，又以存斋之子重春为嗣子。益轩二十六岁时，赴江户，途中于川崎旅宿祝发号柔斋，盖欲为医。然至宽文八年（1668），复束发，名久兵卫，时年三十九岁，自是遂委其一生于儒教。

益轩初好陆王之学，然及读陈献章《学蔀通辨》，遂弃陆王学，为纯然朱子学派之人。《年谱》云：

> 先生尝好陆学，且玩读王阳明之书数岁，有朱陆兼用之意。今年始读《学蔀通辨》，遂悟陆氏之非，尽弃其旧学，纯如也。先生谓《尚书》《论语》是圣人所说，以此正陆王之说，则大有所龃龉，而觉所归向大异。由是益信濂洛关闽之正学，欲直溯洙泗之流，专心致志，昼夜力学不懈，至忘寝食。

这是他三十六岁时之事，但晚年他对宋学有所疑，乃著《大疑录》两卷，叙述其所见，是其最后之作。序文中谓云：

> 笃信自十四五岁有志于圣学，凤读宋儒之书，而敦于其说，宗师之尚矣。复尝有所大疑，然愚昧之资，不能发明，复无明师之可质问。近来老耋洊至，益无解惑识见之力。虽覃思三十余年，然独抱惑未能启明，以为终身之憾于此。姑记所疑惑，以望识者之开示而已。何可敢自是而与先正抗论乎哉？

其谦让之意，由此可知。

益轩博学多识，著作百有余种，皆以裨益世人为志。故于经学之外，大抵皆以国字著之，一以易解易入为其旨。是以虽儿童走卒，亦能得闻于其教。益轩于社会教育有大功，由此可知。《慎思录》末所附载《自己编》中之一节，云：

> 或曰：吾子夙有志于经学，然而尝著《和汉名数》等之小说，今复作方技猥陋之书。此皆小道恐泥之事，奚蹭蹬如此乎？奈世儒之姗笑何？予答之曰：吾曹受昊天罔极之恩也，逾于他人，何以报其德之万一乎？如解释于经传，发明于义理，古人作者既备矣，求之前修之书而足矣。况区区庸劣，岂能容喙于其间乎？别事又不能为，唯欲作为国字之小文字之有助于众庶与童稚者，以待后辈而已。庶几有小补于民生日用云尔。呜呼！吾辈食嘉谷、消白日，生无益于时，与禽兽同生，便是天地间之一蠹耳。苟有助于民生，则虽执方技之小道，受世儒之诽议，亦所不辞也。

由此观之，益轩之心，可以体谅。如顺庵、仁斋、徂徕等，益轩亦设私塾，教授子弟。盖其为人谦逊而不好为人师，故其直接门人，东轩、耻轩等之外，只有竹田春庵、香月牛出二人。与人才济济之顺庵、仁斋、徂徕等相比，其差亦甚。然作为社会教育家而论之，德川氏三百年间，无有出益轩之右者。益轩亦可称为伟大教育家。

益轩年三十九而著《近思录备考》，翌年又著《小学备考》，《年谱》云：

> 凡《小学备考》《近思录备考》之行于世也甚广矣，故其惠后学之功亦不少，云云。如《小学注解》，从前颇

多，至《近思录》未有详说之者，至先生《备考》出，则初学之读此书者始知其径庭，因此而兴起者多矣。尝闻人见友元之言，凡古昔本邦之先儒所述作固多矣，然而辑录于经传义理之注解者，以先生《小学》《近思录备考》为始云。

果真如此的话，益轩之功可谓洪大。然惕斋、鸠巢之徒，与益轩时代相同。可以说经传注释为当时世运所然。竹田定直所撰《益轩墓志》云：

近世兴性理之学者，先生为始。

然性理之学，以惺窝罗山为始，非以益轩为嚆矢。但如益轩攻究宋学之深，发挥性理说之细，未曾有之，是其功不可埋没之处。

益轩少小讲学于家庭，及长，益用力研钻，至晚年亦未曾间断学习，见《年谱》二十九岁之处云：

先生比年日夕力学则苦，或至通宵不寝。

又三十六岁之处云：

昼夜力学不尽，至忘寝食。

其苦学可以想象。又如其著述，老而益专。五十六十自不待言，已七十时著《和字解》《日本释名》及《三礼口诀》，七十四著《筑前风土记点例》及《和歌纪闻》，七十五著《菜谱》，七十六著《鄙事记》，七十九著《大和俗训》，八十一著《乐训》及《童子训》，八十二著《五常训》及《家道训》，八十三著《心尽规范》及《自娱集》，八十四著《养生训》及《日光名所记》，八十五著《慎思录》及《大疑录》。其精力之盛，足以让人惊叹。益轩自叙其学无止境曰：

> 许白云曰：吾非有大过人，唯为学之功无间断耳。笃信亦谓：吾之不肖，固无一事如人者，唯读书之功，至老勉励不休。虽耄耋之年，衰惫之至，亦无敢间断而已。然古语曰：家有弊帚，享之千金，是可以喻轻薄之人自矜于小有才能也。吾思此语，而不敢以勉强不休自教人。（《自己编》）

又曰：

> 笃信之禀性也，信庸劣，是故文学之事，无一所能。百事皆拙陋，不能及于人也远矣。唯恐有勤苦读书，恭默思道之二事，以及人而已。古语云：愚者千虑，必有一得。盖区区辛苦思绎，而觊觎于万一者，其或庶几乎此语矣。（同上）

益轩虽万事极尽谦逊，唯勤苦读书、恭默思道之二事，不惮断言不让于人。由此观之，其学无止境，实凌于余人。

又考察益轩谦逊之德，决非余人所及。《近世名家书画谈》（下卷）云：

第二章　贝原益轩

　　有贝原先生遗事，将所闻记录如下。先生上京师时，道中过凑川，追想楠公之昔，正当此时，见田间有一弹丸稍高之处，问傍之老农，答云，此往古所传口碑，楠公战死时，其遗骸所瘗之处也。至今如其所览，畦亩之间，除此处未耕。先生闻此言，不觉泪下，慨然以为，公之忠臣，古今无可比，芳名垂于青史，千岁不朽也。其窀穸之处，今没于荆棘，片石不可表，后来不知世事之牧竖田夫，此所当如何乎？吾辈读书者，辨聊义理，闻此事，过意不去，责之，将公之梗概记于片石，表之，则往来之人自然知遗迹所存也，又免去牧竖田夫之唐突。其日先生投宿于兵库商贾某家中（某为兵库之富家，闻福冈侯大阪回米等国用者）。此夜先生与宿主人语旅途之事，及凑川所见所闻与自己之趣意，主人欣然云，闻难有思召者哉！鄙人数代居住于此处，终究若其古，鄙人等亦为楠公之民也。物换星移，连公之瘗尚如此，实可叹焉。鄙人数代于此蒙先生御国之御用，多口之家眷安稳居之，闻先生此度御趣意，当出力，况公之茔域，先生御笔显之，鄙人所望也。先生于京师期间，作碑文，归途必赐矣。碑式其上得指名，立石，速完成，殊喜之。先生于京师作碑文，如约归途赠于主人。犹归国求赐碑式，匆匆而别。其后先生来信，主人认为碑式当在此文中，打开一看，左半部分为新，先生书信使其返碑文。宿主人疑惑或被篡改，速回信，再待之。又不久，来信曰我等先以凑川见闻，姑且思之，匆卒阁下其言所漏，退而考之，楠公之精忠，亘千古，与日月争光。以碌碌书生之拙文表绝代之忠臣，诚知其己之分也。今耻于心，不觉全身流汗，不再想有关此事。恕信中十分粗忽之言。当知先生之德行，此一事也。

偶览《自娱集》（卷之三），有《楠公墓记》云：

今兹暮春余发自京师，将归于故里，偶阻西风，泊舟于摄津州兵库，摄衣下船，陆行到凑川北，而见公之墓。墓在平田之中，榛莽芜秽无埏隧，无坟封，又无碑碣，茔上唯有松梅二株，悲风萧萧，春草青青。余歔欷良久，低回不能去。忽谓今无碑石如此，恐后世或不认为公之墓。古墓犁为田，松梅摧为薪，亦未可知也。于是托兵库馆人绘屋氏，欲建小石碑于其茔上，颇与彼为营计而去焉。予归乡自顾念，公之伟烈洪名，不待区区之揄扬而明矣。若今欲称述彼德业，勒之石碑，非老于文学者则不能也。且吾侪微贱而立石碑于他邦，恐不能逃僭率之罪，终改悔而废其事，且送书于兵库馆人，令辍雕刻。然感叹之余不能默止，颇记其所怀云尔。

由此观之，《近世名家书画谈》所记属实。其后水户义公为楠公立碑，刻有"呜呼，忠臣楠子之墓"八字，其背面刻有朱舜水之文。如今想来，舜水无疑是有奇节之人，本为亡国遗臣，且有屈节之处。其以不仕二君之意，逃于日本，因此仕于水户侯，受禄。比起让中国人为楠公撰写碑文，如益轩高德清节之日本人更适合。又《近世畸人传》（卷之一）云：

先生归国海路，同船数辈，不及问其姓名，若无其事地讲话，连续几日，其中一年轻男子，与人讲经书，先生如平时恭恭默默而听之，不论一言之非。船靠岸，始说出其故，契再会。临别，先生亦言吾为贝原久兵卫也。闻其大名，年轻男子大耻，恐而速去，云云。

由此当知益轩之为人。益轩其学以实用为主，如诗文仅叙述其思考之处。蘐园一派之鸿文雄词，不可求之。然关于道德或事实，当向其请教。门人竹田春庵作《自娱集》序曰：

益轩先生自纂辑其平日所著文字，厘为七卷，名以《自娱》，盖取诸五柳先生之言也。其所以为自娱者，独在于自家天然之趣味，而非欲炫之以要誉于世人也。夫文亦有不同，古昔贤哲所作之文，譬如布帛之美，菽粟之味，不可一日阙者也。若夫词人墨客所为，则徒尚浮华，好藻饰，务悦人耳目，殆类俳优而已。所谓巧女之刺绣，虽精妙绚烂，初无补于实用者，岂足以为贵耶？故君子谓词章之习，非真儒之事矣。我先生自幼深志圣学，至老孜孜不倦。静养之余，今兹保寿八十有三，身体得康宁，未尝一日而废读书，博洽精勤，识达和汉。然其所从事，专崇濂洛关闽之学，而恶泛滥驳杂，以恭默思道为务。先生禀性谦逊，不好为人师，且居僻远之海隅，然而声望之籍甚。虽高门华族之人，亦致其敬。虽遐方鄙野之徒，犹识其名。所著之书，凡百有余种，皆晓世俗，利民用之言，业已刊行坊间者，亦居多矣。如本集，则感触事物之际，所以摅发胸里之蕴，莫非道德仁义之说。且其用字平易，其立言切实，皆发其真情，出其肺腑者，非浮虚巧饰之文，其补世教惠后学也不寡矣。岂啻自娱之云乎哉？

益轩之文质实而不浮华。如春庵所言，关于诗，益轩本有一家之看法，云：

> 虽作诗多矣，无益于讲学。况虽能之者，有苦思之劳，废时之失。苟不如此，则不能巧矣。国俗不通于唐诗之声韵文字，此古来本邦之人，所以拙乎诗也。然则作为唐诗者，非本邦风土之所宜也。故本邦之人，作唐诗以述其志，比之和歌，甚为不及，非不得已，虽不作诗可也，唯咏吟古人之诗合于其时情与景致者而足矣。岂不逾自作拙诗而劳苦耶？如古君子之作诗，所谓和顺积乎中，而英华发乎外，所以吟咏性情，而言其志也。后世之所以不及也。（《慎思录》卷之五）

益轩此处所言之诗，固为汉诗。如我邦人作汉诗，唯模仿中国格调，决非自然。我邦之诗必用国语而作。汉诗终归为外国之诗，非我邦之诗。作汉诗且凌驾于中国人之上，非其可为之处，况不解中国音，何以作汉诗焉？由此点而言，对于我邦人，作汉诗不如作和歌来抒情怀。益轩述此意曰：

> 本朝之歌咏，微婉而温雅，且极精巧者多矣，恐可与中夏之歌诗争为颉颃。若乃国字之文章，虽专务艳丽，而体制柔媚也。然其奇巧者数家，亦可以亚乎倭歌矣。若夫

本邦之诗文,虽古昔名家之制,不足与中华之作者为可比。故以本朝之诗文较之和歌和文,其巧拙雅俗,不可同日而谈也。此岂非繇不合国俗与土宜乎哉!(《慎思录》卷之五)

又曰:

和歌者,我国俗之所宜,而词意易通晓。故古人之歌咏极精绝矣。古昔虽妇女,亦能之者多矣。唐诗者,非本邦风土之所宜。其词韵异于国俗之言语,难模仿于中华。故虽古昔之名家,其所作拙劣,不及于和歌也远矣。我邦只可以和歌言其志述其情,不要作拙诗以招詅痴符之诮。(同上)

益轩有如此见解,故不多用力于诗,间或作和歌,吐露其胸臆,然并非不作诗。《庆长以来诸家著述目录》中载有《损轩诗集》一卷,盖为写本,藏于家中。江村北海《日本诗史》论益轩云:

元和以来,称饶著述者,东涯、徂徕之外,盖无如益轩者。其所撰不为名高,勤益后人,乃至家范、乡训、树艺、制造,亹亹恳恳。余少年时,不解事,意轻其学术。今而思之,殊忏悔。其诗亦朴实矣。

如北海这一专门诗家犹称益轩之诗朴实,可知其成就不可小觑。益轩亦巧于书法,《近世名家书画谈》(下卷)云:

贝原先生，笃学德行之君子儒，无人不知也。又好笔札，传于世者稀，故赏其之辈，见之者如星凤也。

伊藤东涯亦见益轩之书法，叹之曰：

呜呼损轩子之书，端好有度，老而不衰。（《绍述文集》卷之十五）

今见益轩之笔迹，其清高温雅之趣，盖出于天性，而有道之气象自溢于笔墨之间。岂修饰文字始成一体者可与之同日而语乎？益轩又好音乐，颇通晓音乐，《年谱》所记元禄三年处云：

先生弹琵琶，好述鸣筝。

由此可知益轩有自弹琵琶之技俩，殊益轩晚年在京师时，许多公卿闻其好音乐，不止一次使伶人奏音乐。

益轩与人见竹洞、木下顺庵等交往密切，曾与仁斋相见，其说不合。（参照《绍述文集》卷之十五）《先哲丛谈》（卷之四）叙益轩之学，并辨之云："或以为松永昌三门人者谬矣。"当时有益轩为松永昌三门人之说，实为大误。益轩是否一度见过松永昌三，颇有疑问，况于师弟关系乎？以益轩为暗斋或顺庵门人者，毫无根据，只不过为臆说。《年谱》元禄五年有下文：

此行淹留之间，屡与人见友元（竹洞）、木下顺庵谈论，两儒养遇厚至。

如此处所言"养遇厚至",岂意味师弟关系乎?《甘雨亭丛书》中载有益轩之传,叙之云:

> 从松永尺五、山崎暗斋、木下顺庵诸公而学焉。

此本非确证之据。盖益轩主要以独学而成一家,未曾有师事之处。

益轩之妻江崎东轩有学才,曾著《女大学》一卷,此书一时大行于世,其于女子教育影响不少。或以之为益轩所作,实属有误,然固经益轩校阅,又其旨意以《和俗童子训》之教女子法为据。

贝原氏家系略图

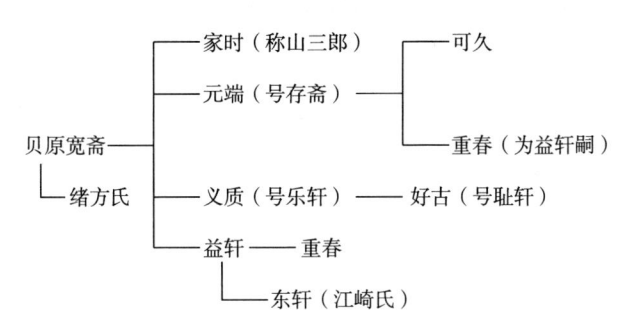

```
                 ┌─ 家时(称山三郎) ──┬─ 可久
                 │                    │
                 ├─ 元端(号存斋) ────┤
贝原宽斋 ┬───────┤                    └─ 重春(为益轩嗣)
         │       │
         │       ├─ 义质(号乐轩) ──── 好古(号耻轩)
         │       │
         │       ├─ 益轩 ─── 重春
         │       │
         │       └─ 东轩(江崎氏)
         └─ 绪方氏
```

第二 著书

《慎思录》六卷

此书为益轩晚年之作,正德四年(1714)春脱稿,可知是其逝世之年。益轩著书虽多,关于道德之学说大抵于此书中叙述。体裁全拟宋儒之语录。盖有所得，笔之于书。故全篇唯集录诸多思想之碎片。如此，无分类，无组织架构，今日看来不无遗憾。然其中格言，所当服膺者数不胜数，称其为我邦语录之白眉，决非溢美之词。将其与薛敬轩《读书录》、胡敬斋《居业录》相比，恐伯仲之间。其有自叙云：

> 余自十四五岁，颇知圣学之可尚，而好诵读经传。自幼至老，晨昏不废，妄意有欲自得之志。且禀性拙钝，而暗机务，是以无他事萦念，尝以讲学之事为当务之急。故平生不喜作拙词，泥训诂，而作无益旷学功焉。居间读书之时，每有心生疑惑，则欲开通，而恭默思之，思之弗得弗措，精气之极，似有鬼神教之。于此乎每有会心，则记之策，积岁而成编，云云。

最后附载《自己编》，叙述自己精神所存，颇为详密。如今读来，谦逊恭敬之意，诚实真挚之情，难被掩盖，由此可见其人格。

《大疑录》两卷

此书为益轩最后之作。《年谱》中载，正德四年（1714）益轩八十五岁，先脱稿《慎思录》，后此书脱稿，不久长逝。益轩已于《慎思录》中叙述其与宋儒相异之见，然未敢超出宋儒范围，乃排陆王，又暗排仁斋、徂徕，大力称赞周张程朱，断言之：

> 得孔孟之意，发明之，作传注者，仅止于程朱。后世虽有豪杰之士，不及。

然益轩遂未能满足于宋儒之说，有多处存疑，是此书所以成也。太宰春台尝读此书，作批评，《春台文集》（后稿卷之十）所载《读损轩先生大疑录》是也。针对春台所作批评，铃木离屋，又作《跋大疑录》，作批评。（《离屋集初编坤》）益轩殁后五十二年，仙台北海大野通明者，始上梓此书，卷首揭载有大野氏跋文与春台之批评。益轩自叙附载于《年谱》之末，大野氏未得之，聊有遗憾。《番外杂书解题》（卷之十七）云：

> 笃信生涯之见识，可知在此书也。

此为事实，可知益轩一家之见解见于此书。其本谦逊，不好倡导一家之学，是此书所以名《大疑》也。

《自娱集》七卷

此书为益轩之文集，正德二年（1712）脱稿。益轩遗稿藏于家中，其中诗亦不少，然为益轩自己所看，《自娱集》未编入一首。此书内容有论，有说，有辨，有记，有书，有序，有赞，实以种种杂驳文章而成。然关于道德，殆居其半，故欲考察益轩学，不可将此书置之度外。《自己编》云：

> 笃信尝作为于鄙文百七十八编，命之曰《自娱集》，且辑录于俚语十卷，号《慎思录》。其为书也，固拙陋不足言。而僭妄之罪，难免识者之诽笑，是窨欲备吾览也。且将传诸后裔，而示予之自幼至老刻苦不怠而已。其中或有愚者千虑一得而自信者。昔者杨雄作《法言》曰，后世有如杨子云者，必好之矣。我此书恐讹谬，不能待后世之

子云耳。

此书之首卷有竹田春庵之序，系正德二年（1712）结撰，发行于正德四年（1714）三月，犹属益轩在世期间之事。《谷秦山随笔》卷一中：

益轩《自娱集》七卷，其学可谓正矣。

述其钻仰之意，并附载批评。《慎思录》《大疑录》及《自娱集》三书，对于了解益轩学说极为重要。

《初学知要》三卷

此书，如题目所示，为初学之徒所编纂。内容分为学、修身、接物、处事、警戒五项，多揭古人有益之言论，附自家见解，裨补后进，有不输于朱子《小学》之观点。首卷载有门人伊藤素安之序和益轩自序，卷末记有"元禄十一年戊寅仲秋吉辰"，当知为其在世期间所发行。

《自警编》一卷

此书叙述心术、言语、威仪及应接之戒。引用古人之名言不少，明治二十七年（1894）吉安小谷二氏译解，有利于今日之青年。

《小学备考》六卷

此书解释朱子《小学》，益轩四十岁时上梓，卷末有益轩之跋。云：

程朱之书航海传于我者，盖三百余年于此矣。然而《小学》《近思录》之行于世也未满于二纪（即二十四年），真为可恨焉。我曹幸生于今时，而得见此书而讲习之，苟徒事空文而不能体心行身，则不几于侮圣贤者乎？此亦朱子之罪人也，云云。

最后记有"宽文己酉六月三日"，由此观之《年谱》中记录此书三十九岁时"雕刻终功"，可存疑。

《近思录备考》八卷

《年谱》贞享三年（1686）下，有如下所当注意之记录，云：

> 今年中夏人朱彝来乎长崎，颇好读书，看先生所作《近思录备考》，以为好书，曰：虽中夏，无如此注解。然日本自有严禁，如本邦印本不能携归于中夏，终日缮写而还。

此书偶然被精通经学之朱竹垞所称赞，尤增光彩。

《颐生辑要》六卷

此书为门人竹田定直所编次，多收集关乎古人卫生之论说，且作了分类。简而言之是一篇养生论，其救济世人心切，与胡弗兰德的长寿法相类似。卷首有益轩之序，云：

> 笃信素禀气薄弱，恐不能免夭札。故自幼有志于卫生之术。看书之际，每有古人之言资养生者，则随而抄出之。其不合于道义者，舍而不采焉，积年也久，而渐至数百条。窃谓：颐生之道，苟具焉。自觉予之幸，而免夭札，而至耄耋者，乃职此为由也。

最后有竹田春庵跋，此外附载《古今养生论和解》一卷，还有华洛居行子之序与补篇。

《五常训》五卷

此书将五常之义以国字加以简单解释，系宽永八年（1631）刊行。卷一为总论，卷二、卷三说仁，卷四说义和礼，卷五说智与信，卷首有竹田春庵所作序。

《大和俗训》八卷

此书分为学、心术、衣服、言语、躬行及应接六门，简单说明以对实践躬行有所裨益。首卷有竹田春庵之序，其论益轩云：

> 其所著述，只以为民俗之益为要，而不好夸耀于人也，此先生之志也。

亦有益轩国字自序，系宽文五年（1628）所作。

《和俗童子训》五卷

此书为儿童教育书，卷一、卷二为总论，卷三论随年教法及读书法，卷四论习字之法，卷五为教女子法，即论女子教育。卷首有益轩之序。此书又题为《两叶支鉴》，恐为后世人所命名。

《初学训》五卷

此书为初学者讲述修身。卷首有竹田春庵所作序，评此书云：

> 可言为诸训中尤其亲切著明之懿训也。

由此可知其书大致内容。

《文训》两卷

此书说明关于文学之事，与《武训》相俟为双璧。卷首有竹田春庵所作国字序，系享保元年（1716）所作。其中谓之云：

> 益轩先生平生所著述及百余种，其出于坊间行于世者只三分之一。晚年所著之类，犹草本，藏于箧笥中者亦多。正德甲午之秋，先生谢世。同门之辈，其令嗣令侄共会集于先生旧堂，检阅遗编，尽议寿梓。尔后定直东行，淹留江府，更裘褐，犹未得归西。乡邑同志无眠尘务，荏苒未果其宿志。此同志《文训》《武训》各净誊一部，更附寄，定直不堪欢喜，即送京师，授书肆柳枝轩，使其刊布，云云。

又云：

> 凡先生好著述，单出于爱人哀俗之仁心，无一念近名之意。

此外序文中说明益轩平素心术行状者亦不少。

《武训》二卷

卷首有竹田春庵序，系享保元年（1716）所作。

《家道训》六卷

此书卷之一、二、三为总论，卷之四、五、六论用财，可谓当时之家政学。卷末有京师书肆柳枝轩茨城信清之跋，系正德二年（1712）所作。

《乐训》三卷

上卷为总论，中卷说节序，下卷说读书，最后为后论，内容叙述高尚和乐之道。

《君子训》三卷

乃说明在位君子之道之书，卷首有自序。

《养生训》八卷

此书卷一、卷二为总论，卷三为饮食，卷四为饮食、饮酒、饮茶及慎色欲，卷五为五官、二便及洗浴，卷六为慎病及择医，卷七为用药，卷八为养老、育幼、针治及灸治。最后为益轩之后记，云：

> 愚生昔日年轻读书时，于群书之内，集说养生术之古语，授之于门客，分其门类，名为《颐生辑要》，有志于养生之人，当思之，可于此取其要也。

此后记系正德三年（1713）所作，有《赖春水诗》云：

> 益轩西筑古名臣，捐馆方过一百春。原识门生传学久，且闻藩主采蘋新。立言平实修成德，居业网罗裨益人。著作虽多最堪仰，养生遗训济斯民。

上述所列十种通俗国字训诫之书称为《益轩十训》，东京女学馆教授西田敬止氏辑为一册，题为《益轩十训》，由博文馆出版。

《克明抄》一卷

此书益轩天和二年（1682）十一月起稿，上黑田侯，示治者之道，分《人君为学之要》《为学之工夫》《改过》《知人》《赏罚》《明人伦》六篇论之。此书以写本久传于世，至明治三十五年（1902）收载于《躬行会丛书》第一集，刊行之。

《格物余话》一卷

此书收载于《甘雨亭丛书》中，随笔体之书。

《神祇训》一卷

《三礼口诀》两卷

《太宰府天满宫故实》两卷

《古今知约》七十余卷（写本）

此书为益轩广博涉猎古今之书，以备日后记忆而抄录编成。

《日本释名》三卷

《点例》二卷

《和字解》一卷

《扶桑纪胜》五卷（写本）

《筑前续风土记》二十九卷（写本）

《大和本草》二十五卷

《心书轨迹》一卷

《鄙事记》八卷

《和汉名数》三卷

《日光名胜记》一卷

《和名本草》二卷

《筑前名寄》二卷

《初学诗法》一卷

《本朝诗仙抄》六卷

《历代诗选》五卷

此外，纪行、植物、历史等著书不少，然今悉省略之，多为了解益轩学说所不必要者。另有益轩训点书类数种，世称之"贝原点"。

第三　学说

（一）总论

叙述益轩学说之际，当先明其立足点。他初好陆王学，有朱陆兼用之意。三十六岁时，偶读《学蔀通辨》，悟其非，专尊崇朱子学。《年谱》三十九岁：

> 先生顷岁益信朱文公之学术，好观其文集。

随着其中年学识进步，成为纯正紫阳一派之人。时著有《近思录备考》《小学备考》等，亦是在此思想倾向之基础上而成。其尝论孟子以来之学统曰：

> 孟子传夫子之道而不谬。呜呼吾夫子，古今天下只一人而已！其道大中至正，纯粹精微。夫虽贤者，不能无偏性，恐不能传其道。孟子固虽贤哲，未及圣人，何以能传夫子之道，而不谬如此乎？盖孟子尝言，去圣人之世，若此其未远也。近圣人之居，若此其甚也。以其命世之才，

且去圣人之世，与圣人之居，其近如此，宜乎！传圣人之道而不谬也！如汉唐诸儒，虽有隽杰之才，于道统之传，不能继述。独如宋诸君子，可谓略承其统，而不失其道也。然圣人之道，大中至正，精微纯粹，孟子之后，诸儒不能全备其体，而无偏无党。然则孟子没后，谓圣人之道略传则可也。谓全传，则不可也。盖孟子之后知道者，二程及朱子也，是圣人之道略传也。（《慎思录》卷之四）

可知其以程朱作为孔孟之嫡传。殊其论朱子曰：

陈北溪曰："孔孟周程之道，至朱子而益明。"魏鹤山曰："韩子谓，孟子之功，不在禹下。予谓，朱子之功，不在孟子下。"陈魏二氏之言，可谓适中也。谁谓过当之言，阿其所好乎？（同上，卷之五）

由此可知，他赞同朱子之功不在孟子之下一说，其崇敬之念，决非寻常。然朱子不可遽言圣人，故难免有其过失。其言云：

夫朱子固非圣人，且其所著述亦甚多矣，其中过失恐亦间将有之。故古人曰：人非圣人，谁无过？又曰：智者千虑，必有一失。然则过失之事，虽朱子所不免也。虽然孟子之后，传述于六经、《语》、《孟》，而垂示于后世，继往圣，开来学者，朱子一人而已。其功恐可不在于孟子之下矣。恨后人往往不知朱子，且未见朱子之全书，故其所疑未达朱子立言之本旨者多矣。虽聪明英俊，如陆子

静、王守仁，犹未免为诬枉。况其下者乎？（《自娱集》卷之四）

益轩又作《异学诽朱子辨》云：

> 朱子诚是真儒，可谓振古豪杰也。其继往圣，开来学之功，于后世有周极之恩，云云。（同上）

虽然如此，他仍认为朱子未能进入圣域，难免有其过失。又就朱子学说评论如下，云：

> 朱子如说《大学》格物致知诚意正心，则先知后行。说《论语》，先博文后约礼。说《中庸》性道教，以戒惧慎独为存养省察之工夫。及说《西铭》，为事天地之道。此等诸说，圣人复起，恐可不易此言也。（《慎思录》卷之三）

由此观之，益轩为朱子学派之人，无须再辨。然其非彻头彻尾服从朱子学说，其在哪些点上异于朱子，据《大疑录》可知。此外，《慎思录》虽从朱子学立足加以叙述，但有时亦可见其异说。例如，益轩未将性分为本然气质两种，仅认可气质之性。然益轩甚尊崇朱子学，是其所以被列入朱子学派。其本为朱子学派之人，故不仅尊崇朱子，对周程诸氏等属于宋学系统者，皆表示尊崇，声明其所主张，论之曰：

> 周子《通书》，二程全书，学者须要反覆熟览。晚年熟读而觉所得最多矣。盖孟子以后复无这等之书，尤可贵

重矣。(《慎思录》卷之二)

又论周张二氏之书曰:

> 周子《通书》,可为自汉以下第一之好书,盖诸子之最粹者也。张子之言,气象雄伟,语意淳厚,其学亦可谓正大光明也。如《西铭》一篇,前人之所未发,大有功于圣门。然其余《正蒙》诸说之中,间有与程子所说异者,学者须更加精审。(同上)

又举程朱之例,论之曰:

> 程子之言,气象浑厚,语意简深,其立说如规矩准绳,可为学者之法则。朱子之言,气象平直,语意详明,其立说如夜行之灯烛,迷者之指南,可为学者之明证。二子之出虽异时,然其道之不异如合符节。盖朱子之学,宗师二程者也。如经说,虽间有不同者,寡矣。盖训诂之较异,不害其道之为同。(同上)

又特别比较并论断二程子曰:

> 程叔子之学,正大高明,如《易传》之说,不专主于训诂解释,扩发胸里所在之蕴奥而已。儒者之学,当如此,可谓致广大极精微也。其言谨严而紧切,可为后学之箴砭。百世之下,闻之者兴起,令贪夫廉,懦夫立,其为益亦不少,是可谓大有功于名教也。其立教也,严毅方正,盖孟子以后一人而已矣。其论人责人之际,抑扬褒

贬，俨然可畏。只恐鲜从容不迫之气象，比之伯子之言温厚和平，自不同，云云。明道如美玉，伊川如精金，皆天成纯粹之德，固非末学愚者之所可敢轻议也。（《慎思录》卷之五）

由上文所引之评论，可知益轩出自濂洛关闽，即周张程朱，皆孟子以后传洙泗之正脉，益轩以其为师者。然其中独对张子间或不满。例如认为《正蒙》所言"知死之不亡者，可与言性"非也，这似乎与老子所谓"死而不亡者寿"无异，其论之曰：

张子《正蒙》之中，犹有可疑如此者，何也？岂偏僻之为害也，非虽贤者难免乎？（《慎思录》卷之三）

张子言"形清反原"，又言"万物不能不散而为太虚"，与程朱之说相戾，表示出不相顺之意。然大体言之，张子亦不失为其所尊崇之一人。上自孔孟，下至周张程朱之间，益轩尤其推尊董仲舒与韩昌黎，其言云：

汉儒无如董仲舒，唐儒无如韩退之。自孟子以来，至于五季，以儒名世者，不为不多，而尊圣学正道术者，特此二人而已。如韩子，固不能无疵瑕。然不可以此掩其大体。《左传》曰："吾不以一眚掩大德。"斯言宜哉！凡论人如用材，不可以寸朽弃连抱之材。（同上）

周张程朱之外，益轩虽如此尊崇董仲舒及韩退之，却极力

排斥陆象山、王阳明,曾作《陆象山论》曰:

> 象山之为人也,豪迈颖悟,超绝于人矣,固可为振古英杰也。然而禀性也偏僻,故疏放旷达,矜高不能逊志,自用以为足矣,负己聪明,不能取于人,故多所蔽塞,朱子所以为器小也。其为学也粗略,以格物穷理为支离,以一超直入为工夫,朱子所以为禅学也。而顾其所作文字言语,无一语取禅佛之说者。只看其学术与心术,则不免为禅而已矣,云云。陆氏好人之所恶,恶人之所好,可谓拂人性也。虽其才性大过人,然其学术躬行,甚偏异功过不能相掩,可惜哉。(《自娱集》卷之六)

又论王阳明之学术,有如下言,云:

> 明儒博识聪明而才俊者,往往宗师阳明,尊信之如神明。《中庸》云:"百世以俟圣人而不惑,知人也。"如阳明之学,果俟圣人而不惑者哉?尊信之者,安可为知人耶?嗟乎阳明!文章功业超绝于一世,可谓天下之英才也。如其学术,粗谬与孔孟之教不同,不免自葱岭来,见其所述作,而可知也已。然虽见其所述作,犹未悟其为禅佛之徒,是学术之蔽惑,不几乎无是非之心耶?(《慎思录》卷之四)

又云:

> 历世多儒臣,无若明朝。看《献征录》所载,可知而

已矣。其众多之中，学术纯正者极鲜。陷溺于异学者，滔滔乎天下皆是。其余弊流而至胡清，未有息焉，恐传于外国而远及。此弊以陈白沙王阳明可为作俑，阳明最为称首。误天下后世之苍生者，在此人。何啻晋人尚清谈之弊而已耶？然明清之诸儒，才俊略有学识者，亦迷眩，尊之为宗师，如神明者，何乎？云云。盖学术之偏异迷溺，虽英俊之人，不能免。自古而然，不足为怪。学者之所以可恐省也。东坡《六一居士集》序曰："邪说之移人，虽豪杰之士，有不免者。"诚哉此言也。（《慎思录》卷之六）

益轩论陆王学术之弊虽极其痛彻，对其人物隽迈这一点，却予以肯定。其虽舍陆王，专门尊崇朱子，但有时其学说更接近陆王，此处尤其值得注意。

益轩又对当时之古学屡加批评。例如其曰：

近世学者，往往执定于古义，不合人情，动负时宜，是蔽固而不通，所以有此病也。（同上）

盖此处所指仁斋、徂徕之徒。又其曰：

近世异学之辈出，以谓只可谓之道，不可谓之理。此亦固陋之甚，不通时变者也。（《慎思录》卷之四）

又指责认为《大学》非圣人之言者。所谓近世之俗儒，似乎指仁斋之徒。又曰：

浮华贪高，大言者也。（《慎思录》卷之一）

又曰：

游荡泛滥，偏僻驳杂。（《慎思录》卷之一）

又曰：

读书学文之事常多，慎德力行之功常少。（同上）

又曰：

其所行，矜己责人，刻薄不仁，好诽谤，未能反己自厚。（同上）

又曰：

欲立己说而责人之小疵，动常伤于刻薄，虽有其说是者也，其心则非矣。浮躁浅露，非君子之气象，其文字虽间有可采者，其人则猥陋可贱而已矣。（《慎思录》卷之五）

皆似指徂徕之徒。其虽如此排斥仁斋、徂徕之徒，有时又主张折衷，如古学派之口吻，可谓一奇。其言云：

读六经《语》《孟》，以宋儒本注为先，固善。然古注疏亦不可废。朱子曰："汉魏诸儒，正音读，通训诂，考制度，辨名物，其功博矣。"学者苟不先涉其流，则亦何以用其力于此。朱子于四书《诗》《易》，既作传注，而其言如此，然则古注疏亦不可不考。夫朱子之作传注，义理精当，固不待古注疏。然如训诂、文义、名物、制度，让于古注疏而不详，解者亦多矣。今人之读经也，不考索于古注疏，却汲汲贪见于明儒之诸说，是舍本初而趋末流也。盖看汉唐诸儒之注疏，则得文义之故实，而可为考证者多矣，不可废。（《慎思录》卷之一）

是为折衷之说。虽为折衷说，与明儒诸说相比，采用古注疏，更接近古学派。其说虽以朱子学为基础，言此必要者，足以证明益轩决不像暗斋一派偏狭固陋。益轩又论之曰：

后儒之说，与宋儒训义有不同者，亦各有所见而立说而已。若非异学偏僻之说，则不可为异己而都排斥之。盖义理无穷，博取周谋，得益不少矣。须存之而备参考。（《慎思录》卷之六）

由此观之，宋儒以后之学说，亦有并取以资参考之价值，可知益轩襟度宏量。然另一方面，他又道破学术当纯一无杂。其言曰：

夫道一而已，故学焉者贵纯一。若行王道而杂霸术者，为伯道，非王道也。为儒而杂异术者，为异术，非儒也。学程朱而杂陆王者，为陆王之徒，非程朱之学也。行道谊而杂功利者，为功利，非道谊也。盖虽清洌之水，苟有一点之污秽，不可吞也。（《慎思录》卷之一）

今一瞥益轩学说，排斥陆王，与近陆王之古学派相对抗，反有类似古学之处，此岂得言纯一无杂乎？益轩之言，未始终一贯。

(二)唯气论

益轩虽尊崇朱子如神明,但关乎宇宙观等重大之处却采取其他见解,宁与王阳明学说同出一辙,不得不称之为一奇。朱子以理气二元解释宇宙,故其分明为二元论者。只是朱子以太极为宇宙根本主义,由此言之,虽如一元论者,但在其看来太极为理,非气,又非理气二者之合体,故其最终未免二元论。然王阳明反朱子,理气合一,终究归于一元论。益轩亦主张不可分理气为二者。其言云:

> 理气决是一物。朱子以理气为二物,是所以吾昏愚迷而未能信服也。(《大疑录》卷之上)

又作理气不可分论,论之曰:

> 理气决是一物,不可分而为二物焉。然则无无气之理,又无无理之气,不可分先后。苟无气则何理之有?是所以理气不可分而为二,且不可言先有理而后有气,故不可言先后。又理气非二物,不可言离合也。盖理非别有一物,乃气之理而已矣。(《大疑录》卷之下)

如此,益轩把理看作气之属性,断然道破理气合一。在此点上他与朱子相背,与阳明及仁斋同出一辙。朱子《答刘叔文书》云:

> 所谓理与气，此决是二物。（《朱子文集》卷四十六）

对此益轩认为：

> 理气决是一物。

可知此为一元论，彼为二元论。益轩又说理气之关系云：

> 理气本是一物，以其运动变化有作用，而生生，而不息，谓之气；以其生长收藏，有条贯而不紊乱，谓之理，其实一物而已。然命之谓理，则气之纯粹至善，而无不正之名，是以无常变之可言。命之谓气，则有时而杂糅紊乱为灾沴，失其常度，是乃由运动变化而不定，故失常也。然此非阴阳之本然，语其气之常，则无不正。其常者，是气之本然，即是理而已矣。譬诸水，水本清洁，然过于泥土之中，则溷浊污秽，失其清洁。然不可以其污秽为水之本然也。故气能生万物，而谓理能生万物亦可也。苟谓理能生气，则不可也。何则？理者气之理也，非有本末先后。（《大疑录》卷之下）

益轩以理为气之附属物，比起理，其更重气之思想大概来自罗整庵。整庵曰：

> 理须就气上认取。（《困知记》上卷）

又曰：

> 理只是气之理。（同续上卷）

益轩引整庵此语，论之曰：

> 宋儒分开理气为二物。其后诸儒，阿谀于宋儒，而不能论辨，只罗氏师尊程朱，而不阿所好，其所论最为正当。宋季以下元明之诸儒所不言及也，可为豪杰之士也。如薛瑄、胡居仁二子，虽为明儒之首称，然其所见不及钦顺远矣。（《大疑录》卷之上）

理气合一论非独罗整庵所倡导，吴苏原及王阳明亦在此点上与其同出一辙。然无疑益轩是自整庵《困知记》中得来的这般思想。整庵，名钦顺，字允升，明嘉靖年间人。

其与罗整庵同主张理气合一论，理不过是气之属性，故终究不得不归于唯气论，乃论之曰：

> 夫天地之间无二气，唯一气而已矣。一气者何？是乾坤之气由万物资始资生，故名之谓元气也。元气之流行之为阳，凝聚之为阴。阴之流行者，即是阳。阳之凝聚者，即是阴。原阴阳之所由分，本是一气而已矣。故朱子曰：二气之运便是一气之分。盖一气分而为二，一阴一阳，而天地之道行焉。故阴阳者，天地之道也，元气之分也。天地日月四时鬼神万物，皆因兹而立焉。（《自娱集》卷之一）

盖益轩以太极为气，与朱子以太极为理相反。其言云：

> 天地之道，原其所自，其初两仪溟涬而未开；一气混沌而未分，是至理之所会，而阴阳之象未著，名之为太

极。(《大疑录》卷之下)

又云:

> 盖气未分,则以一气混沌为太极。阴阳既分,则阴阳之道为太极之流行。太极阴阳,虽有前后之分而异其名也,然有至理而存则不异焉。盖太极是一气混沌,阴阳是太极既分之名,其实非有二也。(同上)

由此观之,益轩宇宙观为一元,无疑唯以气为世界本体。他原本并非完全否定理,但在他看来理只是依存于气的附属物,决非太极本身。朱子论太极曰:

> 太极只是天地万物之理。(《朱子语类》卷第一)

又曰:

> 未有天地之先,毕竟也只是理。有此理,便有此天地。若无此理,便亦无天地,无人无物,都无该载了!有理,便有气流行,发育万物。(同上)

又曰:

> 太极只是一个理字。(同上)

朱子持理先气后说,将太极与理视为同一物。益轩虽尊崇朱子之深,在宇宙观上则大不相同。

（三）事天地论

益轩认为人道乃从天道中演绎而出，须于宇宙运行中获得道德模范，即认为伦理本源出于天地。此虽不外乎儒教本来之思想，其说明尤其详密精细且最为适切。他认为人道乃从天道中演绎而出，故实践道德，应先以事天地为第一。所谓事天地者，从天地之道，即天道为吾等行为之模范。然吾等以何为天地之道，如何得以实行之？请先倾听其主张，《自娱集》（卷之一）有《事天地说》上下两篇，其上云：

> 大哉乾元，万物资始；至哉坤元，万物资生。是以人之生也，资始于天，资生于地。故曰："乾称父，坤称母。"且其有生之后，终身覆载爱育之功，亦至矣，大矣。犹父母生我之后，复受其鞠育教诲而长成也。呜呼！人生乎天地之中，受天地之养，而寓身于天地之间矣。以天地为大父母而为怙恃，且天之宠异于人，比之万物为最厚，是以人之于天地也，受罔极之恩，欲报之德，其广大深厚，不可限量。为人者，可无欲报其万一之志乎哉？须终身奉事之以其道，不可须臾忘也。事之之道如何？曰：在于奉若天地之心，而不乖戾而已矣。是乃孝子奉顺乎父母之道，仁人之事，天亦须如此也。天地之心如何？曰：生而已矣。《易》曰："天地之大德曰生。"生者何也？朱子所谓天地以生物为心。又曰"天地一无所为，只以生万物为事"是也。奉若之，而不乖戾之道如何？曰："仁而已矣。"盖天地生物之心，人受之以为心，所谓仁也。生与

仁虽有在天在人之别，其理则不异。故为仁，乃所以奉若于天地之大德也。为仁之方如何？孟子曰："亲亲而仁民，仁民而爱物。"是为仁之序也。而为仁之方，其所重在爱人伦而已矣。盖天地生物而爱其所生，譬如父母之于子也。天地所生乃是万物而已矣。其所生万物之中，爱人类最重。此由人为万物之灵也。是以吾厚吾人伦者，岂啻悖同胞而已乎哉？抑所以顺天地爱人之心，而事之也。故事天地之道，在率所禀五常之性而爱人伦已矣。爱人伦之中，以厚父母为最重。盖父母人伦之本也，不可不厚亲亲仁民之余，又在爱物而已。爱物亦有序，爱禽兽为先，爱草木为次。且君子之于物也，用之有礼，取之有时，不可残忍之暴殄之。爱物亦是所以奉若天地之心而事之之一事也。总论之，《中庸》所谓"率性之谓道"是也。盖率五常之性，则五伦之道由此而行焉。率仁之性，则父子有亲矣。率义之性，则君臣有义矣。率礼之性，则长幼有序矣。率智之性，则夫妇有别矣。率信之性，则朋友有信矣。是人之有道也，天性之中所固有也。

又其下云：

惟天地，万物父母；惟人，万物之灵。故为人之道，终身之职业，唯在事天地而已矣。此所以为天地之子而不悖，灵于万物而不耻也。事天地之道奈何？曰："在奉若畏敬而不敢违而已矣。"奉若而不违之道如何？曰："在存养天之所赋，爱育天之所生而已矣。"盖天之所赋为心性，如仁义礼智是也，宜保持而存养之也。天之所生，为人物，如人伦与禽兽草木是也，宜亲厚而仁爱之也。此存养于心性与爱育于人物，乃所以事天地而奉若畏敬之道也。此二者，固虽有体用之别，合而谓之，则仁而已矣。人伦与品物，其贵贱甚殊。故亲亲、仁民、爱物之厚薄，其差等虽不同，然而其为仁则一而已矣。

下篇所论与上篇旨意无异，只是以他语而述同一见解。此处总括益轩论旨而述之，其以为天地为大父母，其于人类之恩，实鸿大也，故当报其恩。欲报其恩，体天地之心，不可不遵奉之，是为对天地之孝也。然其天地之心果于此而认之，天地为生万物者也。由此观之，天地之心在生也，若人类以生为心，乃为仁。是故为仁，即所以遵奉天地之心也。为仁别无他法，率五常之本性，爱同类，又延及禽兽草木。于爱中认识天地之心，更以此为人类道德之意，殆如吹起春风之生气，不无感矣。益轩虽又以同一旨意述《五常训》《大和俗训》等，其《初学训》中所说最为认真亲切，于实践道德裨益不少。殊至其详述爱之理，比《哥林多前书》第十三章所说更恰当。今日对其多有忽略，遗憾多矣，故举其文如下，云：

大体为人者，虽父母生之，寻其本，受天地之生理所生也。故天下之人，皆天地所生之子，以天地为大父母。《尚书》亦言天地为万物之父母。父母诚为吾父母也，天地为天下万民之大父母也。生而后得父母之养而生长，受君恩而养身。寻其本，皆用天地所生之物为食，为衣，为家，为器而养生。故大体为人者，非只受天地生理而生，生之后而至身之终，受天地之养而保其身。然人优于万物，受天地无极大恩。以此为人之务必之所为，事我父母尽其力，自不待言。一生之间，当常事天地，思报其大恩也。此乃为人，常当存于心中也。

为人者，常事天地，思报其大恩，如事父母以行孝，于天地尽仁，不可忘。所谓仁，言心有所哀，惠人物，是遵受天之惠也。事天地，道也，是人之道之本意，一生之间当务之业也，不可怠，不可忘。仕于天为仁与事父母为孝，同也。仁孝一理也。为人者，必当知而行之理，无有大于此也，又无急于此者也。人居于父母之家，专尽孝于父母。仕君，专尽忠于君。于天地之中，事天地，当尽仁。为人者，若不知此大事，荒以度日而过世，空其一生，则无为人之价值。为人者，不知此乎？此即人道所为也。此外若言有道，非真道也。

所谓仕天不可怠，为人者，只朝夕天道在眼前，思其不远。常恐天道而生，不可侮也。即使背天道，不可为无道之事。顺天道而不背，谦己身，不侮人，不夸耀于人，忍欲不恣意。生于天地而怜爱，深哀人伦，不侮人，不损人，为天地之人尽出。不为一人之欲，浪费五谷与万千宝物。不乱杀鸟兽虫鱼等生物，不违时而乱砍草木。是皆生于天地，而养也。为物，怜之养之，顺天地之心而不违背，如此哀万物而为仁。所谓仁者，哀之心也。是顺天地御心，事天地之道也。人伦之内，亲亲，次怜万民，次鸟兽，凡生物不损，是顺天地御心，行仁之序也。不爱亲，而爱他人。不爱人，而爱鸟兽，不仁也。

爱鸟兽草木之教，原始基督教中无之，原始儒教中亦无之。益轩是扩充儒教仁之意，遂至包含禽兽草木，还是此思想得来于佛教？不仅爱人类，又一并爱禽兽草木，此教义原本佛教中亦有，而儒教中并非没有类似者。例如《书经》所谓"暴殄天物"，不管生物与非生物，凡天然产物都不可损伤。孔子所谓"断一树，杀一兽，不以其时，非孝"，意味着虽一树一兽，不可妄加损伤。孟子所谓"君子之于禽兽也，见其生不忍见其死，闻其声不忍食其肉，是以君子远庖厨也"，意味着君子之爱，不仅对于同类，又延及禽兽。益轩或受佛教慈悲观念触发，将儒教中仁之意义，加以扩大进行解释，《初学训》又云：

> 人皆受天地之惠而生，受天地之心为心，得天地之养养身。受此天地之大恩，居天地之内，舍天地予我之心德而不保之，背天地之道而不行之，且作为天地之子，损人伦，害鸟兽，不仁也。背天地之心，罪孽深，是天地之所憎也。当畏天道，不可侮之背之矣。
>
> 为人，不惧天，不怜人，无有大于此之恶也。行恶，天之所恨，难逃天之责也。虽有马上有灾和后患之别，却无为恶而无祸之理。又顺天地之心而不背者，有天地之惠，必有福也。虽其福未早来，后必有福而无祸。若我身无福，必至子孙有福，是必然之理也。古圣人之教，明

矣。圣人之言，当敬畏而不可疑也。不及引古，近世亦多此例也。

天地所生，以人为贵，是受仁义礼智五常之性。人之道有伦，是人优于万物之处，不可失此五常矣。失之，则背天地而非人，且人食天地所生五谷之良味，鸟兽鱼介之旨肉而养身。暖布帛，居家，防风寒暑湿而安身，衣食家居之养，虽仰父母主君之恩，其本皆天地之生也。因此，人受天地无极之惠而优于万物。受如此之大恩而不知者，愚之极也。忘天恩，无视人及生身之贵理，实不足取。

凡人当知恩，以知恩而为人。若不知恩，则与鸟兽同。忠君孝亲，亦报君父之恩之道也。故此知恩之人，必孝于亲，忠于君。不知恩者，无忠孝。无忠孝，则失为人之道。何况为人而忘天地之大恩，为天地不孝之子，失人道之本意。

凡天地所生之万物，虽皆是受天地之气，就中无有贵于人者。人有仁义礼智信五常之性，是受天地之心为本性也。此身交五伦，顺天生五常之本性，行五伦之道，此首先为人之所贵大本也。且目分五色，耳辨五音，口知五味，鼻嗅五臭，读书学古，悟天地人之道，通万物之理，知古今天下之事，是人优于万物，更贵之处也。故《尚书》有言人为万物之灵。所谓灵，有优且明之魂也。人完全受天地之心而为心，故此其心为灵也。

所谓天地之心，生养人与万物，恩惠之道也。其理自天地开，后至万世而未变。就一年而言，年年春生夏长，秋收冬藏。受惠于四时而行道，为天道也。是天地生万物恩惠之生理也。此行于四时道之名目为元亨利贞，是四时之理也。此为天地之道。天兼地之故，凡言此为天道。所谓仁，天地生养万物，怜之惠之理，受于人心，所谓天生也。行仁之道，首先作为天地所生之子，厚爱人伦。厚人伦之道，首先以尽孝于父母为本。事主君而尽忠，亲亲戚，怜家人，惠民，朋友相信，次怜万民，是厚人伦也。次爱鸟兽虫鱼，次爱草木。人伦，我同类也，天地所更当厚爱者也，故我亦顺天地之心，当厚爱人伦。次鸟兽虫鱼草木，皆天地所生之物，虽非我同类，爱人伦，后怜之，亦顺天地之惠，事天地之道也。如此，人伦与万物以情深为仁。所谓仁，怜爱人与物之善心也。事天地，以人之道为理，不出于仁之外。仁，兼义礼智在其内。

凡事天地之道，在于爱人伦与万物。其故何哉？天地爱其所生，如人之亲怜其子，人伦与万物若为天地所生而当爱之处，爱之，即顺天地之心，事天地之道也。故欲报天地之恩，首先当保有我心受于天地之仁，顺其心，厚爱五伦，次爱万物。是即事天地，报其恩之道也。人之道之本意，此外当无其他也。为人者，务知之而行，云云。

如此之言，若非真有纯洁清廉动机之君子人，未能发之于口。益轩所训诫之处，并非独有益于青年之身，又虽为老学者，亦当实践而终身无止境。但他过度偏向于谦逊和顺之宗教情操，在大胆豪迈知性抱负上有未能尽人意者。关于此点，在《批评》一节中有所论。

（四）知行并进说及其他诸说

针对阳明知行合一论，益轩主张知行并进。他以为，若非先知当行之处，则不能行之。虽已知，若未能行之，其所知亦属完全无用。知与行相比较，行即目的。知，终归为行而知。是故以行为重。然若未先知，凡事均未能行。所知，亦在行之后，真得以知之。知之而得进，行之亦得进。行之若得进，知之亦得进，是知行并进说。盖以朱子思想为本，与其知先行后说毫不相戾。（《慎思录》卷之一、四及六）

此外，他以为心之神明为天神在我者。天神与人心之神明，本自一般，只有统体与各具之差别。故人自欺，即欺天，此亦一种神明论也。（《慎思录》卷之三、四）此外关于性，同仁斋一样，益轩只认可气质之性，断言气质之外非有本然之性，有与程朱相背之处。但他认为本然，即为气质之本然，反而思考得程朱之真意。（《慎思录》卷之四及《自娱集》卷之五）他又具有重视我国国体之念，痛论不当采取时势境遇相异之中国制度而妄律我邦。其言云：

> 纲常伦理，天下之常经也，亘万世通四夷，不可变易。若夫礼法制度，有古今异宜，华夷殊俗，随时随处，而不相同者，自然之理也。故天下之事，固有可行于古，而复可行于今者。又有可行于古，而不可行于今者。有可行于中华，而复可行于本邦者。有可行于中华，而不可行于本邦者。古今华夷之异宜如此。然则今之制行者，须斟酌于古今华夷之宜与否，而去取之，是可为知时宜也。苟

> 不测时俗土地之所宜，妄执中华之古礼，欲行之于本邦之今世。譬如不知舟车之异宜于水陆，裘葛之殊用于冬夏，固陋之甚也。是道之所以难行也。（《慎思录》卷之三）

这在当时诚为卓见。世之风潮，纷纷期待模仿中国。而维新以来模仿西洋，亦有取彼国之制度，强律我邦之弊。由此可知，益轩所言于今日仍有适当之处。益轩又尝著《本邦七美说》，论证我日本有七种长处。又著《国俗论》，论之曰：

> 本邦风俗本自淳美，超轶华夏者亦多矣。如节义骁勇廉耻之类是也。如真儒辈出，文教盛兴，倡而导之，则变而至于道，亦不难矣。

由此亦可知其见识。他又就我皇统一系而论之曰：

> 夫本邦之帝胤，万世传继不易，此一事可为吾邦之一大美事，万世不易之法。而中华暨诸夷之所以不及也。（《慎思录》卷之四）

白石、鸠巢之徒蔑如皇室，直方、尚斋之徒耻笑皇统，何等之差异哉！

今从益轩以上著书中抄出散见之格言。

一

> 人生而不学，与不生同。学而不知道，与不学同。知而不能行，与不知同。故为人者，必不可不学。为学者，

必不可不知道。知道者，必不可不行。知道至难，自古英才敦行之士不为不多，然知道者鲜矣。学问思辨之功，所以不可阙也。

二

颜之推曰：人生难得勿空过。斯言有旨哉。盖群生之中，为人为难，且不能再生，岂可空过此生乎？可惜醉生梦死，枉过一生也。苟为人而不能闻人道，虽长生不死，为空过。然则为人，则须要闻道。闻道之工夫，又唯在于能学而已矣。

三

人生不满百岁，岂可放荡旷日，而不惜空过斯生耶？古人曰："天地有万古，此身不再得。人生只百年，此日最易过。幸生其间者，不可不知有生之乐，又不可不怀虚生之忧。"此言可时省。

四

志士爱日，盖惧百年之期难保，而时日之逝易过，万端之事繁重，而进修之功难成也。而人生最可爱日之时，有三焉。其一，幼弱之时。记忆与精力俱盛，故博闻强记之功易成，一记诵，则终身不忘。此时精励，则一日之功，可以当十日。此学者当爱日之时也。其二，少壮之时。父母既老，不能久侍养。是以定省之功，不可一日怠废，此人子当爱日之时也。其三，老境衰残之日。躬既致仕，则无公事无鹽之勤劳。方此时，须思其死期之迫近，而日日娱乐，优游终身，此老衰当爱日之时也。夫善勤劳，善娱乐者，君子一张一弛之事，以一时为一日，以一日为十日，以一年为十年，是爱日也。逊志斋曰："善爱其身者，能使百年为千载。"亦此意耳。不能娱乐能勤劳。则日日空过，年年徒废，怠惰而虚生，忧苦而终身而已。

五

众人之为人，与草木禽兽之为物，其生则异，而其死则同。何则？众人虽下愚，其生时亦皆有五品之交，四民之业，且有衣食之养，屋室之安，诚与禽兽不同。迨其既死也，一归于腐坏，无德行之遗人，无令名之传世，一时澌尽而无余矣，与草木禽兽无异。为人者，岂可不知耻之乎？如耻之，无如为学。学而有得，则德泽功名流于后世而不灭，为不虚生。此君子没后所以异于众人及禽兽草木也。

六

孔子之处世也，有常，有变。不居常，固宜当勤慎。不逢变，最须用力。大凡临大节，不可夺，而后见其君子。苟于此处一度失节，平日虽有当称他之善，亦不足观矣。

七

司马迁曰:"要之死日,然后是非乃定。"愚谓:要者及也。众人之行,初节正,而不保晚节者,有之矣。故曰然。盖慎初节者,血气之为也,故为易矣。保晚节者,德行之力也,故为难矣。初节虽慎,晚节不保,则平生之所为,皆为虚妄。故保晚节为重,学者最可著力。

八

众人居富多忘贫,须节俭而勿奢侈。居贵多忘故旧,当存恤不疏。岁长多忘父母,宜当终身思慕。病愈多忘慎,须安乐而常思病苦时。凡自修者,当以不忘初为诚。

九

圣贤与残贼,其人虽既没,善恶之芳秽,流于千载而不休。人之一身,岂止于生前百年血肉之躯乎哉?抑身后千岁毁誉之美恶,亦是可为其身分内之事。然则何谓圣愚同腐而无余耶?

十

盖有义,利自来,则于义无害。只舍义取利,为利而行义者不可也。苟以义为主,则利亦为义也;以利为主,则义亦利也。仅在公私之间。盖利当施于人,不当专利于己。夫子罕言利，非不言利也。

十一

临危不惧，当义不爱其身，是君子处变之道。当不如此，须于此能勇猛果敢，而当奋发也。若恐怖，苟免，则平日虽有小廉曲谨，仅不足观也。盖临大节，不可夺，可为君子人也。

十二

平心和气，是养身养德之工夫。

十三

君子之智广而不倚，譬如登高山望四方，所见广远，其规模之大也。小人之智狭而偏也，譬如以管窥天，虽能通一偏，其为量也小矣。

十四

看其所好恶，可知其人耳。

十五

为善者，须驯致其道。盖积习不已，则必成其功，如自然。然为善者，驯致之功，当贵也。为恶，亦只驯致。

第四　批判

　　惺窝、时中以来，崇奉朱子学而谋生者，或有成千上万人。然益轩于其中实如孤鹤立于鸡群，尤为卓绝。若以德行家观之，足可与木下顺庵及室鸠巢雁行。若以博识家观之，足可与林罗山及新井白石相并立。然吾等认为在其他点上，益轩夐然出类拔萃于群儒间，原因正是他有众多最有利于伦理之书公之于世，原本朱子学派之著书汗牛充栋，然大多数不是经书注解，便是朱子学说之鹦鹉学舌，或闲文字之诗文集类。若硬要举出其关于伦理之一家见解，仅有鸠巢《骏台杂话》，惕斋《讲学笔记》，尚斋《狼疐录》及《默识录》之类，何其寥寥矣。然如益轩，尽管其研究事项涉及多方面，而在伦理上，叙述一家见解之处不少，即有《慎思录》《大疑录》《自娱集》，其他《初学知要》《自警编》《克明抄》《家训》《五常训》《大和俗训》《和俗童子训》《初学训》《文武训》《家道训》《君子训》等不胜枚举，何其丰富矣。若将鸠巢、惕斋、尚斋等叙述一家见解之著述悉皆合一，不足以与益轩匹敌。且益轩著书，悉于躬行有所裨益，有千古不可磨灭之价值，不可否定。由此言之，益轩为朱子学派中屹然挺拔者。

　　亦可说益轩是我邦教育家之元祖。王朝时代，菅原氏、大江氏等用力于教育，德川时代惺窝、罗山、顺庵、暗斋等诸儒，亦尽力于教育，然是等学者未曾就教育本身有所考察，即就教育目的、方法、顺序、范围等，未有任何之见识。然益轩就教育本身进行考察，开教育学之先河。殊其着眼于女子教育，大有可称赞之处。其自身频繁往来于京坂、江户、福冈之间，而开家塾教育弟子机会不多。可称为其门人者，仅数百人。然其借助有益之著书，广施社会教育，成为隐然一大势力。其教育说与约翰·弗里德里希·赫尔巴特（Johann Friedrich Herbat）如出一辙。连明治教育家，也往往对其表示惊叹。其他点姑且不论，在教育目的上，益轩与赫尔巴特氏完全一致。赫尔巴特氏认为教育目的在于涵养德性，益轩氏与其持有同一种精神。《大和俗训·为学篇》论涵养德性之要，《初学训》（卷之三）中亦云：

> 学问之道无他，只知道，明分善恶，在行善去恶。

又《慎思录》（卷之一）云：

> 为学之道，唯以为善为事而已矣。

又《自娱集》（卷之一）云：

> 大凡学也者，欲为君子之道也。

清楚道破教育目的在于涵养德性之旨意，东西偶合，虽甚为奇矣，但从超实际的立足点来论教育，则必然会得出此点。赫尔巴特氏曰：

> 自柏拉图至费希特，就教育多少有所思考，且著书之伟人，皆向着理想而努力。而如何得非然乎？

的确如此。然不可忘记如益轩之东洋教育家亦向着理想而努力。由此可以进一步想象出益轩卓绝于蠢蠢群儒之姿态。

益轩虽原本崇奉朱子学，而关于世界根本主义之理气说上却未从之，唯信气一元，与仁斋落脚点基本相同。是故或可怀疑益轩学是以仁斋学为基础，而由《慎思录》《大疑录》可以明白益轩学以罗整庵为基础，无任何证据表明益轩学是以仁斋学为基础。盖罗山、仁斋、益轩等皆不期而同，最终以唯气论为落脚点。在唯气论及与之相关的气质论上，益轩虽与朱子不相容，但在其他点上大抵源于朱子。故将其与仁斋相比，远远更接近朱子。称其为朱子学派，与称罗山为朱子学派一样，丝毫无不当之处。与朱子几乎毫无共通点者为徂徕。与徂徕相比，仁斋更接近朱子，而益轩又更进一步接近朱子。若举益轩与仁斋学说之相异点，第一，仁斋主张古学，攻击朱子，益轩却尊崇朱子，未必主张古学。益轩虽曾言古注疏不可废，原本却以朱子新注为先。第二，仁斋与宋儒之寂静主义相反，主张活动主义，但益轩未曾主张活动主义。而《慎思录》（卷之二）中云：

> 苟不以忠信为主，徒以敬为一心之主宰，是以工夫为心之主。恐偏于敬，而流为束缚强持之病。

其与宋儒寂静主义相反，然并非如仁斋一样以标榜堂堂正正活动主义而立。第三，仁斋在孟子基础上，以仁义为道，然益轩并非如此，《慎思录》（卷之一）云：

> 盖理一为仁也，分殊为义也。

第二章　贝原益轩

《自娱集》（卷之四）云：

> 人以天地为父母，虽生在浇漓之世，不可不奉若天地之道法则之。而立仁与义，是人道之所以可立而不可废也。

由此观之，他并非反仁斋之说。然据《大疑录》（上卷），他以《易经·系辞》为基础，以阴阳即以气为道，而未曾断言仁义即为道。两者之间差异点不过此三种。

益轩认为快乐为人类本来之所有物，著《乐是人心所固有说》而论之，人类求高尚之快乐，益轩自己以之为所当修养之处。《颐生辑要》卷末有《乐志》一篇亦论之，他断言快乐未必多于苦痛，若修养自身固有之快乐，其结果是苦痛少于快乐。故其并不抱有厌世主义，更应视为乐天主义。又著《福祸论》论之曰：

> 古语曰：天道好还，盖善恶必有福祸之应，是天道自然之理。古今华夷吉凶不僭，但有迟速之异耳，是必然之验甚昭晰可信焉，且可畏也。夫君子之作善也为道，非有意侥福，行法以俟命而已矣，云云。（《自娱集》卷之二）

此为纯然福德合一论。西洋以苏格拉底为古希腊圣贤之首，之后的哲学者霍布斯、斯宾诺莎、沃尔弗、沙夫茨贝利、休谟诸氏，皆认可福德二者之必然关系。因果关系并非物理界独有，伦理界亦有之，是非常明了之事实。因果报应如果仅限于伦理界，决不可加以否定。即益轩自身所体会之处，往往与西哲所言一致，使后人感到饶有兴味者亦不少。益轩反复以仁爱作为天地之本，由此以明天地之洪恩。接下来说明人类对此获得仁爱之实，必有所报，其旨意稍稍与"斯多葛"派之自然生活有类似之处。但与之相比，更有热情，更接近基督教之宗教观念。尤其论仁爱旨意，与《哥林多前书》第十三章有相符之处，可谓东贤西贤同心同德矣。

益轩为人格完善之教育家，其见识往往有卓越之处，由以上所论可明。尤其当时被称为儒者之人，大抵皆以汉文为高尚，以国字论道者相对较少。他先于心学派，已有通俗著书，在今日看来实属卓见。但因其过于谦逊和顺，没有大胆发展其知识，痛快论断其所见，多少有些遗憾。例如说天地之恩，虽无丝毫不可，地震、洪水、海啸及其他天灾地妖，如何得以与此天地之洪恩相调和？从感情上言之，思考此等之事虽已伤及天地之恩，但从知识上言之，是何等充分满足人意之解释矣。

善人从他心里所存的善，就发出善来；恶人从他心里所存的恶，就发出恶来。

——《马太传》第十二章第三十五节

第五　益轩相关书籍

《益轩先生年谱》三卷（写本，贝原好古编撰）
　　此书最后部分系存斋之子，即益轩之侄可久撰录。

《益轩先生墓志铭》（竹田定直撰）

《贝原笃信遗事略》一卷（无名氏）

此书收载于《事实文编》卷之二十。

《熊贝遗笔》两卷（写本，编撰人名阙）

《近世町人传》（卷之一）

《日本诗史》（卷之三）

《闲散余录》（上卷）

《先哲丛谈》（卷之四）

《近世丛语》（卷之一）

《先哲像传》（卷三）

《近世名家书画谈》（下卷）

《群书一览》

《儒学源流》

《近世名家著述目录》

《庆长以来诸家著述目录》

《春台文集》

《熊泽蕃山传》

《绍述文集》

《日本诸家人物志》

《鉴定便览》

《日本儒林传》（涩井太室著）

《野史》

《大日本史料原稿》一卷

《日本名家人名详传》

《大日本人名辞书》

《贝原益轩》一卷（冲野辰之助著）

《日本伟人传》

《甘雨亭丛书》

《日本近世教育史》（横山达三著）

《日本伦理史稿》（汤木武比古、石川岩吉共编）

《益轩之教育学》（三宅米吉著）

《实用教育学及教授法》（谷木富著）

《益轩乐观》一卷（西田敬止编次）

我仅有一次度过此生的机会。因此无论什么善事，如果我可为之，无论何等亲切，如果我可以示人，今日就当为之。或者我使之延期，勿懈怠，我不会再次经过此路。

——马克·奥勒留·卡鲁斯

第三篇

南学及暗斋学派

第一章

南学起源

庆长元和年间，藤原惺窝在京师倡导朱子学，构筑了所谓京学之基。而与之完全相异之系统，谷时中在海南倡导朱子学，即海南学，又称南学。时中，名素有，字时中，通称大学，后称三郎左卫门，土佐人。他原本与惺窝同为圆顶缁衣人，住在高知真常寺，从真宗僧天室而学，后闻天室之师南村梅轩尊奉朱子学，各方搜索，欲读朱子之书，遂得《语孟朱注》《学庸章句》《朱子文集》等，读完惭愧浮屠背弃人伦，乃蓄发还俗，在高知教授儒学和医学，时为元和初年。时中曾听天室讲《大学》"生财有大道"章，讲毕语人曰：

资材者杀人丧身之本也，与其有之难而不若无之易。

时中乃曰：

财本无心杀人，人贪夺自取败亡，譬如明灯不杀蛾，蛾自扑明灯，真可闵矣耳！

天室大奇之。时中住于真常寺时，谦退而不欲降于人，遇权要之士，唯长揖而未曾拜之。遇贵胄豪族，唯呼其名而不带尊称"様"①称之，故为人矜夸。有一士人，大怒其不逊，挥刀恐吓曰：

卖僧有何德乎？常居士大夫之上。若无一言当说，则身首异处。

时中神情自若而曰：

任尔所欲，吾视生死如一，何足为惧也！

士人以之为异，遂未加害，可以想象时中之为人。虽其资性豪迈而无所畏敬，但至晚年尊信程朱，愈益用力于修养，平素行动无不谨慎，故对其弟子教育亦颇有严格之处。时中讲学时为战国后，文运未开，获取书籍极难，况海南处偏隅之地，然其不厌搜索之劳，乃求书于京师、浪华、长崎，积年之久，蓄藏不少。其家本不贫穷，大量购求书籍之故，资财散尽，其尝曰：

富贵亦若失志，田产数百石，非所以以此嘉诒子孙也。吾读圣贤之书，讲明道义，不若以之传于后。

---

① 様（さま）：日语词汇，加在人名、身份等后面，表示尊敬。——译者注

其田产不足以传于子孙，心中别有所期。西乡南洲曰：

> 我家遗法人知否，不为儿孙买美田。

与其同出一辙。只是所异之处，后者为豪杰，前者为学者。其代替田产，欲以道义传于子孙。释迦向罗睺罗传其菩提树下之所得，以其比世间财宝贵重七倍，与此精神相符合。时中于庆安二年（1597）殁，时年五十二。据说著有《文集》六卷及《语录》四卷，但吾等未能得之，未知今日尚存否。时中之门人小仓三省、野中兼山及山崎暗斋，皆一时之人杰也。殊暗斋于朱子学之勃兴有力也。时中亦认识到三子之非凡，以弟子之礼遇之。三子亦心服时中之为人，受其感化者不少。就中如山崎暗斋者，最仿效时中之态度。时中门人小仓三省最年长。三省，名克，字政义，通称弥右卫门，三省为其号也。土佐人。三省，生于士人之家。仕国侯，为火器队长。又为中大夫。寻为上大夫。国政上建功不少。时野中兼山亦仕国侯，其以天禀才能频成赫赫战功，使三省瞠目结舌。是盖二人性行大相异也。由此不得遽然藐视三省之人格。兼山为人刚毅英特，勇往直行，毫无他顾，有"心之所向，素履以往"之气概。故事情往往背于人情，虽利多也，所害亦不少，渐有含怨背后诋毁者。简而言之，兼山有余才，德不足。三省之才虽不及兼山，德反优于兼山也。三省为人，温柔宽宏，无忤物，进退坐作，不好急遽，殆资性与兼山相反。对于三省而言，兼山本为时中门下之学友，其尝谏之曰：

> 公欲强识人，好用明，其所照非自然，恐反之入过

察，云云。兢兢业业，须始事当慎，毋贻后悔。

及三省殁，再未曾有指摘诤友缺点之人，事态得以平息，是以兼山遂未能全其终。三省笃忠于君，又孝于亲。喜善取坦怀虚襟，常居不自奉，俭素而有余，乃赈恤穷乏，有慈善家态度。其恒谓人曰：

我性于声色臭味之欲，自浅，乏敢役心。

其为政虽严而不失爱，以安国民为己任。尝书厅堂曰：

一命之士，苟存心爱物，则于人必济。

常以此戒于心。其又尝有谓曰：

学者当以知止而学，为得至处之效证。万事各有所当止之处，其大者，为人子止于孝，为人臣止于忠之类也。其小者，手容恭，足容重，亦手足当止之处也。若能知止，志则定，不为外物所移，不为异端所眩。虽大不加焉，云云。今书生戚戚乎贫贱，施施乎富贵，皆缘不知止也。如是为者，博闻强记更爱有所见哉？乃无用之糟糠而已。

此处所谓止，在今日看来，可解释为确定主义、方针之意味。他于承应三年（1654）夏，因父丧，哀戚之甚而致消瘦。秋七月十五日卒，时年五十一。门人有长泽潜轩、谷一斋等。其尝教弟子曰：

学其可知也，可行也。涵养须用主一，穷理以读书为要。读书平气而商量，莫迂阔，莫奇异。看来看去，归著至当之义而已。

可惜没有可证明其遗著之学说者。

野中兼山，明止，字良继，小字传右卫门，兼山为其号。土佐人，与三省同学于时中，后仕国侯。兼山于四方求朱子之书而攻究，然此时书籍尚甚乏，因每岁遣人于长崎，求购舶来之书籍，或加以翻刻以利后学。又山崎暗斋为当时之鸿儒，实为南学系统之巨擘。然始怂恿暗斋使其就朱子者为兼山，由此可知兼山有功于朱子学。然兼山与其说是学者，宁可说是事业家，最长于经济地理，盖其人格颇似熊泽蕃山，而多少有差异。蕃山有绝众之深智，其所经营之处，如情理相兼。然兼山敏惠急峻，成事虽速，于人情或无所顾，乃可知兼山有不及蕃山之处。《闲散余录》（上卷）叙兼山之事云：

> 土佐之地山多而水恶，然穿山通沟渠开草莱，为农作之利。

兼山一生之事业，实在于此。其又于特殊场合有英断与功绩，大高坂芝山《南学传》（上卷）有所记述。简而言之，兼山为富于敢为决行精神之事业家，决非埋没于蠹书堆里腐儒之徒，然其为人严毅，而其行政也假峻法。三省常谏之曰：

> 古之功臣善终，福禄及子孙者，皆德量宽大垂人布惠。若夫严刑重罚，虽为一时之效，其积怨蓄祸，亦非自全者。吾子当虑之。

兼山以为善言，然终未能改。其唯一诤友三省殁，安于自身偏向，恃其屡次所立战功，长奢侈，高楼门，大池园，耽歌舞，极欢乐，于是怨之者愈多，遂与诸大夫生嫌隙，宽文三年（1626）遭贬黜，终病殁。或云赐死，又云自杀。无论何者，决非全其终者。《南学传》虽以为兼山病殁，然叙死后之状况云：

> 闻讣，远近皆惊，当时不宜以礼，速瘗潮江山。

由此可知，其间必隐藏有奇异之秘密。若果真如此，三省之预言可谓极中窾要。

长泽潜轩学于三省、兼山二者，潜轩名虎，字小贰，通称文藏，潜轩为其号。京师人。父道寿，以医为业，是以潜轩亦通医术，兼长于历算，久寓江城，又住京师。故其名显于两都，信徒不少。《乔松子》（卷之四）之注云：

> 存存持敬，乾乾不息，只是勤谨之功，无间断而已，是长泽翁之说。

由此观之，潜轩平生有如此之主张。他于延宝四年（1676）五月病殁，年五十六。门人有饭室与五右卫门、土岐重元等。

作为三省门人，还不可忽略谷一斋。一斋，名松，字宜贞，小字三介，一斋为其号，又号己千，时中之子。一斋去土佐而移京师，后又赴江户，游事稻叶侯。至晚年辞之，《南学传》跋中载有西都之高慎夫来信，云：

> 谷己千自少至老，终始如一。学问精切，践履笃实。出处义既正，穷困操益坚。我侪之师表，南学之领会也。不幸不遇，牢落终身，真可哀哉！

此盖为正确描述一斋平素性行与处世状况者。一斋门人有庄田琳庵、大高坂芝山、江木三寿、松田正则等。一斋曾谓芝山曰：

> 悦由忍后到，乐自苦中来。

洵为名言。

庄田琳庵，名静，字子默，通称万右卫门，琳庵为其号。武藏人，仕丹波龟山侯，琳庵资性特异而富才识，立志而自勖。尝对有学者之志、行非果断者曰：

> 学当如习水，于浅处习之，而后向深，欲不溺死者数次，方始见其功。若惧溺之，离浅处而不了，终身于水，亦不能游泳数尺之水。

琳庵虽本为温柔之人，当论其得失，直言敢语，概不顾利害，是以为人所忌惮。宽文十年（1633）君侯病逝，群小得志，事谋内。其以为，默而不可止，或捧谏疏摈之，或当面排之。群小深怨恶之，设逸言抵死，遂幽囚于龟山城狱中。其乃于狱中著《狱吏问答》。其所引用史料，背诵数千言，一字不违，识者皆称不可企及。琳庵在狱中凡四年，延宝二年（1674）十月处以死刑，乃朗吟《绝命辞》曰：

> 迴慕胡忠简，英名万古流。浩然同正气，一笑陨侬头。

时年仅三十六，及白刃触身，神色自若而不变，盖平素之修养亦然。

与琳庵同出于一斋门下之有名者为大高坂芝山，芝山名季明，字清介，号芝山，又号一峰（晚年称平田黄轩），土佐人。弱冠而仕严城侯，后仕稻叶侯。芝山慷慨有气节，然自视甚高，常好排斥时辈。如木下顺庵、伊藤仁斋、山崎暗斋、僧元政及陈元赟、朱舜水等，皆受其严厉批评，无不被痛骂。其于《南学传》论仁斋曰：

> 堀川有鬻材者（姓伊藤名维桢），阴醉陆王之糟，阳訾程朱之诲，造为新奇之说，蛊惑黄吻曹。

又论暗斋曰：

> 口藉先圣之语，躬为饱鹰之行，读书如此，不如不读之愈也，云云。嘉也固读书者之罪人也。

他掊击时辈率如此。谷秦山评其著书曰：

> 自称许太过，然文格生硬，字法差谬，不堪看。《南学传》事实多妄诞，盖亦不足论也。（《秦山集杂著》）

然又不能一概侮蔑其人格。他又有一种不可多得之才，尤其门人等对其深表崇敬。河一澄《跋乔松子》云：

> 先生自幼敏悟聪明，刚毅果决，逮壮岁，事三侯，皆

关机务，有补于其国政，不可胜数。谏争议论，竭诚尽心，正言不讳，有节操而不屈，左右碌碌之群小，深妒忌，造言证讥，故久不得执事。先生察其几，烛其微，速辞去，是以笼络而未能陷于祸患。先生耿介，老当益坚，清廉老益白，观其富贵，犹如草芥。观其生死，犹如夜旦。前后九度辞俸禄而不敢挠，凡五度入死地而不惧。致仕数邦，遂退休于里巷之间。如先生，可谓真硕丈夫，云云。先生讲经，缜密亲贴，迫舒精神，听者或有感而落泪。及言历史，始终本末，悉审覆而恰若身亲覆其间，听者亦若晓然见于目，云云。

由此可认识其性行。正德三年（1713）五月二日殁，年五十四。著有《南学传》两卷之外，还有《乔松子》四卷、《适从录》三卷、《存一书》六卷、《余花编》两卷等。就中《存一书》与《余花编》收载于《土佐群书类丛》中。前者为芝山文集，后者为其诗集。《乔松子》有单行本，是叙述芝山学说者，人以为我邦诸子之嚆矢。源有本总叙云：

本邦子类为之魁，此后恐多出焉。

然先于此，有僧中严《中正子》。故不得以《乔松子》为我邦诸子之嚆矢，但次于《乔松子》而见于世之子类有《原子》《猗兰子》《水哉子》《鹰起子》《柳子》等，不乏其书。源有本总叙又论《乔松子》之内容云：

此书首卷所陈，据薛氏之语也多矣。第二卷黄祥问自论经传之义以后，章句渐繁衍，大率皆造自家言语。第三卷自论礼乐文章以后，文之精神，词之波澜，悉据发于此。至第四卷，乃真为学问之蕴奥，师传之秘诀，读者其可忽乎哉？

《乔松子》四卷无疑都为芝山之学说。第四卷为其重要之处，因介绍第四卷之要点。其先曰：

道为天地公共底理，固本非一人一家之私。岂敢秘而藏之乎？

接下来断言心法与道体为一者，与我心之道体合一，到达一种不可言之妙处，论此境遇曰：

天地一胸襟，今古一东流，斯心全体弘，无大用之停。元来恁地，存养功熟，如今复其初也。古之圣人以斯心传斯心，后世之学者得斯心，乃知圣人之心。万古一理，圣圣同心也。

他又敷衍其旨意曰：

夫存心而无忽，穷理而无舍，累功久矣，后自观本心虚灵，明鉴若止水。到此方知心境与天地，其大无隔。性理与天道，其源混一。

另说明天命与人性为一贯而无二致，曰：

天命只是元也，分而言之，元亨利贞也。人性只是仁也，分而言之，仁义礼智也。犹浑然一块玉中，温润坚确，莹彻条理，如粲然有分。抑中也，极也，止也。唯此性之德也，命也，天也，神也，帝也。唯此性之源也。

由此观之，其以人性出于天，明矣。其如此以人性出于天之故，虽不说众人之心皆善，然复得本然之性，无任何不善。
又论之曰：

君子学成到至处，廓然大公，物来顺应。逮成恁地，心也，性也，情也，浑然之至善，明德莹彻，无非天德，无非天理之流行。大本体立，达道用行，又何不善在之焉？

其又将天、性、心三者合为一理，论之曰：

所谓天，性之源。所谓性，心之体。所谓心，身之司。三者总是一理，各有所指，仅名异也。

接下来他又看穿天性与气禀同体不离，曰：

夫天性，在气禀之中，混合而无隔。如藏于金玉块石，金块玉石固非一物，非分断而成两个矣。

最后论道之为何，发挥其广大无边之所以，曰：

所谓中也，仁也，只是道之大纲，其体浑浑洞洞，元是一也。既为一，华夷为何有别乎？今古为何有隔乎？治乱共关，人我齐具，故唯仁者能以天地万物为一体，无所间隔。是以四海为家,中国为一人。此为道之广洪,弥六合,天下所以无能载也。

这基本上与今日所谓彰显人道类似。接下来他自叙体得道之次第曰:

> 譬如登此山,初自东南,中自西北,终自四隅而跻,既而视此山,或直或曲,或逶迤或崎岖险夷广隘,其径不同。余历过数十年,勤苦不倦,渐悉谙此径,如始行时万径皆殊,登洎坐其巅,乃万径只是一道。昔犹如睡梦,今也恰如大寐醒。昔烦多,今也简易矣。昔艰难,而今也安乎矣。一本浑浑,固为道也。万殊粲粲,亦道也。穷尽粲粲碎碎,乃晓浑浑洞洞者。既晓,乃古今一理,千圣一心,云云。

是等之言,皆论证道之一元。然丝毫不为分解之说明,单如连缀形容之文字,聊当遗憾。其又巧说圣人与道之关系,曰:

> 圣人既生,道在圣人。圣人既往,道在遗经。圣人之灵,万世灭,昭昭存于遗经。万世之下,若非能讲经,是晓圣人之道也。

因此又叙讲道之法,曰:

> 穷遗经,在知圣道。圣道平如大路,晌如日星。经所以载道,学者真不好经业,是以若知难行难者。道岂不然乎?道循仁义而行,仁义为心之固有也。故由经求道,求

道而知圣心，犹入门升堂，升堂逢主人。既以道会心而不失，异端以何劫之乎？诸子百家以何挈之乎？卓尔挺立，自生到死，始终如一。所谓朝闻道而夕死可，此谓也。嗟乎！后生未备道于方寸之间，不知学无非是日用常行之道，恐只以记闻为业，故竭其两端而示之。

芝山之学说，终究是将心法与道体合一，天命与人性一贯，彻上彻下无些许捍格，着眼于立全然融合调和之一元论，无自家之独创，为南学系统掉尾之势。盖南学初传授自南村梅轩，谷时中加以振兴，小仓三省、野中兼山加以继承，大高坂芝山为其终结。暗斋赴京师另成一派，悉皆合是等诸氏之说，又产生其所不及之大影响。故虽原本出自南学，亦新开一大系统。芝山消化时中以来之学说，以自家之见识加以熔铸，遂发挥而成《乔松子》四卷。又其叙述梅轩、时中以来之系统，作成《南学传》一篇，皆其所以成掉尾之势，由此可知其对学界之功劳主要在于此。

| 第二章 |

山崎暗斋

第一　事迹

　　山崎暗斋出自南学系统，郁然成一家，纯粹朱子学派之代表。暗斋名嘉，一名柯，字敬义，通称嘉右卫门，暗斋为其号，又号垂加，①京师人。暗斋曾祖父净荣，播磨国宍粟郡山崎村人。祖父为净泉，净泉又称左卫门，仕备木下氏。祖母为多治比氏。父为净因，称三右卫门，本为泉州人，后住于京师，以灸医为业。母佐久间氏，育有四子，男女各二人，暗斋为其末子。据暗斋自撰《山崎家谱》，四人皆生于京师。就中暗斋生于元和四年（1618）十二月九日，幼时颖悟。祖母多治

---

　　①　此垂加二字，为"神垂冥加"之略语。《垂加草》首卷记载有"神垂以祈祷为先，冥加以正直为本"，此句出自《镇座传记》《宝基本记》《倭姬世记》，暗斋以此句为基础，作"垂加"别号。

比氏常教之曰：

> 谚有之，身一钱目百贯，汝等勿伤目而善习字。不识字，则与无目者同焉。

母佐久间氏性严，虽甚爱儿曹，然若有饮食恣意之时，未尝不苛责，常诫之曰：

> 鹰饥不啄穗，士夫之子当尚志也。

由此观之，其少时家庭教育于熔铸其性格甚有力。

其又尝与群儿戏，有人举果子示之曰：

> 汝曹各奏其能，吾将与之。

群儿于是或歌或舞，其人乃与之果子，独暗斋未演何技而不能获，因大声号泣。其人见之，欲与其果子，暗斋未敢受之，曰：

> 非欲得之。人皆有所能，我独亡，故不胜愤耳。

暗斋稍长，狡悍无赖，常游于堀川桥上，持长竿打行人之胫，使其坠入水中以戏之。父净因忧之，乃托其于比叡山，将以为僧。暗斋于比叡山，①常携书卷于袖，延客供茶之际，得少间，乃出而读之，已呈非寻常小儿之迹象。后移于妙心寺，

---

① 山田思叔的《暗斋年谱》以及《闲散余录》等书中皆写到暗斋首先到比叡山，后入妙心寺。

剃发为僧，号绝藏主。一夜于佛堂诵经，哄然大笑，人皆怪之。问，乃答曰笑释迦之虚诞。又一日与侪辈辩论，理屈词穷，至夜潜入其寝室，火烧纸帐而去。众乃欲逐之。其闻之，大号曰：

  果然吾放火于堂宇。

其豪迈不羁率如此。当时土佐公子某居于妙心寺，聪明有鉴识，尝见暗斋，叹曰：

  此儿神采秀逸，后当有为矣。

乃使之学于土佐吸江寺，暗斋于是与小仓三省、野中兼山二氏相交，受二氏怂恿而修程朱学，以谷时中为师，其学业成，遂蓄发归儒，时年二十有五。然土佐侯不悦，因使其复归京师。暗斋三十岁著《辟异》一卷，终论其脱佛而归儒之所以曰：

  吾幼年读四书，成童为佛徒，二十二三于空谷之书作三教一致之胡论。二十五读朱子之书，觉佛学之非道，则逃焉归于儒矣。今三十而未能立，深悔吾之不早辨，又惧人之可终惑。

更又一变论何为道，论世儒之通弊，曰：

  盖道者，纲常而已矣。彼既废之，则其学之非道，可不攻而知矣。但纲常道昧而人不知所以，不可废之。世之所谓儒者，徒务记览，为词章而托于诗书载道之文，是以纲常之道遂不明，而不化于佛氏之教者，未之有也。

万治元年（1658）暗斋赴江户，以井上侯（河内守，名正利）为主。其初来江户时，贫穷无儋石之储，故住于书商之邻，借其书而阅读。是时井上侯好学，通过书商而欲见暗斋，暗斋曰：

侯若欲问道，先来见。

侯闻之，叹之曰：

方今自称师儒者多无行道之意，东奔西走，欲易售其技。寡人闻之，礼来而闻学，往而不闻教。山崎生能守之，此乃真儒也。

即日命驾访之，执弟子之礼，暗斋自是屡赴江都，往来两都之间。

宽文五年（1665）应会津侯（即保科正之）之聘而赴之，然未仕，侯乃以宾师之礼遇之。会津侯尝问暗斋曰：

先生有乐乎？

答曰：

臣有三乐焉。凡天地之间，有生者何限，而得为万物之灵，一乐也。天地之间，一治一乱，无定数。而生右文之世，读书学道，得与古之圣贤把臂于一堂上，一乐也。是臣之所乐也。

侯曰：

二乐既得闻之，请亦闻其一乐。

答曰：

此其最大者，而所以难言者。君侯必不信，以为毁誉诽谤。

侯曰：

寡人虽不敏，奉先生之言，孜孜求谏，渴闻忠言，何为至今不终教乎？

曰：

君之言及此，臣假逢戏辱，岂不尽言哉？所谓乐之最大者，幸生于卑贱，不生于侯家是也。

侯曰：

敢问何谓也？

曰：

意者，今之为诸侯也，生乎深宫之中，长于妇人之手，不学无术，徇声色，耽游戏。而为臣者，迎合主意，其所为，因而称誉之。其所不为，因而非毁之。遂令本然性，梏亡消灭矣。其视卑贱之幼，尝辛苦，长习事务，师教友辅，以益其智虑者，为何如也？是臣之所以生于卑贱，不生于侯家，为乐之最大也。

于是侯茫然自失，叹息曰：

诚若先生之言。

《常山纪谈》（卷之二十四）中暗斋所言同一事，小柜与五右卫门者尝对会津侯言，虽不知孰是，今姑从《先哲丛谈》（卷之三）。井上侯、会津侯之外，加藤美作侯（名泰义）亦厚礼师事暗斋。然会津侯敬信最深，始终如一。暗斋亦思答其感奋之恩，知无不言，得水鱼之交，侯于暗斋学大有所得，同时暗斋学又因侯之地位与名望而得势。由此言之，与蕃山于芳烈侯一样，暗斋亦可谓得风云际会。然会津侯先于暗斋于宽文十二年（1672）十二月殁，翌年正月暗斋赴会津，会侯之葬礼，辞禄而归。自暗斋始侍会津侯至此，凡八年，然其影响决不少。山田思叔在《暗斋年谱》中论会津侯之事曰：

> 侯懿德凤成，威严明断，礼贤下士。其为学也，从事于诚敬，而知《大学》之道。及得先生，则其德益进。其治邑也，崇俭抑奢，达下情，问民苦，建社仓，行常平，兴废祀，毁淫祠，禁火化，止所子。凡倡优异色之人，不许入境。时人称侯本贤，然先生辅相之力，亦不可诬焉。

暗斋天和二年（1682）九月十六日病殁，时年六十五，葬于黑谷山，建碑名为"山崎嘉右卫门敬义之墓"，于下御灵建祠，名垂加社，后附之庚申社，《若林语录》云：

> 垂加灵社在下御灵中，前有小祠，先年因吉田殿而尢，小社亦贵。今庚申社旁有相殿，立小牌，书之垂加灵社。不得已之故，见如下。

暗斋为一种精神上的教育家，门人颇多，于出有用之才这一点上，不让于木下顺庵。稻叶默斋《墨水一滴》中云：

人疑孔门三千，通者只七十人。暗斋门六千人，恐不至此。余云，不然。当时以礼相见者，门人籍记之。其员自有六千人，何必在弟子之列。暗斋师道至严，初见者皆厚礼以见，不则不得见。一面后不相见者，盖亦多。其在洛下帷天下书生，辐凑京师，恐无不见者。况又如会津藩中，时势岂有不见暗斋者乎？一见记籍其员六千，何又疑之有？

若以默斋所传为事实，师事暗斋者，凡六千人。将此比之仁斋，实及倍数之多。就中有名者有浅见䌹斋、佐藤直方、三宅尚斋、三宅观澜、米川操轩、谷秦山、鹈饲炼斋、羽黑养潜、桑名松云、游佐木斋、永田养庵、玉木苇斋等。又名门华胄有正亲町一位，野野宫中将及会津侯、井上侯、加藤侯等。然崎门一派中最卓绝者当属浅见、佐藤、三宅三氏，是称崎门三杰。

暗斋为人傲慢严厉，局量狭小，《南学传》论暗斋之人物云：

> 资质褊急危厉，负才倨傲，凌忽人物，是以朋友故旧，或憝或愠，或鄙或憎，无始终全交之人。

此贬暗斋，虽过其实，亦不得全部否定。想来暗斋性格与其师谷时中更似，或更大。时中本傲慢不逊之人，奉朱子学，及用力于修养，动作云为，无不悉中其节。暗斋亦奉朱子学，虽用力于修养至尽，其倨傲尊大之态度与口气，遂未能脱之。简而言之，其为带怒气、多棱角之豪杰。《佐藤直方学话》云：

山崎先生生质极豪强之故，其有偏，多怒气。若有如李延平之师，确可成如朱子之人。自言智不让人，朱子亦言怒为己之病。

《先达遗事》云：

暗斋性急，特骂门人迟钝者，及直方安正辈来谈玄理，始怡笑。

又云：

书生每自垂加翁许还，路见美色，或过娼家俳优肆，心动情移，恍忽见翁面貌在咫尺间，不觉存畏敬。

又云：

佐藤子尝云：昔师事暗斋，每到其家入户，心绪惴惴如下狱，及退出户，则大息似脱虎口。

又《佐藤直方学话》云：

永田养庵讲释归，邀直方于路上云，被先生所叱，虽思再不前去，又想到其亲切之言，甚可爱。

由此可以想象暗斋对门人弟子态度之严厉。《先达遗事》又云：

垂加翁师道至严，其接门人，虽细过不少假。一日鹈饲金平与诸人侍翁坐，翁方讲谈，金平在稠人席，偶弄剪刀磋爪，翁睨视，厉声云："师席磋爪何礼？"金平掉栗，诸人失色。

金平为炼斋。《先达遗事》又云：

> 后藤松轩侍垂加翁讲筵，翁讲毕，顾松轩云：坊亦会么？松轩忿恚，终身手不执翁著述之籍。

松轩时从俗剃发，故呼之坊主，其中多少含有轻侮之意。《垂加草》卷八有《世儒剃发辨》，以世儒剃发为非，"徒见浮屠祝发痴坐人上，尤而效之"，"其不惟背《孝经》之训，亦书所谓乱俗者也"云云，可知此心溢于言表。暗斋态度虽极严厉，又有甚亲切之处。由前面所列永田养庵之言可察之。其因门人进步而喜悦，深表同情，值得称赞。《佐藤直方学话》云：

> 悦直方、养庵之学精出而落泪。

可以为此证。

暗斋有超凡记忆力，其曾居于妙心寺，时能背诵中峰禅师之广录，传为文苑一奇谈。《先达遗事》曰：

> 暗斋记性绝人，一门生执巾侍浴室，话偶及梅花，翁乃辄暗吟古人赋梅诗，无虑五十四首。

此外，其能记忆《朱子语类》中之事，连页数行数都可记，亦传为门人中一奇谈。

就暗斋人物学问，古来便有种种评论，此处先举门人等之言。佐藤直方曰：

> 朱书之来我邦已数百年矣，读之者亦岂少乎？然未闻有识发明道学之正义，而为万世不易之准则者。近世独山崎敬义先生，读其书，尊其人，讲其学，博文之富，议论之实，识见之高，实世儒之非所及焉。盖我邦儒学正派之首唱也。

可言其推尊之至。三宅尚斋亦曰：

> 暗斋先生有功于世，不可胜言也。今之学者，知去邪径，赴正路者，皆先生之功也。

游佐木斋《与室鸠巢书》论暗斋曰：

> 暗斋先生为人，平生无他嗜好，一味志于学，未尝与俗人交。虽不足温和之气象，志刚而制行不苟，专以明斯道为己任，死而后止。庶几乎学不厌，教不倦者欤？如其志，则不仕藩国，不屈王公，欲诱引后学，传此学于将来而已矣，实本邦之一人。而其有功于程朱，则世未睹其比也。

是等皆门人等赏识其师之言。此外，赖春水、尾藤二洲等皆作赞，对暗斋学德大加称赞。若单从其长处观之，的确如门人等所言。然对其短处，亦不可视而不见。雨森芳洲《橘窗茶话》（卷中）云：

还俗蓄发可谓丈夫。惜乎！其未知佛意也。

涩井太室《读书会意》（中卷）云：

暗斋精而刻剥。

刻剥之评，为暗斋所难免之处。又云：

暗斋之徒曰：学在穷理，而不知穷理为何事也。

室鸠巢与游佐木斋书中论之曰：

山崎氏逃佛而归儒，尊朱氏而黜百家，严师道而诱后生，其有禅于斯道，有不可诬者，亦近世豪杰之士也。然闻山崎氏自处太高，待人太严，少含弘之度，不容人过失，其授受之间，无能平心虚怀，从容委曲，以尽彼我之情，此其所短也。

暗斋本为卓颖不羁之人格，具有显著特色。然一度奉朱子学，如宗教般崇信之，行住坐卧间致力于修身，少有出格之弊，与其人格关系不小。然其汲汲修身之结果，使其极死板而偏狭固陋，以致克己制欲，遂桎梏天性，有毕生墨守顽冥之弊，天空海阔之气象于其胸中丝毫无所期待。佐藤直方始从学于暗斋时曾谓浅见䌹斋曰：

吾曹日吃翁（暗斋）怒骂，精力已罄。若久之，势应至死。安正（䌹斋之名）云：吾亦思之。然今海内此外岂有师乎？因相共坚苦，遂师事于翁。

由此可知暗斋无如沐春风般仁爱之德，恒居以严容严声对门人弟子。且暗斋并非不作诗文，其本偏重于道德，轻视文艺，故学派兴味索然。《日本诗史》（卷之三）云：

> 山崎暗斋专讲性理，如诗章非其本色。要之其所以不朽，在彼而不在此也。

的确如此。然又并非无佳作，其题为《秋莺》一诗云：

> 居诸代谢四时中，花散叶浓复见红。忽有金衣公子啭，秋风影里听春风。

可知他并非对诗完全没有兴趣。摩岛松南《娱语》（卷四）中云：

> 山崎暗斋九岁时，《七月既望》诗云："东岭火成大，北山丹作舟。登游非我愿，弄月坐南楼。"此诗已见头角，集中所载，如剸天狗黥地藏，往往径吐胸怀，不似韵语。然其《渔村夕照诗》云："淡淡晚村云，微风吹杨柳。立尽残照前，渔艇横浦口。"亦楚楚有致。

但对于暗斋，诗并非毫不足取。简而言之，举暗斋短处而论之，实有明显之处，此点任何人都不可否定。但吾等也必须认可其作为精神教育家之功劳，具有卓越豪杰之姿势，其人格感化决非寻常。

第二　著书

《垂加草全集》三十卷

同《附录》两卷

《垂加草全集》及《附录》为门人植田成章编辑，作为暗斋全集最为完备。其编辑次第，详见于成章所作跋文。跋文系享保六年（1721）所作，成章为艺州人。

《垂加文集》七卷

同《续》五卷

《拾遗》三卷

《垂加文集》、同《续》、同《拾遗》，凡十五卷，为私淑暗斋学之迹部良显所编辑，良显门人伴部安崇发行。《文集》正德四年（1714），《续集》正德五年（1715），《拾遗》享保九年（1724），分别公之于世。良显称光海翁，为信奉垂加神道者。

此书与《垂加草全集》有异同，需一并参考。

《文会笔录》二十卷

此书编入《垂加草全集》中，亦有单行本。其内容涉及方方面面，关于道学，主要抄录宋明诸儒之议论，著者自身评论亦间或有之。大概是暗斋著书中最费心力者。其学力与见识，亦可见于此书中。第十九卷之后叙述朱子弟子及后世朱子学派，尤其第二十卷末尾叙述朝鲜道学派，最有参考价值。

《朱易衍义》三卷

《周子书》一卷

此书辑周濂溪《太极图》及《太极图说》并《通书》及《遗文》等为一卷。暗斋作后序曰：

> 周子之书，朱子所集次。余未见之，度氏《濂溪集》，谢氏《濂溪志》，徐氏《周子全书》皆非其旧矣。爰不自量，参考编次，以俟异日得原本云。

由此可知其编次此书之次第，系延宝八年（1680）刊行。

《大家商量集》两卷

此书抄录朱子对陆象山之言论文章而加以编次。卷末附载《答真边仲庵书》两篇。

《辟异》一卷

此书辑录程朱及其他先儒对佛教破邪显正之言论文章。

《武铭》一卷

辑录武王所作诸铭及相关诸说，且加以考注。

《仁说问答》一卷

这亦是编次朱子《仁说》并图，以及与张南轩、吕东莱所论内容。

《性论明备录》一卷

此书辑录程朱性论性说。

《感兴考注》一卷

此书如标题所示，在朱子《感兴诗》中加入考注。

《经名考》一卷

《孝经外传》一卷

《敬斋箴》一卷

《风水草》八卷（写本）

此书内容为暗斋关于神道学说中最重要者。

《和汉问答》一卷（写本）

这亦是关于神道之书，但其真赝存疑。

《小学蒙养集》三卷

此书抄录《朱子文集》及《语录》中对年少者有所裨益之条目而加以编次。卷首有暗斋自序，系宽文九年（1669）所作。

《大学启发集》七卷

此亦是抄录《朱子文集》及《语类》而加以编次。此书与上述《小学蒙养集》合称为《蒙养启发集》。

《白鹿洞学规集注》一卷

《朱子社仓法》一卷

《中和集说》一卷

《大和小学》一卷

《洪范全书》六卷

《冲漠无朕说》一卷

此书列记关于程子、朱子及黄勉斋、蔡九峰、薛敬轩、胡敬斋、李退溪《冲漠无朕》相关诸说。

《四书序考》四卷

《樱之辨》一卷

此书收载于《甘雨亭丛书》中。

其他尚有不少可称为暗斋所作者，但如今大抵散佚，难以悉数收录。根据吾等已所接触十余种著书加以考察，暗斋仅仅抄录程朱及其他先儒学说，加以编次与解释，仅此而已，几乎未叙述自家见解。他大概是忠实继承者，绝不可称为具有原创性的思想家。

第三　学风

暗斋虽奉朱子学，但并非如朱子般攻究学理，仅奉朱子，将其作为唯一真理，以实践作为日常目的。然朱子著述浩瀚，难得其要。故抄出适切躬行部分，作为金科玉律。其可称为著述者，大抵皆抄录类。真可称著述者，几乎没有。他忠实崇信朱子，不需要自己动脑进行考察。若直率言之，他为盲信朱子言说之精神奴隶。其本剃发为僧，后又如僧侣崇信释迦一般尊奉朱子学。其所创一派，与主要探究知性之学派相异，更类似于严守教条之宗教一派。故若欲从其身上探求知性之结果，所得甚少，但若要总结行的工夫结果，则决不可小觑。《年谱》云：

> 先生学尚研精，不守章句，所见超逸，居常以激励风节，抑黜百家为己任，云云。

果真如此的话，暗斋学究式地涉猎百家，无致力于洽闻殚见之意，唯养其见识，修其德行，持其名教。他作为纯然道德家，又兼为教育家。《年谱》又云：

先生教弟子治经，专用力于正文朱注之间，而不注目于元明诸儒之末疏。

由此可知他读经书之法，亦通过朱子注释而通其大意。《先达遗事》云：

书生或举训诂间之函丈，暗斋直云，在字书。

暗斋所崇尚之处在于精神义理，故区区文字并非其拘泥之处。他曰：

学者，知与行而已。知可博也，不可杂也；可精也，不可凿也。行可一也，不可二也；可笃也，不可薄也。知行并进，而可上达焉。（《年谱》）

他虽言知行并进，但其所谓知是关乎行的知，并非博学知识，无疑其所期之处终究在于实践躬行。他又曰：

夫学之道，在致知力行之二，而存养则贯其二者也。汉唐之间，非无知者也，非无行者也。但未曾闻存养之道，则其所知之分域，所行之气象，终非圣人之徒矣。

存养与今之所谓修养一样，他以朱子《白鹿洞揭示》为教学法，以《敬斋箴》为存养之要。《白鹿洞揭示》如下：

父子有亲，
君臣有义，
夫妇有别，

长幼有序,

朋友有信。

右五教之目。尧舜使契为司徒,敬敷五教,即此是也,学者学此而已。其所以学之之序,亦有五焉,其别如左:

博学之,

审问之,

慎思之,

明辨之,

笃行之。

右为学之序。学问思辨,四者所以究理也。若夫笃行之事,则自修身以至于处事接物,亦各有要。其别如左:

言忠信,行笃敬。

惩忿窒欲,迁善改过。

右修身之要。

正其义,不谋其利。

明其道,不计其功。

右处事之要。

己所不欲,勿施于人。

行有不得,反求诸己。

右接物之要。

又《敬斋箴》如下:

正其衣冠,尊其瞻视。潜心以居,对越上帝。足容必重,手容必恭。择地而蹈,折旋蚁封。出门如宾,承事如祭。战战兢兢，罔敢或易。守口如瓶，防意如城。洞洞属属，罔敢或轻。不东以西，不南以北。当事而存，靡他其适。勿贰以二，勿叁以三，惟精惟一，万变是监。从事于斯，是曰持敬。动静无违，表里交正。须臾有间，私欲万端。不火而热，不冰而寒。毫厘有差，天壤易处。三纲既沦，九法亦斁。於乎小子，念哉敬哉。墨卿司戒，敢告灵台。

如今看来，此箴偏于严肃，缺乏灵活之气象。暗斋以此为存养之要，盖不免有拘泥于形式之弊。简而言之，比起促成积极之发展而在社会中实现自我，更期望消极修身正行，惴惴焉避免小过失。

暗斋代表纯然朱子学派，傲然以世之先驱自任，庆元以来已经历数十年，世俗归于太平，纪纲松弛，游惰之风有普及社会上下之状。此时他以克己制欲为主，开严肃道学之一派，对于当时社会有牵制补充之势，乃维持一代平衡所不可或缺。由此而言，暗斋于名教上功劳不少。

暗斋忠实信奉朱子学，如宗教般由衷景仰，但未完全丧失作为日本人之自立精神。其晚年寄心于神道，遂开垂加神道之一派，亦无疑出于此精神。他尝问群弟子曰：

方今彼邦（中国）以孔子为大将，孟子为副将，率骑数万来攻我邦，则吾党学孔孟之道者，为之如何？

弟子咸未能答。曰：

不幸若逢此厄，则吾党身被坚手执锐，与之一战，擒孔

孟，以报国恩。此即孔孟之道也。（《先哲丛谈》卷之三）

可知他大胆道破国家思想，足以吓坏当时陋儒。其自立精神，即国家思想被其学派之人所继承，远至对维新之大功业产生影响，这也完全超出预想。

若欲影响人，则必须发自内心。

——歌德

第四　学说

暗斋为纯然朱子学派之人，推崇朱子为孔子以后第一人。其《答真边仲庵书》云：

> 孔子集大成，垂六经，云云。圣远乐亡，经以五名，礼之坏乱亦甚矣。幸朱先生出，《易》也《诗》也，明本义攻末失；《书》令蔡仲默作《传》。礼乐欲正而未成，然黄直卿续《仪礼经传》，蔡季通著《律吕新书》。《春秋》以为未学不下笔，寓其微意于《通鉴纲目》。四书之解，《小学》之书，发明真切，无复遗蕴，先生实孔子后一人也。善学者由小学进大学，而尽《论》《孟》之精微，极《中庸》之归趣，则六经可不治而明矣。（《垂加草附录》下）

其如此忽视秦汉以来之群儒，先称赞朱子发挥邹鲁之学有功，感叹"先生实夫子后一人也"，由此可知其仰慕朱子之情。又题《朱子抄略》曰：

> 邹鲁之后，伊洛接其传，至朱子解孔子之书，明六经之道。是则述而不作者，嘉之所愿学也。（《垂加草》第十）

其又曾著《文会笔录》，语门人曰：

> 我学宗朱子，所以尊孔子也，尊孔子以其与天地准也。《中庸》云："仲尼祖述尧舜，宪章文武。"吾于孔子，朱子亦窃比焉。而宗朱子，亦非苟尊信之。吾意朱子之学，居敬穷理，即祖述孔子而不差者。故学朱子而谬，与朱子共谬也，何遗憾之有？是吾所以信朱子，亦述而不作也，汝辈坚守此意而勿失。（《年谱》）

暗斋抄录朱子及其他宋儒言说，以资实践，为述而不作者。朱子原本祖述邹鲁之学，但成一家学说不少。暗斋过于笃信朱子学，而成一家之言者极少。然其于我邦，亦成一学派，其学说岂能置之度外乎？

暗斋学说不可小视者有敬内义外说，此说本出于程子。程子曰：

> 敬以直内，义以方外。合内外之道也。

又曰：

> 敬义夹持，直上达天德自此。

暗斋以此言为基础，立敬内义外说，认为要使我内界正直，则须持敬；要使我外界方正，则须以义，使内外两界归之于道德。换言之，和康德一样，认为道德分内部和外部。其内部，即敬，相当于康德所说格法；其外部，即义，相当于康德所说道德理法。总之暗斋将敬与义，作为道德之重，修身之要无非实践此二者。其座右铭云：

惩忿窒欲，惟德惟力，敬义夹持，是仁之则。

又《藏柱铭》云：

敬以直内，义以方外。敬义夹持，出入无悖。

可知他致力于以敬与义来律己。其字敬义，无疑亦出于极其重视敬与义之意。他在《朱书抄略》后记曰：

敬以直内，义以方外，八个字一生用之不穷。朱子岂欺我哉？《论语》君子修己以敬者，敬以直内也；修己以安人，以安百姓者，义以方外也。《孟子》守身，守之本者，敬以直内也；君子之守，修其身而天下平者，义以方外也。《大学》修身以上，直内之节目；齐家以下，方外之规模。明命赫然无有内外，故欲明明德于天下也。《中庸》九经，修身也，尊贤也；此直内之事；其余则方外之事也。诚者，非自成己而已也，所以成物也。成己仁也，成物知也。性之德也，合内外之道也。故时措之宜也。天成己内也，成物外也。是故程子曰："敬以直内，义以方

外。合内外之道也。"又曰："敬义夹持，直上达天德自此。"夫八字之用不穷如此，朱子不我欺矣。（《垂加草》第十一）

暗斋如此以敬与义来律己，使我内界正直，外界方正，故多有泥于格法，拘于形式之弊，缺乏变通态度与活动气象。这是因为他承朱子短处，使其更为扩大。

邹鲁学派所倡导之处，虽主要在于道德，而其道德主要之处，多少有些异同。例如，孔子主说仁，子思重视诚，孟子仁义并称，周子以太极为基础，邵子以数理为基础，张子以太虚为原理，程朱倡导理气，陆象山以心为本，王阳明取良知来说。于我邦，仁斋主张仁义，徂徕主张礼乐，各标榜其本领。暗斋于此间立敬义二者，将其作为道德之要。然对照敬与义而加以考察，以敬为先，以义为后。敬使我内界正直，即修身正行之始。由敬而修身正行，实现社交道德。于是以义为外界方正之要。换言之，私德先成，而后期待公德成。简而言之，敬先于义，是不可或缺的心之情态。因此暗斋以敬为修身正行之大根本、大本源。其在《蒙养启发集序》中论之曰：

夫圣人之教有小大之序，而一以贯之者，敬也。小学之敬身，大学之敬止，可以见焉。盖小大之教皆所以明五伦，而五伦则具于一身。是故小学以敬身为要，大学以修身为本。君子修己以敬而止于亲义别序信，则天下之能事毕矣。（《垂加草》第十）

他所谓敬，为我内界端诚虔恭之态度，即对天以此为要。

故与英语所谓 devotion 一样。其又在《中和集说》序中曰：

> 夫天命之性，具于人心。故存心养性，所以事天而存养之要无他，敬而已矣。（《垂加草》第十）

以此可知其宗教之旨趣。

暗斋诚有天分，吾人类心里所当具有之处，全备者便为圣人。《周书抄略》序云：

> 天地之心，诚而已矣。（同上）

又《小学蒙养集》序云：

> 圣，诚而已矣。（同上）

其言虽极为简短，而其旨意由此可知。其又将文武作为践行仁义之具，论之曰：

> 文武也者，仁义之具也，云云。仁以行之，有所不行。义以通之，则人道斯可立矣。（《垂加草》第十一）

暗斋此处所说文武与仁义之关系，深得其要。若敷衍其旨意而言之，文为践行仁之具，武为践行义之具。践行仁，虽为本来之目的，因为社会不完备，达到本来目的未必容易。因为有种种障碍物横于前路，种种障碍物除了以武力祛除之外，别无他法，这便是义。盖种种障碍物之动机原本不善，故意设之，若不以武力排除，所谓人道者，则难立。若非如此，早晚成不善之跋扈。这便是为何要以义通之为要。

暗斋虽如神一般尊崇朱子，然并非完全感化为中国式，由他提倡若孔孟来攻，擒之以报国恩便可知。他又在《二程治教录》序中论之曰：

> 抑我神代之古也，犹三皇之世也。神武之皇图也，犹唐尧之放勋也。

此一语足以证明暗斋与祖国同化，具有自立于万国间之精神。与顺庵自称东夷，徂徕自称夷人，崇外之极，失自尊之念，实为云泥之差。其又在《文会笔录》（四之二）中驳斥《晋书太平御览》（引《魏志》）、《百川学海》（引《魏略》）、《梁书》、《续文献通考》、《通鉴前编》等以日本人为吴泰伯子孙之说，曰：

> 他邦之人不曾知我书，其记我事者，往往赖商舶僧侣之口，误年代，失名实，可谓无征而言者。

又或泥于东海姬氏国之名，认为天照大神即泰伯。其以姬氏为误，有以之为女体之说。又佛者托大日靈之名，以大日而牵强附会之（例如空海）。他又驳之曰：

> 是皆犯周礼造言之刑，违国神正直之诲，实神圣之罪人也。

由上述之言可知，无疑暗斋体察我邦建国精神，自觉当重国体。其晚年始研神道，遂倡导一家神道之垂加神道，盖出于同一动机。暗斋神道特色是以宋儒理气说来解释神道。其作

《会津神社志序》曰：

> 惟神天地之心，惟人天下神物，而其心则神明之舍也。（《垂加草》第十）

又论神有正邪两种，曰：

> 盖天地之间，唯理与气。而神也者，理之乘气而出入者。是故其气正则其神正矣，其气邪则其神邪矣。人能静谧，守混沌之始，祓邪秽，致清明，正直而祈祷，则正神申福焉，邪神息祸焉。岂可不敬乎哉？

他摘出《神道五部书》之《镇座传记》《宝基本记》及《倭姬世记》中两句：

> 神垂以祈祷为先，冥加以正直为本。

以此二句为神托，崇信之深，作自赞曰：

> 神垂祈祷，冥加正直，我愿守之，终身勿忒。（《垂加草》第一）

其神道称为垂加，亦出于神垂冥加之义，读法为"シデマス（Shidemasu）"。他又揭神道书中之名句曰：

一

> 日月回四洲，虽照六合，须照正直顶。（《倭姬世记》）

二

吾唯一神道者，以天地为书籍，以日月为证明。（《名法要集》）

三

古语大道，而以理说事，以事说理，辞假婴儿，心求神圣。（《神代口诀》）

四

浑沌未分处，立心者大象也。苟得其道，则先天地，主造化，我国自神代此道炳焉。全非关内外之典籍。（《东家秘传》）

暗斋以《神道五部书》为主，对所有神道书类，毫无批评精神，何等盲信之乎？此皆列举于《垂加草》及《风水草》首卷。暗斋于出口延佳及吉川惟足得神道之传，又自己研究，著有《风水草》八卷。《风水草》为崎门秘书，遂未上梓，仅为写本，传于门人玉木苇斋。苇斋著《玉签集》《原根录》等，祖述垂加神道。（参看《暗斋学派》条）《年谱》中宽文五年下叙暗斋寄心于神道之次第，云：

先生从吉川惟足，受卜部家神道，侯（会津侯）壮年专攻儒教，又欲究所谓神道，未得其人。后闻有吉川惟足者精其道，居镰仓，遣服部安休就学焉。既得大旨而归。侯悦其说，遂招惟足于江户，而亲学焉。先生亦尝信本邦之教，粗得其传，至此与侯意不谋而合。于是侯每闻其讲说，使先生侍坐以定可否焉。先生崇其道特甚。

由此观之，暗斋心向神道为宽文五年（1665）后之事。然其实并非如此，《伊势太神宫仪式序》中已经明白叙述神道说之要领。而最后所记"明历元年（1655）冬十二月九日"，先于宽文五年（1665），实十有一年。暗斋自吉川惟足得传神道说，为宽文五年以后之事，先于此曾自出口延佳得神道说。暗斋以为本邦、中国虽异域俗殊，其道无二致。尝作《洪范全书》序，论之曰：

盖宇宙唯一理，则神圣之生，虽日出处日没处之异，然其道自有妙契者存焉。是我邦人所当敬以致思也。

他认为宇宙间唯一理，道亦无二致。今天看来，实为卓见。

暗斋本佛者，一度脱佛门而归儒教，以佛教为异端而多加排斥。《辟异》一篇，可以为证。他认为佛教之所以为非，在于其不知伦理纲常。他脱佛门之动机与惺窝无异。其言云：

夫程朱之学，始未得其要，是以出入于佛老，及其反求而得诸六经，岂用佛老哉？其辟之也，有废纲常之罪也。若有可用之实，无可辟之罪，而阴用阳辟，则何以为程朱矣？（《辟异》）

此处虽是其为程朱而辩，但又是其自身尊崇程朱的立足点。针对陆王学，他又著《大家商量集》加以排斥，论之曰：

> 孟子不云乎？能言距杨墨者，圣人之徒也，是吾所以不辞也。先生（朱子）力与陆辩，廓如也。先生没，吴草庐、赵东山再倡之，程篁墩、王阳明寻和之，以其外先生而难立也。篁墩作《道一编》，附注《心经》，阳明为《晚年定论》，欲混朱陆以易天下。陈清澜之《学蔀通辨》，冯贞白之《求是编》，正忧之而作，然陈冯未窥先生之室，则以一酌之水，救昆冈之火，虽劳奚补？（《答真边仲庵书》）

又曰：

> 张无垢之学，阳儒而阴释，先生《杂学辨》中论之。又尝闻张氏《经解》板行，曰："此祸甚酷，不在洪水夷狄猛兽之下。"夫先生未见陆氏也，既闻其宗无垢矣。鹅湖之会，其详不可得而考。然诵其诗，可以概见焉。其后先生辩论不置，及陆之死也，有死了告子之叹。苟得此集而读之，则朱陆同异之分，不待他说而明矣。蔡介夫（名清，字虚斋）有言：以朱子之正学精义，而不能折服象山氏兄弟于一时之语次，意亦其雄辩之不如孟子也。介夫此言，吾不嗛之。夫朱子之于陆氏，犹孟子之于告子；孟子之于夷之，犹朱子之于李伯谦，则是服与不屈在彼耳，岂以此而方孟朱之辩哉！（同上）

他如此明朱陆之异同，防泾渭混乱，其尊崇朱子，旗帜最为鲜明，决非如惺窝般朱陆并取，其言云：

> 朱书之来于本朝，凡数百年焉。独清轩玄惠法印，始以此为正而未免佛。藤太阁亦以为程朱新释可为肝心，而犹惑乎佛，遂不闻，实尊信之者也。庆长元和之际，南浦自谓信之而亦尊佛，惺窝自谓尊之而亦信陆。陆之为学，阳儒阴佛，儒正而佛邪。厥悬隔不翅云泥，既尊此而信彼，则肯庵草庐之亚流耳。岂曰实尊信者哉？（《答真边仲庵书》）

以此言便可知其如何以纯粹朱子学者而自居，他又曰：

> 孟子之后，周程张子继其学之绝，而朱先生得其传以晓天下。时陆氏自谓求放心而不事学问，先生虽为此辩论，然不顾己言，不察人言，而终于告子之见，可惜耳。（《垂加草》第十）

陆象山与告子没有类似之处，然朱子曾以象山比之告子，暗斋亦效之，以朱子比孟子而论之。暗斋最终排斥佛教及陆王学，独尊崇朱子，由此继承邹鲁之学，归大中公正之见解，《近思录》序论之曰：

> 窃谓一高卑，合远近者，圣人之道也。升高自卑，行远自近者，圣人之教也。或驰于高远，或滞于卑近，则皆非道非教也。（同上）

他若以此见解而贯其一生，当作为醇儒受到称赞。而晚年寄心于神道之结果，尊信猿田彦，将庚申日加以神圣化，甚至认为土与敬之和训稍相近，而同等看待，遂至倡导荒诞无稽之土金之教，迷信亦甚。佐藤直方、浅见䌹斋等高足弟子，遂至背暗斋，也是有其原因的。

第五　暗斋门人

（1）保科正之，小字幸松，会津侯。庆长十六年（1611）五月七日生于江户，宽文十二年（1672）十二月十八日殁于江户，享年六十二。著有《二程治教录》两卷、《伊洛三子传心录》三卷及《会津风土记》一卷，这些书大概都是暗斋所编次。暗斋所撰《土津灵神碑》出于《垂加草》第二十七，《会津中将源公圹志》出于第二十八。

（2）浅见䌹斋，名安正。见后文。

（3）佐藤直方，见后文。

（4）三宅尚斋，名重固，见后文。浅见䌹斋、佐藤直方、三宅尚斋，称为崎门三杰。

（5）米川操轩，名一贞，字干叔，小字仪平，号操轩，京师人。初学于三宅寄斋，后就学于暗斋，遂以性行笃学扬名于世。操轩友人中，藤井懒斋、中村惕斋、贝原益轩等皆一时知名之士。见其友，知其人。益轩曾于《米川操轩实记》后书曰：

操轩之为人也，明敏而有志操，求福不回。其接人也，严而和。其处事也，敬畏而不苟。其出言也，辨而有序，闻焉者不厌。其为学也，纯正专好经术。平日用心于程朱之书最勤，不好杂书。文中子所谓不杂学，故明者其此人之谓乎。（《自娱集》卷七）

操轩又曾与仁斋交好，然及仁斋倡导古学，遂赠书而绝交。操轩于延宝六年（1678）八月十九日殁，享年五十三，一说五十二。（《米川操轩实记》《南学传》《先哲丛谈》《近世丛语》《自娱集》）

（6）谷秦山，名重远。见后文。

（7）游佐木斋，名好生，小字次郎左卫门，号木斋。奥州仙台人，著《神儒问答》。（《前篇鸠巢文集》《鉴定便览》）木斋门人有佐久间洞严。

（8）鹈饲炼斋，名真昌，字子钦，通称金平，号炼斋。京师人，事水户侯。元禄六年（1693）四月二十一日殁，享年六十一。其弟为称斋。（《先哲丛谈续编》《鉴定便览》《耆旧得闻》）

（9）永田养庵，字号等皆不详，通易。（《先达遗事》《佐藤直方学话》《诸家人物志》）

（10）玉木苇斋，名正英，苇斋为其号，又号五十鳍翁。元文元年（1736）七月八日殁。从学暗斋，继承其神道，终成一家，著有《玉签集》八卷、《原根录》三卷及其他十有余种。就《玉签集》，《先达遗事》有如下记事，云：

玉木苇斋著《玉签集》，本《风水草》，而发挥之。

> 若林云：何泄奥秘如此？后屡劝破之，苇斋遂焚之。

但《玉签集》写本传于今日，只是写本多少有所异同。（《国学者传记集成》）苇斋门人有谷川士清、松冈仲良、若林强斋等。仲良门人有竹内式部。

（11）矢野拙斋，名义道，一说为义通，小字理平，号拙斋，豫州西条人，享保十七年（1732）正月十二日殁于江户，享年七十一，葬于品川海晏寺。（《鉴定便览》《大日本人名辞书》）

（12）浅见琳庵，名重远，小字万右卫门，号琳庵。近江人，仕园部侯，著有《名义详说》及《武要钞》。（《鉴定便览》《续诸家人物志》）琳庵门人有田边晋斋。

（13）川井东村，名与，字正直，大阪人。其父正次以卖茶为业，家产颇富，宽永中将家业传于东村，戒之曰：

> 财币无失而可也，勿欲必多焉，欲多必欺人矣。

东村年垂五十，始志于学，受业于暗斋。东村长暗斋十四岁矣，暗斋谓之曰：

> 入道莫如敬，当先持敬。子不幸过时，不必读书，可专务实践。

东村于是专力于持敬说，未敢少懈，暗斋屡称其笃志。东村至此常悔往日之薄亲，又惧来日之不终养，竭事亲之道。大高坂芝山尝问进修之法，东村曰：

莫追往日之踪，莫迓来日之杳，唯一日目下勉为善而已。如是日复一日，积而度岁月，久则自然惯习，善斯成性。

芝山尝评东村曰：

翁是一味诚实人也，独立不惭影，独寝不愧衾。

东村延宝五年（1677）十一月六日殁，享年七十七。（《续近世丛语》《事实文编》）

（14）五十岚穆翁，名浚明，字方德，一号孤峰，越后新潟人，本姓佐野氏，因故冒五十岚。壮年入京，问道于暗斋。又与宇士新等交好，其善诗，又长于画，遂以画成一家。其三子皆学画，尝戒之曰：

画虽小道也，可因以辅世教也。尔辈执笔必于贤哲伟迹，谨勿作诞谩娃亵事以败人也。

穆翁颇多善行，今不遑一一记之。其于天明元年（1781）病殁，享年八十二。（《鉴定便览》《近世丛语》《画乘要略》《扶桑画人传》《画家人名详传》）

（15）深井秋水，名政圆，一说政国，字得繇，通称主膳，号秋水。土佐人，住于江户。为剑客，兼通儒学，以能事父母，人皆称其孝。享保八年（1723）六月殁，享年八十二。（《鉴定便览》《续诸家人物传》《大日本人名辞书》）

（16）植田成章，字号不详。（与《先达遗事》所谓植田玄节为同一人）艺州人，编次《垂加草全集》，且作其跋文。

（17）羽黑养潜，名成实，养潜为其字，以字而行，号牧野老人。近江国彦根人，初仕彦根侯，中年不得志而致仕，以讲说为业。后游于加贺，寓居金泽。专倡性理之学，从学者颇多，养潜熏陶所及者不少。抑金泽地方之向文学，起因于养潜。养潜本学于暗斋，以实践躬行为主。尝论之曰：

> 古人云：气象好时百事是当，学者宜防粗暴戒慄悍。然后欲去此等之病，莫若格物穷理，居常使此心涵泳义理，优游自得之久，则可以夺客气，变俗习，而易直慈良之心油然而生，轻薄浮躁之念漠然而消矣。求道者，莫近于此。

养潜又尝于病床偶闻赤穗遗臣大石良雄等之举，叹息曰：

> 呜呼！士风之不振也久矣。独有是等辈，同决死国难，义烈凛凛，足以激颓风矣。

元禄十五年（1702）正月十一日，病殁于彦根，时年七十四，著有《四书翼》十卷、《天道流行图说》两卷、《讲学笔记》六卷。门人有室鸠巢、冈石梁等。（《补遗鸠巢文集》《先哲丛谈续编》）

（18）黑岩慈云，名寿，别号东峰。一名恒，字震翁，土佐人，仕高知藩。（《先达遗事》）

（19）梨木祐之，号桂斋，姓梨木氏，一作梨本，下鸭神官，精于国史，兼善和歌，享保八年（1723）正月二十九日殁，著有《日本逸史》四十卷、《大八洲记》十二卷、《祭事记》八

十二卷等。(《古学小传》《国学者传记集成》《诸家人物志》)

（20）松冈玄达，字成章，号恕庵。别号怡颜斋，京师人，其事迹详见《日本古学派之哲学》仁斋门人条。

（21）大山苇水，通称佐兵卫，原姓松本氏，京师人。著有《苇水草》一卷、《古语拾遗私考》两卷等十有余种。(《国学者传记集成》)

（22）桑名松云，仕仙台侯，门人有栗山潜锋。(《先达遗事》)

（23）友松氏兴，通称勘十郎，仕会津侯，为其家老，辅佐有功，延宝八年（1680）殁，时年七十余。著有《孟浩录》一卷，暗斋尝曰："今日在列国有技俩者，野中友松二人而已。"可知氏兴为人如何也。(《先达遗事》)

其他从学于暗斋者，正亲町一位，野野宫中将，加藤美作守，井上河内守，板垣民部，山本源藏，高田未白，槙元真，楢崎正员，春原民部，云川治兵卫等数不胜数。如藤井懒斋亦在其门人之列，《垂加草附录》中所记真边仲庵者，是也。后藤松轩为名儒，尝一度听暗斋讲义，受其侮辱，痛恶其之倨傲，未再见暗斋，且终身不读暗斋著书，故不得列于暗斋门人之列。

第六　暗斋相关书籍

《山崎家谱》

此篇为暗斋自撰，收载于《垂加草》第三十。

《山崎暗斋行实》（水足安方撰）

此篇收载于《事实文编》卷十七中。

《暗斋先生年谱》

收载于《翠轩杂录》中。

《暗斋先生年谱》一卷（山田连著）

此书与收载于《翠轩杂录》中的《年谱》不同，著者山田连，字思叔，京师人。卷末有若州人山口重昭所作跋。系天保九年（1838）之作。

《山崎暗斋言行录》一卷（大草公明撰）

《山崎暗斋先生事业大概》一卷

收载于《史料丛书》中。①

《若林语录》

《游佐木斋纪年录》

《先达遗事》

《南学传》

《佐藤直方学话》

《大日本史料原稿》

《墨水一滴》

《闲散余录》

《儒学源流》

《先哲丛谈》（卷之三）

《近世丛语》（卷之三）

---

① 1937年版，此处加入眉批：除上述书籍之外，还有《垂加灵社编年纪事》三卷（写本）、《暗斋先生行状图解》一卷（写本）。

《野史》（第二百五十五卷）

《儒林传》（涩井太室著）

《日本诸家人物志》

《鉴定便览》

《事实文编》（卷之十七）

《近世大儒列传》（上卷）

《学问源流》（那波鲁堂著）

《山崎暗斋派之学说》一卷（法贵庆次郎著）

《大日本人名辞书》

《先哲像传》

《近代名家著述目录》

《日本诗史》（卷之三）

《读书会意》（涩井太室著）

《日本名家人名详传》（下卷）

《斯文源流》（河口静斋著）

《茅窗漫录》（茅原定著）

第七　暗斋学派

山崎暗斋学派自暗斋殁后，分为四派。第一为浅见䌹斋学派，第二为佐藤直方学派，第三为三宅尚斋学派，第四为玉木苇斋学派。其中前三派为朱子学派，后一派属神道学派。䌹斋门人有三宅观澜、铃木贞斋、若林强斋、小出侗斋、山本复斋等，强斋门人有松冈仲良、西依成斋及小野鹤山，成斋有子墨山及门人村井中渐、铃木润斋、古贺精里等，为纲斋之一派。直方有稻叶迂斋、迹部光海、三轮执斋等。迂斋有子默斋及门人村士玉水等。玉水有门人服部栗斋及冈田寒泉，栗斋又有门人赖杏坪及宫原龙由。光海又学于纲斋、尚斋，其门人有冈田盘斋，是直方一派。尚斋有久米订斋、蟹养斋、石王塞轩、服部梅园、山宫雪楼、留守括囊、岩渊东山、井泽灌园、三木信成、唐崎彦明、加加美樱坞、多田东溪等。樱坞门人又有山县大贰，是尚斋一派。苇斋门人有谷川士清、若林强斋、松冈仲良等。仲良又有门人竹内式部，是苇斋一派。《游佐木斋纪年录》云：

> 先生（暗斋）终焉以前三日，传神道于正亲町中纳言公通卿，手授《中臣祓风水草》，许可于板垣信直、梨木祐之，云云。

由此观之，暗斋传神道于正亲町中纳言，又及板垣信直、梨木祐之。然教义传于苇斋，苇斋发挥之，得以传于后世。暗斋学派虽分此四派，大致如上，但有共通之特色。

第一，坚奉师说，不务出新。
第二，重实践躬行，不务词章记诵。
第三，多以笔记传师说，以之为秘传之风。
那波鲁堂在《学问源流》中叙述暗斋学派，论之曰：

> 至其师说，讲义讲录，其辞以国字一一记之，互相抄写，如秘本而藏之。不信其说者，猥不示之。是故其他学者，虽可称同学于程朱，未能无异同。其中有好诗文者，

有不好者。有志于博览，有专于发明。有从敬义之说之人，十人有十人，百人有百人。不管几问谁，都如所印出之书画，一样矣。平生以学谈，不交他门之人，唯交同朋也。

可知暗斋门人子弟如熔铸陶冶于同一模型般，属于统一主义。

此外暗斋学派之倾向所当注意者还有二三。第一是对水户学派之影响。水户学派根本主义在于神道，以朱子学作为扶翼。故暗斋学派得以与之调和，原本就是其自然结果。暗斋学派之人，仕水户侯者有三，即䌷斋门人三宅观澜，松云门人栗山潜锋及暗斋直接门人鹈饲炼斋，此外，加之炼斋之子称斋，为四人，此四人皆《大日本史》编纂者。尤其如观澜、潜锋二氏，为水户学派中铮铮学者。徂徕学派之人几乎没有仕水户侯者。暗斋学派之人作为水户学派中坚，不可小觑。第二为竹内式部、山县大贰之事变。式部名敬持，通称式部，号羞庵，后号正庵，越后国新潟人。父为宗诠，以医为业。式部，享保十三四年（1728—1729）于京师仕德大寺家，学于苇斋门人松冈仲良，后又学于苇斋，精于神典有职故实研究，又长于武术，广出入缙绅之间。当时名卿巨公，入其门闻讲说者多。宝历九年（1759）获罪流放，赴伊势宇治，明和四年（1767）又因山县大贰之举而受到株连，由宇治押送至江户，不久流于八丈岛。然式部本与大贰等之举无关，无罪之事虽明，又得他罪，遂于十二月五日殁于三宅岛，享年五十六。（星野博士撰《竹内式部君事迹考》）式部为京师名卿巨公注入神道思想，隐然而成一潮流，不可小觑。山县大贰学于加加美樱坞，樱坞学于尚斋。故与式部一样，同属暗斋学派，因同气相求，屡相往来。大贰人格伟大，曾论古今之兵法，野战之得失利害。其攻江户城，乘南风于品川放火箭等轶事可以证明。他由此而获罪，被处之重刑，株连甚众，为明和四年（1767）八月二十二日，时年四十有三。式部、大贰二人，作为勤王家而多少有不稳妥之言行。大贰攻江户城，乘南风，放火箭，若不是真怀阴谋，便无疑是对幕府无远谋，是其所以遭难。第三，其关乎维新之大功业。关于此事，自三方面考察。（一）首先维新之大功业，勤王家勠力协心遂成。作为处士之勤王家，最初起源于暗斋学派。盖绚斋为勤王家之先锋。绚斋所撰《靖献遗言》被学者广泛讲读，对唤起勤王精神影响很大。（二）其次水户学派于维新大功业有很大关系，这是事实。其中栗山潜锋、三宅观澜等为一大动力，暗斋学派之势力，无人可以否定。（三）最后暗斋学派经竹内式部，蟠屈于京师缙绅间。维新之际，勤王家出自皇室藩塀中。盖东久世、岩仓等诸家，皆崇信并继承式部之神道。维新之际，暗斋学派亦活跃其中。

由此观之，暗斋学说虽于今日不足为虑，然其影响实际上超出预料之外。那么原因何在？暗斋学说并非有什么独创，终究不过是祖述程朱而已。因此不管怎样对其进行考察，几乎都无法理解其学说本身产生了如此之大的影响。到底是基于什么原因产生这么大的影响呢？我认为原因有两个：第一，暗斋人格品性之伟大；第二暗斋学说的同化倾向。与其说暗斋是博学或者精通之学者，不如说是教育家。其人格品行之伟大，足以熔铸陶冶后进之徒。后进之徒虽人格品性上未及暗斋本人，但一一模仿暗斋之所为，成为暗斋学派之特色。暗斋学派蹈袭一般之特色亦来自暗斋本身的人格品性。暗斋学说具有使朱子学同化为我邦国体之倾向，所以出现无数有为之士。盖庆元以来信奉朱子学者虽不乏其人，但对国家之事，具有积极态度者却很少。暗斋学派借朱子学来发挥祖国精神者，完全出于其积极态度。这是对国家之事而言，所应当采取的主义和方针。暗斋学派之外，使朱子学同化为我邦之国体者还有水户学派。水户学派与暗斋学派一样，出现过无数有为之士，大概其活动态度亦来源于此。

| 第三章 |

浅见䌹斋

第一　事迹

　　崎门一派中最有气节者，为䌹斋。䌹斋名安正，初名顺良，小字重次郎，号䌹斋，别号望楠楼，近江高岛人，后徙于京师。父本豪富，生子三人，伯称道彻，仲为䌹斋，俱以医术为业。叔吉兵卫，为贾人。父欲使道彻、䌹斋，闻名于世。于是破家产，以示一时豪杰之态度。䌹斋年尚少，学于暗斋，尝萤雪之苦。其尝患咯血，连日未愈。暗斋尚督责，少未假借，槇元真者为此讽暗斋曰："其病状已如此，姑以废业保啬。"暗斋不听，常极力使䌹斋就于业。未几，疾愈。暗斋乃曰："死生命也，奈何使之折其志。"䌹斋慷慨自喜，不屑如其他儒者仕诸侯。故虽甚贫，以处士自甘，未践足东土。门人三宅观澜出而仕水户侯，他以为，其志不在行道，乃赠书绝之。其狷介孤

第三章　浅见䌹斋

峭之状，由此可以想象。《先达遗事》有如下记事云：

> 䌹斋贫特甚，一时乃至严冬尚无一布袍。会若林母赠一衣于新七，以充履端服，新七拜受，辄献翁。

又曰：

> 䌹斋家破，每雨日如漏天。翁与若林亲升屋修葺。翁体貌肥大，所蹈多破坏。

由此观之，䌹斋之贫困非同寻常。然其丝毫不介意，《近世丛语》（卷之二）云：

> 䌹斋为人严毅，有威望，不求开达，安于贫窭，泊然无意于世，其父甚惜焉。晚年教授锦小路，生徒大进。其说书也，低声说出，音调朗邕，一坐肃然，屏气竦听，无敢嚏咳欠伸者。每一截一章说毕，呼曰：理会去否？生徒皆稽首曰：唯仪矩森严，如官府然。

䌹斋兼好武事，骑马带剑。其剑方镡有观澜所篆刻"赤心报国"四字，有壮士之态度。䌹斋至晚年与直方绝交，原因在于直方居亲丧犹出仕。《先达遗事》云：

> 佐藤、浅见晚绝交。京人传说，䌹斋诘佐藤云：居亲丧而仕，何礼？自是不复相接。

三宅尚斋《默识录》（卷之三）又云：

绚斋先生与直方先生，初其交如兄弟，后不相通，无相绝之义可言者，亦是气质之一癖，学问之大疵，甚可惜！直方先生后来思旧交，有将通问之意。绚斋先生终执而不肯。

绚斋拘于小廉细节，与人互不相容，大概如此。暗斋晚年主张神道，门人中毅然不受此迷惑者仅有绚斋、尚斋、直方三人。尤其绚斋不喜神道，又不从暗斋敬义内外说，《默识录》（卷之三）云：

　　敬义先生绝绚斋先生、直方先生，自剧论敬义内外之义而渐渐如是。故二先生不会于敬义先生之葬。

然及暗斋殁后，绚斋悔叛其师，焚香谢罪。又以门人中有神道学者出而观之，绚斋与尚斋一样，逐渐包容暗斋神道说。

绚斋生于承应元年（1652）八月十三日，正德元年（1711）十月朔殁，享年六十。绚斋无子，养其兄道哲之子，以为嗣。门人有三宅观澜、若林强斋（又号宽斋）、山本复斋、铃木贞斋、小出侗斋等，强斋有门人西依成斋、小野鹤山等，成斋有子墨山及门人古贺精里等。

绚斋著有《靖献遗言》八卷、《靖献遗言讲义》两卷、《六经编考》一卷、《父母存说考》一卷、《程自论性诸说》一卷、《伊传先生四箴》一卷、《辨大学非孔氏之遗书辨》一卷、《圣学图讲义》一卷、《大学物说》一卷、《忠士笔记》一卷、《绚斋文集》四卷等。就中《靖献遗言》广行于世，于名教上裨补不少。

就绚斋人格及事业，三宅尚斋《默识录》（卷之三）论之曰：

> 䌷斋先生资质豪迈，见识彻微，终身勤苦于此学不已。所著书若干，可以见其大概。时所忧者所伤于木强不少，严师道，待门人甚刻，人恶其严。博学精义，所谓通儒全才者也。

此为同门知己之言，可证䌷斋之为人。

第二　学说

䌷斋学说所当介绍者为《圣学图讲义》一节所叙之内容，云：

> 人之身之任，修我身与治人，极二者也。其所谓我身，所谓己父子，所谓己君臣，所谓己夫妇，所谓己长幼，所谓己朋友，己之一字，五伦之身也。无一偏离己之一字。己如此，人亦如此。常人虽有本体，生质之狂与生后之损，是为二。失所谓父子之己亲，失所谓君臣之己义，失所谓夫妇之己别，失所谓长幼之己序，失所谓朋友之己信，不离己身，为非己之故，修其为己之本法人之模样，若不修，非本体人伦之己。水流火燃，虽为水火之天生，若塞熏，浚其塞，疏其熏，修为水火本法之天生。与此为同一事也，其修可谓学。若言如何学，学敬、知、行三者之修。学不外乎此三者。其父子之亲、君臣之义、夫妇之别、长幼之序、朋友之

信如何为之，其本然之义理，是非善恶，邪正得失，须知不可差矣。依其所知，修身之不正。按此方法修身，则可行矣。知为知己身之义理，行为行己身之义理，此亦虽垂其致知力行，云云。言知而置之，《尚书》精矣，《大学》为致知，《论语》为博文，《孟子》为知言，《中庸》为明善，余皆同。若不知则不见，故凡云所知，皆此矣。行为其身之故，《尚书》一也，《大学》在诚意以下也，《论语》在约礼也，《孟子》在集义也，《中庸》在诚实也，余皆然，《小学》《近思录》凡孔孟周程张朱学术所说，以此可推尽。言变，有详略，不外乎此二者。大抵所谓不行而可知者，无实用而知者，非本法之知。所谓弃知而行亦可，所行不合实理，非本法之行。无论如何不离此二者，无非一也。然无欲知之我心，则不知。无欲行之我心，则不行。所有事无不用心而为。由此离身便无实知实行，离心则无身。然知其心不存放于常住之身，则不行。故平生守护此心不失已。知行之根本主宰为敬，凡欲知而考察理，欲行则践行理。心离身而不知，知亦不留神，行亦不掌握。自天子至于庶人，人伦日用之义理，知行在身或不在身，唯在心之存亡，根本之守，一心之生死，一身之得失，自一息之间至应万事，无为敬也。因此守心为敬，知也行也是为根本要领。是固心法之血脉，唐虞三代孔曾思孟、周程张朱，如平生衣服饮食所示之方也，云云。

次所谓治人，人立于人群之间，故我既为善，向善为自然当然之天性，至一人而尽天下，皆然也。正所谓其人矣。父子君臣夫妇长幼朋友，善其父子之损，善君臣之损，余皆然也。所谓治其为善之道之全体，凡治乱为治，及至极乱之世时，始不言乱。直父子君臣，凡人伦失其各自本法之道，则乱矣。其为人，先为家，其次为国，言其十分，天下也。那么所谓立家国天下，其实不外乎家者。国也天下也为家之大也。其家则人也，所谓人，不外乎人伦，云云。仁义礼智信为天命之本体，父子君臣夫妇长幼朋友，人道之当然。修己治人，为学之实功也。从大根本上而言，若天命之本体，因人而不可实现，则人道之当然，尽其人道，全其本体，为学之功矣，云云。那么所谓当然，必知也。或厌恶或喜爱，口则必食食，食则必有食之道，身必着衣，着则必有着之道。目前有不可实现之当然，父子之亲，君臣之义，五伦皆然，云云。所谓实功，无所混杂，无所动摇，不可马上实现。今言之，立今之用。实质功夫之故，所谓实功，云云。实功为尽当然之实功，其当然为仁义礼智信之本体，为人也，生于天命本体之故，所为亦天命之本体也。学亦必当如此。学为天命之本体也。此之无暇为圣人之全，守之而不失此无暇谓之贤，蔽之众人所谓暗，此为之无而亡，所谓恶人，云云。

此外䌷斋以汤武放伐论为非，以赤穗四十六士为义士，赞美楠公，称其"乱臣之魁"。著有《靖献遗言》，鼓舞忠孝节义之精神。其于我名教上之功劳，绝不可忽略。他又尝著有《辨大学非孔氏之遗书辨》一篇，以此驳斥伊藤仁斋《大学非孔氏之遗书辨》。

| 第四章 |

佐藤直方

第一　事迹

佐藤直方为崎门三杰之一。直方，小字五郎左卫门，备后人，年二十一赴京师。经由永田养庵，始谒山崎暗斋。《先达遗事》记录当时之事，如下云：

> 佐藤直方，因永田养庵，见垂加翁。翁问汝：尝读何书？直方云：且诵五经。翁乃问：大夫适四方，乘安车。此记得不？直方答：少凝滞。翁直云：在《曲礼·戴记》初卷，尚记不得。乌为诵五经？因顾养庵曰：年少从学予早在，且退须诵读。直方大怀耻慨，自是发愤，苦学至废眠，食后一年复诣翁，时鹈饲金平在坐，会书肆竹村携汉本《二程全书》来，翁辄令直方诵之。直方受读颇滞涉，翁叱投金平，金平开卷诵序文不蹉一字，读毕傲然云：明

人作文亦复浮靡。翁向直方言：读书如他们，始是。何若汝滞涉？直方盖摧屈，然亦资性英发，因徐禀云，小子尝见浮屠诵一切经，建立堂塔者，未必至佛界。小子精恳志在成佛，至圣学亦如此。岂该博之为？翁大奇其言，宠异最至。

暗斋教弟子极严，然直方事之不惰，遂能得其言，后徙居江户。

直方为人高迈逸宕，洋洋盈耳，神采照人，颇有口才。诸侯在座，丝毫不以为意。肆辩悬河，譬喻涌涌，一坐无不倾听。其平素自奉丰丽，日饮醇酒，快活洒脱，终生无戚容。其本为阔达自在之人，与暗斋及䌷斋、尚斋大有不同。盖三杰中，其最为磊落不羁。

他初承父职，仕结城侯，受俸五十口，元禄六年（1693）辞之。后又仕廊桥侯，居其邸二十年，侯每年馈之百金，然以道不合，遂辞之。时年六十九，彦根侯以宾师招之，礼遇甚渥，其语次从容，谓其老臣曰：

> 凡天下之事，非生而知之。是以各求师而受业，琢磨浸灌，以得其道。今也不据古，不学师，有制裁者。天下为惯例，不知其非，诸君知之乎？是无其他，政事也。夫政之不善，乃为黎民之害，贻后世之忧也。而人皆臆取之，不知慎重，犹如为茶话也，其可乎？

此说成为当时之断言。其以享保四年（1719）八月十四日进讲唐津侯，疾暴发，驾肩舆而归家。翌日永眠，享年七十，门人三轮执斋仓皇而至，至已易箦，乃作和歌哭之。《先达遗事》云：

> 暗斋性急，特骂门人迟钝者，及直方、安正辈来谈玄理，始怡笑。

由此观之，直方亲近暗斋，最能得其道。然其尝作《敬义内外考论》，以暗斋说为非，因此得罪暗斋，两年未出入师门。尤其暗斋晚年倡导神道，直方疑之，毅然未从，是以竟削弟子之籍。《先达遗事》云：

> 浅见、佐藤绝师门，浅见晚炷香跪拜，向神灵谢罪，否佐藤。

直方接人待物不设规矩，师弟之间礼法太简，尝言：

> 吾为逐臭者讲说书籍，以此为友生。但从游日久，则以尔汝呼之，此辈亦竟居弟子之班，今学者多不信其师，独师自尊大，其当妄笑。

其又尝论之曰：

> 博览强记，能文善书，不若宋之苏东坡。然自得道者而视之，东坡固不足为论也。比起非以东坡为俗儒，学者以为其见识至得圣贤之地位。今多识及诗赋文章皆善者，及没世前，不能为真儒也。

由此言可知其如何崇尚实践。

当时学者大抵皆有字号，然独直方无字，无号。或有人谓之曰：

> 山崎暗斋，子之师也。浅见䌹斋、三宅尚斋，子之友也，而皆以号称之，独子无可尊称者。不知有何说焉？

直方答曰：

> 余仅从邦俗，此邦自古无字号。何必背邦俗焉？即使余之于西之邦，亦名直方，通称五郎左卫门。

此亦一种见识。门人等称直方先生，虽或以刚斋为直方之号，为误。刚斋为门人野田德胜之号，非直方之号。直方又尝以峰松轩为其所居之名，此亦非自称之号。

三宅尚斋《默识论》（卷之三）论直方曰：

> 直方先生气禀宏阔颖悟，故其学不苦，而至中年，学不勤不进，属纩前十四五年，好学之笃，手不释卷。与人语，非小近四子，未尝载于口舌。才之颖辨之敏，终日与人谈学。譬喻百端，殆教人踊跃自得矣。实东方一人耳。所憾者其学止于《小学》四子《近思》之间，不吻合于《近思录·致知篇》所载先贤之说者多，而其见识之彻，未知能入精微否。其谈道，所谓间壁可闻者，庶几矣。发明其天命本然之妙者，今不存于世焉。

又云：

直方先生始仕于日向大守水野某,辞之,而后受雅乐头酒井某之馈,中馆其邸,前后历二十余年。酒井某甚志势利,无为己之心,故直方之力,无分寸之效。余窃惜其辞馈之不速,幸尚易簀前一年辞馈出邸,可少诿他人之讥,我辈当戒。

又云:

直方先生极颖悟,其学不苦而成,其才辨快阔无可俦人,故其门人之为学,不探精微。直方先生读书甚简,不及于六经,唯谈之四书、《小学》、《近思录》而已,故其徒之学甚固陋。纲斋先生质朴强,其学博而极精,故其徒之学亦甚可观。因谓三千子之传曾子而生子思孟子之学,我辈须虑误后学矣。

尚斋之评,毁誉参半。长岛侯清旷秀迈,一见直方,闻其玄谈,敛衽而赞述。及直方没,便延尚斋。尚斋言谈极为周密,曾无清言,侯于是有厌学之意,乃可知尚斋有不及直方之处。

赤穗后遗臣大石良雄等袭吉良氏而杀之。次日迹部光海来,谓之曰:

赤穗义士复仇,先生既闻之否?

直方曰:

此非复仇,何得为义士焉?

遂求证于柳宗元《驳复仇议》，以之为凌上者。直方门人有稻叶迂斋、三轮执斋、野田刚斋、天木时中、永井隐求、友部安宗、迹部光海、菅野兼山等。迂斋，名正义，称十左卫门，宝历十年（1760）十一月殁，年七十七。执斋后转于阳明学。迂斋有一子默斋。默斋，名正信，通称又三郎，著有《迂斋行实》《墨水一滴》《先达遗事》《孤松全稿》等。迂斋门人有服部栗斋、沟口浩斋、村士玉水等。默斋门人有奥平栖迟庵、手塚坦斋等。栗斋门人有宫原龙山。光海门人有冈田盘斋。

直方著有《排释录》《鬼神集说》《讲学鞭策录》《道学标的》《学话》《韫藏录》等，就中《韫藏录》叙述其自身学说。

第二　学说

暗斋以程朱之说为本，立敬义内外说，以身为内，家国天下为外。对暗斋此说，直方与絅斋同倡导异论。直方曾作《敬义内外考论》，载于《韫藏录》（卷之二），云：

> 《易·文言》敬义内外，此乃以心与身言者。而程朱明说不可移易矣。往年敬义先生讲《近思录》为学敬义内外，有身为内，家国天下为外之说。当时门人或信或疑，信疑相半，辩论至为学友之争论焉。予时偶有疾，不侍于讲席日久，同友之徒日来问内外之说者众，予亦以先生之说为

非，辩之不止，由是遂得罪于先生，不出入于师门者几二年。浅见安正，不得已而著《敬义内外说》，以发明程朱之正意，而解释学者之疑惑也。今读孔孟程朱之书，而晓其文义者，一观之则不待辩诘而可以自识其旨，何疑之有？

如此，直方反对暗斋以身为内，以家国天下为外，而以心为内，以身为外，便是直方之说。然亦有持暗斋之谬见，以至顽固不化，极度执拗，却以其为珍者。

《韫藏录》（卷之三）中有《学谈杂录》，其中往往有足以闻听之处，因举之如下。

一

天地之大德谓生，生生谓易，如此，人为生者也。《近思录》所谓道体皆生而流行也。人欲为死物也，非天地之流行。曾点章注可见"曾点之学，人欲尽处，天理流行"。故敬生人心也，放心为死也。一阴一阳无间断而生者也。死敬活敬可见矣。《易》有"君子终日乾乾，不息于诚，天行健"（"不息于诚"一句为直方所加），一息无间断。川上之叹亦是此意（中略）。《中庸》二十六章自"至诚无息"迄"文王之所以为文也"，生生积累之意，可见诚非死物。用动语仁，当思考亲切，当品味周子一者无欲之亲切。佛者以为心死，发呆之人为放心也。即使举止好，此心不生，则不起作用。世称实学者之人，于此嫌隙不合，故不知所云心法（中略）。如此看来，敬始终之要，所谓圣学之基本也。不行敬，仁亦有间断而有私欲，勇亦不至，知亦不入根，所谓"尊德性而道问学"，言此矣。

二

不知道理之人重视已死之人。（中略）只有重视活着的人，死后才无其他所值得重视之物。尊信圣贤，即尊信其言行。即使是孟子那样的圣人，若未留下任何言行，则不会受到重视。异端之徒借神佛之力，除病求福，完全是愚蠢行径。活着的人若认为有灵丹妙药，应当对其有所劝诫。而已死之人如何乎？我死后即使有人打杀我子孙，我也毫无办法。死后守护子孙，可笑之事也。（中略）如今若有孔孟真迹，可变换为金银，但无法变换为身心之德，学问之益。有人认为只要佩戴楠公之剑，便可成为勇武之人；甚至希望拥有四十六武士之刀枪，贪婪之极也。即便集齐历代圣贤之真迹，若不立志，也很难有学问。卖给世上喜好笔墨真迹之人，维持生计，如此一来既可以使墨迹遇到知音，也可救贫苦之急。弓箭守护神可谈笑矣。见盛久被千手观音所救，尊信（武道）之武士发现道理在战场上没有用。可以逃离此种险境之人，学者中都很少见，何况无学之人，更不足为论。（中略）人之忠信无法成为我之进德，与忠信之人谈话，听忠信之人之状况，受其感化，虽说有益于我身心进道，但即便每日读论孟之书，如果我不立志，则丝毫不会受其感化。何况不读论孟之书，仅依靠俗人所立的一点规矩，怎能有益于进步？不知此意者，不可语道学。据说阿弥陀立誓迎接人们前往十万亿佛土之外的极乐世界。虽说是尊敬的佛祖，但也大可不必如此。人们若不立志，不管佛祖作何想，也不知什么不可为。佛祖亦不辨别人们是否立志，只要口中念佛，就可以迎接其通往极乐世界，乃佛祖疏忽之极，念佛求保佑之人亦卑劣也。人们得知会被佛祖带往极乐世界后，感到欣慰。如同没有任何事情的情况下，不管是国君还是普通人，送我十万两黄金一样快乐。有志之人如果无所为，便不会受人之大额钱财。这一点需要好好考虑。今日成为师弟关系而讲习时，老师若极力想让我成为君子，则孔门三千人皆可成颜曾也。总之如果弟子自身无法成为颜曾，则无法实现宏愿。想成为颜曾的人，在本职之外还需要老师的指引。只是依赖老师的学者，不会有任何可依赖之人。总之需要先自立，故为学以自己立志为第一位。应该思考《大学》"皆自明也"，《中庸》末章"慎独"之意。吾尝言："问师者十有二三，七八皆在弟子之力量也。"《小学》所谓"夫指引，师之功也。决意而往，则须用己力，难仰他人矣"，学者当思之。

三

天地之间，理气为二者，当有常与变也。常，理也。变，气也。冬寒夏暑，常也。有时，寒暑之不时，变也。吉凶祸福，寿夭贫富之异皆同。常以理言之，人皆圣贤也。若无其气，人物不生。其气有清浊之故，有贤知愚不肖之别。平生所谓不字,气之变也。孝父母,定理也。不孝,气之变也。性善,定理也。不善,变也。士不可偏离者,理也。偏离者,变也。其有变之故,不可无学问。朱子所谓"反其同而变其异也",言此也。其同,定理也。其异,气之变也。圣人虽不离气,理为主之故,无不之变也。气妨碍理,故为气所改变。人心道心之义亦在于此。圣人立于上,由理而定,故下之风俗亦受其感化,皆善也。圣人之代亦有恶人,其变有气之故,亦有恶人。凡人位于上,无理之故,则下变坏。善突然减少,世上全体变为不字也。夫变为禽兽者也。故衰世,常理之人稀而不字多。(中略)所谓学者有前途,切实知道此常理也。当考察朝闻道之章。异端俗人将理置之不理,视气为重要者。所谓诚惶诚恐之神明,皆屈服于气也。凡人虽固有于理而居,气为恶之故,为不字者也。故学问若非变化气质,则无用。(中略)异端无理,故厌烦气之障碍,而舍身出家者,皆气这一方也。仙人术亦保气之计也。吾儒道,即使五伦中多有艰苦之事,若疏远之,可为其事当然之理也,艰苦不可免也。不介意世上之理者,常言随便,己之一身心情舒畅也。人事若按照人之意志而定,则不会疏远也,其次流于万万世之毒者也,今病人夜里不睡,虽气滞,若为陪护之人,则不当厌恶所作之事。确实不知理者,令人厌恶也。只知以"四书"文字而云理,则不足为用。理不了然于心中者,难言知理也。只知表面之知,与不知几乎无异。(中略)今之学者求禄,身心舒畅,拜托出家者而禄仕者，甚不知理也。学者独立特行，无所依赖。仰仗人者为懦弱者。依赖神或拜佛者，为惊慌失措之人。

四

《论语》"苟志于仁矣，无恶也"之章与《孟子》"仰不愧于天，俯不怍于人"之意相同。所谓学者不愧于天，为大也。和鼹鼠厌日一样，若对天有所恐，则人之所以不为人也。未到达圣贤之境时，若不离气质之蔽与隙，则或事难成。无生于心中之恶事，苟"志于仁矣"，则不会遭天之咎。（中略）今日凡夫之上事主君，志损，允许疏忽大意；心中蔑视君，不被原谅，即使有军功事功，心中若有侮君之意，则可恨也。"为人臣止于敬"为至极也。然学者对天无逃避责任之意，相应有所守，天地人之人，则当算入不失美名之人数。（中略）今日学者日用之间，着眼于心中之实与不实，用力于此之人，确实当入德。读数千卷书，反省自身，不看实与不实，则难言君子之徒，云云。

五

俗人在战场侥幸斩获首级，自己没什么功绩，只是幸运而已。富贵且妻子无疾病，做官有始有终。不逢火灾，终身无悲惨之事，为可喜可贺的走运之人。子孙繁昌，后代皆有着落。无忧无虑，人人幸福，实乃幸运。所谓克己去人欲，明道理，才称得上有名有功绩。凡人在人欲上耍威风，实属可叹。老子所谓"功成名遂，身退"，正是解释人欲之度。学者若不避开此窠臼，则不能成为孔孟程朱之徒。吾等当立即收敛志向，思考孟子所云三乐。我尽人道之后方有此三乐，若无"朝闻道"，如同根部腐烂，无探索之乐。父母兄弟即使平安无事，我亦不足为论。故言君子有三乐，而非小人有三乐。若其身非君子，即使有可喜可贺之事，也如数他人之宝。思考一下孟子三乐，有言"君子有三乐，而王天下不与存焉"，君子当如此也。凡夫得天下国家，无任何忧愁和不安之事。只希望自己长寿，除不义淫乱之外，亦无其他愿望。秦始皇求长生不老之药，便是此意。君子对于身外之事，不会有所强求，正所谓"君子素其位而行，不愿乎其外"。关于"三乐"之注释，林氏尝曰："此三乐者，一系于天，一系于人，其可以自致者，惟不愧不怍而已，学者可不勉哉！"此语妙哉妙哉！"自致"二字，乃今日学者之二字符也。上文所谓不立志之学者读《太平记》亦是同一回事。（中略）。仁义礼智之外，吾无其他强求之事，此四德必当求之，着眼于此者方可谓学者，吾等亦当深刻体会。立志求道，仰仗他人，参照世上，方可成功。一念既发，便无障碍。追随本心，则事易成。虽无所忌惮，凡夫之哀却让人胆怯。"回归本来之都"一句，加上"除下决心之外别无他道"，其意亲切。诸如此类，可以将道理视为雄心来看。祈祷武运长久，希望神佛加持，祛除坏事灾难，祈愿富贵，求于鬼神，祈祷冥加之类，视为贪婪之行径。我心除立志之外，别无其他。君子祈鬼神，亦不求于我身。臣子迫切之情，天地山川五祀皆为人而生，在新民。而"新人"，圣贤之书未曾提及。应看"新民"之"新"字。"自新"之"自"字，民之力也。闯入军阵之计，避免被杀，取人首级，不能无挡剑。一商人曰，试图用妻子押金而立身者，为懦弱之人。不自己赚钱而立身者，为无用之人。依赖他人而经商，不会有进步云云，奇特之事也。诸学者即使知道如何成圣贤，若不立志，如君父发现敌人而不讨伐一样。无论知道多少，若没有行动，则不起作用。然立志之人而不得要领，又实属遗憾矣。

六

一商人曰：逢火事，虽麻烦难受，免于一死，可谓忍耐有意义。予云：至此为世俗人情也。且此后之事俗人可不知，学者不可不知也。商人曰：比起弃命，此外还有何事？予云：学者即使舍命，因为有义理，当意识到忍耐有意义，孟子"所欲有甚于生者"。（中略）即使人死去，理亦有不溃之形也。

七

学者若不信自己之理，非本也。信圣贤虽好，但不及信我理。（中略）神道者信神明而对其依靠，为失其本也。人人有尊于己者，天理也，其尊无对。比起我心，别无其他依赖之力。

八

　　学者闻师说，受其谏而修身，可也。但我自奋发而不改其非，所谓学者，自己理解而不改其非，无大益。若不马上改之，则无法成君子。吾等一年或有一次改革，越没有，事情越无法得到解决。《论语》曰："过则勿惮改。"改之一字，学者终身之符也。太极，理也。性即理也。本然无不善，不善为及气以后之事。若有不善，非太极之本然。学问去人欲，复天理，无不改不善。气质变化，当改也，须改为天地自然。（中略）今日学者所谓讲圣贤之书而至圣贤，若不改我身之不善，则难以言表也。至少一日一次改之，亦有一日不改一次，一年不改一次之学者，有心想让门人改之，自己无改之意，为何哉？虽有偶尔改之之人，只是打算改正小毛病，不改性偏难克之处。人自反省，思考平生是否有改之意。若无改之意，最好勿为程朱学。而为世上所有助长人欲之学艺或更合情合理。吾等如果以为没有可改之处，学无进步。未能意识到自己之上所当改者，遗憾至极也。旁人可看到自己所看不到之处，这便是学友之益。今时之学友，无有言此者，姑且需要自我反省。

若考察上述言论，可知直方如何巧于讲说。

直方痛斥阳明学，以其论为妄论，以其人为圣人之罪人。更甚者，视其为有鼠性者，论之曰：

鼠可见暗处，啮破物，小人之形也。王阳明将事理置之度外，得鼠性哉？

其又批评阳明学，论证知行未必一致，曰：

王阳明不入格物工夫，有良知，自然知人欲。故其以良知正心之恶，并不理想。是所谓去人欲，纯天理，再无其他。虽然容易，但只要未达到此种境界，古圣贤便有各种教矣。若知人欲，仅去之，则不入大学之工夫。的确即使知恶，不得人欲，知之者无价值之故也。能知则能行也。圣贤君子，恶人小人，各种各样。生知安行，可谓良知良能。此外，以其身份无法对付过去。若说起如何为圣贤，当有其方法。若不知其方法为此，何以下功夫焉？知其方法为知也。其所知若不通，即使知恶，也无法除恶。故入致知工夫也。譬如即使知火灾可灭，但须有灭火之法。虽知应当怜爱父母，但须有怜爱之法。不可不知其中之方法，不可言厌恶知其方法。譬如祈祷禄仕，即使知道不好，不可不行。夫所谓无致知也。完全不知道祈祷之恶，为俗人也。作为学者虽然知道让其弟或外甥出家不好，但看看赫赫有名的学者让其弟子出家，所谓知与行有别矣。所谓不知来龙去脉而人皆可以为圣人，为胡闹矣。

其言凿凿，可谓击中余姚之短处。直方又著《排释录》一卷，排斥佛教之非。其跋文中有谓云：

呜呼！孟朱之言，如是之严且切，而程子又曰佛老之害甚于杨墨，则学者之于佛氏也，岂可不痛辩而猛距哉？

其又驳斥伊藤仁斋《送浮屠道香师序》，痛彻攻击其佞佛之态度。

直方作《静坐集说》序，向学者言静坐之必要，云：

> 程朱所谓静坐，乃学者存心之术，积德之基也。今欲使圣贤学者，不能用力于此，则于己岂亦有所得乎？

可见他有时将静坐作为存养工夫讲授给门弟子，山崎诸彦笔录中有《静坐说笔记》一篇，论静坐工夫颇精细。此外他以成为养子而冒他姓为非，认为赤穗四十六士并非义士，又论汤武放伐并非不可，非议崇尚楠公者，论断我邦未曾有圣贤，遂认为皇统万世一系并非定理。其专奉宋学之结果便是主张不合国体之偏颇之说。

第五章
三宅尚斋

第一　事迹

　　三宅尚斋，名重固，小字仪左卫门，后改为丹治。尚斋为其号也。播磨人。年十九游于京师，受业于暗斋，与浅见䌹斋、佐藤直方友善，遂得共称崎门三杰。尚斋学成后去江户，仕阿部侯。其就官，忠直务尽其职，居十年，侯卒，嗣侯袭封，虽与一二同志屡次直谏，以未行其言，托疾乞致仕，未允，犹屡乞而未止，以是得罪。宝永四年（1707）忍被幽囚，尚斋气象豪爽，其于狱中凡三年，每旦乞水沐浴，布袍绽裂，以纸缕补缀之，每食后必起行数百回，看守人怪其戒严，尚斋笑曰：

　　丈夫义不苟脱，所以然者，恐罹脚疾，膝行就刑，为人所笑也。

侯又尝使人察尚斋之举动，尚斋乃作诗示之云：

富贵寿夭不二心，但向面前养诚心。四十余年学何事，笑坐狱中铁石心。

可知其为硬骨男儿。尚斋于狱中偶得一铁钉，窃喜，以为若有不测，足以为死。又得小木片，乃嚼以为笔，有得心之处，辄以铁钉刺指出血，遂以此著《狼疐录》三卷、《白雀录》一卷，世称之为尚斋之血书。尚斋初赴狱，付金二十两于其妻田代氏以养母，育有二子。田代氏以为夫于狱中，艰苦必甚，妻子岂敢晏然暖饱哉？由是冬不袭缊袍，夏不用蚊帐，定省之暇为人裁缝洗濯，以供奉养，未费一金。及尚斋出狱，悉返其所付之金。尚斋怒而曰，如此奉养必有所缺。妻曰，养姑妾自辨之，留之者，预供君今日之用。尚斋固守朱说，虽深恶异于己者，然与三宅石庵、三轮执斋及玉木苇斋为友，学派虽异，无复论辩，三氏皆称尚斋为温厚长者。尚斋虽方直，性仁恕，不忍伤物，曾捕童子鼠，尚斋谓之曰，杀之何益？乃放之。又尚斋案上有饭粒，雀每下而啄之，门人相谓曰：先生之仁，及禽兽。元文六年（1741）正月二十九日病殁于京师，享年八十。门人有久米订斋、蟹养斋、石王塞轩、井泽灌园、多田东溪等。尚斋虽学规严密，但师弟之间情谊甚厚，是以其殁，门人哭泣，如丧其父母。尚斋著有《默识录》四卷、《狼疐录》三卷、《白雀录》一卷、《祭祀来格说》一卷、《太极图说解笔记》一卷等二十余种。就中《默识录》《狼疐录》叙述其学说，为最重要之书籍。《祭祀来格说》，原本不过是

《狼疐录》中之一篇。《默识录》收载于《伦理汇编》中，《狼疐录》收载于《甘雨亭丛书》中。尚斋事迹详见于山宫维深《尚斋先生小传》，板仓胜明《尚斋三宅先生传》及《先哲丛谈》（卷之五）、《近世丛语》（卷之二）、《先达遗事》等中。

尚斋为崎门三杰中最年轻，却最长寿者，活至䌹斋殁后三十一年，直方殁后二十三年。故能得暗斋学之大成，且䌹斋狷介孤峭，直方圆转滑脱，各偏一方。居于此间，尚斋有比较中正不偏之资质。然不可否认比起直方，他与䌹斋类似之处更多。板仓胜明论及尚斋曰：

> 暗斋之学，实至先生而全备。故其著书，皆为后学之模范。所谓三杰，先生虽晚出，岂居第二哉？

洵可谓中肯评价。又三杰中尚斋最可详细且慎重加以考察，可求证于《默识录》《狼疐录》二书。

第二　学说

尚斋于狱中考察出一种类于婆罗门哲学之神秘说。他原本与朱子一样立理气二元说，以理为大本，气为理之所生，故终究归于唯理之一元论。其论理气曰：

> 气则理之为体，理则气之骨子。故根于理而生，循于理而聚者，气也。气有聚散，而理则无消散。（《狼疐

录》一）

可知他将理作为根本原理，除此之外别无其他。其又曰：

> 盖天地万物，虽不过理气之二，然亦要之不过曰理也。气本于理而生，亦理之形而已。（《默识录》卷之一）

又曰：

> 天只是理与气而已矣，而其气亦理之质也。要之只是一个理而已。（《默识录》卷之二）

由此可知他无疑是一元论者，与朱子相比，取得了一定进步。

他又相信宇宙中有本原一定之规矩，论之曰：

> 天地如此大，而日月星辰，行度盈缩，亘千万世，无一毫之差缪。万物如此多，而飞潜动植，形状气味，亘千万世，无一毫之差缪。非有本原一定之规矩者，何为能如此？所谓诚，所谓太极，即是指本原一定之规矩者而言，其无一毫之差缪耳。其谁尸之？亦造化之妙，知者能知之而已。（《默识录》卷之一）

他所谓本原一定之规矩，即宇宙一贯之秩序，起初已有设定的意匠。其又论天地间有一定不易之天命，吉凶祸福夭寿等自有生之初已有约定俗成之规矩，曰：

> 天地之间，只是理与气而已矣。而理则一定不可易，

气或可变。故君子惟理之守，而吉凶祸福，安乎所遇。在己者义理不差，则所遇之吉凶，皆正命也。我真元之气，可得百岁寿。义可死，五十而死，亦是时运耳，然亦是命也。百岁之寿，定于有生之初。其时运是张子所谓遇也，要之遇亦定于有生之初者耳。故程朱不言遇。（《默识录》卷之二）

这是一种命定论，与圣奥古斯丁诸氏的预定说（Predestination）颇相类似。如婆罗门哲学一样，尚斋考察出有最大精神与特殊精神二者，后者名为各具之神，前者名为统体之神，两者之间有一种神秘关系。尤其因为存在着这一种神秘关系，天地、祖考及自家三者相互关联，最终归于一个精神。他主张自家独自理会出的天人合一论，其言云：

祖考精神，则天地精神之根于理，而生生无穷者也。自家精神，又主其形，而不局于其形。忽往百里外，顿至于百年前。立位设主，必诚必敬。聚祖考精神，以祖考之理，求之于阳，求之于阴，则与自家精神，二气合复于位，有灵于主也。盖立主致如在之敬，则我精神之所向，必有引而聚者，即是我精神之伸也，二气合复也。天神人鬼不二，验于人而可见矣。十数年前，尝有喜怒事，事已时过，我心亦不停。十数年后，因或他人问之，或自家求之，则其事顿复，循于理而聚如此。天地间生祖考，是天地一事。虽祖考已死，年月过度，亦祖考之理不灭。以祖考之理，求之于天地，则必有祖考者复，根于理而生，循于理而聚如此矣。天地祖考自家，合一无间，只是一个精神。我精神，依于祖考之主，则与天地精神聚于此，祖考复生于天地精神，而与我精神，依于主，有灵于位，我精神聚处，祖考洋洋仿佛于此。即是复生于天地精神上也。（《狼疐录》一）

其旨意在《狼疐录》及《默识录》中多次反复加以说明，盖为其最得意之见解。窃揣摩其所想，理即最大之精神，而天地、祖考及自家一贯，永远不灭。然成天地、祖考及自家之差别者，唯由之于气。气未免有聚散，祖考曾一度活在世上，为气之所聚。虽其气已散，祖考已死，而祖考之理永远不变。以此永远不灭之祖考之理，求祖考于天地，祖考乃复生，依赖代表祖考之对象（即位牌）而有所得。若我精神不聚于此对象上，则天地祖考非成同一体，此为其根本思想。简而言之，他认为以祖先可得以复活再生。若诚意诚心崇拜祖考，使我精神凝聚于此一点，特立独行之我之精神之自觉则一时停止。我精神往于其对象，与祖考精神相合，完全成为一体。尚斋因此神秘论之曰：

有形者，形形相会，而气气相感，以耳目口舌相通。无形者，神神相感而相合。有形者，不能形形相会，则亦神神相交通。我之神至于彼，彼之神至于我，相通之至。我动彼之神，彼动我之神。（同上）

有形者，形形相会，气气相感，固无须多言。无形者，神神相感者，何以知之乎？他以言语文字作为神神相交之机关，若无言语文字时，神神如何得以相感乎？自家根据自由意志，使祖考精神聚而致之，这最终不过是自家想象，没有任何证明。但他断然天地及祖考精神与自家精神一贯，相信其实际存在，这便是其神神相感说之所以。他论之曰：

> 昨日耳目，固与心合一贯通。今日耳目，与昨日耳目，贯通一连。而今日耳目，亦与心合一贯通。祖考固与天合一贯通，自家与祖考贯通一连，而自家亦与天合一贯通。（《狼疐录》一）

他认为，天地、祖考及自家一贯统合，如绝对真理般加以主张。此大概是他对世界及人生之根本信仰。他又有藏往知来说，曰：

> 藏往知来，精神之妙也。昨日事，元根于理而生，其事已过，而其理则不灭。以不灭之理，求昨日事，则循理而生。往事洋洋仿佛于我神上，是藏往非往事藏，其理不灭也。所谓具众理，所谓妙众理，是也。事虽未来，亦一气贯通，理则已定。以已定之理推之，则将来吉凶，循理而著见于我神上，此亦所谓应万事，所谓宰众理也，天神亦如此。去岁春，梅生花，是元根于理而生。虽春过花落，亦其理则不灭，而今年阳气发，则复生花，是天神之藏往，所谓万象森然具者也。虽后事未来，亦一气贯通。理已定，则来日千变万化。今日明于天神可知矣。前日祖考，元根于理而生，祖考虽已死，其理则不灭。以不灭之理求之，则循理而生。祖考洋洋于天神，与自家精神，复于此

矣。虽以已定之理求之，则吉凶循理而著见。然常人则以私欲蔽其神，不能尽知将来之吉凶。于是问之于天神，天神元无物蔽之间，依龟策以告吉凶。（《狼疐录》一）

此亦是他得意之见解。其所谓藏往，大概与意识内容之统一相类似。其所谓知来，其意思并不严密。若将来之事有变，假定现在一切原因都可以正确测量，或可得知来者乎？如天气预报，或知来者。然关于世界及人生一切之事变，所谓知来者，只要不是神，则更是不可能之事。虽然如此，其自家精神与天地精神，即与天神成为一体。那么知其来之结论，可视为从其前提而来。他论之曰：

我神，即天神之依形肉，直是天神，一念发动，以问之于天神。一念发动，其亦天神之发动。故通于天神，非容息也。神明在方寸之间，而亘耳目手足，天神有凑合之处，而亘人物，其理一也。只所依之形肉有清浊，而依浊器，则不发光而已。（同上）

天地精神，即天神为我精神，那么我精神即神。神，如"上帝"，"婆罗门"，全知全能。因此在认可这一前提之基础上，知来之能力，亦不得否定。然其所说，终究还是有不彻底之处。何也？其以天地、祖考及自家精神为一体，作为一体者，祖考及自家精神如何具有个性？另外具有个性的祖考及自家精神如何与唯一绝对之天地精神而合一乎？这又是不可解之疑问。接下来当注意之处，他所以为的天神，不外乎人格神。其论之曰：

> 天神无心而灵，然无心之妙，妙于有心之妙。天地是大底人，天神亦人神之大者，大故不似人之有思虑计较耳。（《狼疐录》一）

此天神，不俟思虑计较，便可得知。即知来之能力，亦当知其自身所有。此外他还提倡"气不灭论"（《狼疐录》一），又倡"食肉论"（《默识论》卷之一），皆学者所当注意之处。他又鼓吹博爱人道主义曰：

> 人是天之所生也，天以生物为心，则人心之德，亦只生生慈爱底也而已。全体此生生之心，则我心贯万物而无间隔。天下一家，中国一人，孔子指示无间之心曰："己欲立而立人，已欲达而达人。"可谓至亲至切至著至明也。特为此赤肉团，害生生之本心，故父子已为胡越矣。克己所以去其害者也，忠恕所以通其间隔者也。（《默识录》卷之一）

其所谓天下一家，中国一人，实为公明正大之议论。尤其他将博爱推广至敌人，论之曰：

> 凡敌人之降，无可杀之理。（《默识录》卷之三）

当时已有此论，不得不说为卓见。其又论良心之有错误曰：

> 良心之发，人皆有之，然自气质人欲之中发出来，故不免有过或不及之差矣。异学之徒，尊之如宝珠。以此为

准则，亦殆哉！（《默识录》卷之四）

这大概是其对王学者所言，他又从正面击破王学曰：

> 王学者谓，程朱格物之训，是自外面埋下种子。万物备于我，岂待于外哉？此言似矣，然不知内外无间之理而言之。此理无内外，在物者便是在我之理，况求之格之者为我乎？（《默识录》卷之三）

又曰：

> 知而后行，知先行后。王氏之辨，亦不能破，此自然之理也。渠以致良知为学术之大端，亦是知先行后也。特渠主自然知，我主工夫知，有自然工夫之别。而以自然之知言者，我亦有之。如小学之教，则固是导良知之学。然谓之导之，则已有工夫了。况大学，渠之徒曰：知上无工夫，此大差缪。终欺后学，抵排程朱格物之训，其罪大。（同上）

又曰：

> 学之为言，效也，效先觉之谓也。故学取之于人，而不取之于己。是以后世读书，取法于古为急务。王氏之学，以良知为主，故取法于己，而不知所蔽之心难为法矣。彼之徒动言良知，故称扬美质之人，以为圣贤之学在于此。而不复知学之可贵，忠信之人不足取也。四十不惑，五十知天命。自十五志学时，用力劳心，求索寻讨，

至于四十五十时，方始得其成功耳，云云。王氏之徒，不知于此。徒事于小学底，而不知大学之道。亦可哀哉！（《默识录》卷之三）①

王学独以自己天然之良知为主，不知博求客观认识，他又难之曰：

譬如堂屋，四面皆墙壁，就一空隙处，以一个灯照之，则映我眼，而得知户枢在处，徐可进步履。徒坐暗室，闭眼探门寻户，岂能出去耶？（同上）

阳明学派之人对是等驳论虽必有可辨之处，然亦能切中其弊，这一点不容置疑。

通过上文所介绍之要点，应该承认的是，尚斋在暗斋学派中，是最长于考察、最富于思想者。然其关于我国体，抱有一种谬见，尝论之曰：

我邦君臣之义，其明过于万国，虾夷夫妇之别，其正亦非他国所及，此皆偏国之所致，狐能使己神，萤能自照，人反不可及。盖失中和者，反一路明，有偏长者。（《默识录》卷之二）

他认为，我邦君臣之义不合正道，反失中和，此为何等僻论哉？此外他屡次主张迷信，有荒诞无稽之言，不敢妄信其意。虽为当时之事，亦为之可惜。

---

① 此处应为"《默识录》卷之四"。——译者注

第六章

谷秦山

    谷秦山，名重远，通称丹三郎，小字小三次，号秦山。土佐人，学于暗斋，后仕土佐侯。享保三年（1718年）六月三十日殁，享年五十六，谷干城氏之祖先。著有《神代卷盐土传》《中臣祓盐土传》《保建大记打闻》《秦山集》《秦山随笔》等。《秦山集》收载于《土佐国群书类丛》卷百二十中。秦山事迹详见于《日本教育史资料》（五）、《国学者传记集成》及《事实文编》（卷之二十四）。

    秦山所著随笔《秦山集》中之杂著以单行本传于世，凡五卷。现摘录其中散见之名言，示其学说之一斑。

一

    礼者，人事之仪则。失之，便禽兽也。

二

大丈夫于人，岂存畦町哉？

三

无形处即天也，方寸内流通乎天地。所谓莫见乎隐，莫显乎微者，以此也。

四

理明，便觉取舍之轻。

五

居敬行简，尤妙。

六

听言见养。

七

世间万事，百起百灭，不足累乎灵台。但有为不善之实，则心之全体，污而不复焉。其巨细今昔，虽或不同，而每一念及此，未尝不惕然惭怍，歉然自失，则初不有异也。所谓虽有天下，不能一朝居者，以此也欤！可不惧哉？可不惧哉？

八

心之本体，善而已矣。故有为不善之实，则虽至细微，此本体污而无复焉，不复能为归全之子矣，哀哉！

九

立心，青天白日。守身，临渊覆冰。

十

夙兴，日新之初。

十一

人心危险甚矣，一日偷视，一言淫语，乃戕德之斧斤，不当为细微而忽略焉。

十二

去人欲，无他法。譬如孤军乍遇敌，只得捐躯以向前而已。若欲静以制之，则天理人欲，不容并立，彼之势已为主矣。些少功力，岂所能及哉？

十三

一念之欲不能制，其罪至于欺天，可惧哉！

十四

性善不须多论。为善必快，为恶必怜，天下之同情也。只此一端亦可决。

十五

德之不修，不仁也。学之不讲，不知也。闻义不能徙，不勇也。不善不能改，不实也。

十六

天地之间只是方生之气。

十七

心明知非是，而冒昧为之者，无天也。无天者灭焉。

《秦山随笔》中叙述明人往往诋毁程朱，论之曰：

至明末此风益炽，实明朝一代大病也。至我邦若伊藤氏、山鹿氏，亦尤而效之，可谓鸱枭笑凤凰之一按也。

由此可知其为洛闽之忠臣。

秦山传暗斋学扶植于海南而自成一派。暗斋本学于海南，故取于暗斋，经秦山，举报本之实。

我田地为法也，我所拔之莠为我欲也，我所用之锄为智识也，我所播之种为无垢也，我所为之业为守戒也，我所获之结果为涅槃也。

——释迦

第四篇

宽政以后的朱子学派

第一章

柴野栗山

柴野栗山，名邦彦，字彦辅，栗山为其号。赞岐高松人，仕幕府，为昌平黌教官。文化四年（1807）十二月一日殁，享年七十二，著有《栗山文集》及其他数种。栗山学说虽无可介绍之处，但他曾致力于压制异学，复兴朱子学。他与德川时代各学派之盛衰关系很大，尤其在朱子学系统中属于开创新纪元之人。这是吾等所不能忽略之处。

元禄享保以来仁斋、徂徕之徒，各张门户，主张其师说，此外另有折衷学派兴起。至安永天命时，几乎凌驾于朱子学之上。当时江户有纪平洲、塚田大峰、山本北山、龟田鹏斋、吉田篁墩、市川鹤鸣、伊东蓝田、户崎淡园、丰岛丰洲、岳东海、古屋昔阳之徒；京阪地区有皆川淇园、片山北海、赤松沧洲、中井履轩、村濑栲亭、严垣龙溪、伊藤东所、佐野山阴等。此外，熊本地区有斋藤芝山，筑前有龟井南冥，他们皆非朱子学派之人。朱子学派之人，在日本全国都屈指可数，以栗山为首,仅有尾藤二洲、古贺精里、冈田寒泉、西山拙斋、赖春水、薮孤山、中井竹山等数人,可以说朱子学衰退严重。因此到宽政二年(1790)五月颁布了"异学之禁"。所谓异学,总体来说指朱子学之外的学问,意在将朱子学作为正学,压制其他学派。宽政二年之禁令达林大学头,大意如下:

> 宽政二年庚戌五月。
>
> 德川幕府从庆长以来,信赖朱子学为家学,因此大学头应以正学勉励门人,但是近顷世间出了许多新奇之说,异学流行,破坏风俗者有之,这是正学衰微的不好现象。即在林家门人之中,也听说时有学术不纯正的人,今后为使圣堂的取缔严重起见,特任用了柴野彦助、冈田清助,林家门人不消说,即其他外人之门也坚决禁止异学,研究正学,以造就人才,云云。

如此将官府禁止异学之理由,大致总结为以下两种:(一)幕府自罗山以来将朱子学作为其教育主义,故朱子学衰退之际,有必要对其加以革新。(二)以蘐园为主,异学之学风,因未加约束,其弊次第更甚。若不加以振肃,或恐蠹毒国民教育。

此时松平越中守定信白河乐翁为幕府执政。此人天明七年(1787)担任老中上座,即御大老。至宽政五年(1793),依其愿免去老中职务,故在职七个年头。辞退老中后三十六年,文政十二年(1829)殁,享年七十二。乐翁为人好学尚贤,就职之后不久,重用栗山,又提拔尾藤二洲与冈田寒泉,共同担任昌平黌教官，壮大朱子学，排斥异学，世称"宽政异学之禁"。据说此举原本为栗山所建议。当时虽未有博士称号，栗山、二洲、寒泉三氏共同执教鞭于昌平黌，世称"宽政三博士"。栗山，名彦辅；二洲，名良佐；寒泉，名修助，世人亦称三助。此后古贺精里、赖春水、赤崎海门等亦被召用为昌平黌教官。精里等诸氏在乐翁老中罢免之后，虽被召用，但无疑仍然按照其意愿行事。尤其乐翁退休后，其势力在幕府学政中依然不弱。以此观之，此中消息就不难揣摩了。

异学之禁实际上给学术界带来了很大的影响，异学之徒为此受到打压，引起一时骚动。其中比如塚田大峰特上书乐翁，大论其非。又如赤松沧洲，写信给栗山，恳切促其反省。栗山措而未答，西山拙斋代替栗山，写信给沧洲，反驳其说。争论一时嚣嚣。但朱子学作为幕府教育主义，再度得势。地方各藩积极效仿，对学制多加改革，可以推测当时国内学风顿时面貌一新。与此相反，异学对仕官不利，从学者显著减少，其势力渐次衰退。尤其如鹏斋愤慨至极，寄托于酒盅，放浪醉倒，以终其身。芳野金陵叙其穷状曰：

> 穷特甚，夏夜应招，赤裸而还，孺人怪问，曰：失脚落沟。孺人曰：盍提衣来。曰：臭秽手何可触。曰：别无可更者。先生笑曰：好矣。裸而生，裸而居，不妨也。（《金陵遗稿》卷之七）

由此可以看出当时状况。异学之禁可以说是一种迫害，尤其在都内，指异学之巨魁某某，称之为五鬼，蒙受污名。学派之争也可以说极尽其弊。自宽政异学之禁至幕末，未出现过卓绝精神之巨儒，主要原因在于自由思想受到扼杀。重野博士尝论之曰：

> 程朱学严格确定以后，于幕府、诸藩学校成长起来的学者，概以规矩为主，可以说无用之人多。因品行谨慎笃实，虽没有什么挫折，但最终成长为有技俩之学者，由学校培养出来的并不多，甚至可以说完全没有。所培养的大部分都是规规矩矩之人。（《东京学士会院杂志》第十六编之二）

果如其言，旷世英雄豪杰不可求之于朱子学派。但朱子学派之人谨慎笃实，而无危险之处。简而言之，概为道学先生之徒。宽政年间，蘐园及其他学派之弊风愈甚，当一世之名教即将衰落之际，栗山、二洲之徒，继惺窝、罗山、顺庵、鸠巢之步伐，更标榜自身为洛闽之学脉，统一国内教育主义，大概也是应时势所为。因此并非对其没有任何责难，但他们在教育上大有功劳，不可轻易将其埋没。

栗山之事出于《大日本教育史资料》《续近世丛语》《事实文编》《家世纪闻》《近世先哲丛谈》《续诸家人物志》及栗山先生画像等。

第二章

尾藤二洲

宽政三博士之一人为尾藤二洲。二洲，名孝肇，字志尹，通称良佐，号二洲，别号约山，伊豫川上人。其父以驾舟为业。二洲少有足疾，年二十六来大阪，跟随片山北海读书，喜物徂徕之复古学，其自叙当时之事曰：

> 好为物氏复古之学，当时以为圣人之道求于此而备焉，作诗作文，唯以李攀龙、王世贞之不及为忧。岁庚寅来于大阪，养病医古林氏。偶读《萱园随笔》，于是始有疑于物氏之说焉。乃著文一篇，以质之片山北海。北海乃教以熟读《孟子》，因如其教者数月，稍稍觉物氏之古不古，然后读《中庸》，又溯读《易》，于是疑者日解。（《与藤村合田二老人书》）

此时赖春水亦在大阪，为北海之社友，因此与二洲相知。春水得程朱之书而喜，劝二洲读之，二洲亦甚喜之，以为正学，共从事于斯。其又与中井竹山兄弟亲善，安永元年（1772）偶读《骏台杂话》，其中提及世无善读濂洛之书者，不禁手舞足蹈，遂至尊信鸠巢甚深。宽政中受幕府之命，为昌平黉教官，与柴野栗山、冈田寒泉成为朱子学中坚，世称"宽政三博士"。二洲殁于文化十年（1813）十二月十四日，年六十九。葬于儒者舍场。著有《正学指掌》一卷、《素餐录》一卷、《冬读书余》两卷、《静寄余笔》两卷、《称谓私言》一卷、《中庸首章图解》一卷、《静寄轩文集》十二卷等。门人长野丰山最显于世。二洲为人恬淡简易，音吐爽亮，又喜饮酒。尝读古人之句"白发书生无技俩，满窗红日醉如泥"，云实为吾之写真。（《冬读书余》卷一）

其尝作《座右八戒》云：

一、心主一事，不可二三。
一、行取众善，不可偏执。
一、坐作常要畏谨，不可傲慢。
一、言语每要简明，不可躁妄。
一、应事必辨其是非。
一、接物必择其邪正。
一、群居之时，须禁雷同。
一、独知之地，最加谨慎。

二洲为纯然朱子学派之人，笃信朱子，其言曰：

自有儒者以来，未有斯书。自有儒者以来，未有斯人。百世之下，谁不钦仰？（《文集》卷五）

又云：

　　德至于伯子，极其盛。而学术识见，自超出千古。学至于朱子，极其大。而德行言辞，皆师表百世。（《素餐录》）

又云：

　　自有圣人以来，未有孔子。自有儒者以来，未有朱子。（同上）

可言推尊之至，亦可推测其学以紫阳为基。其尝作《发蒙十二说》，载于《中庸首章图解》卷末及《文集》卷二。这似乎是叙述其自得之处。虽然在程朱见解以外并无所发明，但以其长于文章之技，颇有巧妙驳倒其说之处。今译出如下《天说》与《理气说》来介绍这点。《天说》云：

　　天之名大矣，所该其广矣。其理谓之太极，其气谓之阴阳，其主宰谓之帝，其赋予谓之命，其功用谓之鬼神。析而言之则犹可数也，专而名之则天而足也。今夫指苍苍者谓之天人，谁曰不然？以然为然者，人之庸者也，指其理谓之天人，或不之然，以不然为然者，人之智者也。而庸者徒识其苍苍而不知理之即天，智者乃舍其苍苍，而独指理为天，皆非古人言天之义也。夫天之名大矣，所该其广矣。是故不知太极者，不识天之理也。不知阴阳者，不识天之气也。不知帝者，不识天之主宰也。不知命者，不识天之赋予也。不知鬼神者，不识天之功用也。太极也，阴阳也，帝也，命也，鬼神也，皆知其所以然，而又默会神融，知其所以为一，然后仰而观之，依然是苍苍之天也。乃可与言天也，云云。

近取诸人，太极其性也，帝其心也，命其情也，阴阳其气息也，鬼神其魂魄也。夫人有性情心气魂魄，乃有耳目口鼻之用。性情心气魂魄，本也。耳目口鼻之用，末也。若徒循其末而不问其本，其谓之有知而可乎？故屑屑焉察乎日月星辰之行，而不明其理者，亦是茧茧之类耳。夫日月星辰，天之象也。耳目口鼻，人之形也。有形象斯有所以然之理，穷其所以然而格之，太极阴阳鬼神之说可得而闻也。性情心气魂魄之义，可得而明也，云云。

《理气说》云：

寒暑风雨者气，所以寒暑风雨者理也，而其得时者，理之自然也。喜怒爱恶者气，所以喜怒爱恶者理也。而其中节者，乃理之自然也。理即太极，在人为天命之性。理之自然者即命也，在人为率性之道。古昔圣人修之以为教，敷之天下。故从五礼六乐，以至一揖让一舞蹈之微，无适而非理之所寓，是以洛闽之学贵穷理，而穷理之要在辨理气之分，不明此则所见差而所趋背，于是或直以寒暑风雨为即理之自然，而不问其得时与否。或直以喜怒爱恶为即理之自然，而不问其中节与否。其究视听辞气以至一切动作，皆以为全体妙用，一随其心之所发，肆然不顾，悍然自信，侮慢圣言，蔑视圣人。乃曰己有独造之见，所谓差以毫厘谬以千里者，乃其始不审之罪也，岂可不速辨之哉？余故曰穷理之要在辨理气之分，然而理气之分亦非易知。观之于天地，察之于人身，就事而分之，即物而析之，有此理必有形气，形气不离，有事物，事物不离，粲乎如见城邑之有街衢，然后可得已耳，云云。

二洲自朱子之堡垒对古学派及其他学派，展开激烈批评，其言云：

伊物诸子之说，皆明儒唾余耳。（《素餐录》）

又云：

陆王者，告子之流，而精妙不啻一层。原佐茂卿者，荀子之流，而狂妄不啻百倍。（同上）

又云：

仁斋、徂徕，谬论自得，往而不返，敢诽谤先贤，蛆蠹斯道，所谓桀犬吠尧者耳。

又云：

宋儒贵知，故知明而行亦修。徂徕贱知，故知昏而行亦污。

又云：

世有称古学者，说以立异自喜。有古文辞者，文以难读

自负。以是而称古，古亦琐琐卑卑。(《冬读书余拾遗》)

又对蘐园一派加以攻击，云：

今之学者，往往自以为成一家者，皆醉物氏余毒者也，东土最甚其弊。学者皆喜放纵，而厌名捡。俗士视以为达而效之。呜呼！是害风俗伤教化之大者，不可与同中国！(《冬读书余》卷二)

二洲针对仁斋唯气论，主张理气并存说，论之曰：

父子，气也。父慈子孝，理也。君臣，气也。君仁臣敬，理也。推万事万物，皆然也。若舍孝慈仁敬，则可直言父子君臣为道乎？凡天地阴阳、风雨寒暑有形象者，皆气也。若有此气，有此理。易知气，有形象之故；理难言，为无声无臭之故。故众人虽知父子君臣，却不知父子君臣之道。虽知天地阴阳，不知天地阴阳之道。圣人忧之，元亨利贞、仁义礼智，立各色之名，教其道，皆此理之名也。《易》说道器，说宋贤之理气，可言其意明也。他不得其意，却谤宋贤，所谓于气之外立理。其疏谬不甚乎？云云。物为气也，则为理也。天下无无物之则，无无则之物，二者离则不立。物为气之故，有形象。则为理之故，无声臭。天之日月星辰，地之山川草木，人之父子君臣，夫妇昆弟，皆物且非无则。宋贤所谓理，指此则也，气之外非别无一物，是非难晓之事也。学者领会此处，其徒读书，可明见其谬见矣。(《正学指掌附录》)

读上述解说之文，二洲叙述朱子理气说，颇得其肯綮，朱子亦以"气以成形，而理亦赋焉"（《语类》卷一）观之，认为理依存于气，离气则不可存在。故又言"理未尝离乎气"（同上），"有此气则理便在其中"（同上）。然朱子主张理气二元，认为气非出自理，理非出自气。因此理与气，其类相异，决非同一物。这是仁斋否定朱子二元论，而另提出唯气一元论之原因。二洲对仁斋的评论，未能言尽其委曲。他又排斥徂徕学曰：

> 其学仅为理民之术，置自己身心而不问也。故身虽为非法之事，不以为耻。其徒虽皆以先王之礼，先王之义为口实，其志不过苏张，或学嵇阮之放荡而傲倪一世。若对此，有说义理者，掩耳嘲笑腐儒之陋见，此辈世上多也。为淫纵奇怪之行者，往往泛滥矣。（《正学指掌附录》）

又曰：

> 礼乐之事今已亡，且若难行于此，姑为此说加以缘饰，实仅挂念功利之事。吠声之徒，辨而不知，说礼乐礼乐，过完一生，非常奇怪之事也。是为徒者，仅以诗文为一生之事业而暮年月之故，未考虑到此。若提醒道者，道仅为礼乐，礼乐今已亡矣，而先生以何为道，其始为惊乎？诚可言肤浅之丈夫也。（同上）

其言蘐园一派之弊，可见多有适当之处。又将阳明学看作禅学之余习，驳之曰：

是谬气为理矣。人不知理、道自此而生也，云云。本来道不知理，故非从事理学。非从事理学，故不辨道心人心之分。只是出自其心无作为，而言之为道，言之为理，猖狂妄行。呜呼！圣人之门，何有此率易无稽之谈乎？无志者，必不听此本心之说。道，人之理也，父子君臣夫妇长幼朋友之则也。明其则，当顺而行之，是真实学也。（《正学指掌附录》）

又排折衷派曰：

有明见道者，有笃信古者，各以其性所近而入耳。今世有一种学者，于道无所见，于古无所信，以一己私意而择诸家之得失，夏虫之见可悯哉。（《素餐录》）

二洲如此不遗余力地攻击非朱子学之各学派，实为勤者，然终不免小家数。

第三章

佐藤一斋

见于《日本阳明学派之哲学》第二篇第八章,故兹略之。

第四章

安积艮斋

艮斋，名信，字思顺，通称祐助，姓安积氏，艮斋为其号，别号见山楼，奥州人。年十七来江户，从学于佐藤一斋，后为昌平黉教官，名声郁然振于都内。万延元年（1860）十一月二十一日殁，享年七十六。著有《艮斋文略》《艮斋闲话》等。事迹见于《续近世先哲丛谈》（下卷）及《大日本人名辞书》等。《大日本人名辞书》有如下一节云：

自幼好读书，从学于二本松藩儒今泉八本诸氏，崭露头角。十六岁时出，成为近村里正今泉氏之婿。为其妻所嫌，祐助大加发愤，翌年独自出逃江户。乏旅费，尝艰楚，为法华僧日明所拯救。遂仗其介绍，得为佐藤一斋之仆。祐助刻苦勉励，且服薪水之劳，且读书，每逢夜间睡意浓，将烟草之脂涂于眼而自警。

其壮年之苦学，可推而知之。其学说往往见于《艮斋闲话》中。盖《闲话》成于其躬行心得之余，为学者所当精读之有益随笔。其内容略有《骏台杂话》之趣，今举其一二节以示其见解之一斑，云：

> 道者天下之公道也，学者天下之公学也，非孔子、孟子之所得私，当博取天下之善。《书经》"德无常师，主善为师"，则有所善者皆吾师也。舜大圣也，犹察迩言；孔子大圣也，曰："三人行必有吾师。"然则学者道之所存，皆可学与思，非是守一家者所可及。程朱诸贤勿论矣，陆象山、王阳明诸公之言，其善者皆可从。汉唐诸儒之说可取，老庄申韩佛氏之言善者皆可取，愚夫愚妇之言亦可取，如是可称胸襟豁达，包括古今之势，而志亦高大。朱舜水云："学问之道如治裘，遴其粹然者用之，若曰吾某氏学、吾某氏学，则非所谓博学审问之道也。"此语可谓会通之论。今之学者分门别户，各守其识见，言朱子学则号陆王之学为异端邪说，概弃其所善；言汉学则排斥程朱之学如佛老。起于各思主张其学，在天下儒者无几许，互争门户之见，恩如仇旧，似非公平之道。朱子者严毅方正之人，虽与陆象山太极之辨、鹅湖之论不合，而在白鹿洞招象山，集门人听讲，又请象山缀讲义，此取人之善、公平之道也。象山当其门人议朱子时，大辨责之，见《文集》。然则学问之道，博取诸人以为善，此为实学笃志之人说也。笃志之人取人之善以成我善，活用之，故虽申韩老佛之言，愚夫愚妇之言，其善者皆我修省之资，如良冶之铜中取金，其不活用圣贤之言者，如劣者之冶金而精金

而损与铅同也。(《艮斋闲话》卷之一)

艮斋固为朱子学派之人,极其尊崇朱子,尝称赞朱子曰:

朱晦庵气魄极大,天才极高,承濂洛诸贤之统,而更昭廓之以明斯道于天下,实孔孟以来一人而已。(《答安井伯恭书》)

其见解之高,自上述内容便可明了。他又论孔子学之要点,终归在忠信二字,曰:

古之圣人无盛于孔子者,孔子之书无贵于《论语》者。《论语》中忠信二字,尤多见。然当知学者用力修身之概要。《集注》"尽己为忠,以实为信",人之天品性质,有智愚贤不肖种种之异。譬如金内有黄金,有白银,有铜铁,有铅锡,是自然之生质也。铅不可成铁,铜不可成黄金。圣贤教人,君父责臣子,不言使铅成铁,不言使铜成黄金。只是铅有铅之用,铜有铜之用,尽其天质之分,达其用,云忠信也。人臣事君,人子事父,尽心力,无毫发怠惰之心,吾尽十分也。若吾心力已尽,圣贤亦不责分外之事也。但铜铁有其良处,又有恶处。锻炼其恶处,去除之,如存其良处,锻炼吾心身,尽其分量之外别无他法。若铅之质不为铁之用,铜之质不为黄金之用,铅与铁杂,铜与黄金杂,为赝物也。有表里之违,非忠信也。忠信为白即是白,赤即是赤,黑即是黑,自内至外,自本至末,洞然无毛发之杂,云忠信也。若以铅之身,不

尽铅之用，以铜之身，不尽铜之用，怠慢非忠信之道，唯当尽吾之心力。此工夫纯熟，当至诚之德矣。（《艮斋闲话续》上）

这也是他对儒教之见解。又论及古今学术变迁，有如下言，云：

三代姑置，自两汉至李唐，以郑玄、何晏、马融、王肃等之注可应付，无特别之异同。唐孔颖达、贾公彦等作注疏，以古人之注为主，无一毫出入，照顾误谬之处也。如此，学问无精神，卑陋之说多。圣人之蕴奥晦塞之故，至赵宋刘原父始出，辩驳古人，立一家之言。欧阳永叔、苏子瞻兄弟、王介甫等群起，汉唐诸儒之外，各成其一家之说。程子兄弟始出，倡性命之学。至朱子，集大成。因是汉唐学风大变，自宋末至元明，奉朱子学，性命说盛行。然学者失朱子之本意，仅体会读书为格物，流于支离，可见无实践者多。故王阳明出，揭知行合一说，矫其支离蔓衍之弊，天下学者翕然而从，盛行。然阳明之说，即自宋学者出，非朱子学与天地之有异，专求于内，知行合一。就事物不穷理之处虽与朱子相异，性命学依然以陆象山为基础。至明末为止，此学盛，其流弊之甚过朱子学，然陆稼书、吕晚村之徒掊击阳明，以为灭明之天下者为阳明学，过度激烈之言论也。阳明自得之妙非后学可轻议之处。是又宋学之一变也。至清，顾炎武、毛奇龄、朱彝尊、阎若璩、胡渭、江永、万斯同之徒起，倡考证学，学风又一变。是似有自然之势。朱子虽为千古之大儒，奉其学，宋季以来之诸儒自陈北溪、许白云、饶双峰，至蔡虚斋、林希元、吕晚村之徒，虽精详朱子注解之书，但未广泛涉猎汉唐诸儒之注疏，老庄、申韩诸子，班马以来之历史。读其所著之书，不知浅近之出典考据，强为此说，往往有引发一笑之处。豪杰之士不甘屈于其下，更欲立一赤帜，难以一概谓之无理。故顾炎武、阎若璩、毛奇龄、朱彝尊之徒，精究朱学之力所不及之处，以考证为主，亦非自然之势乎？近世考证学又小变，倡尔雅说文学，惠栋、戴东原、段玉裁之徒，为其魁也。自汉唐至清，两千余年之间，学术屡变。如四时之运转，使人倦。是亦天地造化之一大戏场。圣人之道，如日月，虽四时变化，日月之光万古不易。虽有风雨烟云晦明之变，日月之光无增损。无论哪种学问，若扶持伦理纲常，有家国天下之实用，则可实现孔子之意。（《艮斋闲话》卷之下）

他认为，尽管古今学术变迁，但圣人之道万古不易。这超出了区区学派论争，深感无限痛快之感。此外其还有高深见解，云：

道，天下公道也。学，天下公学也。非孔子孟子所得私，当博取天下之善矣。（《艮斋闲话》卷之上）

又论成事之工夫曰：

凡事物虽有所成之法，但难成也，不可大意，且不可妄语人。事成，吾精神气之所为也。秋冬之间，天地之气收藏而不外漏。至春，万物发生，若漏泄，则气不坚，而发生之功薄，人亦妄漏之时，气薄而难成就，《易》所谓"机事不密则害成"。（《艮斋闲话》卷之上）

又论当重诚意曰：

凡天下之事，有智力所不及之处。只依赖智力时，当有意外之忧。以诚为主时，天地鬼神亦拥护，人心亦服从也，云云。圣人知智力难依赖，推诚施仁，服天下之心，故自然有不忍背叛之处矣。（《艮斋闲话》卷之下）

又论人心当提前有准备曰：

有准备之人，临事变而不惊。无准备之人，狼狈失度也，云云。读古人之书，辨人物邪正得失，观治乱兴废之迹，皆我准备之工夫也。道无古今，理无内外。事迹虽不同，道理归一也。（同上）

又论学者之准备曰：

视自今百年前，古也今也。视百年后，今为古矣。今之学者，生之古人也。（同上）

上述皆为名言，有闻听之价值。他又论大丈夫当超然于贫富穷达、盛衰荣辱等之外，曰：

凡人一生之事，贫富穷达、盛衰荣辱种种变化，如浮云无定姿也。若此为境遇，来于外者，真我自若，富贵不加，贫贱不损，我无轻重。然认为吾心境好，往往不会不好。若在富贵之位，有道行于世之乐，是亦好。若贫贱，身闲而无心之累，鼓琴读书，有一身优游之乐，是亦好。祸患来，则安天命不动心，吾若试生平进修之力，是亦好。如此看破，何事都好，不足为忧。丈夫七尺之躯，落落生于天地之间，六七十年如短梦，世之吉凶祸福种种纷论，虽竟先来之，真我总是自若，其变化推迁亦好。（《艮斋闲话》续上）

又论处忧苦患难之工夫曰：

人世中有忧苦患难之事，盛衰自然之理也。孔颜之乐所不及地者，至此时只己一人。若认为薄倖，忧苦更深。想到古人遇大难，若与我身比较，不足古人万人之一，即使忧患，亦稍可安。（同上）

这亦是一种处事之悟道。他尝巧妙说明屈辱反为良药，有如下所言，云：

朋友讲论之益，尤大也。然人嫌受耻，以不如我者为友，自以为是，故无长进。非独讲学，今日之事遇屈折，多受耻辱，事理纯熟，世故当通事变。多少遇屈辱，忍耐亦强也。精神亦磨炼，亦通事理，多少增益德义也。程子所谓"若要熟须从此里过"，有滋味之语也。古人有"成功每在阨穷日，败事多存得意时"一句，人遇屈辱，身之药石也。贫贱之士，遇屈辱者多，故道艺易长进。高贵之人不遇屈折，虚美薰耳，只闻容悦之言，故自然易流于怠慢。即使有天品才力之人，道艺亦难长进。新井白石所言"修业至全身长出耻疣，方有长进"。（《艮斋闲话》续上）

这大概是他于苦境中所自得之处。关于诗，有如下所言，云：

> 吾若以性情为主，则不可逐世之所好。欲合于人心而作，却失性情之天真，非自然矣。昔日模仿唐诗僧皎然《韦苏州》之诗风，欲得其悦，作数首而示之，不赏《韦苏州》，因示平生所作诗，大加赞赏《韦苏州》。凡诗各有其风，强学人，欲悦其心，则失本色，非精巧也。和歌亦以上述为准则，著作文章当自吾胸怀发出。若欲使世人赞誉，又欲使其悦，而未尽吾心情，却至失故步。不如不拘人之毁誉好恶，尽我中心之诚。安永年间，有瞽师，名藤村检校，每语人，于人前弹三弦，在其座所听之人有各色之心，若有趣弹之，欲使人赞誉，则满足此人之心，不可满足那人之心。"我总是在任何听众面前，以我天生的气量尽情演奏，不想着使在座之人听，只是领悟到应当如敬奉神明般弹奏。"他用真实之心，名人之誉，岂不高于世之乎？与此相同，诗文著述之类，当尽我心之真诚，不拘世之毁誉，圣人若询刍荛之言，根据其人所采用，亦有一寸草亦化为丈六之金身者。若非其人，圣人之语亦会是

耳旁风。(《艮斋闲话》续下)

上述可谓名言,虽然他没有关于宇宙及实在等值得关注之处,而关于人生安心立命之工夫,趣味可掬之处实属良多。

| 第五章 |

元田东野

元田东野，名永孚，通称三左卫门，东野为其号。熊本人，尝与横井小楠为师友，受其感化，明治四年（1871）五月成为侍讲，辱圣天子知遇，出入宫廷有二十年。明治二十四年（1891）一月殁，享年七十四。著有《经筵进讲录》一卷，是与名教最有关系者，此外还有《东野杂录》《幼学纲要》等。他自叙其为人曰：

余性柔软乏刚健气象，唯无悖戾意志，是性之好处。六十年来所经历，总以顺得之。

由此可察其人物品性。

东野将其自得之处，用只言片语记录下来，大抵都是后人所当服膺之金玉格言，现举最佳者如下。

一

人臣之道,进而不喜,退而不怨,无贵无贱,无大无小,所在当致忠。

二

臣之事君,不见君之明暗贤否,唯尽诚而已。

三

臣之谏君,要爱胜于敬。故当谏奏之时,先以吾爱心洒到于君心,爱至而后循循说出。至其立言,则唯欲理之明白耳,不毫有成败之见。

四

唯爱之一心,彻头彻尾,无所不恳到。刚断勇决,皆自爱之一念涌出来,而活泼无穷。

五

唯自爱之一念推持去。

六

爱之一念,包含天地。

七

识大则量弘，量弘则德充。

八

韩琦言吾以孤忠而进，李纲亦言吾以孤忠由上之信用。人臣当孤忠也，决不可凭依其他。凭依其他，即使君子之交，自己亦不免党意，此人臣所当慎也。余自出身侍讲，亦只以孤忠而自进。凡进讲、谏奏之事，决不语之朋友。只以一己之诚实为主，见义理之不已，不计其成否。进言之后，马上忘己，如未曾进言，泰然不质君上之纳否。以爱心献言，然后马上有爱心返，多年间如此矣。

九

人臣，阳也。不贵功，当以忠为主。于君前奏言，当以居家时之诚意为之。在家，不思君上。思议世间之忧喜闹闲、是非愉快、放荡等之事。至君前，马上尽忠义，皆是诈伪也。人臣岂可用诈伪乎？

十

道理当无隐秘之事。事有当隐秘者，有不当隐秘者。盖道理为天下公共底事，岂可秘之乎？闺中之事，不可言于君前。朝廷之机事，亦不可言于父子。父为子隐秘，子为父隐藏。是事之所当隐秘也。道理与事无分别，无妄加隐秘于天下之事也。当隐秘者，或为私意也，或为机事不可泄。一概隐秘之事为二，未洞见义理之过也。人臣将道理与事加以分别，若不事君上，或陷于私意，或限于泄机事之罪。

十一

人臣当直白，朱子所言也。直白虽最好，但只想直白，则不免私意。只是爱心之切，自以为好。

《经筵进讲录》为东野向圣天子进讲之内容，由铁华书院发行。其中有足可窥其学说之一斑者。其讲《论语》开卷第一"学而时习之，不亦说乎"章，曰：

凡人生于天地之间，自天子至庶人，毕生之事业，只是为此学之始，为其终者也。故若有此学，完成其天职。若无此学，则失其天职。若达此学，则为圣人。不达此学，则为庸愚。此学若明，则天下平。此学若不明，天下则乱。人间天下万事之成败，只在此学之明暗。故孔子教人，只用此学之一字。《论语》开卷云"学而时习之"，一言一行，无非学之事也。然学有正，有偏，有大小、本末。孔子所谓学，至中至正为大本达道，修身平天下之道德学也。当世所谓学，一科一科之学，异端末技之谓，非大本达道之学。是此章，于讲学之字，始得辨也。若自古来辨之，他以管晏霸术为始，种种异端俗儒，训诂文词之学，佛法、耶稣教，西洋百科之学，皆一偏一派之学，非孔子之所谓学。且在当世，学中国文学，概称汉学。孔子之为学者虽亦一视同仁，是亦不得不大分析之。所谓汉学，知中国历史、古今制度，知文物，通汉文汉语之文学也。孔子之学，尽我德性，达真理，行大道于天下之学。故在中国，虽言尧舜之道、孔孟之学，而本邦当言我神圣之道，我道德学也。又所谓国学神道，考证古典故事，虽以敬神尊王为主，多局于一偏，若不足以实践先皇至德大道，我神圣之道与孔子之学不同。孔子之学，发觉我本然天良之心性，尽人伦日用之道，达天理之极。修身，以平天下之道学也。其为人，周灵王末，鲁襄公二十二年生，以生知之资，笃好圣人之学，尽人道，达天理，备刚健中正，纯粹明快之德。如天有四时，无一毫之偏倚，祖述尧舜以来之大道。演《易》，删《诗》《书》，修礼学，作《春秋》，其学问德行，教人治国之道，具载于《论语》《大学》《中庸》《易传》等书，无所遗漏。晚近西洋之理学、修身学、法律、政治、经济之学等，虽其说精细，皆备其全体大用，以一本至贯万殊，实可谓宇内古今一人，万世之师也。故学孔子之学，根本已定后，亦学法律、经济等西洋科学，虽可博识见，但将孔子之学置之身后时，则根本不立，遂损道德，悖人伦，身不修，家不齐，国不治也。其他先前所辨异端俗学，外假仁义，内专诈力，或智术权谋互相轧，或说高妙之理，背人伦日用之道。或口说法律，内不修行。或驰于文辞技艺之末，乏实用，是皆古来之学弊。现今西洋自夸文明国，其实心术不正，风俗不善良，贪利争力，其害不足一也。学艺益益开明，人心益益狡黠者，皆学路不正所致也，当见其大害也。今日苟为学，最初先须审其取舍先后。况人君之学，其所学，即为天下之法则。故人君之学，学孔子之学之外，别无他也。

人生万事悉归于学。所谓学，悉归于孔子。其论虽有不妥之处，但作为儒者之言来看，亦有麻姑搔痒之快。他又讲"君子务本，本立而道生。孝弟也者，其为仁之本欤"之章，曰：

方今文明日进，事业大开，人或有对臣所论者。"今汽船之用，瞬息千里，可以极海外。铁道之便，山谷平地，天涯为比邻。加之法律精密，经济博大，凡政治之术，无所不全备。而独曰仁曰孝弟，皆是一个人事父兄爱人之事，抑亦狭隘而已。何足为文明资哉？"维新以来朝野之论，皆如此。盖耳闻目击欧洲文明者，头晕目眩于其事业之末，不知反本。凡天下事，弃本而望末之大，决无其理。今无孝弟仁爱之本，徒使事业功利之末盛大之时，天下皆竞功争利，好事趋业。家无孝弟和顺之子，国无忠爱纯良之臣民者，刮目待之也。岂栗栗有所危惧乎？苟孝弟之本立而及末，则天下之大亦家家孝弟之风靡，国国感化于忠纯之俗。法律之精密，好生之至，刑以期无刑。经济之博大，忠恕之道，絜矩之极，人人得其分愿，至家给人足。汽船铁道之便，四方相通，内外交易，父子无隔居之恨，上下无睽离之患。凡政术，至极其精细文明，皆无非孝弟仁爱性情之流注。是则务其本，其末所以自充大，为人君，为君子，其所务之要领，岂非在此孝弟乎？盖天下之事，善恶二分，其极只有治与乱。苟天下不治，虽有其余功德事业，不足为言也。故人有智能，有才力，最当重者。国之所谓富强，所谓开明，平素虽所贵，然智能才力之人，其心非孝弟，必未免争斗横逆。富强开明之国，其风俗非仁让，动辄有掠夺竞争之患。是以天下古今，治日常少，乱日常多。若论其本，人皆崇智能才力，国皆流于富强开明。其不孝不顺，一念之怼，遂为天下之乱者也。唯孝弟之人，虽其心和顺天地翻覆，但不为悖逆争乱之事。故苟不欲治平乎？使天下之人，悉知孝弟之德，有智能才力之人亦皆务孝弟之本，富强开明之国亦皆由仁让之道，万事自此孝弟仁让上发出来。天下古今常治，可至不知曾有乱。故欲天下治平，仅有一孝弟之德也。

他将孝悌作为名教之根本，是儒教之要点而不可废，由此可见其功力。他又讲仁之义，有如下言，曰：

盖仁之理，生生不息。只是一个爱，充满无渗漏。包含六合四海，犹无所尽。天地亦由之剖判，日月亦由之照明，山川草木亦由之峙流蕃茂，人物、鸟兽、鱼虫皆由之生殖，宇宙间无一物非仁德所支配。吾此一身亦由此仁德中所孕生来，居于天地之间，一动一静，一呼一吸，悉无非仁之发挥。然徒求之高远时，终未能有之。如孔子所云

"博施于民，而能济众，尧舜其犹病诸"，故先就近取譬，不若验之诸身。今要拔一缕之发时，浑身股栗。若一针之微而刺肤，忽觉痛楚，是爱心恻隐之处也。其要蹎倒时，忽以手捍触面肤之土石。织尘入眼时，塞睫而拒之，是皆爱心保其身，没有其不发挥作用之处。此满腔之爱心，发于己及于人，自亲近，先爱父母，爱妻子，至兄弟。自尊敬，爱君上，爱国家，及天下众民，及鸟兽器物。虽其有大小、亲疏、本末、前后之等差，只一个仁爱贯穿不漏也。故匹夫匹妇若非有此仁，则身不修，不能保一家。人君大人，离此仁，亦不能保天下，治众民。其始只一滴之爱心，恻然霭然而发。虽言其极点，宇内古今、内外上下，悉以此爱心至旺溺覆帱，犹为不足。

他在此说仁爱之普遍性质，能得其肯綮之处，绝不在仁斋、益轩、鸠巢等之下。由此观之，他是粹然儒教之代表。其又提出教育必须是国民的，曰：

凡教育，以养成本国人为主。在日本国，若不着眼于养成日本人之魂性，则不如无教育。

世间滔滔醉心于洋学之秋，如天涯孤鹤，独高声倡导大和魂之养成，当知中流砥柱之概。他又提出广义上的德应该包含智，论之曰：

当今之世，分智与德，所言智育德育。文明论认为智之区域广大而无穷，德之范围狭少而有限，完全为谬

"德"之本意者也。原本所谓"德",包有万善之名,智为德中之一,而德之外无智之区域。又智而离德之日,为狡黠奸佞之智。无有恶于智者也。

如上所论,依照今日之伦理学,亦无可置否,有助于社会进步的一切智识,都包含在广义上的德中。他平生进讲之际,将儒教与我神道巧妙附会,当知其用意非同寻常。

| 第六章 |

中村敬宇

中村敬宇，名正直，称敬辅，敬宇为其号。江户人，从学于佐藤一斋。庆应二年（1866）留学英国，明治元年（1868）归朝，成为东京大学教授。明治二十四年（1891）六月七日病殁，享年六十。著有《敬宇文集》及《演说集》等，另有《西国立志编》《西洋品行论》等译著，一时盛行于世。其事迹详见于《自叙千字文》及《东京学士会院杂志》（第十二编之五）。先生非纯然朱子学派之人，但无疑是朱子学之系统者，故遂附载于此。

先生尝作《爱敬歌》来戒子弟，云：

致爱敬，尽爱敬。顺境何足言，逆境可炼性。使亲非顽嚚，何见舜德盛，使君非殷纣，何见三仁行。西圣琐刺底，其妻性顽硬。拂意动辄怒，万事悖命令。他人娶若妇，其必谋再娉。琐谓此乃福，幸受此暴横。理学根脚坚，试验要风劲。妻气百变动，琐性一泰定。妻躁情如火，琐静心如镜。只因爱敬深，后世称为圣。吁嗟此二字，势力存百胜。愈铁舰巨炮，超千军万乘。况且似链锁，操执合一柄。能怀柔携贰，能驯化枭獍。构兵息秦楚，交恶和周郑。四海可一家，六合可同性。嗟嗟今世人，子弟缺温情。夫妻相反目，朋友互诟病。至邦国交际，尚以兵力竞。妖氛满神州，何时得洗净。爱敬尽事亲，德教四海亘。千年口徒诵，今日未见应。致爱敬，尽爱敬。一人德，兆民庆。小家法，大国政。勿忽忽，宜敬听。此二字神攸命。

先生晚年用力于文艺，不务义理之理论研究，故几乎没有以一家之学说传于后世者。但先生为人温厚笃实，无棱角，粹然君子人之榜样，故并非没有可闻习之言。比如古今东西一致道德之说，忍耐世界之说（以上《东京学士会院杂志》），我信造物主，德福合一之说（以上《敬宇中村先生演说集》）。现举上述德福合一之说，以示先生得道之一斑。

道德学，引导人生走向福祉者也，消祸增福者也。使人先知日用当然之道，而后得以行。节制情感欲念，得中正。崇戒慎恐惧之心，不生放僻邪肆之念。又养少年之心，使其耐艰难之事业，或用心思或用身体之力，使之勉强从事天赋之职分者也。故从此学所指教，勉行道德，福运随之而来，犹如影随行。盖道德福运，此二者不可相离也，不能相离者也。昔日于希腊，苏格拉底被称为道德学开祖，其认为道德学之根理，即人生当守之道理，即日用常行之道，非人为所作者，即 Laws of God（上帝律法）也。其言曰，人犯罪，当受刑法，或有谊而不受。然其人觉陷于不正，其心中痛念罪过。故予断然以为，虽是人为所作律法，但明确的是凡如此者，其根源在于人获胜，出自良善之立法者。又曰，真正的福祉并非来自外部受领者，而是来自道德之智识与道德之惯习。又曰，若崇德行，快乐与利益则随行。又曰，唯有德者，有福。又曰，德行与利益，其性相合。欲离此二者，妄也。据此等之言，余今日演讲之题目为德福合一论也。为详细说明此想法，又以中国圣贤之言为征，修道德者，必明有福利之旨义，欲以此劝奖世之少年。《书经》有"作德心逸日休，作伪心劳日拙"，此诚有趣之金句也。上述二句若崇苏格拉底氏之德行，则与"快乐生"相符。下二句，与西国之谚语同出一辙。曰，人若言一谎言，则必造二十个谎言来缉补其破绽。此即非心劳日拙者也？"作德心逸日休"与"德者福也"相同。"作伪心劳日拙"等同于"伪者祸也"。《周易》有"利用安身，以崇德也"，盖人万事无不足，身心安宁，积崇德行之故也，即与"有福因有德"相同。《书经》所谓"正德利用厚生"，利用厚生之福，必因正德之基础。鲍昭《河清颂序》中有"影从表，瑞从德"，瑞即福也。余尝作一联，采自《大学》《中庸》之语。曰"君子有人土财用，大德得位禄名寿"，以周家八百载基业为始，因后稷公刘大王王季文王之积德累仁。至武王时，始代替殷有天下，天下岂非人土财用之大者乎？舜之耕稼陶渔，以至为帝，非无以人资以为善者。积如此大德，故受天命，为天子。故言"大德必受命"。夫人土财用，福也。位禄名寿，福也。有人土财用之福，由"君子先慎于德"。有位禄名寿之福，如舜有大德。由是观之，立人之一身之福及立一家之福及统天下之福，悉皆由德者。以树木譬之，德为本根也，福为枝叶华实也。若有作为君子之本根，必有人土财用之枝叶华实。若有大德之本根，必有位禄名寿之枝叶华实。无本根，有枝叶华实者，尚未有之也。无道德而立一身者，尚未有之也。无道德而统天下者，尚未有之也。《左传》舟之侨曰"无德而禄，殃也"，即与今日本题相反之场景也。世或有无道德而受福禄者，然决不久矣。竹有未结果者也。所谓"竹若结果，则必枯"。与此相同，无德而获禄，其禄不成福，反为殃。是故晋之范文子不胜喜楚，反以之为忧。徐偃王以小国屡屡胜敌，后忽亡灭。苟无德，则虽战胜，不成利却所以促亡灭也。舟之侨所言，岂不信然乎？战为国之大事也，其所以致胜负者，决非偶然。胜必有所以胜之因，其负必有所以负之因。其因虽有种种，以有德与无德为胜负之大原因也，云云。推而论之，可言人间万本在德。《论语》"为政以德，譬如北辰，居其所，而众星共之"。《大学》论理财，"德者本也，财者末也"。推而下之，虽盗贼，亦须有几分道德。《庄子》曰："跖之徒问于跖曰：盗亦有道乎？跖曰：何适而无有道邪？夫妄意室中之藏，圣也。人先勇也，出后，义也。知可否，知也。分均，仁也。五者不备，而能成大盗者，天下未之有也。"呜呼！连盗贼尚须存仁义智勇者，况于有一身一家者，无德其岂可乎？

然世有许多人，道德未必得福利。有人怀疑道德反受患祸。余欲解此人之疑，必先详细讲明此祸福二字。俗语所谓"明珠暗投"，"小判"对于人虽为贵重之财宝，对于猫则毫无关系。在猫看来，当不若腐鼠之一头。与此道理一样，有道德人之德，对于愚人，如"明珠暗投"。最下之愚人，饮食情欲之外不觉有福。在中人看来，富贵功名之外不觉有福。盖福有真假，有久暂，有内外。若论福有真假久暂，佛教又有外教进入分内，今日在此默默附加，暂且单就福有内外而论之。何为在外之福？曰：外物之福也，世上之福也。如显荣之富贵，如赫灼之功名，嗜欲玩好之具足，如好耳目四肢之乐，皆是也。何为内在之福？曰：在我之福也，自心之福也。钦崇天道，好懿德，听良心之命令，务正直诚实之行，行忠厚仁善之事，如品味理义，如不悦刍豢之口，嗜学问，如天女羽翼之不疲之类，皆是也。得以享内福者，多兼得享外福。得享外福者，未必得享内福。是故得内福者，虽无外福，中无所憾。得外福者，若无内福，常非无缺乏之恨。盖于有道德之人，其最重要之福祉安宁，由自己而生，缘于自己之行实。无道德之人，完全为斯世之生物，随外境而感忧乐，因他人而不得不变祸福。有德者虽得尘世之利运，为第二事，更有大者。即属自己性分所固有者，其有地位职分之责任，当尽之者，极心力而为之。夫然后，满足其心也。自此，以上委于天命不复问，如诸葛孔明《出师表》所云："臣之职分也，至于成败利钝，非臣之所逆睹也。"汉贼不得两立时，忠臣心事，千载如见，使人流涕不能已。盖有德之人若逢人伦之变，宁抛弃外福，全内福，如甘于鼎镬之蜜，当视死如归。在他人看来，虽惨祸而当悼，在有德者看来，无疑自以得其死所为福。罗马加笃为有德行之名人，临被有司所杀时，谓旁人曰："杀我之人当痛苦也，我以死为甘。"祸福之见解因人而殊也。如孔明与加笃之福，在常人看来，当如"明珠暗投"也。

关于祸福之见解，可引吉田松阴先生之书翰。其书翰大略曰，前些天御文下，得观音馔米，感受到其深切之志。观音信仰之事，在于平定而避祸。是有大论，佛之教为奇妙之结构，二分为大乘小乘，定小乘为下根人之教，大乘为上根人之教。小乘所言，观音为体会到通古教文之人所信仰。是所谓起信于人，只深信一心难有事，无余念他虑，言一心不乱，此事也。人只要一心不乱，无论临何事，丝毫不用担心。绳目、人屋、首座皆不在乎，无论世间有什么难题苦患急转，不用担心不忠不孝，无礼无道。然而虽从一开始劝诫凡夫一心不乱，不急转，但完全不入耳，故虚构观音，使人起信，是所言方便。又所谓大乘，出世法非常重要，释迦为天竺王之嗣君，自年轻时便为感受强烈之人，见老人，悲吾身将来亦成老人，见死人，悲吾身将来亦为死人。于是为免生老病死而修行，三十出山，仅五年间便悟透若无生，便无老无病无死之事，从此教化世人。这便是出世法。言不死，不言近，释迦与孔子之说法保留至今日，故人若尊之，担心其难得，果真不是未死乎？若为未死之人，则绳目、人屋、首座不皆如之前所述观音经乎？楠正成公，大石良雄，虽人人以刀刃失身，而活至今，乃为刀所斩之证据。又领悟到祸福如绳最妙，祸为福之种子，福为祸之种子，人间万事塞翁失马，拙者死于人屋，虽得祸，另一方面亦可以为学问，为己为人，留于后世而加入不死之人当中，无此上之福。若出人屋，又不知何祸来，其祸中又交有福。归根结底一生之中只要有困难，则有后福。没有任何效验之事，而向观音求福，本无益也。松阴先生罹惨祸，受刑死，自他人观之，何其悲愤也。若读其狱中书翰，当胜于文天祥《正气歌》"哀哉沮洳场，为我安乐国"。若能成为未死之人，无此上之福也。此或可理解为最高尚之福祸论而读之。对吾今日演讲题目"德福合一说"，是最好的佐证。简而言之，有道德之人，不问境遇如何，真福未能离其身。步于刀山剑树之中，蹈于猛火烈焰，掉臂而入，掉臂而出，所谓"富贵贫贱，患难夷狄，君子无入而不自得"者也。以上所论"有德者必有福"，昭然可明也。又德与福如影随形，相伴不离。又有德者当重在内之福，不重在外之福。故根据场合，弃外福，全内福。在他人看来是祸者，自己可以当作福。又由人之品位，福祸见解大异。有德者之福，愚人做梦也想不到，原本非恶人所当得者，不可怀疑其灼然。故结束此演讲之际，我想说的是祸福无定物，无定形，唯在人所以取之。在金属中，没有比金贵重者，因此以之为货币，以通百货之大用。若以其饰器物，为盛美之观。然其金屑若入眼中，人不堪其障碍，必出之，然后已。故用人之物，若不得其当，贵重之物，亦失其贵重。不仅失其贵重，还变为障碍物。酒之用，回气血，开肠胃，怡性情，防风寒，愈劳疲，其功效甚多，然饮之，若逾其度，则酿病患，缩生命，遗传而至贻祸子孙。由是可知，酒虽为一物，在用之人，或为药，或为毒，或为祸，或为福。这岂非祸福无定物之一证乎？富贵，福也。然生之富贵者，惯于身体所养，备百度之具，足婢仆之使用，以为身体之发达，而为此所妨碍，手足纤细，面色青白，容易犯风寒，动辄罹病患，又以所居地位崇高，人之谀言惯于耳，不听苦言，故聪明蔽塞，无理由开拓智识。或逢世变，身落于泥涂时，殆至不能自立。由是可知，富贵未必常为福，是岂非祸福无定形之一证乎？由是观之，有智德者，所遭遇之事物，皆为之成为福。愚不肖者，所遭遇之事物，皆为之成为祸。盖福在人，不在事物也。祸亦在人，不在事物也。传说其先人吕祖以其手指指物，其物皆化为黄金。有智德者，化祸为福，转败为功。其犹如吕祖之指乎？

不管是多么有德者，亦难言所遭遇之事物悉可化为福。尤其化一切祸为福者，如何能得之乎？例如，疫病、饥馑、旱魃、海啸、地震、洪水、暴风等天灾及其他火灾、盗窃，或汽车碰撞等，来于身上之祸，是否能化之为福乎？若具体而言，兹有一位有德者，罹鼠疫，气息奄奄，处于半死半生之状态，是否有将此祸转为某种福之法乎？颇未能无疑。然恶人所以为祸之处，有德者得以化之为福，不容置疑。人生一切之福，全部为德之结果，虽不得遽然断言，所谓恶来于祸之结果，德来于福之结果，"良好的行为具有幸福感"，"恶行有其自然效果的恶行"，作为一般法则受到认可。耶稣所言"所有善树结善果，恶树结恶果"，不外乎道破此意味者。可知先生所谓"德福合一"亦已如苏格拉底、斯宾诺莎、莱布尼茨诸氏所主张的那样，在某种意味上不失为永远不变之真理。

日晷移动一次，无千岁再来之现在。形神既离，无万古再生之我。学艺事业，岂可悠悠乎？

——佐久间象山

第五篇

水户学派

历史性地叙述朱子学派时，若不论及水户学派起源、主义及结果等，很难说完整。属于水户学派之人大概都崇奉朱子学，其整体影响非常深远。但吾等没有详细研究水户学派之余裕，其理由归于如下两点。

第一，水户学派毫无疑问有朱子学之基调，但决非以朱子学主张为重点。其目的是以皇道为特色，而明大义名分。

第二，水户学派以《大日本史》编纂事业为中心，论皇统之是非，以褒贬人臣为其共同企图，故其中几乎没有哲学或伦理学之普遍理论。

因此关于水户学派，吾等仅论其梗概。水户学派始于水户义公，余势波及至维新以后而终，其间实有两百三十余年。由此亦可以想象得出义公之精神感化。

义公，即德川光国，字子龙，号梅里。水户威公第三子，家康之孙。继威公成为水户城主，颇有治绩。元禄三年（1690）让国于兄之子，退隐西山。元禄十三年（1700）十二月六日殁，享年七十三，谥义公。义公早有修史之志，遂于明历三年（1657）设彰考馆，计划编纂《大日本史》，多招世之儒臣担任此事。栗山潜锋、三宅观澜、安积澹泊及明国遗臣朱舜水等皆事公，大有助成之处。编纂《大日本史》本是修史事业，但与其说其目的以史实研覆为主，不如说在于明大义名分。换言之，其目的在于，通过叙述史实，阐明诸如君臣间之本分等国家道德。义公自撰《梅里先生碑阴并铭》云：

> 正润皇统，是非人臣，辑成一家之言。

由此可知公之修史目的在此。此目的最终表现在《大日本史》编纂中，例如将神功皇后列于《后妃传》，大友皇子列于《本纪》，以南朝为正统，以神器入京师，将皇统归于后小松帝，皆其证明。 在此结果达成以前，关于国体问题儒臣间多有异议，这也在情理之中。例如栗山潜锋著有《保建大记》，三宅观澜著有《中兴鉴言》，讨论此事。《保建大记》虽为潜锋仕水户侯之前所著，其生前却未上梓。及其仕水户侯，示之于观澜及澹泊，屡次讨论其内容。《保建大记》叙述自保元至建久凡三十余年间之史实，并附有自家见解，讨论大义名分，行文明晰而立言有力，概为史笔之上乘者。潜锋主张之要点在于以是否有三种神器，来定人臣之向背。其乃断言曰：

> 至以躬拥三器为我真主，则臣要质鬼神而无疑，百世以俟，其人而不惑。

观澜并未拘泥于是否拥有三种神器，他断言：

> 正统在义，不在器。

并且作《保建大记》序，明确其与潜锋不同之处，曰：

其所谓以神器之在否，而卜人臣之向背者，议竟不合。

与潜锋《保建大记》相比，读观澜《中兴鉴言》，深感其文章逊色不少，其论旨亦多少有可斟酌之处。与此相反，潜锋论旨过于严密，若欲以此来衡量史实的话，不可对普遍的公正观念加以应付搪塞。《大日本史》编纂之际，确定大义名分时，采用了潜锋说，这也无疑是一种立场。无论如何，潜锋《保建大记》可称为水户学派中坚，占有重要地位，毋庸置疑。①

义公殁后五六十年，至宝历明和年间，潜锋、观澜、澹泊等皆已故，修史事业虽尚在继续，但一蹶不振，受挫不少。有一人，名立原翠轩，其父是兰溪史馆管库，时常担忧史馆学衰，再无校勘《大日本史》者。谓翠轩曰：

吾衰，无所能，汝继吾志，谨卒义公之业。

翠轩游学江户，后归而仕水户侯，担任史馆总裁，多年来致力于校勘《大日本史》。翠轩虽好古学，但与古学并无瓜葛，对朱子学采取兼容态度。翠轩门下有藤田幽谷及青山延于，延于之子为延光。幽谷名一正，字子定，通称次郎左卫门，尝读潜锋《保建大记》，发愤而起，终成一家。会泽安所

---

① 1937年版，此处加入眉批：《大日本史》到明治三十九年（1906）始告完结。义公三十岁于江户府邸开创史局以来，世代更替，实有十三世，已历时二百五十年之久。以此可知其规模之大，其事业之伟。

撰《幽谷藤田先生墓志铭》云：

> 其教子弟，务在励名节振风俗。

又《及门遗范》云：

> 先生教人，专在忠孝。

又云：

> 先生尤重君臣之义。

又云：

> 先生教人，后虚文而先实行。

又云：

> 先生于文学，网罗古今，会萃众说，断之以圣经。

由此可推测其教育与学术情况。文政九年（1826）十二月朔殁，享年五十三。幽谷之子东湖，又门人有会泽安、丰田天功。东湖名彪，字斌卿，东湖为其号。会泽安，字伯民，通称恒藏，号正志斋，后又号憩斋。此二人鼓吹尊皇爱国精神，对当时世教人心影响很大。尤其东湖辅佐烈公，百般努力，大有推动维新政治变动之功。烈公即德川齐昭，字子信，号景山，又号潜龙阁。万延元年（1860）八月十五日殁，享年六十一，尝作《弘道馆记》，明国体之尊严，其中有言云：

> 乃若西土唐虞三代之治教，资以赞皇猷。

可知其具有以我日本为主之大精神。又云：

> 忠孝无二，文武不岐。学问事业，不殊其效。敬神崇儒，无有偏党。

这是水户学的主义纲领。东湖还作《弘道馆记述义》，敷衍烈公旨意，向世人大肆鼓吹国体尊严。其后水户学之余势波及明治年间，以栗田宽、内藤耻叟二氏去世而宣告终结。

如今来看水户学派，可分为前期与后期两期。前期以义公为中心，潜锋、观澜、澹泊及朱舜水等群儒汇集，开展修史事业。后期以烈公为中心，延于、延光、东湖、憩斋等群儒汇集，或开展修史事业，或扶翼政治活动。若列举前期与后期之差异，前期主要通过修史事业，明大义名分，以确定国家道德；后期虽继承前期事业，更又增加应用方面，即并不是和前期一样仅仅确定国家道德，而是实践已经确定的国家道德。虽当时境遇所然，但内部差异已经有所表现。前期未曾有政治活动，在这种境遇下产生如此的结果，并不是没有任何原因的。大概可以看作是义公埋下的种子在烈公时期得以成长吧！

水户学派以《大日本史》之编纂为主，明大义名分，以确定国家道德，而并非以专门阐明史实正确与否为目的。因此从纯粹历史研究精神而言，并未得其方法。这也是史学专家往往对水户学派不抱有任何同情之原因。但所有史实研究，或许都出于某种必要，而不仅仅是为了填充吾等之知欲，又是通过认识过去，对将来之事变有所帮助。换言之，期于对人生有所裨益。如果研究史实，而对人生无所裨益的话，这仅仅是一己之乐，只不过玩物之游戏。如此与茶人嗜茶，闲人玩书画，好事者爱万年青，有何异乎？由此观之，水户学派着眼于史学活用方面，不得不说是一大见识。尤其面对南北朝谁为正统、以什么为标准来确定这一问题，他们并非仅仅依靠赤裸裸的史实便可决定，而是将民族发展史上最为有益的国家道德作为立足点来决定。水户学派之见解，超越了区区史实，有非常豁达之处。水户学派并非像世上蠢蠢烦琐之史学家埋头于史实中，而是将死的史实活用于民族健全之发展上。简而言之，水户学派主要着眼于史实活用方面。而史实活用方面，发挥国家之道德，尤其重要。因此效仿孔子之《春秋》及朱子之《纲目》，对过去史实作出是非正邪判断，切实确定国家道德。这亦是一种特殊的东洋史学研究，无疑对世教人心均有所裨益。仅仅将记忆零碎史实作为一生之事业，没有任何统一之认识，也没有任何概括之见解，与这种没有精神、没有趣味可言的古董史学相比，可知其优点良多。

结　论

《日本朱子学派之哲学》叙述完毕，又一并回顾，总结出如下几点值得诸位学者特别注意之处。

第一，日本朱子学系由僧侣脱离佛教而率先倡导。京学之祖藤原惺窝本为禅宗之僧，居于相国寺，还俗后倡导朱子学。南学之祖谷时中原本也是圆顶缁衣之人，住于高知真常寺，还俗后倡导朱子学。山崎暗斋亦尝剃发居于妙心寺，一朝悟佛教之非，转向儒教，为朱子学发展作出了卓越贡献。僧侣摆脱佛教而归宗朱子学，不关注生前死后之古老怪异传说，只讲说人类交往中不可或缺的日常彝伦，以资国民教育。即打破僧俗之隔阂，心念转变，表现出开始接触世俗、与常识妥协之征兆。换言之，世俗化（Secularization）印迹明显，无法掩饰。尤其随着由僧侣所倡导的朱子学逐渐得势，古学、阳明学等亦倡导于其间。儒教最终代替佛教，展示出风靡天下之气势。德川氏三百年治世，学问德行卓绝之大儒彬彬辈出，反之，庆元以来缁林中再未出现可与空海、传教、法然、日莲、真鸾比肩者。由此可知精神界势力开始潜移默夺。

其次，我邦朱子学之发达史可分为三期。第一期自虎关玄惠至藤原惺窝，凡两百七八十年，是准备时期（参考附录一《朱子学起源》）；第二期自藤原惺窝至宽政三博士，凡一百九十余年，是兴隆时期；第三期自宽政三博士至王政维新，凡七十余年，是复兴时期。维新以后的朱子学仅仅是第三期之余势。第二期兴隆时期有两种源头，因此分为两大系统，即惺窝京学系统与时中南学系统。后者偏狭固陋之甚，前者态度相对宽容。此两大系统之外，虽有中村惕斋、贝原益轩之徒，但他们与惺窝京学系统属于同一性质。第三期是将第二期两大系统合二为一，属于复兴时期之朱子学。复兴时期朱子学总体上排斥其他异学，使其成为唯一教育主义，因此其势力无疑很大。而作为学问仅仅是第二期之微弱表现，未留下任何明显印迹。简而言之，我邦朱子学在第一期开始萌芽，第二期开花，第三期结果。其果实逢维新之暴雨，不得其所。但所谓朱子学，决非完全误谬。尤其在其伦理说中，不可否定存在着永不磨灭之真理。因此其潜移默化地影响人心，在国民道德养成上，可以想象得出发挥了很大的作用。

再次，吾等将考察朱子学派之特质。朱子学派中虽然尚有分派，但差异不大，是"同类事物"，他们除了叙述或者敷衍朱子学说之外，别无其他。而大胆批判朱子学说，或提出自己之创意，最早表明态度的并非朱子学派之人。作为朱子学派之人，不得不忠实崇奉朱子学说。换言之，是朱子之精神奴隶。因此朱子学派之学说几乎不可避免地千篇一律。尤其是豁人目，惊人耳，壮绝快绝之大议论大识见，在朱子学派中基本找不到。这一点朱子学派远不及古学派及阳明学派。毫无疑问，我邦古学派多种多样。即使是阳明学派，也并不像朱子学派那么单调。阳明学派至少有两种对立倾向。一为省察方面，二为事功方面也。用力于省察方面者，采取以自反慎独为主的道学者态度，或有人如禅僧一样陷于枯淡状态。反之，用力于事功方面者，如政治家、经济学家或者社会改革家等，他们即使不主张功利主义，也无不是功利主义之实践者。阳明学派有如此不同的倾向，自然形成对比。而朱子学派中不同之元素，则相对较少。尤其从相对人数多这一点而言，其单调，缺乏变化，超乎想象。朱子学派中虽出现过竹内式部、山县大贰、藤田东湖等，但他们并非在朱子学精神指导下而展开活动，而是受到神道或国体观念所驱使。简而言之，朱子学派自始至终，无大波澜，无大抑扬，如未曾脱离轨道之常识文章，遵循一定轨迹，其徒弟如同一个模子所刻，熔铸陶冶，使个人丧失大放异彩之自由。也就是说在教育上采取统一主义之结果，我邦朱子学派之历史足可以证明。

又次，考察朱子学派之伦理说。即使在今天，也决非没有价值。或者可以说在很多地方与西洋理想派之伦理说都有共通之处。尤其如今日所谓完己说，虽然是人为舶来之新说，却和古来朱子学派所倡导之观点有关。东西之伦理说自然吻合，这难道不可以证明其具有普遍价值么？朱子学派伦理说中具有普遍价值，因此经过时势变迁后再度研究，依然极其适合人格修养。但朱子学所倡导的内容是古今不变、东西一贯、具有常识性的道德，因此没有炫目之噱头，而包含了人们一生中所当遵循之轨迹。朱子学派以孔孟嫡派自任，因此未敢以炫奇耀异来夺人眼球。简而言之，朱子学派以矫正性僻，修养人格，达到粹然君子人之地位为其目的。因此朱子学派之人大都谨厚笃实，成熟朴实，很难在其中找到豪杰与才人。尤其如果期待朱子学派中出现作出震天动地大事业或经世之伟人，如缘木求鱼。朱子学派之人无可非议，其态度恭谦，不作危险之事，概为无可无不可之道学先生。温顺而易使，多不成大用。若举其明显特征，则对世事糊涂，如蠹鱼般耽于读书，终未免腐儒之訾。由此观之，朱子学派之弊亦不少。但朱子学在儒教诸派中，其最安全、最稳健的教育主义，是吾等所必须承认之处。

最后，稍微介绍一下朱子学派之宇宙论。朱子以理气二元来解释宇宙。理非气之所生，气亦非理之所生。两者为相互不可演绎之世界根本主义。他提出："所谓理与气，此决是二物。"因此朱子世界观和笛卡尔或迦毗罗一样，都是二元论。朱子又言太极，太极为理，非气也，因此其二元论不可否定。但是我邦朱子学派之人，往往不满足于二元论，将理气二元，变为理或者气一元。比如罗山从于王阳明，省庵与益轩从于罗整庵，坚持理气合一论，将理看作气之属性，其结果是倾向于唯气论。反之，尚斋以理为主，断言气为理之所生，最终倡导唯理论。单调的朱子学派中开始发生了些许变化，产生了唯气与唯理两种相反的一元论。二元论在哲学中决非占据终极地位。若坚持二元，其中还原到哪儿，或者如何演绎，必然会出现归于一元论之倾向。这是吾等认识统一之所然，另外还是充实吾等精神之所需。因此我邦朱子学派具有将朱子二元论变为一元论之倾向，哲学上无疑具有进步之迹象。但遗憾的是宇宙论最终没有取得显著进步。我邦朱子学派中今日仍有值得吾等学习之处，便是躬行实践之余所铸就的崇高清健之伦理说。不，比起伦理说，还有其崇高清健之德行。学说虽然会因时代而有所消长，德行却永放光芒，而没有变化。但如同宇宙论，仅仅是作为史实，时而因比较对照而有回顾之价值。

　　守节操之士，穷困自不必说，在觉悟前，不能忘记早晚会因饥饿而跌落沟谷。勇士战死沙场自不必说，所期望的是，不能忘记早晚会不再担心被斩首。生而为士者，若不能成为志士、勇士，可耻至极也，云云。此志一旦立，则不求于人，不祈于世，昂然一视天地古今，岂非愉快乎？

——吉田松阴

附 录

| 附录一 |

朱子学起源

（附朱子学起源略系）

第一　总论

自镰仓时代至室町时代，我邦文教之权几乎完全掌握在僧侣手中。尤其考察室町时代的状况，整个社会被卷入战乱旋涡中，未见世间有以学问文章安身立命之人，因此被称为黑暗时代。当时只有僧侣对社会仍抱有一丝耿耿良心，其中五山僧为最大。骁将勇士相见于干戈之间，僧侣讲究内典外典，发挥人类精神所需要的永恒不灭之道。特别值得注意的是，僧侣彼此间往来颇为频繁。由我邦入中国者，有荣西、道元、俊芿、觉心、圣一、大明、大应、月林、北山、嵩山、绍明、龙山、元选、周及、绝海、汝霖、观中、仲方等。《本朝高僧传》第二十七《师炼传》曰：

今时此方庸流奔波入宋。

由此可知当时之情形。自中国入我邦者，有道隆、普宁、正念、祖元、一宁、子昙、正澄、楚俊、道彝等。看《日本名僧传》可知入朝中国僧共十四人。由此观之，圆顶缁衣之人，无彼我之别，思想碰撞极盛。中国僧侣携来大量书籍，我邦僧侣自他国归朝时，更是乐此不疲地带回大批新出书籍。例如肥后僧俊芿（字我禅），于建久十年（1199）入宋，居住十二年，建历元年（1211）归朝。归朝时，携带书籍两千一百零三卷，其中儒书两百五十六卷。建历元年，即宋嘉定四年，为朱子门人刘爚刊行《四书集注》之年，故《四书集注》进入我邦或始于俊芿亦未可知，但并无任何确凿证据，仅仅是"盖然"。而祖元、一山等入朝时，必然会带回大量宋儒书籍。他们皆宋末元初之人，出于宋学盛行于世之后。祖元，字子元，俗姓许氏，号无学。明州庆元府鄞县人，弘安二年（1279）入朝，赴相州镰仓，成为圆觉寺之祖。弘安六年（1283）圆寂，享年六十一，追赠佛光禅师，并有语录十卷，为《佛光禅师语录》。《塔录》云：

邈矣前圣，万化之宗。孔释虽异，忠孝则同。孰知我元，参天配地。孔释并隆，无远弗至，云云。

由此观之，祖元虽身在佛门，亦同时尊崇儒教。其是否传播宋学，未可断言，但值得人们推测。今翻阅《语录》，就宋学而言，未有任何发现。但一山携来大量宋儒书籍，为朱子学的输入提供了便利，这一点不容置疑。一山，名一宁，宋台州临海县人。正安元年（1299）入朝，初居于豆州修善寺，后移居相州镰仓，终至京都，文保元年（1317）圆寂，享年七十一。著有《宁一山语录》两卷。一山原本是元朝国主使其作为使者入朝，但最终留在我邦，专门从事传播佛教教义。其门下有虎关、梦窗、中严、龙山，皆为当时名僧。尤其虎关精通宋学，驳击程朱之说。中严，虽不言朱子之名，却论伊洛（即程子）之事。梦窗有《语录》两卷，名为《梦窗国师语录》，其中未提及宋学。但其门下义堂，精通宋学，认为宋学之见解与汉唐训诂学之见解相比，更能道破高尚之处。义堂宋学或许并非传承于梦窗，但无疑为一山门下宋学研究之发端。简而言之，一山应该是将宋学介绍到我邦之远祖。

《南山编年录》元应元年十月下云：

> 《四书集注》始来。

元应元年（1319）为后醍醐帝即位之岁，一山来朝早于此二十年。故宋学之输入并非始于元应元年，但《四书集注》此时才输入进来。无论如何朱子学之研究确实始于此，且有明显的史实依据。《花园院御记》云：

> 元亨二年七月廿七日癸亥，谈《尚书》，人数同先先，其义等不能具记。行亲义，其意涉佛教，其词似禅家。近日禁里之风也，即是宋朝之义也。或有不可取事，于大体非无其谓者也。凡近代儒风衰微，但以文华风月为先，不知其实。文之弊以质可救之，然者近日禁里有此义欤？尤可然事也。但涉佛教，犹不可然乎？

这是后醍醐帝即位后第四年之事。所谓"宋朝之义",无疑意味着宋儒理学。此外"涉佛教,犹不可然乎",似乎意味着难以苟同宋儒排斥佛教。又云:

> 元亨三年七月十九日己酉,凡近日朝臣多以儒教立身,尤可然。政道之中兴,又因兹欤?而上下合体,所被立之道,是近代中绝之故,都无知实仪,只依《周易》《论》《孟》《大学》《中庸》立义,无口传之间,面面立自己之风。依是或有难谤等欤?然而于大体者,岂有疑殆乎?但近日风体以理学为先,不拘礼义之间,颇有隐士放逸之风。于朝臣者,不可然乎?此是则近日之弊也,君子可慎之。况至于道之玄微,有未尽耳,君子深可知之。

这是后醍醐帝即位后第五年之事。其中记有"《论》《孟》《大学》《中庸》",以此观之《四书集注》之输入为不可撼动之史实。此外还有"近日风体以理学为先",可以想象宋学在京都上流之间流行。尤其后醍醐帝侍读玄惠,在宫中开讲《四书集注》。这难道不是元应元年舶来之书么?他与虎关同时研究朱子学,但在宫中鼓吹朱子学之功,不可归于其一人。

玄惠、虎关以后,朱子学次第传播,《建内记》嘉吉元年(1441)四月十五日之下云:

> 《晦翁集》(《朱子文集》也)三十册卖本被召置禁里,代价八百匹。自长桥局到来,送清大外记许了,彼请取遣局了,后日人了淳请取,外史见送之,加一见,返

遣了。

《朱子文集》百卷以上，三十册恐为零本。虽为零本《朱子文集》，当时作为新奇珍书，召置于宫中。《好古小录》（下）记录《建内记》此文，论之云：

> 先辈以此认为《朱子文集》始传于本邦。然享保中伊贺国僧兆藏主者，于京师骨董店得《朱子文集》之零本，卷尾有"永和四年戊午九月读了（下略）"，嘉吉前六十余年也。

永和四年（1378）为后醍醐帝元应元年（1319）六十年后，《朱子文集》行于世丝毫不足为怪。而后花园帝时，藤原兼良著《尺素往来》云：

> 程朱二公之新释，可为肝心候也。

另根据朱注，兼良著《四书童子训》。兼良生于应永九年（1402），殁于文明十三年（1481）。惺窝生于其殁后八十年，由此可知，所谓朱子学始于惺窝之说法是违背事实的。

朱子学起源书籍如下：

《花园院御记》三卷（写本）

《建内记》（卷十四）（写本）

《尺素往来》一卷（藤原兼良著）

此书收载于《群书类丛》（卷第一百四十一）。

《卧云日件录》（乾）（写本）

《佛光禅师语录》十卷（祖元著）

《海藏和尚纪年录》一卷（令淬编纂）

《日本名僧传》一卷

此书收载于《续群书类丛》（卷第二百零三）。

《南山编年录》一卷（写本，光海良显[①]著）

《本朝高僧传》七十五卷（师蛮著）

《大日本史》（卷之二百十七）

《垂加草全集》（附录下）

《国朝贤臣谏诤录》（下卷）（藤井懒斋著）

懒斋认为垂永广信始尊朱子学，但此说为瞽者佐佐木玄信所捏造，详见于《先哲丛谈》（卷之三）二山义长下。长井定宗《本朝通纪》、寺岛良安《和汉三才图绘》中记载垂井广信始读朱注，大概均以《谏诤录》为依据。

《好古日录》（乾）（藤井贞干著）

《好古小录》（下）（同上）

《好古余录》（上卷）（山崎美成著）

《续本朝通鉴》

《四书大全鳌头》

《茅窗漫录》（茅原定著）

此书收载于《百家说林》（卷五）。其中题为《朱子学四书来由　并　二先生像》一项，最资参考。

《朱学传来记》（谷秦山著）

[①] 1937 年第十六版中，此处修订为"迹部良显"。——译者注。

《日本儒学传》（迹部良显著）

上述两篇收载于《日本教育史资料》（卷十五）。

《汉学纪源》五卷（写本，伊地知季安撰）

此书为萨摩伊地知季安（字子静）所著，主要阐明朱子学起源。凡关于朱子学起源之史料，无有出此书之右者。

《隐逸全传》（下卷）（细川十洲著）

《朱子学由来》（花冈安见）

《国学院杂志》第六卷第八、第九及第十一三号。

《朱子学传来及其学派》（足利衍述）

此书载《东洋哲学》第八编第十一号及第十三号。

《日本儒学史》（上卷）（久保得二著）

《正斋书籍考》（卷二）（近藤重藏书）

第二　京师朱子学的起源

一　玄惠（附北畠亲房及楠正成）

玄惠之事，仅出于《天台霞标》（六编卷之二），未见于其他各种僧传中，反而见于《太平记》《尺素往来》等。此外《大日本史》（卷之二百一十七）中有本传。玄惠居于京都北小路，号独清轩，又号健叟，曾任权大僧都。以《天台霞标》所记之事观之，似为天台僧。盖其多少以文学素养而称于世。他常读宋司马光《资治通鉴》，又尊信程朱学，被召为后醍醐帝侍读后，借由朱注于宫中讲解经书。《尺素往来》云：

> 近代独清轩玄惠法印，宋朝濂洛之义为正。开讲席于朝廷以来，程朱二公之新释，可为肝心侯也。

由此可知，玄惠始倡朱子学。《大日本史》云：

> 玄惠始倡程朱之说。

这是吾等需要承认的事实。玄惠①于正平五年（1350）逝世，《佛家人名辞书》"玄惠下"有如下言，云：

> 俗兄出家，云虎关师炼。师亦出家，登比叡山，学天台宗，后倾意于临济宗，寓居京师北小路，读佛儒之书。殊儒书用一宁一山、虎关师炼讲解所用宋之新注，亦以其为师始讲于宫中。

若此记录为事实，便可揣摩出曾经尚未清晰的朱子学系统。虎关自一山传承朱子学，由此线索来看，与玄惠相比，其接触朱子学系统或许更早。然在宫中讲授朱子学，却以玄惠为嚆矢。那么玄惠从何处传承了朱子学呢？如果他果真与虎关为同胞兄弟关系，便是从俗兄虎关那里传承到的朱子学。但玄惠与虎关为兄弟之事，没有任何根据可循。笔者曾请教《佛家人名辞书》编者鹫尾顺敬氏，他也忘记其出处，十分可惜。《尺素往来》云：

---

① 1937年版，此处加入眉批：《群书一览》第二卷《庭训往来》下中论及玄惠，又举一说云，与东福寺虎关禅师为兄弟关系。

当世付玄惠之议，《资治通鉴》《宋朝通鉴》等，人人传受之，特北畠入道准后被得蕴奥，云云。

所谓《宋朝通鉴》，大概指《宋元通鉴》的一部分。由此观之，北畠亲房作为玄惠门人，颇通晓程朱学，其著书《元元集》中有一处引用周子《太极图说》之文。若《元元集》果成于亲房之手，这也是他通晓宋学的一个证据。《汉学纪源》卷一云：

亲房特钦朱子学风，读"四书""五经"《宋朝通鉴》等，当时无博识比肩者，云云。而其《元元集》引《太极图》，述神道之秘蕴。

《元元集》多有荒诞无稽之说，并非述神道秘蕴之书，且其书是否成于亲房之手，尚且存疑。《汉学纪源》断定楠公与亲房同尊奉朱子学，论之云：

如楠木成，与亲房等皆慷慨奋义，杀身勤王，其将死，贻子诀别书曰：死期迫，欲视汝成，抱义之所重，更亦难遁。汝戒励学，以察吾志。今愚窃谓，知其义所重，比之非宋学，恐未得言。以是观之，虽世未闻谓楠氏之学，吾必学之。

这是强执楠公，使其与朱子为党。楠公和亲房共仕南帝于吉野，为柱石之臣，虽为事实，但尚未从亲房处传承朱子学。虽樱井驿诀别云：

> 养命之由悬矢先，义可比之纪信忠。

但也不可以此作为楠公尊奉朱子之证据，义之教早已见于孟子中。将楠公塑造为忠臣，以牵强附会之说，将其作为朱子学之党，多有夸张之处。

二 虎关

虎关，名师炼，平城人，幼好读书，因此有文殊童子之号。而性多病，其自曰：

> 某生自素多病，一岁中，其所疚之居诸过半矣。虽其不疚之时，喘喘焉，羸羸焉，不似常人之强健。（《上一山和尚书》）

由此可知他为弱质蒲柳之人，及其壮，学于一山宁公，贞和二年（1346）圆寂，享年六十九，著有《元亨释书》三十卷，《济北集》二十卷等。其事迹详见于《本朝高僧传》（卷第二十七），师蛮赞云：

> 夫山有富士，僧有炼公，是吾之所瞻仰也矣。

又曰：

> 凡佛法东渐已来，集大成者，无盛于炼公也。

可知其推尊亦至。虎关无疑为当时佛门龙象，门人灵源寺令淬著有《纪年录》一卷，题为《海藏和尚纪年录》，收载于《续群书类丛》中。《高僧传》云：

> 炼比壮，逢一山宁公于建长，杂儒释古今书，细绎审询。

可知他在佛书之外，广泛涉猎儒教之书。《纪年录》中虎关尝问一山曰：

> 某智薄识谫，每见程杨之易，说不能尽解。老师宏才博学，赖以愚所疑，合程杨之说，深考静究，必有所解，云云。

此处所谓程杨，大概指的是程子与杨诚斋。如果已经接触过程子之书，那么当时应该也同时接触过朱子之书。

《高僧传》又云：

> 自今诸人行住坐卧，觉得火星痛痒也。得从前诸火虽儒释禅教之异，皆一火也。

如其他尊信儒佛一致者，他在附载于《元亨释书》卷末的《智通论》中认为儒佛二教未必有所相悖。由于持这种见解，他一并研究儒教，造诣匪浅。如宋儒之学，他亦早有研究。尤其关于程朱学，《通衡》卷二云：

> 夫程氏主道学，排吾教。其言不足攻矣。（《济北集》卷第十七）

又《通衡》卷五中辩驳司马光所云"如佛老之言，则失中而远道矣"，最后论之云：

> 我常恶儒者不学佛法，谩为议，光之朴真，犹如此，况余浮矫类乎？降至晦庵益张，故我合朱氏而排之云。（《济北集》卷第二十）

他又进一步攻击朱子云：

> 晦庵《语录》云，释氏只《四十二章经》，是他古书，其余皆中国文士，润色成之。《维摩经》亦南北朝时作。朱氏当晚宋称巨儒，故《语录》中，品藻百家，乖理者多矣。释门尤甚，云云。（同上）

由此观之，虎关通晓程朱学，这点毋庸置疑。但应当注意的是，其通晓程朱学，并非尊崇程朱。反而针对程朱，为佛教辩护，对程朱加以排斥。可知在这一点上，虎关与玄惠态度大相径庭。

三 中严

中严，名圆月，相州镰仓人，正中元年（1324）入元，元弘二年（1332）归朝。永和元年（1375）圆寂，春秋七十六，著有《中正子》一卷，《东海一沤集》五卷。《中正子》虽有单行本，但亦编入《一沤集》第四卷中。其事迹见于《本朝高僧传》（卷第三十三）。又《一沤集》卷之五载有《自历谱》，即现今所谓自传。其师亦多，而不定，但自虎关之处所得颇多。《高僧传》云：

> 元亨初上京，见阐提具公，寄锡南禅，时虎关和尚退

济北庵，撰《元亨释书》，掩关谢客，独许月参敲。

又《自历谱》元亨元年（1321）辛酉下云：

> 往来济北庵，亲虎关和尚。关时撰释书，不容诸客，独许予与不闻来控，①以见爱也。话及本朝高僧事迹，予甚服博识。

虎关爱中严，中严亦服虎关。因此将中严视为虎关弟子，决无不当之处。师蛮《中严赞》云：

> 此方传大慧之派者，唯禅师一人而已。

中严尊崇大慧，常说要与大慧同年逝世，果然最终逝世之年与大慧同年。《一沤集》卷之一《寄藤刑部》古诗云：

> 先生业成悉众艺，先生名高盖一世。只今年已七十余，从心所欲应无滞。尚自进修志益勤，夜读达旦未尝替。家乏储粟儿童饥，不肯炙手向权势。昨日访我过淡斋，相忘尔汝论文细。学尚汉唐不言今，奋然欲救伊洛弊。休讶往往搪揬多，我本浮云无根带。作诗预先粗谢衍，更期莲社重交际。

又卷之三有《与虎关和尚书》，其中亦论及"伊洛之学"。

又《中正子·问禅篇》云：

---

① 井上原著中原汉文如此，经确认应为"独许予与不闻来扣"，参考塙保己一编《续群书类丛》卷236—239。——译者注

> 伊洛之学，张程之徒，夹注孔孟之书，而设或问辨难之辞，云云。

中严虽未曾论述过朱子，但提及伊洛之学、张程之徒，无疑已经对宋学有所了解。与虎关一样，其排斥宋学，具有为禅宗辩护之口吻。这是缘于宋儒对佛教打击过甚之故。

四　义堂

梦窗国师门下有两位秀才，分别是义堂与绝海。绝海以诗胜，义堂以文胜，各有所长。绝海著有《绝海录》两卷，虽另有单行本《蕉坚稿》，亦收载于其下卷。绝海到底是否研究朱子学，很难确定。《绝海录》中亦未见言及朱子之处。而义堂研究朱子学，却不容置疑。义堂，名周信，号空华道人，义堂为其字。土州长冈人，南禅寺慈氏庵开山。嘉庆二年（1388）圆寂，享年六十四。著有《空华集》二十卷，《空华日工集》（或《空叶日用工夫集》）若干卷。可惜《日工集》全书未传，唯《续史籍集览》中收载有《空华日工集》抄录三卷。其事迹见于《本朝高僧传》（卷第三十四）。义堂研究朱子学之事，根据《日工集》记录可以明确。其尝拜谒足利义满，义满问之：就孟子之解释，何故儒者之说各有不同？他认为儒书解释有新旧二义。《日工集》康历三年（即永德元年，1381）条云：

> 九月廿二日，余以事谒上府（义满），府君出接，云云。君又曰：昨日儒学者讲孟子书，其义名名不同如何？余曰：所见不同也。近世儒书有新旧二义，程朱等新义

也。宋朝以来，儒学者皆参吾禅宗，一分发明心地，故注书与章句学迥然别矣。四书尽于朱晦庵，朱晦庵及第以《大惠书》一卷为理性学本。

又云：

> 廿五日，过二条准后，云云。又所问儒书新旧二学不同如何？曰：汉以来及唐儒者，皆拘章句者也。宋儒乃理性达，故释义太高。其故何？则皆以参吾禅也。

由此观之，义堂不仅研究朱子学，并且认为其比汉唐训诂之学更深远且高尚。

五　岐阳（附大椿）

义堂门下有岐阳及大椿。岐阳，名方秀，号不二道人，岐阳为其字，佐伯氏，赞州人，东福寺不二庵开山，又曾为南禅寺沙门。应永三十一年（1424）圆寂，春秋六十二。著有《琴川录》及《不二遗稿》。《岐阳和尚自赞》（收载于《续群书类丛》卷第二百四十）云：

> 今追忆六十年间事，如幻虚妄，无一可把玩。一侍者绘像求赞，似非幻者。一曰幻与非幻，全是不二。余于是乎赞曰：一则不二，不二则一。性相平等，匪影匪质。

此为叙述其何故号不二。《日本名僧传》云：

> 岐阳和尚初讲四书朱熹集注。

又《汉学纪源》（卷二）云：

　　至德三年堂周信升董南禅，颇信程朱书。初阳少，学诗书。后崇宋学，亦盖有资焉。由是大小经论，靡不探颐云。

岐阳所传承之朱子学，虽当来自义堂，然亦因偶得所舶来之朱子书类，更得深攻究之便。《茅窗漫录》引用中村惕斋之言曰：

　　后小松帝应永十年癸未，南都归船载《四书集注》《诗经集传》来。同年八月三日，达之洛阳，于是东福寺不二岐阳和尚始讲之。

又《新书籍目录》记载不二岐阳始以朱子之注讲谈，云：

　　朱子新注渡于本朝，后花园院御宇、普广院御治世、东福寺不二庵岐阳和尚始以朱子注讲谈。

此说与前说《四书集注》舶来之时日虽有大差，但以岐阳始讲《四书集注》这一点却相同。《四书集注》最初输入时，为后醍醐帝即位之年，即元应元年（1319），《南山编年录》可以为证。岐阳时《四书集注》之舶来并非首次，另外始讲《四书集注》当为玄惠。以岐阳为始讲《四书集注》者，恐为误。但岐阳研究朱子学这一点，却无疑是事实。

与岐阳同门之弟子周亨，字大椿，南禅寺沙门，亦喜朱子学。《卧云日件录》第十册宝德年闰十月条云：

三日，长照院竺华来过，云云。竺华曰：吾翁大椿，筑紫人也。少年东游，就常州师，学四书五经，始闻孟子讲。时食不足，就人求豆一斗，挂之座隅，日煮一握，以疗饥耳，如是者凡五旬。

此处提及"四书"，由此观之，想必为《四书集注》。又提及"闻孟子讲"，可以推测根据朱子之注始感兴趣。

六　一庆

岐阳门下有一庆与惟肖。一庆，字云章，号宝清老人。平安人，生于至德三年（1386），南禅寺沙门。宽正四年（1463）圆寂，享年七十八。其事迹见于《本朝高僧传》（卷第四十二），又收载于《续群书类丛》（卷第二百四十一）释惠凤所撰《云章和尚行状》中。一庆律身甚严，自永享七年（1435）至宝德三年（1451），胁不沾席者十有七年之久，其程朱学传承自岐阳，《日本名僧传》云：

读《周易》程朱传义。

又《本朝高僧传》（第四十二）云：

往城北圣寿寺，参岐阳秀公，朝昏辛勤，综究内外。

又云：

每喜诵程朱说，制理气性情图，一性五性例儒图。

由此观之，其不仅通晓朱子学，又非常崇信之。①

七　惟肖

惟肖，名得严，号双桂，又号蕉雪，惟肖亦为其号，南禅寺沙门。其逝去之年及寿命等今未详。著有《文集》七卷，为《东海璚华集》。其事迹见于《本朝高僧传》（卷第四十）。《汉学纪源》（卷二）叙惟肖之事云：

> 参祖应于东福，与秀岐阳等，虽为同门，如程朱学，受之岐阳。经史子集无不探抉，以文鸣世，与仲方太白岐阳齐名。

此事实之出处，虽尚不明确，惟肖持三教一致说，对孔老释具有不偏不党之见解，确为事实。②《三教合面图赞》序云：

> 夫三圣人设教之迹弗同，而治心之方归一者。

又赞云：

> 合归于一，劈成三唐。

---

① 1937年版，此处加入眉批：《国史眼》卷四中记载有足利义政之时，僧清启崇信程朱学，恐为桂庵之误。
② 1937年版，此处加入眉批：岐阳门下惠凤亦通朱子学，观其所著《竹居清事》，其中有一篇《晦庵序》，盛赞朱子。《竹居清事》载于《五山文学全集》（第三辑）中。

由此观之，儒教道教决非其排斥对象。

八　景徐

惟肖之门有景徐、竹居、兰坡、桂悟、桂庵等。竹居与兰坡是否通晓朱子学，尚未详。竹居之事迹出自《本朝高僧传》（卷第四十一）及《日域洞上诸祖传》（下卷）。《高僧传》谓之云：

> 依惟肖严公三载，肖郑重诲奖，与竹居号。

由此仅可以推测其自惟肖传承朱子学。兰坡事迹，出于《本朝高僧传》（卷第四十三），其为梦窗国师四世之孙。他是否通晓朱子学，并无史实事迹可以求证。但景徐、桂悟及桂庵皆与朱子学传播关系不小。

景徐，名周麟，号宜竹，南禅寺沙门。年七十有余圆寂。著有《翰林葫芦集》十三卷（《诗集》四卷，《文集》九卷，合十三卷。另有诗文六卷，均为写本）。《中岳字说》云：

> 子程子曰：中心为忠。夫子告参乎以一贯之道，参以忠恕二字释之。子朱子曰：一是忠，贯是恕。又曰：一是一心，贯是万事。是乃儒家者之就心以论中字者也。

又《伯春字说》云：

> 一月坐春风者，非程子耶？

这似乎亦指明道。由此观之，其通晓程朱学。其事迹出于

《本朝高僧传》（卷第四十三）及《汉学纪源》（卷二），庆长十五年（1610）僧文之《与僧恭畏书》云：

> 应永年间，南渡之归船，载《四书集注》与《诗经集传》来，达于洛阳。于是不二岐阳始讲此书，作和训。时东山有惟召，东福有景召。二老名衲，同出于不二间。翅不仅精于此二书，以博学多闻，籍甚天下。我桂庵从二老，受程朱学。游明七年，遂研究之而归，教授西藩，传之于月渚，月渚传之于一翁，以至文之。

此书未见于《南浦文集》中，故姑依《汉学纪源》，如伊地知季安所辨明，书中云："无疑惟召为惟肖之误，景召为景徐之误。"中村惕斋及细川十洲等皆基于文之之说而论朱子学起源，故未免蹈袭其误。

九　桂悟

桂悟，字了庵，居于东福寺惠日堂，未知其为何国人。应永三十一年（1424）生，即岐阳圆寂之岁。其与桂庵同受宋学于惟肖之门，长桂庵三岁。永正三年（1506）桂悟年八十三，奉使入明。时同门景徐作《送序》曰：

> 禅师居于惠日也。万衲随其指挥，严规肃尔。而殿堂廊庑，一有疏漏，即修治焉。以故隆楼杰阁，万瓦翼翼。吾国千亿代之眉目也。非惟一门被其福泽，而都下诸刹，一律向风焉，实五山大老也。（《翰林葫芦集》卷五）

由此可知桂悟德望决非寻常。入明后，明帝诏，使其居于育王山，至正德八年（即我邦永正十年，1513）归朝，时年九十岁。其归朝之际，明之诸儒作诗文送之。就中最惹人注目者为王阳明赠序，云：

> 世之恶奔竞而厌烦挐者，多遁而之释焉。为释有道，不曰清乎？挠而不浊，不曰洁乎？狎而不染，故必息虑以浣尘，独行以离偶，斯为不诡于其道也。苟不如是，则虽皓其发，缁其衣，梵其书，亦逃租徭而已耳，乐纵诞而已耳。其于道何如耶？今有日本正使堆云桂悟，字了庵者，年逾上寿，不倦为学。领彼国王之命，来贡珍于大明。舟抵鄞江之浒，寓馆于馹。予尝过焉，见其法容洁修，律行坚巩，坐一室，左右经书铅采（采，一作朱）自陶，皆楚楚可观爱，非清然乎？与之辨空，则出所谓预修诸殿院之文，论教异同，以并吾圣人，遂性闲情安，不哗以肆，非净然乎？且来得名山水而游，贤士大夫而从。靡曼之色不接于目，淫哇之声不入于耳，而奇邪之行不作于身。故其心日益清，志日益净，偶不期离而自异，尘不待浣而已绝矣。兹有归思，吾国与之文字交者，若太宰公及诸缙绅辈，皆文儒之择也。咸惜其去，各为诗章，以艳饰迥躅，固非贫而滥者，吾安得不序。

此文真迹一幅，由伊势山田祠官正住隼人所藏，出于《拙堂文话》（卷二）。阳明为明代最杰出之人物，但对桂悟学问德行有深刻感佩之处，由此可推测桂悟之为人。桂悟归朝时，阳明年四十二。由《阳明年谱》可知，其最初了悟良知说为三十七八岁。果然如此的话，桂悟或已从其处听取致良知说。阳明亦见桂悟之举措，心中有所感发。这虽然仅仅是臆测揣摩，但根据阳明所赠之序可知二氏之间曾就儒佛之教义有过争论。桂悟与阳明密切来往之事是哲学史上不可忽视之事实。桂悟归朝后，帝敕其住于南禅寺，最终殁于东福寺大慈院，年月未详，春秋亦不可考。但其高寿，以其归朝时已九十岁便可知，特赐法号佛日禅师。著有《语录》二卷，题《了庵悟禅师语录》。其事迹见于《本朝高僧传》（卷第四十三）及《汉学纪源》（卷二）。

十　桂庵

桂庵事迹，未见于《本朝高僧传》《日本名僧传》及其他僧传类，仅《汉学纪源》（卷二）及《日本教育史资料》（卷五）叙述最详，今主要以《汉学纪源》为主。桂庵，字玄树，后号岛阴，本为周防山口人，姓氏所出有详细记载。应永三十四年（1427）生，永享七年（1435），年九岁，游洛，赴南禅寺，师事惟肖，学《四书新注》等。嘉吉二年（1442），其年十六，削发为僧，始登戒坛。惟肖既老，于山中建居，号双桂院。其亦选名字，名桂庵。当时谈学者，无不叩其门之人。他最用力于攻学，与景徐、桂悟、兰坡等为友，交善，上述皆一时之名僧。其业成，归于长州，领赤间关永福寺，自此愈崇信宋学。倪士毅（字仲弘，元人）读《四书辑释》及《四书大全》等，虽欲究其精微，犹不知其先师岐阳所点《四书》是否适合注释，于是有慨然求真学之志。文正元年（1466）于五山僧中选拔朝廷遣明使，惟肖负其任，乃征知名衲子八十余人，集于南禅寺，课大梅梅子之题，鸣磬一声，使各自作诗，以斗其才。时桂庵亦就试场，应声赋之，曰：

> 大梅梅子铁团团，八十余人下觜难。今日当机百杂碎，那边一核与他看。

惟肖大有所感，乃举之，应仁元年（1467）遣桂庵使明，至燕都（今北京），入而见宪宗，宪宗特设宴飨之，赐之币帛。使事既竣，游于苏杭间，出入学校，受朱子学，博窥曹端《四书详说》及其他注释之粹，潜心玩理。有不得之处，辄就巨儒，审询研究。居之七年，业有大进，内外精蕴，无不通晓。然最深《书经》，又长于诗骚，其有明乎？探禹穴，泛西湖，名山大泽，无不涉观。而每有兴怀触感，必作诗。特如《纪梦》《遇旧》之作，明人亦往往竟而传之，皆称有唐人之风。其《纪梦》诗云：

> 归梦飘然落海东，赤城旧院杏花红。坐迎诸友一樽酒，似慰多年离别中。

又《遇旧》诗云：

> 途中适遇四明人，一笑如同骨肉亲。可有扶桑新到客，报言东鲁送残春。

文明五年（1473）归，报使事，时京师有乱。南禅诸刹悉为灰烬,未能讲学,乃避之,寓于石州八年,历游丰、筑、肥诸州。所至一时老师宿儒,无不推尊。就中肥菊府特崇圣学,置泮宫(学校),桂庵乃往而客之。萨摩龙云玉洞等闻其硕德,与国老等荐之于圆室公(初武久,后忠昌),使人如肥厚聘,使招之。其乃欲往,既闻萨隅事而未果,九年(1477)正月又欲适,且作诗曰:

肥阳城外萨阳城,闻说今年收甲兵。万里云飞驾言迈,风流太守爱僧情。

二月犹于菊府,于泮宫观释菜,作诗献之曰:

太平奇策至诚中,春奠蒉筵陪泮宫。泗水吹添菊潭碧,寒云染出杏坛红。一家有政九州化,万古斯文四海同。弦诵未终花欲暮,香烟扑袂画帘风。

时菊府有源基盛者,别号朵云,就学于桂庵,尤善书。乃为其子抄"四书",受师之口授,旁加和点。十二月桂庵自校正,为之作跋,由是可知世多敬信"四书"。十年二月遂抵萨藩,始谒市来,特受宠遇。明年二月公命之于麑府海涯创寺,号桂树院,又名岛阴寺。盖因其地在向岛之阴,以名斯寺。亦自为号,皆其所撰。于是公之恩遇日厚,感有所为,遂委身复无移锡之意,乃与国老伊地知重贞相谋,于麑府刊《大学章句》,十三年六月板行于世,实本邦章句印行之嚆矢也。由是以桂庵为首,讲宋学,教授国中,以务弘斯道为己任。自公族大夫至群士浮屠之属,上下靡然,向慕之,无不受其业也。于是其徒众益盛,名声鸣于世。邻国人往往歆望,以萨都新兴仲尼之道,移东鲁之风,实唱西藩宋学之开祖也。长亨二年(1488)移寺于城西,盖初所创之地,临海涯,为风潮所破坏,不遑营治之故也。其地有清泉,因呼之泉庵,院号如旧。十二月,桂庵转锡于日州沃肥安国寺,以之为主席。先于是,公迁族人岛津忠廉于沃肥城,使镇边疆,兼掌渡唐船。桂庵所召,盖欲备简牍之用也。延德四年(即明应元年,1492),桂庵自日州沃肥归于萨州岛阴寺,重贞初于麿府所刊《大学章句》盛行于海内,仅经一纪(即十二年)版已擢。于是十月桂庵再于桂树院刊之,复行于世,是哥伦布发现西印度之岁也。明应二年(1493),复如沃肥,居于安国寺,往来兼两寺,如无常居。此时忠廉嗣子忠朝掌渡唐船,故入明者多过沃肥。近江人佐佐木永春(号东林居士)亦将入明,过沃肥而留,学于桂庵。三年(1494),桂庵归于岛阴寺,永春亦从。四年(1495),永春入明,桂庵作诗送之。六年(1497),永春自明归,直访桂庵于岛阴寺,示明儒《次韵》及《岛阴寺集序》,桂庵见之大喜。十年(1501),桂庵年七十五,此先读我邦儒书者必用汉音,读佛书者必用吴音,以之为法。桂庵曾问之于明儒,明儒曰:"曷泥于吴汉乎?便从之可也。"是以其所会得之处,岐阳尝正其所点"四书",多改乖误,别注和训,以授子弟。然当斯时,文运犹属草昧,教导未开,世之学者,往往不知句读,又不辨注有新古也。是以其著一篇之书,论"四书五经"之注有新古之别,且以国字解句读法,述倭点式,使后学者必崇宋说,先使其知能辨句读之所以。今世稀传

《桂庵和尚家法和训》是也，又言之为《家法和点》。其全文载于《日本教育史资料》卷十二中。文龟二年（1502），桂庵于伊敷村建丈室，是以为归隐之处，名为东归庵。三年（1503），扬名于日州市来龙源寺，然尚留于庵内。五年①六月十五日，卒于东归庵，享年八十二，葬于庵地。著有《岛阴渔唱》三卷、《岛阴渔唱文集》一卷、《岛阴杂著》一卷、《家法和训》一卷。桂庵虽居于释门，但崇奉宋学，敬信"四书"如神明。其曰："仁为吾儒之宗，我佛大慈也"，其抱儒佛一致之说，由此当知也。又云"释门之学在敬心君"，"人无正心，焉无愧于天也"，"云胸中自有不传之书"，"孔孟何人乎，在用情也"之类，皆足可从中窥其见解。

十一　月渚

月渚，名永乘（或作英乘），一名玄得，号宿芦，萨州牛山人（牛山即今之大口），其为人聪悟，幼而志于脱尘，缁服游于肥高濑，于清源寺随侍栖碧。时有僧一枝者，于山中建轩。赋诗，善书，名声闻于艺林。月渚乃从之而学，业迨将成，一枝殁。但仍留于遗轩，凡五六年。一枝尝与桂庵为友，交善，故桂庵闻知月渚之事，叹嗟其端厚超众，曰：

　　昔仲尼没，子贡庐塚上六年。于月渚亦心尽丧，岂减之乎？

---

①　此处应为永正五年（1508），或为井上疏漏。——译者注。

明应六年（1497）九月菊府使月渚往萨，使僧雪溪来迎。雪溪为菊府僧，曾负笈赴萨，受学于桂庵，有文藻宏识，驰誉遐迩。雪溪回，监管清源寺，月渚，介雪溪而得见于桂庵。桂庵乃大喜，作诗送之，云：

> 孤锡飘然报远来，开门扫叶小岚隈。牛山有才古今美，桐濑禅林用楚材。
>
> 师门业在壮年时，好寄书巢借一枝。人逝笔亡无限恨，为君不说又凭谁？

其后未几，月渚辞肥还萨，师事桂庵，嗜学研精，胸襟高洁，殊好吟咏，桂门弟子虽多，皆推月渚为巨擘。凡我邦遣唐船多泊于日州诸港，麑藩自古掌其出入，当时福岛属公族岛津忠朝仓邑，择儒僧，有备简牍之要。于是荐月渚监管龙源寺，特加宠眷。后转安国寺，聚子弟而讲学。悉根据师说，依朱子之注，门人日益众。大永三年（1523）管领细川高国，承幕府之旨，遣相国寺僧鸾冈（名瑞佐）及宋素卿（归化明人），为正副使，使于明国，兼启通商，三月泊于萨之山川（港名），大内义兴亦遣月渚及宗设，同使明。宗设等所驾之船，先至宁波府（一作四明），系船十日，素卿等船后至。然买收府吏，先得进谒。宗设乃怒，刺杀府吏，时为明世宗嘉靖二年（1523）也。乃捕素卿下狱，是以月渚及宗设，恐累及其身，急就归航之途，便任风而还。（其事详见于《明史》三百二十二卷《日本传》，《明朝纪事本末》卷五十五，《闽书卷》卷百四十六及《筹海图编》卷二）还后，故以月渚为安国寺之主。

此行也月渚遇不虞之难，急以解缆，未得见西湖，乃以为终身之恨。且如学术，亦亲就明儒，虽未至研其造诣，迨自明归，徒众愈盛也。于是幕府特赐钧帖，补于建仁寺，凡监管安国者二十年。后老而退隐沃肥西光寺，天文十年（1541）二月九日隐居而殁。弟子受业者虽不少，独一翁得其宗。①

十二　一翁

僧一翁，或号二洲，萨洲大迫人，俗姓鹿屋氏，永正四年（1507）生，兄为鄂渚，监管龙源寺。一翁亦幼而削发为僧，禀赋颖敏，于日州安国寺师事月渚，月渚为桂门高弟也。故研覆内外，最精宋学，游京师，挂锡真如寺，后监管建仁寺，未几复归日州，补安国寺。永禄三年（1560）明国福建省连江县人黄友贤者，为贼所迫，寓于萨洲。其在明也夙受家学，《周易》程传朱义，无不晓悉，如筮验神。一翁与之相交，讨论经义，解决所疑，多与所辅，遂为莫逆之交。十年正月日州目井延命寺之天泽和尚，偶托玄昌。玄昌年仅十三而赋岁旦之诗，天泽奇之，以为英物，非吾所能育，乃使之受学于一翁之门，世之所谓文之和尚是也。时一翁既谢安国寺，退憩龙源寺，专以教授乐暮龄。故其导文之等为一，无不随其才以教授之，常诲之曰：

人之为学，汝知其要乎？盖但通文辞，不仅为辨世

---

① 1937 年版，此处加入眉批：请参考《国史眼》卷五。

用，又所以学其人之道也。其学之者，以事父之孝移之于君，则为忠矣。以事兄之弟移之于长者与朋友，则为顺矣为信矣。皆省而求之于吾心，唯涵养德性。若其舍之而徒求于外，岂复何得乎哉？

其诱掖后进，无不叮咛亲切之至也。天正元年（1573）使锡飞于隅州，栖居加治木神护。三四年文之从之。九年（1581）一翁荐文之，使之监龙源寺，自就闲散，文禄元年（1592）十月五日殁，年八十六。受业弟子虽不少，亦无出文之之右者。文之乃终身钦慕其师德，作诗叙述其情所存。其诗云：

> 白发残僧扫影堂，师翁去后几星霜。信言久远犹今日，德与梅花一样香。吾师教授几春秋，刮垢磨光恩义淳。训导遗言如在耳，不通古今不成人。

十三 南浦

僧南浦，名玄昌，字文之。轩号云兴，斋名时习，南浦为其号。又另有懒云、狂云等号。俗姓汤佐氏，萨州人，父名未传，本为河内人，避乱漂泊，抵日州福岛，娶里人之女。弘治元年（1555）文之生于州之外浦，文之号南浦，为是之故也。其小一翁四十八岁，天资颖敏，幼而异于群童，夙有脱尘之志。父知其有法器，永禄三年（1560）嘱之于延命寺天泽和尚，此时文之年仅六岁也。父还于河内，后复未逢，故文之唯知其有母，不知其有父。天泽授之《法华》，触眼为诵，颇通其意。且书指地所诵之文，未差一字，楷正可观。是以邻里称之"文殊童"。永禄十年（1567）正月年仅十三，作岁旦诗，天泽乃奇之，以为实是神童，吾驽材非所能育。乃使之前往市来龙源寺，就一翁而学，一翁为月渚门下之巨擘也。文之自是师事一翁，剃发受戒，名玄昌。其所作诗，往往竞而传于词林，脍炙人口，竟至京师。相国寺仁如等大赏其才，且作赛韵及序返之，其序有"少年其讳玄昌，予雅其号，以文之二字称焉"之句，由是一翁字之，为文之，文之之名乃闻于艺林。文之就一翁，学"四书"及三体诗等。一翁之亲交黄友贤亦异文之英才，特加训导，学必以孔孟濂洛之道。文禄十二年①文之年十五，负笈游洛，僧熙春谒慧山龙吟庵，熙春一度见其器宇俊爽，深敬重之，乃许入室。每有论难，虽征而以诘，应对如响，无秋毫之滞。熙春喟然叹之曰："汝为真物，他日能弘吾道，必克勉。"文之乃博综内外，深究蕴奥，既归西藩。天正元年（1573）从一翁，移锡于隅州，居神护三四年。同九年（1581），一翁荐文之，使领龙源寺。时一翁年已七十五，欲就闲散，使文之为代己者也。后文之转锡于隅州高山少林寺、日州财部正寿寺，当此时萨州贯明公（初忠良，又义辰，后义久），因文之以儒学闻名振世，乃招之，使其监管隅州正兴、安国两刹。后又充顾问，宠遇日渥，政策教令，多有裨益。庆长四年（1599）文之从松龄公（初忠平，又义珍，后义弘）上伏见邸，曾于洛东福寺讲《大学章句》，听众多聚。于是后水尾帝亦闻其学识卓绝，诏之，使之于禁廷讲新注，其所说惬皇

---

① 井上原著有误，应为永禄十二年（1569）。——译者注

旨，有言会廷臣之事者，曰："惜哉！师虽博识宏才，亦生于西陲，词辨鄙陋，颇少文饰。"由此可以想象其以萨州之土音于宫中讲经书。既又归萨州，暂寓隅州正兴寺，庆长八年（1603）德川家康与钧帖，补于筑前禅光寺，未几复转隅州正兴寺，为熙春之嗣。未几又拜钧帖，为相州建长寺住持。升堂开示，词海辨河，滂湃不竭，丕振祖道，殆有逾古之势。同九年（1604）萨州慈眼公（初忠恒，后家久），召文之讲学于麑府。同十六年（1611）创大龙寺，使文之为开山。由是府下翕然受业者多。元和六年（1620）九月中旬，示微疾，晦日聚门人，嘱后事，趺坐而殁。享年六十七（或云六十五），惺窝卒去后一年也，葬于加治木安国寺。著有《南浦文集》六卷，其他还有《圣绩圆和钞》《日州平治记》《砭愚论》《决胜记》等。门人受业者不少。就中如竹、学之之徒最闻于世。学之，名玄硕，嗣监管大龙寺。学之殁，门人一溪，名守荣，代嗣之。一溪殁，门人曰东嗣之，曰东殁，不门名慈宣者代嗣之。曰东以上世世继祖业，讲程朱学，听徒连绵不绝。是其形为僧，其心为儒，即所谓儒僧者也。独慈宣曾游于备前，受法于松琴寺无聊。是以文之法脉，至慈宣，始异端流也。

室町时代以来，我邦遣唐船碇泊于山川港，由是向宁波地方者不少，择儒僧，使之监管正龙寺之席，以之常备简牍之要。然当时桂门郁芳以下月溪问得之徒，皆精于儒学，天正年间，问得在正龙寺。文禄元年（1592）丰太阁使细川幽斋来巡视萨州封内，减寺社所属之田。然如天龙寺，以简牍之功故特赐寺田。而问得等益励儒学，以"四书"等教授子弟。"四书"

曾入我邦，洛之东福寺不二岐阳首施和点，后及桂庵自明归，颇加修正之，相传以至文之，文之亦间加改正之，以授徒弟。故当时于萨州授句读者，皆文之自桂庵所传而加改正之本。文禄二年（1593）妙寿院惺窝读宋儒性理之书，慨四书新注未有和训，欲入明学之，为之作和训。自筑阳（筑前博多）出发，遭海上暴风，漂流至鬼界岛。鬼界岛为今之硫磺岛，属萨摩河边郡。冬，自鬼界岛出，泊山川港，偶见问得于正龙寺，闻其授徒弟新注之和训，大异人心。试假诵玩之，所施和训，无有不称其义。因问其所本，以问得为始，僧等皆答曰："吾文之和尚所点之本也"，于是惺窝叹曰："今将渡明，亦无他，惟求之哉。"乃请问得悉写之而去。惺窝遂为京学之鼻祖者，实始于此。贯明公及士大夫等于萨州，游于文之之门者，问禅者少，皆依朱注修宋学。

十四　如竹

僧如竹，名日章，如竹为其号也。又号养善院、顾天庵。隅州掖玖岛（或役岛，又作屋久岛）安房村人，姓泊氏，父为舵工（《地理纂考》如竹为农民之子），元龟元年（1570）生，小文之十五岁，少小即入安房村本佛寺，为日莲宗僧，号日章。长而游京师，入本能寺学法华，然心未乐，当此时藤原惺窝自西海归，附训点于《四书新注》，讲之于京师。京师僧俗，受业者多。如竹同寮僧，共劝就学于惺窝。如竹以为此学本出于萨州，挹远流，不如归国近寻其源。乃辞京师，还而就文之受程朱学，居之八年，学大进。如竹为人，质直少文，不妄笑语，学不必务博，如诗赋亦非其所好，主研精《四书新注》，以得理学要旨。庆长中游浪华，浴有马温泉，时藤堂高虎亦来浴温泉，偶见如竹，招之于势州（《汉学纪源》记录为藤堂侯之相，推荐如竹，不知何者为是也），如竹谓高虎曰："吾平素不知忌讳，今应侯之招，言无不尽，愿请容之。"高虎答之曰："至佞谀之徒，吾不乏其人，翁为直言，是吾所以聘翁也。"遂为之创立一个寺，使如竹居之。由是如竹常侍左右，多有所裨益。如竹曾谓高虎曰："人异于禽兽，人能行道之故也。不行其道，不得为人。以禽兽譬之，君为虎狼也，人实畏之。臣等为狐犬也，侮人与侮其所畏，其兽一也。"此间如竹上梓桂庵及文之书类，大力助成朱子学传播。宽永元年（1624）梓行桂庵所著《家法和点》，宽永二年（1625）梓行文之和训《四书新注》，宽永四年（1627）梓行文之和训《周易程传本义》，宽永六年（1629）梓行《南浦文集》，其他《砭愚论》《恭畏问答》等书亦自作跋，梓行之。我邦《四书新注》《周易传义》之刻本，以是为嚆矢。宽永七年（1630）高虎卒，嗣子高次不好学，如竹乃辞而上京师，既归掖玖岛，分俸禄之余于亲族村民之贫者。宽永九年（1632）渡琉球，时年六十。翌年明国使者来，明人梁泽民与如竹论议经义，深敬重之，名其家号为顾天庵，琉球国王亦敬重如竹，以之为师。此时其地文教未开，以汉音读经书，未知和训。如竹乃与之文之所点四书，始知和训。居之三年，归屋久岛。施余禄如始，可推之其为慈善家也。宽永十七年（1640）岛津光久招如竹于城下，予之禄三百石，自听其讲义。如竹留麑府多年，又归屋久岛。明历元年（1655）五月十五日卒，享年八十六，葬于安房村本佛寺。如竹晚年得《近思录》曰："我假数年，卒以学之，亦将到至处，惜哉！吾既老矣！"又曾曰："君子不当以己之长而露人之短，然天地之间，长短不齐，物之自然也。蕞尔之躯，岂事事长之乎？若必欲炫己之长，露人之短，则跬步而成仇。何哉？无有讳于炫己之长者，无有乐于掩人之短者。其既揭吾之短而不惑，千百人中唯一人矣。然则言人之短者，可言之种祸也。"如竹事迹见于《汉学纪源》（卷四）、《地理纂考》（二十四之卷）、《补遗鸠巢文集》（卷八）及《隐逸全传》等。

十五　京学起源相关书籍

《济北集》二十卷（虎关著）

《海藏和尚纪年录》一卷（令淬编纂）

此书收载于《续群书类丛》卷第二百三十二中。

《中正子》六卷（中严著）

《东海一沤集》五卷（同上）

《中岩和尚自历谱》一卷

此书收载于《续群书类丛》卷第二百三十六中。

《空华集》二十卷（义堂著）

《空华日用工夫集》（同上）

此书抄录三卷收载于《续史籍集览》中。

《岐阳和尚自赞》一卷

此书收载于《续群书类丛》卷第二百四十中。

《东海琼华集》七卷（写本，惟肖著）

《翰林葫芦集》十三卷（写本，景徐著）

《日本名僧传》一卷

此书收载于《续群书类丛》卷第二百零三中。

《云章和尚行状》一卷（释惠凤著）

此书收载于《续群书类丛》卷第二百四十一中。

《桂庵和尚道学传来记》一卷（写本）

《本朝高僧传》七十五卷（师蛮著）

《日域洞上诸祖传》（下卷）（自澄撰）

《天台霞缥》（六编卷之二）（写本）

《延宝传灯录》

《正误宗派》五卷

《康富记》

《南浦文集》三卷（南浦著）

《岛津国史》

《西藩野史》

《麑藩名胜考》

《地理纂考》

《大日本史》（卷之二百一十七）

《垂加草》（附录下）

《汉学纪源》五卷（写本，伊地知季安撰）

此书为萨摩伊地知季安（字子静）所著，主要阐明朱子学起源。关于朱子学之起源史料，未有出其右者。

《朱学传来记》

《日本儒学传》（迹部良显著）

以上两篇收载于《日本教育史资料》卷十五中。

《茅窗漫录》（茅原定著）

此书收载于《百家说林》卷五中，其中题为《朱子学四书来由　并　二先生像》一项，最可资参考。

《补遗鸠巢文集》（卷八）

《好古余录》（上卷）（山崎美成著）

《好古日录》（乾）（藤原贞干著）

《好古小录》（下）（同上）

《续本朝通鉴》

《四书大全鳌头》

《隐逸全传》（下卷）（细川十洲著）

《朱子学之由来》（花冈安见）

见于《国学院杂志》第六卷之第八、第九及第十一此三号中。

《朱子学之传来及其学派》（足利衍述）

见于《东洋哲学》第八编第十一号及第十二号。

《日本程朱学派中的桂庵和尚》（川田铁弥）

见于《帝国文学》第五卷第十号。

《国史眼》（卷之五）

《日本佛家人名辞书》（鹫尾顺敬著）

《日本教育史资料》（卷十二）

《大日本人名辞书》

《五山文学全集》（上村观光编辑）

《日本儒学史》（久保得二著）

第三　海南朱子学的起源

一　南村梅轩

朱子学一度由桂庵传播于西南一隅（即萨州），其脉络绵延不绝，自成一派。藤原惺窝遂酌其余流，归京师，至成京师学之基础。朱子学在形成此系统的同时，又意外成别派之系统，是为海南学。海南学一般省略而称之为南学，古来虽以谷时中为南学之祖，时中之学亦有所来之处。其远祖为南村梅轩，梅轩名字未详，梅轩为其号，又号离明翁，大内氏之家臣，居于周防国吉敷郡上宇野令白石。《大内氏实录》卷二十四《列传》第十《文苑》载有南村梅轩之传，又作为其附录附载有《大内氏家臣名簿》，家臣中有梅轩者，这便是南村梅轩。或云防州之人，或云土佐之人，未知其何是。天文年中其漂泊周流来于土佐，为当时豪族吉良宣经之客，为人冲淡恬静，不羡人之荣华，咬菜根以为食，处箪瓢之贫，犹且晏如，而潜心圣经，常读《孝经》"四书"，旁讲孙吴，深尊道义，渊默躬行。其初见宣经，世子宣直及老臣吉良宣义侍坐，宣经问儒者之学，梅轩答曰：

> 夫儒者，学者之总称也。而有小人儒君子儒之分，或有达儒腐儒直儒曲儒等目。务记诵之末，昏义理之源，徒卖名买禄，牵于利习，私欲是计，是即小人儒也。拘泥文章字句之迹，不辨一般事务，不适当世之用者，是为腐

儒。其心顽曲偏颇，而专引古道，谤今政，不责己而尤人，巧于笔舌，倾倒是非善恶者，是为曲儒。君子儒则不然，讲习仁义之道，得于心躬于行，自纲常彝伦之大，至起居饮食之细，迩幽而鬼神之道，显而天地之理，周通而无所遗。其心活动，左右自在，当事接物，应机从变，无所涉滞，言行一致，心貌和同。事君父，亦以此道。使臣妾，亦以此道。推而至治国平天下，皆无不出于此道矣。概是言道义之学。君所问之儒何儒哉？

宣经曰：

愿闻道义之学。

梅轩曰：

备具四书，无所缺。君可就习，臣又何说？

宣经曰：

每日切身工夫如何？

梅轩曰：

反身慎独，尤薄人，在不远怨矣。

其他问答及数回，最后宣经改容，谢曰：

幸得闻明论，余之茅塞开。愿继今日日受诲。

由是礼遇大优。梅轩尝谓宣经曰：

进学有渐，毋欲速成，唯当循循不已矣。不已则遂必有得焉，既有得则又不能自已。故学而三年无间断，则许君必有所得也。

学问之法虽有种种，毕竟无他秘诀，唯决不已之努力，是为秘诀。梅轩道破此秘诀，可言洵有卓见。其平生教学者，必以存心谨言笃行三事，曰：

> 三事为修为之基。道虽广邈，其实备己，认得为己，则弗绿贫富而添减，弗绿利害而浮沉，确乎操定，是学问之效验也。

其认得为己之事，即知己之为己。是故苏格拉底所言之"知己"，可言其揆一也。其又作《三十六策问》，然未知其内容，实可惜。其《挽豫州刺史诗》云：

> 昊天不悯夺元勋，恰若妖星陨蜀军。满目潜然明未灭，丹心愿染素丝裙。

后不知其所适，故生卒年月等皆不详。大高坂芝山作《梅轩赞》云：

> 南村有梅，幽芳绝妍。孤立万花之头上，独步天下之春先。

梅轩事迹见于《南学传》（上卷）、《吉良物语》（上卷）及《日本教育史资料》（卷十二）。依其名字察之，为儒者，似乎非僧侣。又以其读"四书"可知无疑属于朱子学之系统。但其修得朱子学之过程，考察国史可知，天文年间周防大内义隆轻武事，尚文学，曾寄书于朝鲜礼曹参判，请《大藏经》，寻请朱注五经书及刻漏之器，由是海舶往来，兼外交，遂至其自身着中国服装，一时山口文学勃兴，即系其所兴起。桂庵本为周防山口人，文明五年乃至七年之顷，寓于石州。梅轩或以此时师事桂庵，得修朱子学。尤其梅轩曾向宣经说禅曰：

> 夫禅家之大旨，直指示人心，不藉立文字，入定兀坐，佛尘相离，绝念忘情，心灵气醒，万事了了，风月洒洒。尘缘尚顿起，亦随手即灭。大明依然，昭曜无污。予虽固陋，而未能跋及真儒之域，叨而自谓，三纲五常之道，真足以维持天地。诸子百家，是更未能变。但明晓此心，无若禅法。心为身之主，而万事之根也。心不定静，何以辨事乎？

由此观之，梅轩莫非如桂庵一样，自禅僧而学来乎？果然南学亦远，渊源在于桂庵。但如此联系起来，并没有任何准确史实作为依据。且《南学传》中记有梅轩事迹，"事在天文辛亥秋九月"，自文明五年（1473）至天文二十年（1551）（即辛亥）经七十九年之久，如果梅轩十六七岁，及桂庵、石州，其龄当九十有余。因此梅轩就桂庵而学之事，应当存疑。《大内氏实录》梅轩传割注"义隆朱氏于朝鲜求新注五经，盖梅轩诱导"。由此观之，梅轩并非通过舶来书籍接触到朱子学系统。简而言之，梅轩是山口文学勃兴时所出之人，其学依靠自修，反而是妥当之见。

二 吉良宣经

吉良宣经，姓源氏，称伊豫守，源赖朝之弟土佐冠者希义之后裔，居于土州吾川郡弘冈城。其为人温和聪敏，屈义从谏，文不萎靡，质不鄙野。事亲以孝，抚下以慈。是以善治国郡，诸士心服。其学于南村梅轩，夙夜黾勉，以通经义。尝训其子曰：

> 明主有四得，得己，后得取人。得时，后得胜敌。得智，到远制敌，故克永保其邦家。暗主有四失，失时，后失胜敌。失人，后昏失己。到近忘己，则贻戮辱于后昆。明暗之分，不可不辨矣。

其又撰制军律，议定法令，此时天下大乱，群雄相争，其乃并吞四国，有戡乱之志。天文十八年（1549）冬深雪之夜，老臣谷将监就家，集谋臣议取四国之策。同二十年（1551）秋九月，长曾我部伐元国，军中疾婴而归。十二日卒，年三十有八。《梅轩挽诗》云：

> 昊天不悯夺元勋，恰若妖星陨蜀军。满目潜然明未灭，丹心愿染素丝裙。

三 吉良宣义

吉良宣义，称右近，吉良宣经之从弟，班列老臣，为人木强方正，崇道好学。从南村梅轩讲究经义，仕宣经，君臣相傲诚，如良朋切偲，如水鱼相亲。宣经既卒，子宣直嗣，宣直嗜禅空，耽于闲散，不留意于政，遂至欲剃发持戒。宣义切谏止之，然仍以为，嗣君之不肖，恐覆其社稷，日夜忧虑之，直谏未休。宣直稍疏之，小臣辈乃迎意，谮之曰：

> 先君病革之时，劝废长立幼，其意欲自擅，非为国计也。

宣直乃遣使者二人，列举宣义五罪而责之。宣义曰：

> 谨受命，但条中四事，乃造言虚伪矣。至立世子一事，真也。臣当时所以劝先君者，岂有他焉？顾君常闲居而好坐禅，封域之政，恐其不耐烦。故让位于幼君，各适其所好，亦非不可也，是则臣所以忠于公室矣。先君在天之灵，应当照鉴臣之丹心。若因是受谴，夷灭宗族，所未敢辞也。

二使曰：

> 四事微罪，建储大事矣。君宜姑当隐晦之。

宣经答之曰：

> 是欺君也。刀锯鼎镬，何足惧焉？舍信违义，以诈答君，士之所愧也。公等为我，以实白君乎！

二使尚欲庇护之，再三恳谕，然宣义遂未肯，是以二使乃复命。宣直忿而禁锢之于其家，凡半年有余。宣义悒郁发病，然却医药，断饮食，赋《绝命诗》曰：

> 丹心一片断无私，几度朗吟正气诗。没后双瞳先欲槁，勿看勾践破吴时。

然后将宣经画像挂在墙上，烧香更衣，三拜而死。实永禄五年（1562）之春也。宣义卒未几，宣直果为本山梅庆所灭。

宣义之子求马时在麑城，及城陷，力战死之。别有女子，亦播贞烈之名。《南学传》曰：

> 宣义父子之死，忠孝兼成一家之风。亶千古之赤心，不负所学者也。

洵当矣。南学系统忠勇义烈之人未少出。如宣义，当为其滥觞者也。

四　吉良亲实

吉良亲实，姓秦氏，称左京进，长曾我部元亲之弟，亲贞之子也。初吉良宣直既灭，元亲乃使亲贞据吉良氏之古垒，冒吉良氏。及亲实嗣，移于高冈郡莲池城，因又以莲池为氏。亲实为人直截不回，骁勇多力，蒙坚秉锐，攻城野战之术，当时无可匹敌者。此时有能通儒学之僧，如渊也。亲实乃与同志之士比江山亲兴等以之为师，招士大夫有气节者，结文交，立课程，日相集，共勉励。于是元亲亦尚儒教，于郭内设校舍，以如渊及僧忍性为师。一月六回，集诸士，读书讲武，学术渐兴。而亲实之徒，以直自矜，恶当时之嬖倖，不肯与交。是以嫉其能之辈，目之，以致朋党不相容。当是时，元亲之嬖妾生季子盛亲，嬖妾为老臣久武氏之妹也。天正十四年（1586）冬，元亲受丰臣秀吉之命，伐岛津氏，十二月于丰后户次川，涉水挑战败绩，长子信亲死之。其后储嗣未定，依正统之顺序言之，元亲三子亲忠当为后继也。然会元亲诸老臣，问曰：

户次川之役，信亲死而无嗣。故今立季子盛亲为嗣子，以信亲之女配之，欲以存嫡统。卿等以为如何？

众臣一言未发，亲实独进而曰：

信亲既战死，亲和（元亲之二子）亦病殁，以其次载，则有亲忠（元亲之三子），且其人也勇而有才。若欲定君嗣，何求他焉？而立盛亲，超次也。且以侄为叔妻，人伦何在？臣断知其不可，故不敢不言。

其言貌凛然无所畏惮。然诸老臣尚默然未语，独比江山亲兴顾左右而曰：

亲实之言，当言正也。诸君以为是焉？否焉？

诸老臣咳而未答，元亲乃起而入内，议遂未决而止。于是浮言沸腾，譖愬蜂起，元亲卒信之。天正十六年（1588）十二月某日遣使，赐死亲实。时亲实与客下棋，及使者来，徐而收局。谓之曰：

吾虽不肖，在家门之列，君有过时，非未以道谏诤。苟合曲从，不忍陷君于不义，然阿顺之徒在君侧，亲事诚忠反至获罪，然虽死，比于古人，犹有余荣。只恨自今后，谏臣缄口，诌谀之徒得志，秦氏之社稷，终化为废墟。

言毕，自割腹而死。与亲实同时，亲兴亦被赐死。其他与亲实所交之诸士相寻被诛。言有所连，如渊亦被杀。后元亲觉亲实之冤，深悔愧之，为其建庙，号莲池大明神，其祀至今尚存，其社称木塚神社。

亲实友人比江山亲兴为长曾我部国康之二子也，初居于比江山城，因以为氏。为人笃实而未有戏谈妄语，自秦氏创业之初，武功最多。与亲实以如渊为师讲经义，然未有所谋。关于嗣子之事，与亲实共直言，为谄者所横陷，亦遭遇冤死之不幸。

五 忍性、如渊、天室

忍性、如渊、天室三人皆缁徒亲炙梅轩也。忍性初称忍藏主，居于长冈郡吸江寺，性敏慧而好儒，曾学于南村梅轩，能讲经书。

如渊，又号信西堂，吉良宣义之甥，吉良亲实之异父兄也。性灵利惺憁也。初学于京师妙心寺（一说东福寺），后还于故山，受梅轩之教，遂归儒，寓居亲实家，与僧忍性交谊太厚。其善讲《孝经》《论》《孟》，以助成士风，常好静坐，为内省工夫，训学生曰：

> 静观本心之虚明，夜气之湛清，植应事接物之柢。

又曰：

> 古人曰：言行为立身之基也。三思而言，九虑而行，乃其欲为忠信笃敬，是梅轩所谓修为三事也。

忍性曾应长曾我部元亲之招，于冈丰城内开讲席，一月讲说六回经书，如渊亦与，自秦氏公族至士大夫子弟，皆师事而崇敬之。然及亲实谄死，如渊亦连坐被杀。其《辞世词》曰：

五蕴聚散处，人间作古今。不生还何灭，洞然常法心。

如渊元为前吉良氏之胤，后于吉良氏亦有姻，是以考旧记，旁问亲实，略记元亲四国之战，合叙起草《吉良物语》。今所传《吉良物语》恐非如渊所作。如渊死，忍性亦渐遭疏斥而死。二人既死，儒学系统殆将欲绝。当此时幸有天室者独存，能得于一发之危续其坠绪。

天室，其乡贯等不详，自幼为僧，居于土佐国吾川郡长滨村雪蹊寺，尝闻梅轩讲经书，大喜之，乃执弟子之礼，受其业，遂得能通晓其旨意。庆长元和之际，唱程朱之学，以教授生徒。其门下有慈冲，冲后还俗，谷时中也。时中受天室之教，得南学鼻祖。至宽永正保间，小仓三省、野中兼山、谷一斋、山崎暗斋等辈出，南学遂大兴，成德川时代一大潮流者。天室可言与之有力。如渊、忍性、天室三人，《南学传》称之为三叟。

六　南学起源相关书籍

《南学传》两卷（写本，大高坂芝山著）
此书收载于《土佐国群书类丛》（卷第五十二）。
《野史》（第二百三十一）
《日本诸家人物志》
《儒林传》（涩井太郎著）
《大日本教育史资料》（卷十二）

《吉良物语》

《大内氏实录》（近藤清石著）

《大日本人名辞书》

《佛家人名辞书》

《日本儒学史》（久保得二著）

《南学史》（足利衍述）

见于《东洋哲学》第九编第七号、第八号、第十一号及第十二号。

朱子学起源略系

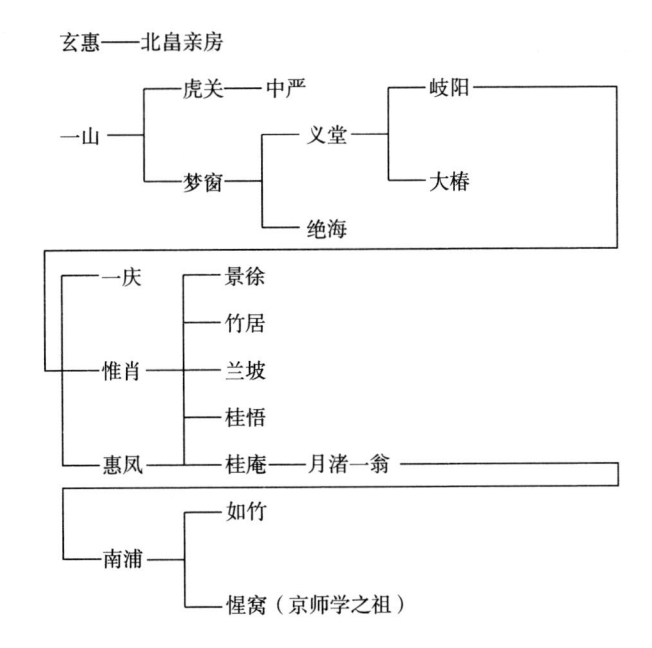

```
玄惠──北畠亲房

              ┌─ 虎关 ─ 中严       ┌─ 岐阳 ──────
一山 ─────────┤             ┌─ 义堂 ┤
              └─ 梦窗 ──────┤       └─ 大椿
                            └─ 绝海

       ┌─ 一庆 ──┬─ 景徐
       │         ├─ 竹居
惟肖 ──┤         ├─ 兰坡
       │         ├─ 桂悟
       └─ 惠凤 ──┴─ 桂庵 ── 月渚一翁 ──────────

       ┌─ 如竹
南浦 ──┤
       └─ 惺窝（京师学之祖）
```

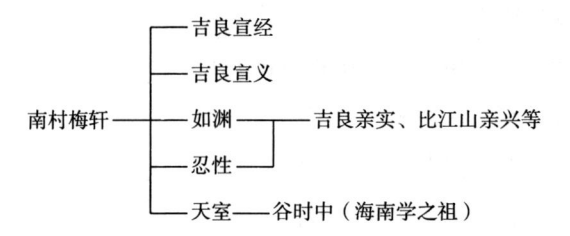

```
                  ┌── 吉良宣经
                  ├── 吉良宣义
    南村梅轩 ──┼── 如渊 ── 吉良亲实、比江山亲兴等
                  ├── 忍性
                  └── 天室 ── 谷时中（海南学之祖）
```

学者奉其身当如金玉，微有阙失，不足以为天下之至宾。

——池田草庵

附录二
朱子学派系统

朱子学派系统（记其重要者）

（一）惺窝系统略图

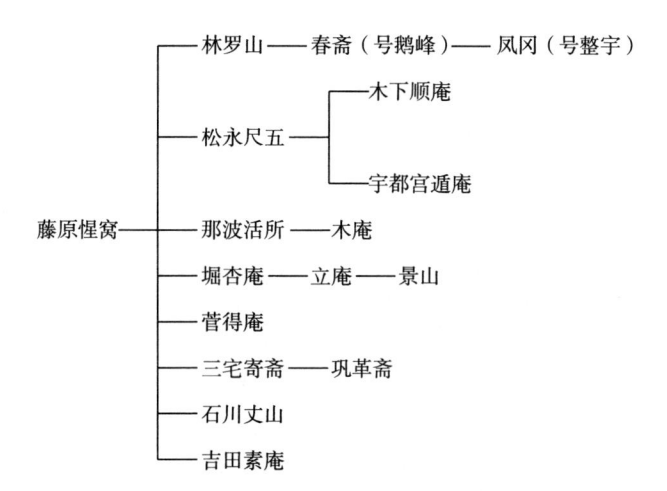

```
                    ┌─ 林罗山 ── 春斋（号鹅峰）── 凤冈（号整宇）
                    │              ┌─ 木下顺庵
                    ├─ 松永尺五 ──┤
                    │              └─ 宇都宫遁庵
藤原惺窝 ──────────┼─ 那波活所 ── 木庵
                    ├─ 堀杏庵 ── 立庵 ── 景山
                    ├─ 菅得庵
                    ├─ 三宅寄斋 ── 巩革斋
                    ├─ 石川丈山
                    └─ 吉田素庵
```

（二）顺庵学系略图

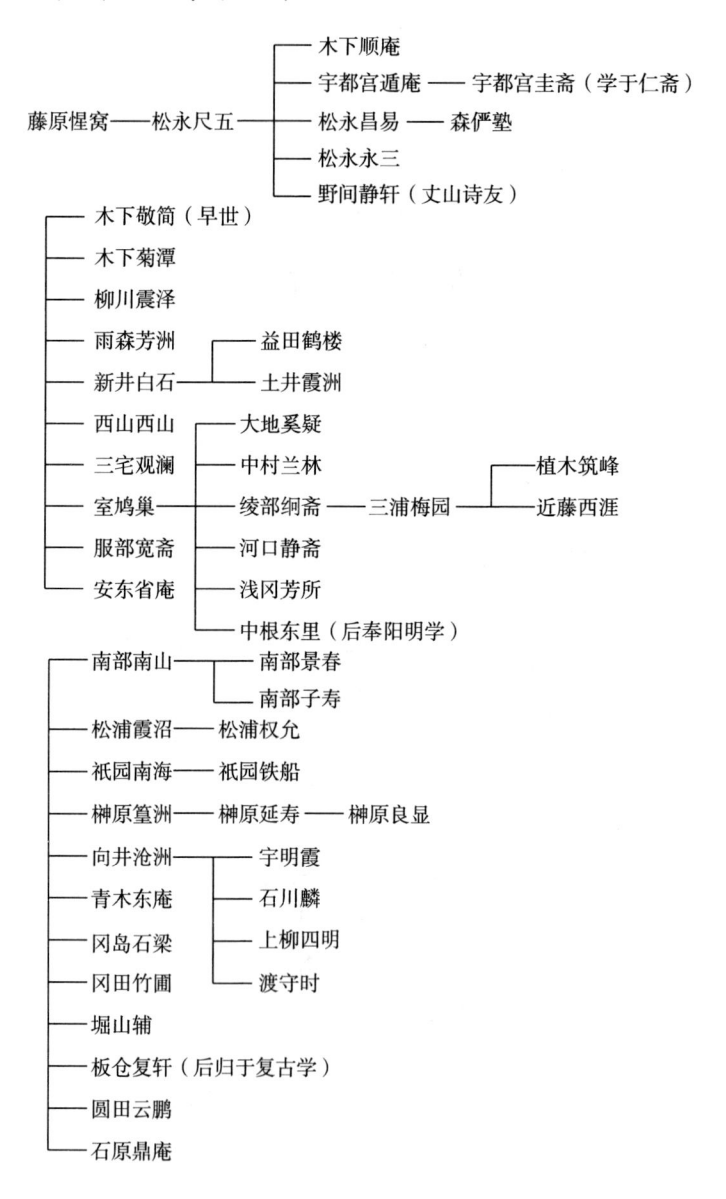

```
                        ┌── 木下顺庵
                        ├── 宇都宫遁庵 ── 宇都宫圭斋（学于仁斋）
藤原惺窝 ── 松永尺五 ──┤── 松永昌易 ── 森俨塾
                        ├── 松永永三
                        └── 野间静轩（丈山诗友）
```

```
  ┌── 木下敬简（早世）
  ├── 木下菊潭
  ├── 柳川震泽
  ├── 雨森芳洲 ──┬── 益田鹤楼
  ├── 新井白石 ──┴── 土井霞洲
  ├── 西山西山 ── 大地奚疑
  ├── 三宅观澜 ── 中村兰林                  ┌── 植木筑峰
  ├── 室鸠巢 ── 绫部䌷斋 ── 三浦梅园 ──┴── 近藤西涯
  ├── 服部宽斋 ── 河口静斋
  ├── 安东省庵 ── 浅冈芳所
  │              └── 中根东里（后奉阳明学）
  ├── 南部南山 ──┬── 南部景春
  │              └── 南部子寿
  ├── 松浦霞沼 ── 松浦权允
  ├── 祇园南海 ── 祇园铁船
  ├── 榊原篁洲 ── 榊原延寿 ── 榊原良显
  ├── 向井沧洲 ──┬── 宇明霞
  ├── 青木东庵   ├── 石川麟
  ├── 冈岛石梁   ├── 上柳四明
  ├── 冈田竹圃   └── 渡守时
  ├── 堀山辅
  ├── 板仓复轩（后归于复古学）
  ├── 圆田云鹏
  └── 石原鼎庵
```

（三）鸠巢学系略图

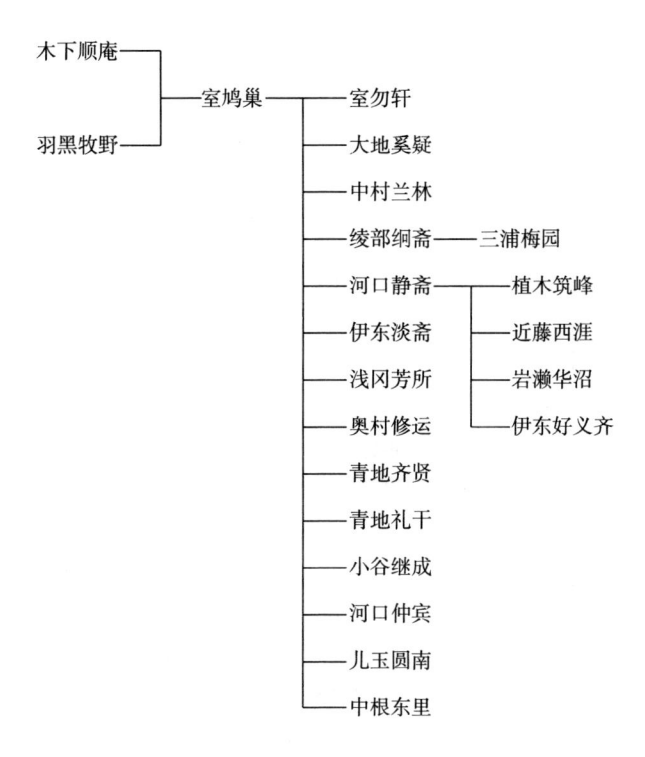

```
木下顺庵 ┐
         ├─ 室鸠巢 ┬─ 室勿轩
羽黑牧野 ┘         ├─ 大地奚疑
                    ├─ 中村兰林
                    ├─ 绫部绚斋 ── 三浦梅园
                    ├─ 河口静斋 ┬─ 植木筑峰
                    ├─ 伊东淡斋 ├─ 近藤西涯
                    ├─ 浅冈芳所 ├─ 岩濑华沼
                    ├─ 奥村修运 └─ 伊东好义齐
                    ├─ 青地齐贤
                    ├─ 青地礼干
                    ├─ 小谷继成
                    ├─ 河口仲宾
                    ├─ 儿玉圆南
                    └─ 中根东里
```

（四）南学学系略图

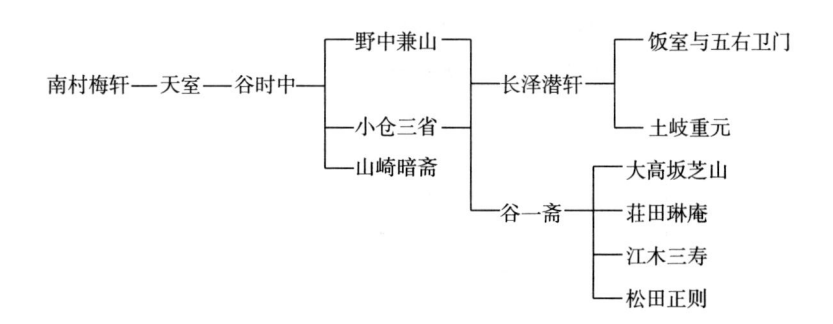

```
南村梅轩 ── 天室 ── 谷时中 ┬─ 野中兼山 ┬─ 长泽潜轩 ┬─ 饭室与五右卫门
                            ├─ 小仓三省 │            └─ 土岐重元
                            └─ 山崎暗斋 └─ 谷一斋 ┬─ 大高坂芝山
                                                    ├─ 荘田琳庵
                                                    ├─ 江木三寿
                                                    └─ 松田正则
```

（五）暗斋学系略图

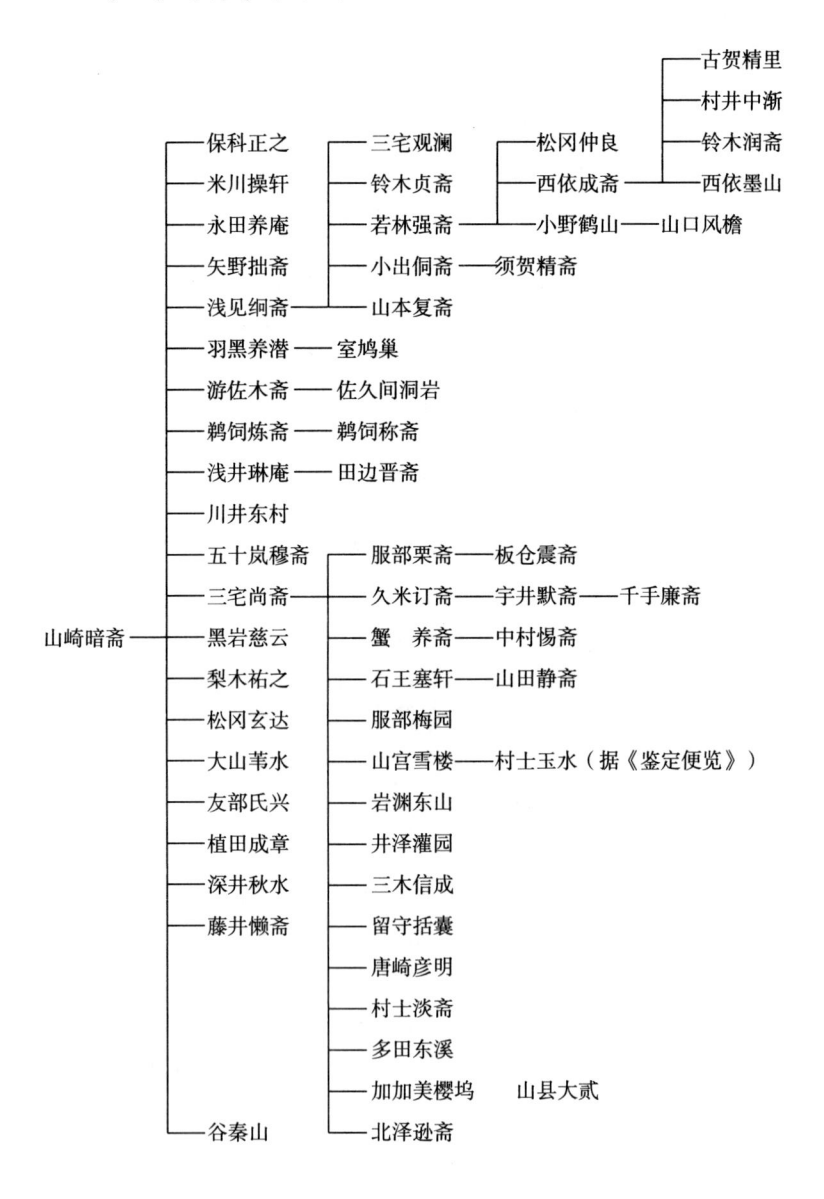

```
                                                          ┌─ 古贺精里
                                                          ├─ 村井中渐
                     ┌─ 保科正之 ──┬─ 三宅观澜    ┌─ 松冈仲良  ├─ 铃木润斋
                     ├─ 米川操轩   ├─ 铃木贞斋    ├─ 西依成斋 ─┴─ 西依墨山
                     ├─ 永田养庵   ├─ 若林强斋 ──┼─ 小野鹤山 ──── 山口风檐
                     ├─ 矢野拙斋   ├─ 小出侗斋 ──── 须贺精斋
                     ├─ 浅见䌹斋   ├─ 山本复斋
                     ├─ 羽黑养潜   ├─ 室鸠巢
                     ├─ 游佐木斋   ├─ 佐久间洞岩
                     ├─ 鹈饲炼斋   ├─ 鹈饲称斋
                     ├─ 浅井琳庵   ├─ 田边晋斋
                     ├─ 川井东村
                     ├─ 五十岚穆斋 ┬─ 服部栗斋 ──── 板仓震斋
                     ├─ 三宅尚斋  ├─ 久米订斋 ──── 宇井默斋 ──── 千手廉斋
     山崎暗斋 ──────┼─ 黑岩慈云  ├─ 蟹　养斋 ──── 中村惕斋
                     ├─ 梨木祐之  ├─ 石王塞轩 ──── 山田静斋
                     ├─ 松冈玄达  ├─ 服部梅园
                     ├─ 大山苇水  ├─ 山宫雪楼 ──── 村士玉水（据《鉴定便览》）
                     ├─ 友部氏兴  ├─ 岩渊东山
                     ├─ 植田成章  ├─ 井泽灌园
                     ├─ 深井秋水  ├─ 三木信成
                     ├─ 藤井懒斋  ├─ 留守括囊
                     │            ├─ 唐崎彦明
                     │            ├─ 村士淡斋
                     │            ├─ 多田东溪
                     │            ├─ 加加美樱坞　　山县大贰
                     └─ 谷秦山    └─ 北泽逊斋
```

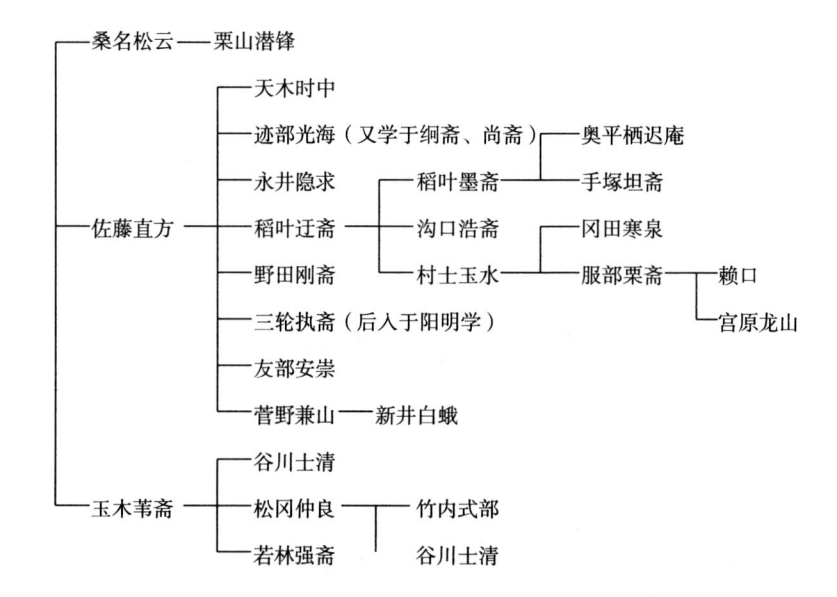

附录二　朱子学派系统

```
             ┌─ 桑名松云 ── 栗山潜锋
             │           ┌─ 天木时中
             │           ├─ 迹部光海（又学于绚斋、尚斋）─ 奥平栖迟庵
             │           ├─ 永井隐求    ┌─ 稻叶墨斋 ─ 手塚坦斋
             │           ├─ 稻叶迂斋 ──┼─ 沟口浩斋    ┌─ 冈田寒泉
             ├─ 佐藤直方 ─┤           └─ 村士玉水 ──┤            ┌─ 赖口
             │           ├─ 野田刚斋                 └─ 服部栗斋 ─┤
             │           ├─ 三轮执斋（后入于阳明学）                └─ 宫原龙山
             │           ├─ 友部安崇
             │           └─ 菅野兼山 ── 新井白蛾
             │           ┌─ 谷川士清
             └─ 玉木苇斋 ─┤─ 松冈仲良 ──┬─ 竹内式部
                         └─ 若林强斋     └─ 谷川士清
```

| 附录三 |

朱子学派生卒年表

藤原惺窝：1561—1619　　吉田素庵：1570—1632
三宅寄斋：1580—1649　　菅　得庵：1581—1628
石川丈山：1583—1672　　林　罗山：1583—1657
松永尺五：1590—1655　　那波活所：1595—1648
谷　时中：1598—1649　　友松氏兴：？—1680
川井东村：1601—1677　　小仓三省：1604—1654
野中兼山：1605—1663　　保科正之：1611—1672
山崎暗斋：1618—1682　　林　春斋：1618—1680
木下顺庵：1621—1698　　雨森芳洲：1621—1708
长泽潜轩：1621—1676　　安东省庵：1622—1701
林　春德：1624—1661　　谷　一斋：1625—1695
米川操轩：1626—1626　　藤井懒斋：？—？
德川光圀：1628—1700　　中村惕斋：1629—1702
羽黑养潜：1629—1702　　贝原益轩：1630—1714

附录三　朱子学派生卒年表

后藤松轩：1632—1717　　鹈饲炼斋：1633—1693

荘田琳庵：1639—1674　　深井秋水：1642—1723

林　凤冈：1644—1732　　佐藤直方：1650—1719

浅见䌹斋：1652—1711　　安积澹泊：1656—1737

榊原篁洲：1656—1706　　新井白石：1657—1725

室　鸠巢：1658—1734　　南部南山：1658—1712

大高坂芝山：1660—1713　　三宅尚斋：1662—1741

西山西山：1662—1688　　矢野拙斋：1662—1732

谷　秦山：1663—1718　　浅井琳庵：？　—？

向井沧洲：1666—1731　　服部宽斋：1667—1721

栗山潜锋：1671—1706　　游佐木斋：？　—？

三宅观澜：1675—1712　　铃木贞斋：？　—？

松浦霞沼：1676—1728　　绫部䌹斋：1676—1750

菅野兼山：1678—1748　　若林强斋：1679—1723

稲叶迂斋：1684—1760　　服部梅园：1686—1755

祇园南海：1687—1761　　野田刚斋：1690—1768

田边晋斋：1692—1771　　大地奚疑：1693—1752

岩渊东山：1696—1776　　中村兰林：1697—1761

唐崎彦明：？　—？　　伊东淡斋：1699—1764

五十岚穆翁：1700—1781　　石王塞轩：1701—1780

西依成斋：1702—1797　　小野鹤山：？　—？

河口静斋：1703—1754　　蟹　养斋：1705—1778

久米订斋：？　—？　　竹内式部：1712—1767

新井白蛾：1715—1792　　山县大贰：1725—1767

中井竹山：1730—1804	稻叶默斋：1732—1799
村士玉水：1733—1776	柴野栗山：1734—1807
西山拙斋：1735—1798	薮　孤山：1735—1802
西依墨山：1741—1798	立原翠轩：1744—1823
尾藤二洲：1745—1813	服部栗斋：1746—1800
赖　春水：1746—1816	冈田寒泉：1747—1817
赖　杏坪：1756—1834	林　述斋：1768—1841
佐藤一斋：1772—1859	藤田幽谷：1774—1826
青山延于：1776—1843	会泽正志斋：1782—1863
安积艮斋：1785—1860	德川齐昭：1800—1860
青山延光：1806—1869	藤田东湖：1806—1855
元田东野：1818—1891	中村敬宇：1832—1891

附录四

孔子的人格

（孔子祭典会讲演）

今日打算就孔子之人格为主题发表讲演。孔子人格之伟大非凡，从各方面均可察知。今日难对所有方面加以说明，但可以选出其人格中最重要的一点，请诸位批评指正。

孔子的人格在当今仍具有很大研究价值。但围绕孔子人格的研究者却甚少，对此我深感遗憾。今日举行孔子祭典，引起了学者的关注，并殷切希望从事孔子人格研究的学者日益增多。孔子是出生在中国的伟人，但甲午战争以来出现了蔑视中国的风潮，孔子也一并受到排斥。孔子并非是中华民族的专属人物，虽然是出生在中国的伟人，但并非仅仅是局限在中国这一小范围内的人物。他也是从世界人类中所诞生出来的最灵杰之人物。佛陀、基督也并非是一个民族的私有物，与此相同，孔子也是世界人类中具有伟大人格的人物。这便是值得世界人类长久学习的伟大人格。这样的人物绝不可成为一个民族的专属物。佛陀虽然出生自印度，但并非是局限于印度民族范围内的人物，而是一个其教训广泛传播至世界各个角落的伟大人物。基督虽然也只是出身于犹太，但受到欧美各国广泛推崇。与佛陀、基督一样，孔子也是我们人类历史上最赫赫发光的一大人物。如此之伟人，人类历史上并不多。若细数之，仅仅有几位。在这几位伟人中，孔子也具有其特色。孔子作为青年之楷模，又作为教育家之楷模，最具稳健且妥当之人格。孔子与其他伟人不同，是从普通的学生逐步成长起来的。他并非出生在优越的大家庭中，也未曾得到任何特别之助力。读《史记》，其中记录有"孔子贫且贱"，孔子亦自言"吾少也贱"，可知其确实是从贫贱之身开始，通过学习逐步铸就了伟大人格，因此并非什么奇迹。没有任何奇迹，从普通学生逐步成为具有伟大人格之人，并非一件易事，但孔子经历了此阶段而成长起来，这也并不是什么不可思议之事。孔子和今日所谓的苦学生一样，诚能学习，而并非具有什么手段。他原本出生于不自由的家庭，而且父亲早亡，实以伶仃孤苦之身刻苦学习，最终成长为伟大之人，此后孔子基本上是圆满的，没有经历什么危险之境，非常稳健。这是他与其他宗教家、伟人所不同之处。研究古今伟人事迹，有遭遇灾难之人，经历过磨难而挺过来的人很多。但是古今伟人各具特色，遭遇苦难的人在这一方面又具有了非凡的感化力。但孔子并未经历过此种危险，没有特别恐怖的经历，只是走着寻常之路而逐步成长起来的，人格圆满，瑕疵少，即使找都很难找到瑕疵的圆满之人。因此四书中有《中庸》讲中庸之德，"中庸之为德也，其至矣乎"。

孔子未经过道之两个极端，在"中"而最终达到非常之境。这一实例传于后世，从苦学生的状态逐渐成为圣人，即成为普通人之上具有灵性之人，这并不是什么奇迹，只是遵循普通路径而到达的。孔子是只要努力就能到达目的地的模范，对后世青年及教育家都是非常值得借鉴的。

孔子人格圆满这一点该从何讲起？人的属性具有容易倾向某一方面的特征。从今日心理学角度而言，人类具有知情意三个方面。此三个方面并非完全分离的，但需要分为三个方面来考虑。另外从伦理学上而言，人的良心也包括这三个方面。但是孔子之人格如果从知情意三个方面来看的话，无论从哪个方面来讲，都到达了制高点。首先从知这一方面来看一下孔子是多么努力。从知的方面考虑，孔子自幼便开始磨炼知识，直至晚年丝毫没有懈怠，从中可以看出其坚持不懈努力的轨迹。孔子认为没有绝对正确的老师，而坚持"无常师"。因此通过磨砺其人格直至被人们称为圣人，是极不寻常的。即使有人指导，也未必可以做到，但孔子却是通过一己之力达到的。其年幼时，自觉当时之礼法，十五岁时对学问表现出极高的兴趣，《论语》中明确记载有"吾十有五而志于学"。其自十五岁开始不停地努力与学习，其上进之姿态非同寻常。如果没有这种超乎常人的努力，便不可能产生伟大的结果。孔子只要有机会，便会向他人请教。不仅有所谓不耻下问的态度，实际上也是这样实践的。对于前辈们，也无所畏惧地请教问题。例如在齐国时，与齐之大师谈起音乐。他听过韶乐即舜之音乐后，认为其非常优美，便就学于大师。此外《左传》昭公十七年，郯子之人来，谈起历史上的轶事，孔子时而请教此人，因此有"仲尼闻之，见于郯子而学之"的记载。其次孔子适周问礼于老子，见于《史记》。对此有许多异说，也或许是事实。有了解老子昔日轶事之老者一旦在周国，孔子便前去问礼。其他方面也是，孔子无论何时只要有机会，便不耻下问，对于拓展自身知识见闻丝毫不懈怠。其次从散见于《论语》中的记录可以看出其非常好学。例如"不怨天，不尤人，下学而上达，知我者其天乎"便是此意。由此看来，从低处开始进步逐渐大成，便没有什么不可思议之处了。再者，"十室之邑，必有忠信如丘者焉，不如丘之好学也"，可知孔子是非常谦逊之人，对于所有的事都抱有谦逊之心，但在好学这一点上丝毫不谦虚，不输给任何人，不让于任何人。又有"学如不及，犹恐失之"的说法，无论如何学习，感觉始终赶不上别人，而且还唯恐失去所学知识的旨趣。由此可见，他平时是多么努力地学习。此外还有"君子食无求饱，居无求安，敏于事而慎于言，就有道而正焉，可谓好学也已"的说法，看此句便可知，关于食物或者居所，孔子并无矫揉造作之处，也没有时间考虑这些事情。但只要是比自己优秀的前辈，只要有优秀之处，不问是谁，孔子都直接向其学习。而"德之不修，学之不讲，闻义不能徙，不善不能改，是吾忧也"一句，不断磨砺学德之精神在该句中得到了充分体现。"我非生而知之者，好古敏以求之者也"一句中，或许圣人是生而知之者，但孔子认为自己并非生而知之者。只不过是丝毫不大意地无止境地追寻古代之事，索求知识之人，并无什么奇迹可言。学习的成果至此，所言自明。但是孔子平日不懈努力，到晚年仍丝毫没有懈怠，老当益壮，这便是他与普通人不同之处。一般人上了年纪，身心衰退，总觉得力不从心。孔子却并非如此，而是表现出更加努力追求进步的迹象。《史记》中记载孔子活到七十三岁，一说是七十二岁，另一说是七十四岁。且根据《史记》记载，到七十三岁他仍然笔耕不辍，"学道不倦，诲人不厌，发愤忘食，乐以忘忧，不知老之将至云尔"，这大概描述其上了年纪之事。这是孔子形容自己状态的句子。此"发愤忘食，乐以忘忧"并非寻常人可以做得到的，勤奋得几乎忘记了食物。另外还可以看出其平生精神上的愉快。无论有什么忧虑，心中仍能感受到愉悦之情，便以此忘忧。上了年纪气力难以跟上，而内心却有一股特别之气象涌现出来，其热心学习之处由此可以看出。《史记》记载有"晚而喜《易》，云云。读《易》韦编三绝"，对此已故根本先生曾有过非常有趣之言论。孔子晚年开始研究《易经》，这一点毋庸置疑，由此而作《易经》的解释。《十翼》是否悉孔子之作虽有疑问，但至少其中包含了孔子的思想。孔子至晚年对《易经》产生兴趣，且多加研究之事，《论语》中曾有这样的记载，"加我数年，五十以学《易》，可以无大过矣"，关于此五十，朱子曾立说，认为是卒之误，但不是今天讨论的主题。总之孔子晚年对《易经》等中华哲学开始感兴趣并加以研究。他以前对哲学并未表现出浓厚的兴趣，因此有"未知生，焉知死"的说法，不怎么提起鬼神之事。总之涉及哲学的论题基本上是回避的态度。到其晚年，却无法安于这种状态，开始关注宇宙之哲理，看《易》之系辞，可知其中包含了《论语》

中没有的哲理。无论如何《易》之系辞当为孔子之笔，由此"六经"便是孔子晚年之作。孔子虽然为社会而经营奔波，但却没有充分达成其志，到晚年专门从事"六经"之注释，将其传至后昆。其自十五岁开始到去世，始终保持努力学习的姿态。为磨砺知识，用尽气力，没有浪费过一寸光阴。

接下来看一下情的方面。也有这种情形：有在知的方面虽然得到很大发展，但在情的方面却非常缺乏之人。知虽然达到了很高水平，但情却非常冷漠。虽不免有冷淡冷酷之处，但孔子在上述知的方面十分努力，在情的方面也有了十足的进步，非同寻常。有时甚至会有神经质的情况发生。《论语·乡党》篇中所有的小事都非常敏锐，发生什么事情，其脸色也常有变化。比如《乡党》篇中，"有盛馔必变色而作"，即有人做了美食，其脸色也会发生变化。"迅雷风烈必变"一句中，刮大风响雷的时候时脸色会变。"过位色勃如也"，"勃如战色"等都表现出十分害怕的样子，对事情的感知力十分敏锐，其感受力非同寻常。不仅如此，其门弟子去世时，孔子亦悲痛不已。"颜渊死，子哭之恸"一句让人唏嘘不已。颜回作为孔子大弟子，早亡，因此孔子悲痛不已也在情理之中。一方面是知的发展，另一方面又可以看出上述情之优美之处，即有血有肉之躯。其次还有一事，定公十四年孔子五十六岁，大司寇令其行摄相之事。大致就是今日所言宰相之事。其时，面露喜色，甚为高兴。门人问："闻君子祸至不惧，福至不喜"，即君子者大难临头之际而不惧，福运到来之时而不喜，其弟子认为孔子应该对所喜之处丝毫没有兴趣。但是孔子还说"有是言也，不曰乐其以贵下人乎",自己行摄政之事,是一国中最尊贵之地位。他欣赏居于尊贵地位之人,而对于卑贱之人亦保持谦逊的态度。其次孔子说仁,说孝,皆源自情,即都来自重视人情,这一点是毫无疑问的。其次孔子又是能解趣味之人,充分了解文学美术之美。不仅是知道,事实上非常享受,又致力于将这种感受传达给别人。这又是普通人所难做到的。在知的方面发达但缺乏这种状态的人会比较多,还有道德虽然高尚之人往往不顾及美术者亦多。宗教家中这种情况非常多。自古非常优秀的宗教家,对文学美术领域都是完全不感兴趣的。宗教家完全不言文学美术者也不少。而孔子在这一方面却有很大的兴趣,《论语》中记录有类似事情。"志于道,据于德,依于仁,游于艺",这里的"游于艺",正是孔子学问的优点。他并非仅仅是拘泥于道德,所谓道学先生之索然寡味之人。游于艺,绰绰然而有余裕。艺指的是六艺,其中也有非纯文学的艺术,但是文学美术亦混入其中。其次正如"小子何莫学夫诗",致力于诗的研究。不仅如此,孔子所编纂并且传于后世的"六经",不仅是道德方面的读物,还有历史,有文学,绝非是单调无奇的。另外有担任大师官,即鲁国有明的乐师,孔子遇此人时说"乐其可知也,始作翕如也,从之纯如也,皦如也,绎如也,以成",这是《论语》中的话,非常简单地描述了当时的状况,可以看作是孔子的音乐评论。面对当时鲁国有名的音乐师,孔子表达了自己是如何看待音乐的,并作出评论。因此可以说是对音乐比较敏锐的人,具有音乐素养。还有这样的事情,"子在齐闻韶,三月不知肉味。曰:不图为乐之至于斯也"，韶为舜之音乐，孔子在齐国时，听到此音乐，三月不知肉味，完全忘记了食物的味道，长达三个月沉迷于音乐之中。因此他自己也感慨音乐所带来的愉悦竟然能到如此地步。他非常热衷于音乐，达到了一种忘我境界。另外，《淮南子·主术训》中又记录了一事，"荣启期一弹，而孔子三日乐"。所谓荣启期，即乐师弹奏乐器，孔子三日乐在其中。又《论语》中记载有"兴于诗，立于礼，成于乐"，由此观之，孔子学问之终极在于音乐。其次孔子听音乐，不仅享受，自己也作乐，还会弹琴。此外孔子击磬，奏响磬之乐器，这也是不努力练习便做不到的。其次，又有"取瑟而歌"，弹奏的同时又唱歌。孔子执瑟而歌，还见于其他地方。例如，"孺悲欲见孔子，孔子辞以疾，将命者出户，取瑟而歌，使之闻之"，见于《论语》。孺悲者虽然来见，但有不见之理由，孔子最后称病未见。虽然不是真正生病，但为了让其知道不可见，最后执瑟而唱。另外《礼记·檀弓》中云"孔子既祥，五日弹瑟而不成声，十日而成笙歌"，可见如此。《淮南子·主术训》中有"孔子学鼓琴于师襄"，由此观之，孔子有学琴之师傅。此外孔子不仅可以弹瑟鼓琴，还可以和着乐器而歌。《论语》中有"子与人歌而善，必使反之而后和之"，有擅长唱歌之人，先使其唱一遍，自己再唱一遍。孔子至少会唱上一首，并非无风流煞风景之人。其次使门人等各述其志时，二三门人述其志，但皆不合孔子之意。最后曾点所述"莫春者，春服既成，冠者五六人，童子六七人，浴乎沂，风乎舞雩，咏而归"，所谓沂，或指温泉。入温泉，舞雩之所，沐浴凉风，吟诗而归。对于曾点不拘泥于物之纯粹情感，孔子基本上是赞成的态度。孔子绝非是死板的道学先生，也不是死板的学究。反而是绰绰然、有余裕、有情趣之人。

最后，从意志方面来说，孔子意志极其强大。其意志力优于众人，且非常强大。首先孔子自幼到老，都坚持不懈努力，这是其意志一贯性的表现，因此其意志决非寻常意志。比起言论，孔子平时更加注重实践。言语木讷，话语不多，始终将实践放在前面。其行动在先，是其意志力强的表现。仅言语多而将实践放在其次，是孔子最担心的地方。孔子曾说："子欲无言，天何言哉？四时行焉，百物生焉，天何言哉？"自己什么都不说，言物是不得已之处。又"君子耻其言，而过其行"，意思是言语夸张，实际为耻，应将行动放在首位。比起语言，当重视行动。又"古者言之不出，耻躬之不逮也"，昔日之人为何言语不夸张，恐怕是担心自己的实践没有按照语言而完成。其次所谓"以约失之者鲜矣"也是同样的意思。这不仅仅是节约金钱，包括语言在内也都节约的话，失策之处便不会多，尽量守约便是。又"君子欲讷于言，而敏于行"，言语木讷，而行为必须比语言更敏锐。从中可以看出孔子之精神是比起语言，更重视行动。其次，又有"君子之为之，必可名，言之必可行。君子于其言，无所苟而已矣"，所言之处不可无用，所言之处必须谨慎，最终必须与其行为相适应。而实践必须有强大的意志，实践如果没有强大的意志，便不可行。因此忌讳言语过多，戒巧言令色。"巧言令色，鲜矣仁"，《论语》中共有两处。通过巧妙修饰言辞来接人待物，并不合适。问其本心，基本上无仁。孔子终究是注重实践，具有强大意志的人。此外孔子具有十足的勇气，这也是其意志力强大之处。在勇气这一点上，可以看出来。"见义不为，无勇也"，所谓义者，必须尽全力而为，不得踌躇，即赌上生命也在所不惜。孔子具有此种献身精神。"志士仁人，无求生以害仁，有杀身以成仁"，比起吾身命，所谓仁之德更显得珍贵，为了德，牺牲任何东西都在所不辞。害德，则不可以全其身。其次，又有"不愤不启，不悱不发"，可以看见其中之势。宋桓魋欲害孔子，其时孔子所言非常雄壮，非同寻常，至此已经超越了普通人的想法。"天生德于予，桓魋其如予何"，有一种将命运交给上天的无所畏惧的勇气，是高于普通人的勇气。孔子还具有伟大抱负，匡人追捕孔子时，弟子们非常惧怕。《史记·世家》中记录为"弟子惧"，但是孔子并未惧怕。此时孔子与弟子的区别便一目了然。孔子曰："天之将丧斯文也，后死者，不得与于斯文也。天之未丧斯文也，匡人其如予何？"所谓斯文，意思与道差不多，用希腊语来说，即是"logos"。人类社会贯彻古今所传承下来的原理，所谓"logos"这一词语，基本可以概括。只要天未丧斯文，匡人也无可奈何。天丧斯文，自己则不可与斯文。天不丧斯文，匡人也无可奈何。尽信天之伟大抱负，其意志之壮烈，非同寻常。但是这种气象，贯彻了孔子一生，并非一时之事。孔子川上之叹便是此意，"逝者如斯夫，不舍昼夜"，是他看到江水滔滔不绝有感而发。宋儒用道之流行表达这一点，但并非此意。感受到世事变迁如河流川流不息，人生的变迁如江水一般没有止境，意味着人们不可大意，不可停止努力。看孔子一生的事迹，可知孔子在这一点上深有所感。孔子至晚年更加强大，《易》象中，"天行健，君子以自强不息"，可以看得出来，这是孔子晚年之精神。此天地之运行，没有止境。因此君子自当自强，与天地之运行而共进，这是非常强大的思想境界。

由此看来，孔子头脑中与心理上之三个方面共同协调，即知的方面，情的方面，意的方面，都取得了非凡之发展，由此创造出了孔子的伟大人格。此知情意三方面加以调和，一般情况下都非常重要，不可有所偏离。即使知非常发达，而情不足，则精神上也只是片面的。又有知，但没有实践之意，便会导致意志薄弱，一事无成。因此此知情意三点必须同时具备，三点具备了才能得以圆满发展，所谓完人大概如此。但是其知情意三个方面即使圆满，也有可能还是平凡的。普通的人如果仅仅具备此三点，也是极其平凡的。普通人不如知或者意某一方面非常出类拔萃者更好。比如，情若缺乏，虽然非常冷淡，则知多意强者，也可以是世间杰出者。某一方面杰出，虽然是片面的，但必定会成为不可或缺的人物。普通人如果完全具备这三个方面，出类拔萃，最终亦会成为孔子般圣人。但是停滞于某一方面的话，便是平凡的。有所偏颇并非是我们人类的理想状态，但不得已亦可有所偏颇。如果三点都完全具备，必然造就伟大之处，否则，某一方面优秀即可。虽然某一方面非常出色，但其他方面非常薄弱，任何人都有缺点。由孔子之人格，是否可以看出孔子的缺点呢？我考虑良久，认为很难举出孔子的缺点。但即使是孔子也并非完全没有缺点。孔子是人类缺点最少的人，很难举出孔子所不行之处，孔子在所有方面都非常优秀，即将平凡转化为非凡，这点最难。从孔子所经历之处可以明白，他是从贫贱学生一步步走来的。虽然看似平淡无奇，但是学生想成长为孔子，是十分困难的，因此孔子伟大之处便可知晓，他将最困难之处做到了极致。但是也比较容易入门，任何人想做的话都可以做到。将困难中最困难的知、情、意三方面都做到的话便可成为伟大之人，但这势必极其困难。其困难之处孔子曾展示给后人，孔子在世期间的状况人们可想而知。后世之人通过想象逐渐将其人格伟大化，因此姑且不论后人的评价，孔子在世期间，时人是如何看待孔子的，其门人认为孔子是非凡之人，具有非凡之人格。《论语》中搜集了门人的言论。例如子贡说过，"仲尼日月也，无得而逾焉"，云云。孔子是可与日月同辉者，没有人可以比此更优秀了。子贡作为孔门弟子，是非常优秀的人物，从其视角来看的话，孔子是如同日月般耀眼之人。这是和孔子密切来往之人的看法。子贡又说过，"夫子不可及也，犹天之不可阶而升也"，孔子之难以企及如同乘天梯而登天一般难。因为意识到这个问题之难，所以认为无论如何都做不到。但是子贡等姑且不说，孔子关系最密切的是颜回。颜回作为正直的人，通过努力，不断向孔子学习，试图做到孔子那般出色。但是头发渐白，英年早逝。颜回形容孔子之语最值得注意，"颜渊喟然叹曰，仰之弥高，钻之弥坚，瞻之在前，忽焉在后"，孔子作为高尚之人而受到仰慕，其高度难以想象。又如果将孔子比作刀刃的话，其韧度越磨越韧。又想模仿其之前的行径，模仿之后发现仍然居于其后。又在后面模仿，忽然发现到了其前面，为不可揣测之人格。颜回虽然与孔子接近，但孔子屡次批判颜回。颜回在一段时间内，几乎处于没有过失之圣人境界，但最终无法企及圣人之境。但孔子弟子中最接近孔子者便是颜回了，颜回的批判在诸弟子的批判中最有价值。在颜回看来，孔子是最难企及的，是不可估量之人格。因此孔子一生不懈努力，即使想追赶上孔子的脚步，但最终无法做到。在整个生涯中，孔子处于无止境的进步中，始终无法企及。和孔子相比，颜回是一介匹夫，因此始终不可企及。

虽然如此，但孔子非常谦逊。这一点从其具有伟大抱负之处便可以看出来，即以一代之道而自任，以一代文运而自任，是具有大抱负之人。具有大抱负的同时，还非常谦逊。比如孔子说过"文莫吾犹人也，躬行君子则吾未之有得"，自己尚没有像君子一样加以实践，也尚未达到君子之境界，可见其谦逊之态。何况对于圣人而言，更加谦逊。"若圣与仁，则吾岂敢"，圣人与仁终究是我等所不能及。此外如果举出谦逊之言，也还有几处。《论语》中形容孔子的，有"温良恭俭让"这五个字，最能形容孔子的人格。其最后"谦让"二字是最重要文字。一方面虽然具有大抱负，但决非傲慢之人。在此就孔子之人格虽然打算作一概括，但必须最后增加几点。孔子人格伟大，且孔子是具有感染力的人。《史记》中认为孔子有三千弟子，此三千并非成数，但大致如此。其中大概七十人最出色，在当时是弟子最多的。这些弟子皆受孔子感化很深，孔子弟子很难有其独立思想，不能走自己意愿中的路。其中也有非常粗暴的人，比如子路等就是粗暴之人。子路有能力，有时虽然会暴怒，但遇到孔子便束手无策。孔子弟子皆受孔子之风所感化，逐渐成为稳重之人，因此难以具有独立之思想，皆完全受孔子熏陶，所到之处皆受其熏陶。孔子门生皆鼓吹其思想，没有比其更出色的人传。即使是颜回，也只是在《论语》中出现过几次，其片段之言语有零散几处，但没有独特的主张，均是在模仿孔子，受孔子感化甚多。因此和苏格拉底相比，截然不同。苏格拉底之弟子有崭露头角之人，还有多名出色的哲学家。孔子之后也有一些学派出现，但和苏格拉底之后的学派有所不同。这大概就是西方和东方学问的差异，孔子教之后因子思和孟子，得以传播到后世。

孔子之孙子思著有《中庸》，自孔子百年之后子思的系统传于孟子，继续继承孔子的学问并加以主张。因此得益于子思和孟子，孔子的学问得以继续发展。但是孟子与孔子也有百年之隔，如果可以遇到孔子的话，"轲也非尔所及也"，毫无疑问在其下。孔子讷于言，敏于行，而孟子到处发表言论，并非忽然当头一棒便会安静下来。孔子经常用强势的语言批评门下弟子。"柴也愚，参也鲁，师也辟，由也喭"，用短短几句作了评价。对此，谁也没有回应。孔子道德之盛，可见其人格之伟大，不得不佩服不已。孟子隔百年，未受孔子之叱，任意大吐气焰，这也是不可为之事。孟子作为孔子之学派气势极盛，其著述后来被加到了四书当中，也是无上光荣之事，对发扬孔子教发挥了作用。

就孔子而言，还有很多的事想说，但是会格外冗长，因此就此打断。孔子人格就说到此为止了。作为世界伟人中教育家的楷模,孔子是受伤最少的人。方才加藤将孔子与苏格拉底相比较,大概加藤博士对孔子作了非常稳妥的评价。即使和苏格拉底相比,苏格拉底缺点更多。苏格拉底是话题比较多的人,即使去市场上,谁都可以说上几句,是非常窘迫之人,因此多会遭到埋怨。而孔子没有这种困境,孔子最得中庸,其门下皆安贫乐道,没有走到窘境里。绰绰然,有余裕,如沐春风,实非寻常,在这些古今伟人中是非常独特的存在。比如断绝血缘关系后出家,或者服毒遭遇牢狱之灾,或遭磔杀而死于非命,孔子一概没有类似事情发生。孔子一生稳妥,作为一家之父,有妻有子,更有如子思般优秀的子孙,并非是忘记俗世之人,并未脱离世间。比世间一般人超脱,也为世间所努力,成为千百年来道德之师,这种伟人不可多得。如孔子之伟大人物,如此接近圆满者几乎没有,孔子是最接近圆满的人。在世界人类历史上,是可以被称为圣人的杰出人物,实为教育家之楷模,今日学校之教员最适合以其作为榜样。教师不适合抛妻弃子遁入空门,是当经营人世间之事业者,而孔子便是其模范。从这一点来看,不得不说孔子是出色的榜样。

依孔子教成长起来的儒教,先前加藤博士认为并非是宗教,原本就和宗教有所区别。但是形式上具有宗教的形式,称其为德教更合适。孔子此德教,更大的德教在中国、朝鲜、日本等其他国家的国土上成长起来。这种德教在世界历史上是没有过的。从康德哲学到康德一派的哲学,也是完全不同的,他们当属哲学派,其哲学派中有伦理学者,但并未发展到德教,仍然是哲学，哲学又和孔子的德教有所区别。孔子制造出了如同宗教般的德教，这种情况也是绝无仅有的。

　　进一步来看的话，今日世间发生了巨大的变化，尤其是东西方文明开始接触并发生融合调和，在这种融合调和中日俄战争爆发，也因此别开生面，世界文明国之思想混一，试图制造文明社会全体统一之思想。但是我们所当关注的事有一件，即日俄战争之际，我邦不仅战胜了俄国，作为战争的副产品，日本民族之阔达人道精神开始传播到世界各个角落，而发扬到世界各地的伟大之人道精神来自哪里，实际上是来自日本内部。人类这种行为，未必拘泥于宗教之名，未必在此之上决定战争胜败。即俄国标榜其作为基督教国家来攻击日本，尽管如此，但最终日本获胜。其宗教之名，不值得一提。在基什尼奥夫俄国的基督教徒虐杀犹太人时，并不会以其是基督教徒之故，就会得到宽恕。基督教徒，或者其他人，虐杀犹太人，这是反人道的，也是世界人类都非常反对的。此外亚米利加的加利福尼亚人也有虐杀日本人，也是人道所不允许的。不能为了其中一部分利害关系，而违背和扭曲人道。这并不会因为是基督教徒所为，就可以请求宽恕。佛教徒无论具有多么高尚的哲理，如果做了违反今日人道之事，也是不免要遭到责难的。这时无论是什么宗教，都不能借其名目，人类有更高尚的目的，人道并非一宗一教所独有的。总之人类所共通的人道在东西方文明融合调和过程中得以发展。如果问其真实情况的话，不会因为尊奉何宗何教，就必定会做正确的事。总结一下就是不必拘于何宗何教，其所实践之处是否符合全体人类的目的，这一名目是值得尊重的。

　　孔子的仁，与今日之人道是符合的。孔子之仁比现今哪种特殊宗教宗派都适合。因此在此讲堂中，高等商业学校学生想聆听精神上的演说，村上专精、海老名弹正两位和我一共三人曾在此处进行演讲。当时我这样说过，佛教与基督教，可以说是饼与酒的关系。佛教如果是饼的话，基督教是酒。想吃饼的话，可以去村上先生处。喜欢酒的人可以去海老名先生之处，这是自由意志。但人类所当遵守日常道德，在日本而言，就是和饭食一样的东西，这是每日不可或缺的东西。因此和今日日本之教育相对照，孔子教具有很大关系。孔子所说之教在今天看来，和加藤博士所说的并非完全没有差别。这是孔子也已经充分了解的地方，所谓"后生可畏"。如果后人虽然改变时势，但和孔子说一样的话，这就不可畏了，"后生不足畏"。时势不仅在变化，"逝者如斯夫，不舍昼夜"，世间一直在变迁，未来如何变化不得而知，因此才有"后生可畏"之叹。孔子如果也活在今天的话，当时之事就不提了。如此变化为《易经·系辞》所提倡，人必须知道变通。时势境遇如果发生变化的话，需要顺应其变化了的时势境遇，来立德教。《易经·系辞》中所谓变通就意味着如此。但是今天日本教育界之道德，将《教育敕语》作为大方针，这和孔子的德教有密切的关系。虽然和孔子所说的有所不同，但与孔子的做法极其相同。因此祭祀孔子，在日本教育上具有重大的意义。今日也有此事，欧洲之形势，教育逐渐离开宗教，即英国教育法案出台，屡次试图将教育摆脱宗教。虽然没有获得充分成功，但也有成功的例子。另外如法兰西，离开宗教而实施德教。但天主教干涉建立学校，学校又试图摆脱天主教之手，且已经获得成功。这种倾向在欧洲各国中有多例，正好是上个月的事。法兰西的渥勒特写信，发表在 *Mercury* 杂志上，代表了这种思想的倾向。这种情况下，欧美，主要是欧洲使教育摆脱宗教之手的倾向开始出现，因此全体社会向安全靠近，这不仅仅发生在教育领域。所有领域都离开了古代宗教关系，尤其是脱离了教派关系而得以发展。教育依然作为整体潮流，出现了逐渐从寺院独立出来的趋势。而且到近世，欧美各国发生伦理运动，即 Ethical Movement，以伦理代替宗教地位，这种伦理运动在欧美各国也有发生。伦理运动的精神与孔子教非常相似，伦理运动也是成立德教的运动。孔子早于这种运动，早在两千四百多年前已经成立了德教。因此不仅限于中国和日本，东方各国虽然有其他宗教，但对德教保持了长期的习惯。今日以及今后的日本教育，大体上要将孔子的人格作为教育家的典范。本来其他古今之伟人也可以作为范本，应当学习所有伟人杰士之长处，劝各位也不妨如此。对于青年和教育家，孔子当是最容易模仿的范本，因此今天在此将我的想法述及于诸位。

（明治四十年四月二十八日）

前乎我者，千古万古。后乎我者，千世万世。假令我保寿百年，亦一呼吸间耳。今幸生为人，庶几成为人而终。斯已矣，本愿在此。

——佐藤一斋

| 附录五 |

儒教的长短处

（哲学会讲演）

我今日以儒教之长短处为题发表演讲，最初打算以宗教与德教为题，最后决定以儒教长短处作为要点来叙述宗教与德教的关系。这一题目多少可以兼顾到我的关注点所在，因此最终变更为这一题目。确定此演讲题目之旨趣，打算在开头便叙述清楚。即近年来往往有人倡导儒教复活论，那么所谓儒教到底是何物，将从我的研究立场出发进行说明。

儒教复活论为何近期在日本得到提倡，其原因或有很多，多因人而异。有人幼时读经书，此事已被忘记。离乡来东京很久之后，经书却变得有趣起来，因此想回到故乡重新看一下。与此相似，亦有人想重读幼时《大学》《中庸》《论语》等书籍，这种人提倡儒教复活论，而且确有其人，姓名暂不泄露。另外还有一类人，《教育敕语》作为日本教育之大方针受到尊敬，但仅靠《教育敕语》显然不足。《教育敕语》之基础当属广泛之真理、教理，由此而言正是儒教，儒教与《敕语》不相违背，且对补充《敕语》之不足非常有利。出于这种考虑，提倡儒教复活之人便多了起来。其中仅从尊重古典之精神来看，亦不得不读经书。今日之青年不读经书。要使儒教复活，须让青年读古典来复活儒教，此种场合下以古典崇拜之念头为主。其次又有一类人，虽有佛教、基督教之宗教，他们不依赖宗教。此种人不依赖佛教或基督教，但无所依靠，多少觉得有点寂寞，因此正好有儒教可以依赖一下。有此考量之人，又分两种。有一种是认为宗教无可取之处，而儒教作为德教至关重要，立儒教便好，于是提倡儒教复活论。还有一种是原来信奉佛教或基督教等宗教，其宗教心渐次冷却，不打算回归宗教，开始变得厌恶宗教，而此时唯一可依赖的便是儒教，于是倡导儒教复活论。甚至以前作为牧师广泛传教之人，如今也开始倡导儒教复活论。世事多变，我思考良久，认为倡导此儒教复活论主要出于如上四个动机。

接下来首先明确一下儒教的定义。就儒教而言，我在此并不可能加以详细说明，但首先就儒教的长短处进行简单描述。如果试图简单概括何为儒教，其答案绝不可能一言以蔽之。即使基督教，也很难用只言片语回答出来，佛教也一样。因此儒教自然也很难简单解释明白。所谓儒，通天地人，称之为儒，这是汉代人所下的定义，可以说是非常模糊的定义。所谓儒，在中国解释为学者，是极其浅显易懂之解释。但是即使是学者也有很多，儒教仅仅是中国某类学者所附之名。然而是何种学者？只要是信奉孔子学说之人即可。这个说法虽然没有问题，但儒教之定义尚不明确。那么孔子是如何说的，他提出了"述而不作，信而好古"，即将自古以来就有之教加以介绍。此外继承孔子系统之人，开始逐步介绍孔子教。因此哪一个是儒教，很难说清楚。但儒教是中国自古以来便已发达之德教。其德教主要依照孔子而建成，但并非孔子一人所创造，也不能说出于孔子之创意。孔子仅仅是将自古就有的东西传承下来，自己虽加入了一定的看法，但并非完全是一家之见解，"述而不作"的意思随处可见。要问传播了什么人的学说，则尧舜禹汤文武周公是孔子教之根本。自尧舜起，先前中国虽有帝王，但并不具有值得孔子所尊重之处。正因为如此，这些人完全没有出现在《论语》中。比如伏羲神农黄帝，虽早于尧舜，但并未出现在《论语》中，《大学》《中庸》《孟子》中亦没有出现。神农虽在《孟子》中出现过一次，但并非引用神农之教。主要是称赞尧舜禹汤文武周公，并加以推崇。因此介绍孔子教之人，比如孟子，也依然尊崇上述之人。教依然是尧舜之教，尧舜之教渐传至孔子而大成，孔子大成并传于弟子。门弟子中，以孔子教为羽翼进行传播者主要有四人，孔子所认可之弟子亦有四人，分别是子贡、子路、子张、颜回。此四人大力促成了孔子教之发展。因此孔子曾言此四人为四友，受到过此四人之助力。汉代伏胜出《尚书·大传》，其中认为颜回为孔子弟子中德行第一者，与孔门诸弟子关系融洽。其次子贡其人，在《论语》言语中都是以宰我、子贡之巧舌如簧者出现的。此人到处鼓吹孔子之德，长于游说，殆为苏秦张仪之人，实为巧舌能辩者。其次子张，长于礼义。时有来访者，比孔子更加注重礼节者之子张，立于其间，更有威仪。即使有人来，遵守礼仪，秩序有条不紊者，主要来源于子张之力，即大大增加了孔子威严之人。所谓子路者，如壮士一般，是孔子门弟子中最有手段者。即使是孔子，子路亦是直言不惮，并且屡次都是如此。子路最不忌直言，面对孔子也是直言不讳。孔子亦因此大受启发，接纳了子路之言，但也有不加理睬，一言之下斥责子路之时。有时子路问政，孔子言"必也正名乎"，这种时候子路便说"有是哉，子之迂也，奚其正"，先生不可说如此迂腐之事，所谓什么正名，完全来不及，孔子以更加强势的语言答之曰"野哉由也，君子于其所不知，盖阙如也"，言其性质卑劣。不可说不知之事，不知之事便以不知，当默而不语，如此斥责其所言。当然孔子所言有其意思，所谓正名，虽为小事，而对照当时国情，却大有意思所在。此种情况，子路之人并未意识到。陈蔡之间孔子大有困难时，子路频繁诘问孔子。其时颜回因为没有食物，沉默着捡草，孔子弹琴，但是最终仍然难以忍受饥饿。其时《论语》中有如此记录，子路问孔子"君子亦有穷乎？"其他人不言。而子路经常有类似提问，"连君子尚因这种事而困扰吗？"等等，孔子回答，"即使作为君子也有苦恼，或者说君子更加困恼。何故？君子行道，何种艰难都要经历，更加困扰的是小人穷斯滥矣，小人穷而暴动，沦为强盗。君子则不为之"，无论何时，孔子的回答都堪称完美。子路再怎么有勇气，也拿孔子没有办法。子路最初尚未成为孔门弟子时，曾诋毁过孔子，见于《史记》仲尼弟子传。子路因为有能力而反问孔子为何人，对孔子表现出不恭敬，而最终成为以礼义而闭口之门人。子路此种性格，可以说勇气可嘉。因此并未侮辱到孔子，反而增加了孔子之威严。虽然来孔子之处者多，但很少有合意者。身边有如子路之有本领之人，有壮士来却被击败，因此不会受到蔑视，最终亦增加了孔子势力。颜回、子贡、子张、子路四人为四友，前文已经叙述过。此外另有传播孔子之学问者，其人便是曾子，曾子未列入十哲中。其次还有子夏，子夏在文学上有子游、子夏之说，列于十哲之中，子夏与曾子一样，与儒教系统关系重大。子夏与曾子对儒教发展产生了最重要的影响。而曾子将孔子学问最关键之处，即神髓加以传播。孔子将最重要之处传于曾子，所谓"参乎，吾道一以贯之"。此时曾子悟道，未有任何提问，仅回答了是。某人曾问曾子道为何事，曾子答"夫子之道，忠恕而已"，可见其理解得甚好。由此可见曾子理解了孔子最重要之处。曾子所言，殆可与孔子之言相匹敌。《论语》《孟子》中所记录的曾子之言都非常妙，非常卓越，勇气可嘉。《论语》有"临大节而不可夺也"，又《孟子》有"自反而缩，虽千万人吾往矣"，考虑到这点，曾子之人格实属伟大。因此曾子传孔子之道，而《大学》出。《大学》正如朱子所说，为曾子所作。《大学》中一概未引用其他孔门诸弟子所言，唯有曾子曰此一条，为曾子门人所写。或开头经一章为曾子所写，后为曾子门人所写，总之《大学》为曾子之书。孔子之重要学问见于《大学》，此《大学》中所记录之事又由子思在《中庸》中加以补充。子思传播曾子之学问，《大学》《中庸》在思想系统上有厉害之处。《大学》之始有"诚其意"，传中有过说明。子思将诚作为《中庸》之根本原理加以补充，但孟子又作过补充，因此和《中庸》同样之言亦见于《孟子》。《孟子》将《中庸》之言加以重复。例如《中庸》"诚者，天之道也。诚之者，人之道也"，《孟子》"诚者，天之道也。思诚者，人之道也。至诚而不动者，未之有也"，可见其思想系统之出色。《孟子》中又对曾子与子思之事加以称颂。《孟子》之学问，自子思出，此思想系统并无什么疑问。因此四书中孔子之作品为《论语》，曾子之作品为《大学》，子思之《中庸》，孟子之《孟子》，此四部为儒教之重要经典，记录了四人之教，是邹鲁学问之基础者，此后有继承儒教者，但原始儒教者当为"四书"。《论语》《大学》《中庸》《孟子》此四书中可见原始儒教之真面目，孔子、孟子、子思、孟子四人之间有过思想变迁。虽有变迁，但其关系又非常缜密，是一个整体，子夏之系统另当别论。子夏之学与曾子甚异，子夏为有文学造诣之学者，文学有子游、子夏，与曾子相异。曾子不擅长文学，有德行家之人格。子夏为文学者，此人有很多趣事，继承子夏之系统者，为荀子。荀子与孟子是完全相反之人，但其渊源都是孔子。虽都是孔子，但继承了孔子学问的不同方面。荀子学问系统并非得于孔子。孔子学问之精髓在于曾子、子思、孟子，而荀子兴之。所谓宋学，日本古学者曾频繁攻击其过多地加入了佛教教理，并非纯粹之儒教。因此山鹿素行、伊藤仁斋、物徂徕等激烈加以攻击。日本古学派之人皆主张返回原始儒教，回归孔子之教。由此论及儒教长短处时，须先在此论述一下原始儒教之长短处，宋学姑且不放入其中。

其次关于儒教与宗教有何不同，首先叙述一下其大概。儒教与其他宗教相比，形式上有相似之处。那么首先谈一下其相同之处，宗教与佛教、基督教，各成一派，儒教亦自成一大派。尊奉儒教之人，远东诸国自古很多，其形式上与宗教相似，与康德之哲学派相差很大。与其称其为哲学，宁可说其乃遵奉日常之教，或有时还有举行儒葬者。儒教所进行的葬礼不借助于其他宗教之手，这点极为相似。其次儒教相信人类以上之物，即孔子等相信所谓天。所谓天，今天很难讲清楚。模糊来讲，孔子尊信人类以上的，可以说非常伟大的天。如遇到大难时所谓"天之未丧斯文也"，任何时候都会把天拿出来说。其所谓天，似乎与西洋宗教家所谓 god 是一样的，但不可精细解释出来。虽然无法解释，但可见其为具有人格性质的神，尚且没有明确概念。总之孔子尊信人类之上的事物，此外孔子一派之人物皆抱有此种信念，这与宗教相似。此处所谓宗教，我主要指的是佛教与基督教。而与宗教不同之处在于，第一是没有宗教仪式。没有像诸如寺院会堂之类的建筑，也没有祈祷等仪式。孔子有过祈祷仪式，所谓"丘之祷久矣"，但并非集中于会堂的祈祷天之仪式，仅仅是单纯的形式，几乎没有被称作仪式的东西。第二是超越现世，相信来世，完全不考虑这些，且毫不在乎。宗教对上述事情非常重视，来世对于宗教世界非常重要，但儒教中一概没有这些，也与此完全不同。因此儒教与其说是宗教，不如说是德教。宗教之原本意义，用于此处，意义则更加广泛。无论德教还是宗教都无所差别，并没有像今世所指佛教、基督教等时，所谓宗教之意味了。

附录五　儒教的长短处（哲学会讲演）

接下来举此儒教的一个长处，儒教中的确有几处可以称之为长处的点。第一是儒教中没有神怪不可思议之处。简单来讲，儒教中没有迷信。《论语》中最明显，所谓"子不语怪力乱神"。总之关于妖怪，孔子几乎不说，又有"敬鬼神而远之"。人在言鬼神时，应当对鬼神表示敬而远之的态度，不要接近为好。还有"未能事人，焉能事鬼"，"未知生，焉知死"，连我们的生命尚不清楚，何以知道死后之事，可见关于幽冥界的讨论并未成为主要问题。因此《论语》中只有此人间世界道德之事，其道德是广义意义上的道德，包含了政治经济等。此种情况下仅仅停留在人类世界的问题上，并未讨论更加深层次的问题。即使有时与鬼神有关系，但其决非重要问题。虽接触当时世俗所信仰的鬼神等问题，孔子决非对其表示重视，它们并非是孔子最重视的东西。其所重视的宁可是道德政治经济。政治经济皆与道德相调和，推而言之，即是广义上的道德，此外没有其他含义。因此孔子教即所谓原始儒教，与今日之自然科学丝毫没有冲突之处，这便是儒教的优点。佛教与基督教之宗教皆伴随着无数迷信，因此与科学有冲突的一面，经常引起麻烦。由此迷信成为这些宗教的重要之处，儒教却丝毫没有。当时即使出现世俗所谓鬼神，与孔子教也几乎没有任何关系。这并非是儒教的精髓，但此点确实是儒教的显著长处。

第二是儒教基于健全的常识，始终离不开中庸。中庸仍然是常识的佚名。中，不走极端，事物刚刚好的状态。庸则为守平素之意，庸为常，无极端，守护最中正之处，可以说是常识之佚名，决无极端之变化。老庄学派等脱离中庸，并非是儒教。孔子更重视中庸，子思所著《中庸》说中庸之德，此处不加以引用，《论语》中亦有类似之处。"中庸之为德也，其至矣乎？民鲜久矣"，意思是中庸之德者，实属伟大，但践行者非常少，感慨人们长时间懈怠。又对门弟子讲"过犹不及"，这也是中庸之意，过也不可，不及也不可，人们需要做到恰到好处。从此意义上来讲，只不过是换了个词来说中庸。又"不得中行而与之，必也狷乎"，此"中行"为中庸之行，即适度之行，并非极端之行，适当之行为中行。人若不得中行，接下来便为狂狷之人。又"人而不仁，疾之已甚，乱也"，即使有不仁者，对其极端厌恶，也会致乱。此种情况下孔子不会走极端，仍然来自中庸之意。《孟子》中有一处形容孔子，"仲尼不为己甚者"，即不为极端之事。例如憎恨恶者，虽然非常憎恨，但无法憎恨至极端，这便是"不为己甚者"，很好地形容了孔子，是孔子履行中庸之德的证据。此中庸的中，仍然与儒教的起源有关系。尧将位置禅让于舜之时的教便是"允执其中"，舜让位于禹之教，有"人心惟危，道心惟微。惟精惟一，允执其中"。"允执其中"虽更加精进，但与尧教舜之事有相同之精神。这种情况下，代代中之教传于世，最终至孔子，成为中庸之中。中庸之教者，为重要之教。但是中庸之教，不外乎是以健全之常识为基础的道德。孔子不走极端。从这点可以看出，佛陀与基督教虽各自有其伟大之处，但与孔子教相比确有出格之处，的确有走极端的时候。基督激昂于时势，举一例言之，与有钱人去往极乐世界相比，骆驼穿针穴更为容易。

这毫无疑问是激昂于时势所讲。因为有钱人中间也有善人，贫穷人也并非一直是善人。贫民中有恶者，富人中也有善者，并非是富人一直在作恶，这并非是激昂时势所作。佛陀与孔子相比，也脱离了寻常轨道之宗教，孔子却没有。他任何时候都是不离中庸而立教，中庸之教逐渐扩散，得以成为一门学问。如此一来，社会不像以往一样纷乱，而是成为一个整体，中庸之教的功能日益增多。

  第三是孔子教是世间之教，非出世之教，遂不说此世间之上幽玄之世界。如此仍然有大理想，更大的理想在其中。也就是说孔子教具有无差别之平等。差别与平等同时存在，可以调和，不可偏离某一方面。与先前的中庸之教相得益彰。换言之，具有现实性，同时又是理想的。一方面极其现实，通过其现实性，又具有理想性，两者相互调和。又孔子说仁，其仁必有顺序。在今天看来，仁为博爱之人道。所谓仁，若没有顺序，社会秩序便会紊乱。孔子明确教之，例如"君子笃于亲，则民兴于仁"，所谓行仁，当始于孝，因此有"孝悌也者，其为仁之本与"。《孝经》中有"不爱其亲，而爱他人者，谓之悖德。不敬其亲，而敬他人者，谓之悖礼"，是遵守秩序的。因此世界之人，皆不能仅从有差别之处看起。子夏所言"四海之内皆兄弟也"，是"商闻之矣"，因此问于孔子。孔子之门弟子听之，求教于孔子。因此孔子具有纯精神的宏伟观念，不具有将世界人类差别对待的想法，连夷狄者也绝不会加以侮辱，夷狄之国亦受到孔子尊重，或所谓"夷狄之有君，不如诸夏之亡也"，又"吾欲居九夷"，夷狄之国或为鄙陋之国，但

"君子居之，何陋之有"，认为君子居于九夷，何陋之有。此九夷，一说为日本，仁斋《论语古义》有充分说明。所谓"君子居之"，大学教授、已故根本博士认为指的是日本人之事。日本被称为君子国，君子所居决非孤陋，《论语讲义》中有言。看朱子注，"君子居之，何陋之有"，认为君子若去，则虽九夷之国，决非固陋，这并非是孔子之意，孔子没有自称过君子，所谓君子，已经推辞过，自己绝不称君子。根本博士之见解，或有几分道理。孔子认为虽为夷狄之国，但不可侮，实为四海兄弟广大博爱之人道。其广大博爱之人道，尽管有之，社会需要秩序有条不紊因而立教。因此孔子教决无偏于出世，无视国家之弊。世之宗教家往往有偏于出世之教，时或无视国家，又侮世间之道德者。而孔子绝无此事。在立国家这一点上，孔子教为最适合之教，又最重视现世日常之道德。

其次，所谓孔子之儒教与经济政治相一致，孔子已经有过充分研究。佛教与基督教之宗教于经济政治也甚有关系。而在社会经营方面之教化，比较缺乏。但是孔子教，合今日之时势。孔子所谓，"富而可求，虽执鞭之士，吾亦为之，如不可求，从吾所好"，所谓"执鞭"，发挥执鞭之作用，或如《周礼》所言发挥巡查作用。所谓"执鞭之士"，虽为不起眼的角色，即便是如此之角色，若为求富，做也无妨。这虽然看似稍微低贱，但其实并没有。孔子又在另一方面，不管多富贵，绝不在乎。不合义之富贵，不管多富贵，都轻如尘芥，这正是孔子非常伟大之处。"饭疏食，饮水，曲肱而枕之，乐亦在其中矣。不义而富且贵，于我如浮云"，是孔子人格伟大之处。一方面富如果可求，即使执鞭之士也会为之，在其他方面或为不义之事而求富贵，而心平气净。与此相比，宁可是饭不食，夜不寝，有极端超然之处。又有"邦有道，贫且贱焉，耻也；邦无道，富且贵焉，耻也"，国家适道而荣，则以贫乏卑贱者为耻，此时具有相当之地位，便是富贵。但国家混乱之时，居富贵之地位，非常可耻。"君子忧道，不忧贫"，君子所忧在于自己功业如何，道如何，贫穷绝未放在心上，由此可以看出其有非常顽强之品性。又有"富与贵，是人之所欲也；不以其道得之，不处也。贫与贱，是人之所恶也；不以其道得之，不去也。君子去仁，恶乎成名？"由此可见或富贵或贫贱，绝不为之所动，具有坚强之性格，但并非任何事情都要避开富贵之性格。孔子强调道德与经济政治相调和，这点对于佛陀、基督等宗教祖师来说是没有任何希望的。但是无论如何孔子教之精神在于重视道德。所谓"德者本也，财者末也"，《大学》中所见孔子之精神。要问经济与道德哪一方更重要，当然是道德重要。道德第一，经济其次。因此今天实业兴盛，此儒教能合之。儒教原来并不与实业相违背，解释为与实业相违背是后世儒者做得不好之处。

其次所谓儒教，与教育相伴，是儒教最大的长处。尤其在日本这样的国家，儒教与教育关系密切，在今日之中国也变成了国教。日本的情况绝不像中国一样，但是与其教育的关系实际上是密切不可分，轻易不可割裂的关系，这便是孔子人格伟大之处。孔子伟大之人格在教育上是非常必要的。教育并非仅仅是学问，应该是人类应该遵守的标准所必须有的伟大人格。

从此点来看，孔子之人格最为恰当。与孔子相并列之人格，或者比孔子人格更优秀者，多少可能有所变化，但是这种情况不多。孔子之人格在人类历史上都是少见的。佛陀、基督、苏格拉底等与之相匹敌的伟大人格，世间并不多见，如此伟大之人格在东洋开拓出了纯粹之德教。孔子之人格正是伟大人格，与我邦教育不无关系，这一点正是儒教最大的长处，是其他宗教所不可见的长处。原因在于佛陀、基督虽然都很伟大，在教育领域却大相径庭，即与现今教育关系淡薄。佛陀、基督为普通人所无法模仿者。如果模仿也好，但真正能模仿得来的不多。孔子最可模仿，孔子从一般学生做起，一步步学习，最终发展到极致。孔子曾明确说起过"吾少也贱"，努力勤勉，反复锻炼，遂养成了孔子所具有的伟大人格。但是佛陀、基督之人却非常不同，而孔子则彻头彻尾普通，未曾脱离一般轨道。佛陀、基督之人作为寻常学生或者教育家之模范非常困难。第一是佛陀曾有家室，曾抛弃家庭，抛妻弃子。这种事情是普通人做不出来的，必须是伟大的人。无法做到的理由便是和尚无法独身，逐渐开始组建家庭。维新以来和尚是否还独身，答案是否定的。开始实行的时候人口减少，人口减少则国力开始衰弱，因此出家后保持单身基本上是不可能的。随着世间逐渐进步，之前的教条便不起作用。尤其像释迦之具有伟大人格者另当别论，那个时代下释迦做出这种行为是具有非凡意义的。如佛教，宗教之非凡英明决断，断世间之血缘，成为出世之人，一身向道，但难以成为普通学生或者教育家的模范。第一基督也是单身，但普通人很难长时间独自生活，普通人早晚都会结婚组建家庭。在这一点上可以说孔子完整地组建家庭，并养育子女。其子孙中又有子思之贤能之人出现。孔子作为一家之父得以寿终正寝。七十三抑或七十四，孔子全天寿。基督则毙于非命，未尽天寿，遭到磔刑。这是即使人们希望成为但终究无法做到的事情。如果是诸位所希望的话，也未尝不可，大概希望如此的人不多吧！即使有希望者，也很少有希望遭遇磔刑者。其他事情暂且不说，仅这一点就无法做到，因此并非寻常之举。这是遇到激烈冲突时，基督遭到的磔刑，但正是基督以极其残酷的方式被害，其所受的同情才非常多。基督如果没有遭遇磔刑的话，基督教也可能不会成为那个样子，处以磔刑正是基督教产生伟大成果的一大原因。此后诸如苏格拉底之类的人也是非常伟大的人，甚至可以与孔子比肩，但他也未颐养天年，最后遭遇毒杀，但是并非学生或者教育家都会遭到毒杀。孔子的一生最为安全，是最为圆满的，他从普通学生成长起来，得以终天年。但是成为普通学生或者教育家范本的地方应该是孔子教育学生之多。孔子大概有三千弟子，或接近三千，其中优秀者七十二人，另外还有十数人。尤其在弟子之多上，还有自幼便来从学之人上，孔子最为典范。孟懿子、南宫适等人来得最早。其次适周问礼于老子，其至周，停留一段时间，归于鲁国时，弟子继续增加。如今日求学于留学归来之人一样，因为到周都留学，门弟子络绎不绝前来学习。其次周游天下时与弟子同行。此弟子们皆受孔子教化之多。基督徒弟当中，背叛基督者有犹大等，但孔子教中未有一个凶徒。孔子的教育，实为出色之教育，其感化力之伟大，从孔子事迹中可以看出来。佛陀与基督，皆有徒弟，孔子与今日之教师更接近。孔子具有纯儒之态度，晚年更加注重弟子教育，并将著述留传于后世，编纂六经，对后世进行传道，如此之处与普通学者相接近。因此只有孔子著述，苏格拉底、佛陀、基督无一著述。只有孔子有著述，因此其做法最接近教师。古昔圣人中，最接近学生及教育家模范的当属孔子。从此点来看，与孔子在教育上的贡献有关。孔子所说，或依时势未免多少有所变化，并非很少，或许有很大变化；但是孔子人格之伟大，依学问之进步，丝毫没有变化。因此孔子在日本教育上，是具有长期关系的具有伟大人格的教育家。孔子正是出于这种伟大人格，才和日本的教育不无关系。维新以来欧美学术输入，但不能忘记孔子人格之伟大。孔子人格这一点，需要密切关注。尤其在德育上，不得不学习孔子人格伟大之处。学习孔子之人格，毫无疑问，这当是儒教的一大长处。

其次举一下儒教的短处。原本所谓短处，有诸多需要辩解之处，儒教之短处当属人格个体概念不明了之处。个体的、个人主义等不明确。儒教是彻头彻尾的人格教育，教育上所谓人格，是儒教最重视的地方，但反而有各种弊端。儒教完全是人格教育，其人格概念并不明确。此概念自西洋传入之后才得以明确，但是这一点却见于儒教中。个人必须具有刚强的态度。所谓独立自尊，孔子非常具备。福泽翁倡导独立自尊新道德，孔子在两千四百余年前已经盛行，这一点上孔子也非常伟大。孔子的一生，没有比独立自尊更重要的。中国当时精神界没有可与孔子相匹敌者，其非常注重独立自尊。孔子之伟大，在于其精神与事业。孔子实际叙述过其行为，并非空言。如"三军可夺帅也，匹夫不可夺志也"，三军之大将虽可夺，但匹夫之志却不可夺。况孔子并非匹夫，而是大圣人，更不可夺志，因为没有比独立自尊更重要的了。释迦所言天上天下，唯我独尊，是其俗语。虽然是俗语，释迦说得也好。释迦的想法，毫无疑问是这种想法。天上天下唯我独尊，婆罗门之最上佛，亦可下视。孔子依然是唯我独尊。"匹夫不可夺志也"之趣味，到处可见。"君子可欺也，不可罔也"也与此相同，决非无理而为者，非君子者可以做得出来，君子做不出来。此外孟子介绍孔子之精神，更加明确。"富贵不能淫，贫贱不能移，威武不能屈，此之谓大丈夫"，又曾子"临大节，而不可夺也"，这点非常重要。又孟子引用曾子之语，"自反而缩，虽千万人吾往矣"，实独立自尊，无比此更繁盛之气象。孟子模仿孔子所为，因为模仿的是善事，值得赞赏。孟子也是从匹夫而努力过来的，原本是渺小之匹夫，模仿孔子，讲道，大力修德，将所见之处在当时加以实践，造就了他的性格。所谓独立自尊之精神完全具备，但完全没有个人主义概念。同时阶级观念非常强。"女子与小人为难养也"，将女子和其他东西一视同仁，人格之尊严与其他没有什么区别。虽然这是一个缺点，但是在其他学问尚未出现之际，是可以原谅的。总之个人主义与个人的这些概念并不明确，因此没有权利思想。这并非只有儒教专有，但儒教此特点更为显著。因为没有权利术语，所以没有权利主张。《论语》中虽"以直报怨，以德报德"，但并不能表达出今日所说的权利术语。 最接近权利之思想者，是墨子和孟子。墨子提倡平等主义，孟子又言权，但并未到达权利顶端。权利这一文字，最初见于荀子《劝学》篇中。但是荀子所谓权利并非今日权利之意味。荀子之权利，可以借助西洋之权利来讲，但并非儒教中有权利的概念。儒教中缺乏权利的概念，此概念自西洋输入。因此今日所谓个人人格概念，人权以及国权概念，所有的权利思想在儒教中都没有。

　　第三，儒教中缺乏哲学理论思想，并且极其缺乏。宋学中虽有所补充，但宋学并不是今天所谈论的儒教范围，就原始儒教而言相当缺乏。关于哲理方面，孔子并未提及。子贡所言"夫子之文章可得而闻也，夫子之言性与天道，不可得而闻也"，涉及性、天道等哲理，孔子并未提及。《子罕》篇中有言，"子罕言利与命与仁"，命与仁涉及哲理，孔子基本是避讳的。孔子厌恶这些，一直关注实际方面，并未离开实际。尤其以之称为儒教长处，也不为过。非哲学的理论的，反而受到今日之尊重。哲学的理论的，在今日学理上是无用的。一言以蔽之，不如说是被砍掉了。但因为这是常识，则不能这么说。《论语》中所见金句格言，在今日仍然发挥作用，这或许便是儒教的长处。总之缺乏哲学理论思想，不足以补充今日学者之知欲，由此点来看，的确可以说是儒教的短处。只是《易经·系辞》基本都在讲哲学，但很难断言是孔子所作。虽然毫无疑问其中加入了孔子的想法，很难断定其为孔子之作。不太清楚，或许历史上没有这一事实吧！或者为子思所写，姑且存疑。

　　第四，儒教缺乏科学知识，如此便很难认可自然科学之必要，之后其在中国的发展也影响到了日本的发展。所谓自然科学，并未发生自中国和日本，原因很多。儒教首先不承认其必要性，的确是一个原因。尊重道德、尊重儒教的结果，便是蔑视其他学问。蔑视诸子百家之学，蔑视一切，其所蔑视之处在于它们不适合世间之人，所重视之处是人情。儒教隆隆扬势威，诸子百家之学相对不振，属于诸子百家之学的自然科学皆未得到充分发展，其中甚至有丝毫没有任何发展的，如完全没有像化学这样的学科，可以称为学科的东西一概没有，自然科学也没有任何发展。虽然和自然科学可以调和，但所谓儒教原本就没有承认自然科学的必要。

第五，儒教的短处是倒回到理想观念上。这是孔子于尧舜禹汤文武之昔日帝王，或者周成王时处于摄政地位的周公，从他们之中寻其踪迹，尊崇昔日之人，对尧舜时代之伟大人物，大加赞扬。因此后人也称赞尧舜禹汤文武周公，儒者皆称赞之，且将其作为圣人加以尊崇。将昔日之人作为圣人加以尊崇，因此将来比以往更加发展这一观念就非常弱了。孔子亦说过"后生可畏"，但仅此而已，与此相对他更加称赞古代，处于后世而感叹尧舜之世的美好，缺乏一直向前发展的积极精神。这一点无论如何都是一个缺点，因此缺乏创意，自身创造的东西相对要少，因此儒教中没有创造事物的想法，儒教只是重视继续思考，孔子述而不作，补充古来之教，缺乏立新说之创始精神，或者说相当弱，尤其是朱子学则更少。这是另外一个短处。

第六，道德思想中有两三处不完整的地方。如果一一举出多显烦琐，现将其中道德思想不完整之处在第六点中论述一下。有几点，比如缺少公德心，但不是完全没有。孔子经营全体中国，救济当时人民，从这一点上来说有公德心。但是因为是当时之事，与今天社会的重视团队精神又有所差异。今日所谓公德，比以前更加重大，而孔子教中非常少。虽不是完全没有，但也非常少。又缺乏卫生观念，孔子自身非常注重卫生。比如"子之所慎，斋、战、疾"，关于疾病，可见其用心。此外《论语》有《乡党》篇，其中可见孔子对食物等非常在意，但是整体卫生不那么上心，因此孔子中也有不遵守卫生的人。颜回、原宪等比较明显。颜回"一箪食、一瓢饮"，食物上不怎么讲究，到二十九岁时，头发全白而早逝。孔子叹息"不幸短命死矣"，实气绝之慨叹。"子哭之恸"。所谓"恸"就是气绝之意。因为气绝，所以提醒随从需要严加注意，孔子有"非夫人之为恸而谁为"。若不为颜回而气绝，是为何人而气绝。这种情形是惋惜颜回之死，看来颜回没有注重卫生习惯。其早逝之原因便是"一箪食、一瓢饮"，导致营养不良。原宪也往来于草泽中，着蔽衣，卫生方面也不怎么注重。子路也不怎么注重卫生。其次，孔子教一夫一妻关系不明确。孟子有"夫妇有别"，但并不充分。此类事也有几种，不一一举例说明，这些都是儒教之短处。对于这些事有诸多辩解，第一孔子时代，和今日并不一样。孔子时代，从今日往前两千四百年前，今天我们所想之事，孔子并未作过叙述。今天与孔子时代大异，境遇也有差别。今日社会所要求的，两千四百年前孔子皆没有叙述过。不管是哪个宗教都一样，因此对儒教，什么都做要求，

附录五　儒教的长短处（哲学会讲演）

的确是无理之事。

因此现在就我们应该如何看待儒教之缺点作一说明。所谓儒教，应该具有上述长处短处之外的要素，此外还有需要论述的地方，今天仅就其要点作一说明。所谓儒教，作为其共同产物之德教，始于孔子，是为中国智者所倡导的共同事物。为此奠基的虽然主要是孔子，但孔子"述而不作"，很多思想自孔子之前便有了，是尧舜以来中华民族的共同德教。考虑到其历史，从孔子到曾子，到子思、孟子，可见其发达迹象。即子思言孔子所未提及之事，孟子言子思所未提及之事。孟子以后中断，没有大人物出现。至宋代，程子、朱子出现。因此儒教开始再兴，但是与原始儒教大相径庭。其结果是宋朝儒教中加入了佛教元素。宋朝时，学者将儒、佛、老庄学说集大成，比原始儒教更加深刻。因此第二阶段中儒教成为主要势力，大致具备了宗教性质，且传到了日本。日本儒者中有两三势力，与之相对抗，但并非原始儒教之精神。原始儒教与佛教相差甚远，有人主张回归到孔子教。素行、仁斋、徂徕等直接回归孔子，与原始儒教相连接，因此不得不加以考虑。虽然试图回归原始儒教，所谓儒教大概应从其形式和内容上进行区别，内容是后世所必须发扬的，宋儒也实践过，加入佛教元素与道教元素，合并为儒教，因此比原始儒教得到了进一步发展。如果这点不合适，则另当别论。即使加入佛教或者道教因素，也比原始儒教具有更加深远的意义，只要是出色宗教便也无妨。要问何故，儒教也并非一成不变的，并非只有孔子教是儒教，孔子教是尧舜以来之教。所谓普通儒教中，也加入了孔子教。儒教原本并非是一个人的思想，而为中华民族的共有德教，因此后人不得不进一步加以发展，但是相对上却没有发展。日本儒者中山鹿素行、伊藤仁斋、物徂徕等希望回归原始儒教，之后的人却并未跟随，各具新见解，并未致力于发展儒教，儒教的进步便止步不前。今日日本到底是否具有儒教并不明确，所谓儒教学派在何处也并不清楚。因此所谓儒教，无论如何都只能是往日之事。今天我们如何思考儒教，儒教因为无法避免其缺陷，因此今日儒教之教不可行，也不完备。如果不完备，为了对其加以补充，就需要采取西洋之学问，即伦理学、哲学之想法，如此便无法回归到儒教中。儒教未曾以儒教的姿态继续前行，我们具有保存儒教内容，使其得以继续的责任。儒教即是崩坏，崩坏也好。但是所谓儒教，就是如此吧！儒教之名无所谓，儒教之名无必要。从今天日本的立场来说，伦理学与哲学是今天所需要的德教便足够了，绝非是回归到儒教之精神上。儒教之名没有亦可以，也可以将儒教的形式留传下来。儒教内容并非仍像古代一样，内容上不可避免地发生了变化，只是保留了所谓儒教的形式。其形式如何？儒教中并没有荒诞无稽之元素，没有迷信。儒教是当前世间道德，其中最有势力之人便是孔子，受孔子教感化者非常多，不仅对当时其直系弟子有很大感化，至数千年之后，仍感化天下万众，孔子人格便是如此。孔子教的形式在今天也显得非常重要，日本维新以来之德教，并非必须信奉儒教，但与儒教形式是一致的，《教育敕语》与儒教的形式一致，没有任何不同。要问《教育敕语》与儒教有何不同，应该是丝毫没有。今日教育社会实际是在儒教的形式中，即使是今日之明治，也未脱离儒教的形式，没有杂入荒诞无稽之事，完全是世间之德教，将儒教作为榜样，而儒教非常适合做此榜样。西洋未寻找儒教为榜样，苏格拉底之教也不同，其可以说是哲学。孔子之教与其说是哲学，不如说是德教，是实践道德，几乎没有任何理论。相比没有哲学与理论，这也正是其长处所在。如此，西洋没有德教，而近期才刚开始显现出来。这即是伦理运动，依照道德所进行。因此如果使用所谓儒教之语，即是西洋儒教。西洋伦理学者、哲学者之大部分都是儒者。儒者这一词语，或许不太适合，但从广义而言，威廉·冯特、泡尔生、哈格尔德·霍夫丁都是儒者。通天地人，谓之儒，其应用甚广。大部分人逐渐开始儒者化，开始接近儒者。西洋学者陆续脱离宗教仪式等，采取了与古来儒者之形式相同的形式。此外近世詹姆斯辈所倡导的实用主义，与儒教精神一致。又哲学上所谓意志本位论与儒教大致有一致的地方。从这点来说西洋学风陆续儒教化。儒教的形式变得非常重要，儒教内容发生变化也无妨。孔子并未说过不能变化，不变化也可以。孔子认为"后生可畏"，后世之人所做事情开始优于古人，并非是"后生可畏"，是"后生不足畏"，"后生不足畏"则不可以，应学习《易·系辞》变通。时势开始变化，必须适应其变化了的时势。孔子时代是两千四百年前之事，与日本的现状有所不同。孔子所言内容中虽有这些缺点，但也无可非议。如果孔子本人仍在世，今日立德教的话，也与今日之时势不合。如果与今日时势符合，而立德教，则与孔子精神不违背。孔子教有几多缺点，同时有永远不变者。如此孔子教之成立，成为今日实践道德之先驱。两千四百年前伦理运动，中国全国出现德教化，是有活力有精神之伟大运动，一代之伟大行动。但是黑格尔、叔本华等批评孔子甚重。尤其黑格尔在《哲学史讲演录》中对《论语》评价为：

> 这种常识道德我们在哪里都找得到，在哪一个民族里都找得到，可能还要好些。

黑格尔也未充分理解孔子，通过翻译不到位的作品来对孔子进行定位，因此黑格尔丝毫没有理解到孔子的伟大人格，甚至还有所误解，至少未完全了解儒教的真精神、真意义。"君子于其所不知，盖阙如也"，孔子与其说是哲学者，不如说是德教祖师。这正是孔子的伟大之处。迄今为止，信奉基督教之人近来也开始意识到孔子见识之伟大。以前作为牧师，在教堂做祈祷者也突然停止，认为不得不致力于儒教复兴，开始明白了儒教形式上的、近世的但却是健全的部分。儒教复活论者并非只有一人，已经停止祈祷，逐渐向孔子教靠拢的人不止一位，而是多达数人。孔子也曾言"丘之祷久矣"，独自一人作过祈祷，大概是祈祷天。但是所谓祈祷，在儒教中是非常随意之事，丝毫没有任何形式。儒教的形式是世俗的，仅仅依靠世间道德进行人格修养是儒教的特色。今日道德的基础依靠哲学、伦理学、心理学、社会学等进行建设，由此也取得了诸多进步，因此毫无疑问适应今日德教而得以成立。过去儒教作为德教，今后也是一样。并且根据学理，有创作基础之便，也是可行之事。今天的儒教必须比往日取得进步。今天新材料多起来，新知识也多起来，并且有逐渐发展下去的趋势。由此发展下去的话，儒教之名也可以不要了，仅仅是儒教便可。但是儒教在学术尚未取得发展时已经获得如此进步，因此后世之人断然认为不会取得进步是错误的。需要以必须进步之信念，积极奋斗下去。由此此儒教之历史遗留下来，便有了德教之历史。那个时代有那个时代的事业，为此事业而努力便是伟大人物的使命。学问的目的毕竟不是为了研究其物，而是从研究中获得某种成果。如果有研究成果，其应用也直接关系到人类，其结果便非常重要。但是研究没有止境，停滞于没有止境的研究成果而后行，则最终是无用的。行为是每日之事，并不能等待明日，今日必须有行动之标准。况且社会并非是一个人的社会，我四千万之国民每日的标准是什么，必须依靠研究的成果。但是研究并非是一代两代三代之内就可以明白的事情。在等待这些研究成果的同时，世间一直在发生变化，因此其时代所立之德教亦不能停止。无论是多么困难的事业，也必须有做出来的自信。但是做此事需要随时都保持伟大的人格，即使是理想之人格也无妨。但是如果是具体之人格，孔子就最适合，孔子所言并非只有在今天才能发挥作用，既有发挥作用的也有不能发挥作用的，但是具有研究的历史价值。孔子所说从伦理学来看是有不妥之处，也并非是伦理学，孔子所说为孔子所实践的结果。何种情况下，道德行为才能出现，就此作一简单说明。所谓伦理学，也与孔子之实践道德有所差异。仅仅依靠伦理学道德便会自然显现出来，这一想法是错误的。所谓伦理学对实践道德大有裨益，但实践道德未必是伦理学。实践道德孔子也作过尝试，兹有儒教的伟大之处。因此宗教虽有佛教、基督教等伟大宗教，其宗教无疑满足了相应人群的精神要求，但大部分日本人，西洋人也一样，离开成立宗教，单单依靠道德精神，这种人居多。尤其是学者、教育家当中宗教家极少，这些人属于非常一小部分人，自古就不太尊重宗教。如此一来，从广义上来看，儒教便是德教。这也是学生所做的大部分事情。虽然是逐渐成为这样，但其中有一件危险的事。这也并非其他事情。正是过于单纯，而多有丧失其精神价值之处。其时代下广泛发扬鼓吹德教精神之人并未出现，宗教各有其机关，教堂、寺院，各自鼓吹其宗教精神，才得以继续。但德教过于单纯，并未失去广义上的精神，正因为容易失去才不可怠惰，需要更加努力来发挥其精神。因此虽和儒教内容有所差异，但在形式上，儒教者当适应今后社会需要。所谓成立宗教，便越来越没有必要了。回顾今日宗教之历史，逐渐世俗化，其道德元素开始多了起来。宗教越往前追溯，道德元素越少。回归原始宗教，便基本上没有道德因素。随着其发展，道德元素开始多了起来，越多便越发接近德教。宗教道德化，德教宗教化，教堂或者寺院组织之宗教开始纯个人化，道德感化从社会层面得到诸多势力的支持。成立宗教开始发展，道德元素开始增多，无论如何都必须纯道德化，即所谓伦理宗教，若不到达此便不纯粹。但是儒教则希望纯道德，儒教之内容在今天来看，虽然不充分，但希望纯道德却是事实。只是发展纯道德，并加以实践却是今日之大事。今天时势境遇变化，学问大有进步之际，宗教无疑有所归属。所谓宗教，没有拘泥于成立宗教的必要。若没有佛教、基督教之名，仅仅是广泛意义之宗教概念即可。即像儒教者，有之则好，有像儒教者便好。从儒教目的来看，是纯道德且极其广泛。另外在学校教之也可。何故无法回归自然科学。佛教基督教在学校所教所困扰的点在于与纯粹性无法两立。日本对原来宗教冷淡之处在于德教，也非常可行。因此纯道德是广义意义上的宗教，指示佛教、基督教之伦理宗教非不正确意味，从纯粹意义上当是伦理宗教。昔日之佛教、基督教，未必仅限于其中一个，最后皆回归到普遍意义上的伦理宗教。任何人如果没有道德，则难以为人，因此势必回归操作。佛教、基督教等逐渐接近，最后对此伦理宗教引起注意，回归到广泛纯道德立场上。

（明治四十一年十月二十五日）

不要以人为对手，请以天为对手。以天为对手，尽己而不咎人，当寻我诚之不足。

——西乡南洲

| 附录六 |

第一　朱舜水的事迹及学说

朱舜水为明末儒者，正值明亡之际出世，遂避乱来于日本。或时行至安南，曾借安南之兵复明，但未获成功。其后又来日本，欲借日本兵来复明，是亦最终不得志而留在日本，长居于长崎，期间柳川儒者安东省庵知之后师事舜水，分自己刻薄俸禄之一半以作舜水生活费，一直以来作为学界美谈广为流传（参考第一篇第五章《安东省庵》一节）。其后舜水为水户义公所知，受聘为宾师。最终殁于公之驹迂别墅，即今之第一高等学校院内，葬于水户瑞龙山。舜水生于公元一千六百年，即我庆长五年，殁于一千六百八十三年，即我天和三年。享年八十三岁，非常长寿。中国学者长寿者不多，自古以来八十岁以上之学者相对较少，孟子以来屈指可数。舜水来我日本，生活平静之故，遂得以长寿。舜水虽为儒者，但又不仅仅是儒者,更是一位志士。其事迹见于《先哲丛谈》(卷二),又详见于《朱舜水全集》附录。现仅述其概略。

其著述有《朱舜水先生文集》二十八卷,此外有写本加贺本《朱征君集》十卷,中国所传《泊舟稿》一卷。《泊舟稿》为舜水诗集。明治四十五年(1912)稻叶君山氏出版《朱舜水全集》之际,将此等收录其中,另外作为附录还采录有诸多朱舜水相关文章。看《朱舜水全集》,舜水之文章、学说及其他种种事迹皆可明了。

其次就舜水之学说稍加叙述。舜水虽与学者无异,但并非专门研究道学之学者。一是因为时势无法从事专门研究,但并非仅仅如此。其道义观念虽强,但并非是道学者。因其重视道义精神极盛,其影响亦不小。他受聘于水户义公,对修史事业影响更甚。尤其其门人之第一位乃水户义公。义公为舜水门人,《朱舜水先生文集》中记录为其门人,《文集》为义公所编。安积澹泊、安东省庵、山鹿素行,均为朱舜水门人。山鹿素行仅从学于舜水,并未介绍舜水之学说。素行主张古学且为开辟武士道学派之人,并不像其他人一样是纯粹舜水门人,他曾向舜水请教过诸多问题。即使从此等门人关系来看,在论及日本朱子学派时舜水乃不可忽略之人物。

又于学说上,多少当有讲究之处。首先是舜水作为阳明学派之疑问。《阳明学》杂志上指出舜水与王阳明为同乡,学说亦属于阳明流派。就此点已有过详论,然而果真如此乎?就这点作一明示。

通过《朱舜水全集》可知,舜水多少对王阳明采取赞誉态度,比如说过"王文成即有高才"。又舜水不拘泥于注脚之处,与陆象山类似。舜水之故乡为余姚,从阳明出生地来看,阳明学派可称为余姚学派。其所言"王文成为仆里人,然灯相昭,鸣鸡相闻",无疑故乡与王阳明相同。但未必故乡相同,学说便也相同。舜水大加赞誉阳明,亦有贬低阳明之处,例如,"王文成亦有病处,然好处极多"。论王阳明时,提到"有病处",加以尖锐批评。又"好处极多",亦有赞誉之处。又"英雄也",大概赞誉之。言"非仆宗阳明也",明言的确非阳明学派之人物。还有"若王阳明先事之谋,使国家危而复安。至其先时击刘瑾,堪为直臣。惜其多坐讲学一节,使天下多无限饶舌",亦大加贬斥阳明。其似乎非常明白宋明理学之弊,未见醉心于区区理学之态度,但明确叙述并非阳明学派。非但如此,安东省庵尝学于阳明学派,写信给舜水质问其事。其时舜水《答安东省庵书》有如下云:

> 学者之道如治裘,遴其粹然者而取之。故曰:"千金之裘,非一狐之腋。"故曰:"择其善而从之,其不善者而改之。"若曰:"我某氏学某氏学。"此欺人盗名,巧取世资者也,何足效哉?阳明先生为不佞比邻,向日所言终不肯少有阿私,贤契犹能记忆否?至于更为朱陆两可之见,则大非也。世间道理,惟有可不可二者,无两可者也。(安东守男所藏《舜水书翰》)

此书翰中所谓"阳明先生为不佞比邻,云云。至于更为朱陆两可之见,则大非也","阳明先生为不佞比邻",故乡不仅近，还包含学说亦相近之意。但其决非阳明学派，亦很明确。由此"更为朱陆两可之见，则大非也"，辨其绝非有迷惑之处。抱朱陆两可之见，与陆象山思想系统相同之王阳明亦如此，因此旗帜极其暧昧。舜水决非两可，而以朱子学派为之一本。

舜水与朱子学有重大关系。崇尚周濂溪、程明道，其又崇尚汉代董仲舒、明代薛敬轩。周濂溪、程明道皆为朱子所崇尚之人。薛敬轩当然是朱子学派，曾对人言"朱子之注不可废"，"宋儒之学可为也"，其为朱子学派之人，毫无怀疑之余地。但惩于宋学之弊，"宋儒之习气不可师也"，宋学未必当斥，至宋学之习气，断不可避。其次"伊川先生及晦庵先生，但欲自明己志，未免吹毛求疵之病"，程伊川及朱子，并非完全信服，多少有当批评之处。但就朱子有此言，"朱子道问学，格物致知，于圣人未有所戾"，朱子学问能合圣人之趣意。

舜水为朱子学流之人，依下述五点可知。

第一是其崇尚宋儒及宋儒系统之人。第二是其取朱子之注。第三为其举德目时，几乎不举阳明学之德目。例如不用"良知""知行合一"之术语，反之多用朱子学派之德目，多谈朱子学派之诚、敬等德目至关重要者，其所用术语为朱子学派之术语。第四为其崇尚大义名分论。所谓崇尚大义名分为朱子学派之特色。朱子著有《资治通鉴纲目》，比司马温公更重视大义名分，在日本广为流传，对北畠亲房等著作亦有影响。舜水又属于朱子学派，将大义名分之精神带来日本，水户学派正好为其所用，而阳明学派几乎不言大义名分。从此点足可观之，舜水为朱子学派，水户义公自然亦是。安积澹泊、安东省庵皆朱子学派之人。独山鹿素行抱有一家之见识，主张古学，但所谓古学多少来自舜水。因此素行在学派系统上并非与舜水毫无关系，门人中亦无阳明学派之人。即使从此点观之，舜水明显是朱子学派者。

　　舜水原本不是极端狭隘之纯粹朱子学派者，从广义上来讲，可以断定其为朱子学派者，并非是狭义意味之道学者。其曾言"本非倡明道学而来，亦不以良知赤白自立门户"，其属朱子学派，抑或阳明学派，或明两派之区别而独成一派，上述精神舜水皆没有。其学问终归应是经世实用之学，因此其言"为学当有实功有实用"。他尤其重礼，认为文虽有必要，而诗则无必要。虽多少作有诗，但并非重视诗，反而更崇尚历史，劝人们熟读《资治通鉴》，言"《资治通鉴》也，且看此一部。俟文义透彻，玩索精读"。其学问亦有与古学相似之处，所谓与古学相似之处为尚实践者，由此有人便将其学问视作古学。安积澹泊作《舜水文集》后序，"先生独为古学"，将舜水看作古学者。又言"先生独为古文"，但舜水并非纯粹之古学者，只是多少具有古学者之点，此点或多少对素行有所影响，此影响不可否定。

　　舜水能知奇特之事。他尝至水户，观圣堂模型，实有所感。应义公之要求所造，其全凭记忆精细描绘圣道模型，汤岛圣堂皆仿照此模型而建，其记忆之细致入微足以让人赞叹，普通人无论如何难以达到如此精细之记忆，他几乎如工业专门之士一样连细微之处亦记录下来。如此之事，无疑于儒教之盛行有所助力，释奠之礼等亦传播开来。舜水对德川时代儒教之影响决不小。

第二　赖山阳的精神及影响

赖山阳生于安永九年（1780），天保三年（1832）五十三岁殁。山阳为德川时代伟大文豪，其事迹不仅载于《近世丛语》《艺备伟人传》《山阳遗稿》等书中，坂本箕山又详细叙述赖山阳事迹。山阳之事能被世人所知，与山阳朱子学系统有何关系，兹作如下说明。

山阳为稀世大才子，文章技俩，非他人所能及。规则虽不同，但可与徂徕相匹敌。而对徂徕来说，经学为其基础。山阳未用力于经学，而用力于史学，因此山阳与徂徕行迹相异。唯若视作德川时代文豪，两者如伯仲。徂徕虽初为朱子学者，晚年改为古学，作为古学者自成一派。山阳与之不同，成长于朱子学氛围中。山阳之父赖春水，为硬派朱子学者。春水既有《文集》，又有其他多种著书，为当时成一家者。其次春水之弟赖杏坪，亦属于暗斋派系统之朱子学者。其关于朱子学著述，即《原古编》两卷。山阳之父，叔父亦为朱子学者。而且春水尝来江户昌平黌讲学，当时三博士皆相识，来往密切。山阳十三岁（虚岁十四岁）时曾赠诗给居于江户之春水。其诗载于《山阳诗抄》卷首《癸丑岁偶作》：

> 十有三春秋，逝者已如水。天地无始终，
> 人生有生死。安得类古人，千载列青史。

读此诗难以想象为十三岁儿童所作。柴野栗山读此诗，大为惊叹，乃以之为罕见儿童，欲教之，使其成长为有用之人，如此则应先知古今之事，读历史当自《通鉴纲目》读起。此事经某人传至山阳，山阳感奋兴起，每日读《通鉴纲目》，但仅记住治乱之大势。其后十八岁时，随叔父杏坪来江户，入尾藤二洲塾。但未久待，仅一年左右便归。之后曾入备后菅茶山塾，后前往京都而久居京都。山阳虽到处游历，但京都为其住所，亦殁于京都，在学者中属于早亡，罹患肺结核，五十三岁时殁。

考虑他与朱子学关联之处，其父春水、叔父杏坪为朱子学者，而间接促使山阳读《通鉴纲目》的却是朱子学者柴野栗山。此外山阳来江户受教之人为尾藤二洲，其亦是当时热心倡导朱子学之人。因此山阳成长于朱子学氛围中。宽政异学之禁后，异学受压迫，朱子学得势。门人江木鳄水所书《行状》中有"经说归主洛闽而不甚墨守，要以通古圣贤立言大义为务"，事实亦如此。他大体上是朱子学，但并非像普通朱子学者那样拘泥于朱子学细节之处。又非经学者，而是史学文学方面之人，因此未有死板朱子学者之态度。其尝题朱子像，作如下之诗：

> 韩岳驱驰虎啸风，四书独费毕生功。
> 一张万古科场壳，无数英雄堕此中。

其如此贬低朱子，可见其自身并非如朱子般固执。另一方面他与阳明学者大盐中斋等来往密切。

山阳没有出色的著作问世，其著书主要是《日本外史》与《日本政记》。《日本外史》自源平二氏起笔而至德川时代，《日本政记》自神武天皇起笔至后阳成帝。《日本政记》为其最后著述，乃临死之际执笔完成。另有诗文集《山阳遗稿》七卷，《山阳诗抄》两卷。其他应当注意之处还有《通议》。他最初著有《新策》，逐渐修改，最终确定为《通议》，此为关于政治经济之著书。因此《通议》叙述山阳政治经济之学说，无任何关于哲理的内容，尤其无叙述朱子学学说之处。《日本外史》《日本政记》及诗文等所彰显出来的山阳精神在朱子学系统中非常显著，在朱子学历史上不可忽视。山阳所著《日本外史》及《日本政记》之历史并未仅限于研究史实上，这与学究研究无意义之史实大相径庭。仅仅沉湎于不务正业之研究，亦非山阳本意。

山阳作为历史家之地位与水户义公及烈公等同。追溯而考察之，与北畠亲房《神皇正统记》精神一致。北畠亲房作为朱子学者，研究《通鉴纲目》，习得大义名分之精神。况亲房之境遇为南北朝时代之事，创作《神皇正统记》是必然之事。《神皇正统记》并非仅仅出于书写历史之动机而成，还在于正皇统正闰，明南朝正统，示臣民所当采取之方针。水户《大日本史》亦出于相同精神编纂而成，耗费二百五十年，集众多学者之力所成之大规模历史著作，在精神上自然相同。但山阳《日本外史》及《日本政记》之精髓，亦与该历史如出一辙。

《日本外史》叙述武家时代，其间集勤王之精神，到《日本政记》，殆与《神皇正统记》《大日本史》态度没有变化，仍是朱子学者之态度。所谓重大义名分，即朱子学者之精神，阳明学中无大义名分之精神，此外古学派中除素行之外亦无其他人重视此点。因此就区区注解，山阳虽未有评价，但仍抓住朱子学重要之精神，在编纂历史上加以活用。因此《日本外史》《日本政记》在维新之际无疑产生过伟大影响。换言之，成为唤起维新勤王精神之一大原动力。

另外山阳之所以产生如此重要影响，其原因还在于他是文士。即使著有历史，如果不被世间广泛爱读，实际影响便没有那么大。其著作亦可以作为书写得很好的历史，读之便觉兴味盎然，因此为人们所爱读。而人们越爱读，山阳精神便更加得以广泛传播。因此可以说山阳之影响非同寻常。

山阳不仅依靠《日本外史》《日本政记》产生了重要影响，此外还有其他应当注意之处，便是其诗文亦产生了不小的影响。文自然不必多言，就其诗所当注意之处是当时诗人繁多，而山阳之诗广泛被青年学生所吟唱，诗中具有一种使青年学生热血沸腾之力量。如果从专业技巧上来看，其叔父赖杏坪当更甚，其气魄精神自然蕴含其中，被青年学生所吟唱之杰作就非常多。诗中亦包含勤王精神，依此等之诗，勤王精神在青年学生中也广泛传播开来。

山阳在朱子学历史上是值得注意的，占据特殊地位的一大人物。

第三　佐久间象山的人格及学说

佐久间象山，文化八年（1811）生，元治元年（1864）殁。殁年正好五十四岁，仅比山阳长一岁。山阳患肺结核殁，象山却为刺客所杀。象山为信州松代藩士，二十三岁时上江户，就学于佐藤一斋门下，因此象山直到后来对一斋也非常尊敬。一斋到最后也未改变其作为学者的态度，而象山不仅是学者，还有活跃之处。又应时势，多有变化。象山为幕末伟人，幕末维新之际，杰出伟人有四人。尽管还有其他，但最杰出者为此四位，分别是江川太郎左卫门、佐久间象山、吉田松阴、西乡南洲。其中与学问缘分最深者为象山与松阴，他们都为学者，但不仅仅是学者，又是时势所造之英杰。尤其象山知识渊博，学贯东西，有非常杰出之处。

关于象山学说，不可一言置否之处是象山为阳明学者，列于《日本阳明学派之哲学》中，根据《省愆录》《象山诗抄》等其他当时所出版的书籍得以确定。其后到大正二年（1913），《象山全集》出版。依《象山全集》，可知仅将其视作阳明学者多少有不足之处。关于这点饭岛忠夫尝于《东亚之光》（第八卷第十号）中已经详细讨论过。饭岛氏之论断大体正确，但尚有需要再加以辨明之处。一斋门下之人分为阳明与朱子两派。一斋表面为朱子学，内部则为阳明学，因此其流派自然分为两派。象山应当继承了一斋朱子学的一面，因此有"迨有宋洛闽诸君子出，而后学者始得复闻圣贤之至论"一说，又在《题一斋先生遗墨》一文中，述一斋之恩情曰："先生主张王学，不好穷理，余则专承当程朱之规，以穷天地万物之理，为斯学起手。汉人所未穷知，则以欧罗巴之说补之，是则所以不能与先生不异者也。"除此之外，他又有如下所言："近日窃欲上启林祭酒，请乘此机会，一洗海内学术之弊，一如有明洪水成弘之间。上之教者，惟以程朱为教；下之学者，惟以程朱为学。其违叛于此者，虽在俊髦异材，必黜而不取。若果如是，则将功利之毒日消，而考据文辞之陋日减。"若此为事实，象山出乎意料地标榜朱子学，不如说是出于禁异端之精神。其豪杰之资，可谓宏大，但于学说却持有严肃之态度。正因如此，其立场大致上是朱子学。此外他又崇尚邵康节，曾言当时世上没有邵康节全集，于是计划编纂邵康节文集。事实上有明朝徐必达所校正《邵子全书》二十四卷，只是其所不知，因此其序文载于《象山净稿》中，有如下所言："余尝谓，欲穷物理者，必当自邵子入焉。其所著《皇极经世》《击坏集》二书，固学者之所宜潜玩。"邵康节若从宋学系统言之，虽多少有些脱节，但勉强可以列入宋学系统中。象山崇尚邵康节，不仅有宋学关系，还因其喜穷理。象山有穷理精神，因此从穷理上来讲，陆象山、王阳明有所不足。陆象山、王阳明以心为主，未穷外界之物理。王阳明以明良知为主，陆子虽不言良知，但仍以心为主，不取穷理。象山不喜这点，是要外界穷理之精神。不仅从事兰学，深感穷理之必要，其自己本人亦喜欢穷理，将兰学与宋学对比来看，在穷理这一点是一致的，因此比起陆王学，他更崇尚宋学。虽以程朱为主，但邵康节等亦在穷理上大下功夫，因此尤其喜欢这一点。

象山虽然是纯然朱子学派之人，但多少仍受到陆王之影响。陆子姑且不论，但他与王阳明之关系却不可忽视。他曾写《象山说》，其中既有贬斥陆子之处，亦有赞誉陆子之处。似乎述其誉，又在述其弊。如此至最后云："予尝窃有见于此，故为学之方，一以程朱为准。"但以陆子为自警之事，如后文所叙述的那样，时上时下，似贬又有誉，因此决非完全贬斥。其次在与阳明的关系上也是如此。

象山曾深切追念熊泽蕃山。《跋熊泽蕃山真迹》一文见于《象山净稿》中。其中有如下所言："夫以英雄之资，抱经济之学，声色货利之习，介然无以入于其胸中，挺特迈往，跨凌古今者，于此亦可想见其仿佛。而百岁之下，令人肃然起敬，如对严师畏友。"实可谓推崇至极。

此外，看《省愆录》中所写，多有类似阳明学者之语录。日本阳明学者大体分为两种，学者风之人尊崇中江藤树，倾向经济政治之人尊崇熊泽蕃山。横井小楠、桥本左内、山田方谷之人皆尊崇熊泽蕃山，象山亦大加推尊熊泽蕃山，不可否定其受到阳明学之影响。况依象山一代之活动状况来看，亦可见其有阳明学之处，由此象山极度排斥功利主义。阳明学者虽倾心于经济政治，但无功利之心。虽与朱子学者相同，但并非没有阳明学者之态度。简而言之，象山所主张之处，虽不可遮蔽其朱子学者之特征，受阳明学影响亦很大。虽被认为是硬派朱子学之主张，但又有尊崇蕃山之处。虽贬斥陆子，又对其有所赞誉，这一点都应当引起注意。

此外，另当注意之事为象山门人中纯然朱子学者少，而阳明学者居多。例如河井继之助为象山门人，其为著名的阳明学者。真本和泉、桥本左内等人皆可见于象山《及门录》中，均为阳明学者。吉田松阴为象山门人，亦是阳明学者。松阴门人高杉东行乃阳明学者。即使从象山之学系来看，阳明学关系者更多。回顾考察一斋之学问，其表面虽为朱子学，内部却为阳明学，可以推测其对象山产生了一定影响。

译后记

　　《日本朱子学派之哲学》即将搁笔之际，感慨良多。本书的翻译始于一年前，博士学位论文写作之余拾笔，但中间多有间断。今年七月份顺利完成博士学位论文答辩后，再次动笔。暑期得益于家乡舒适的气候，顺利完成了整体的翻译工作。《日本朱子学派之哲学》自1905年初版发行，至1945年已发行第二十八版。译者以1905年初版为译本，以1937年第十六版（巽轩丛书本）为校对本，1937年版本增加了《附录》四《孔子的人格（孔子祭典会演讲）》、《附录》五《儒教的长短处（哲学会演讲）》、《附录》六《朱舜水的事迹及学说》、《赖山阳的精神及影响》《佐久间象山的人格与学说》，译稿中也作了相应补充。此外，1937年版本中还增加了十多处眉批，译稿中均以脚注的形式加以呈现，在此一并说明。

　　井上哲次郎先生以其卓越的汉学功底，收集了近世日本几乎整个朱子学派的重要代表学派及人物，其史料引用之详实值得后学之辈敬服。但井上作为近代日本意识形态的代表人物，极力主张日本国体优越性和日本精神优越性。他在本书中多次提及日本国体，诸如他对雨森芳洲提出的"所谓三器者，本经也。邹鲁之所述者，我注脚也"，表达了"凡知国体之尊严，见识非一般也"的评价；又如他认为佐藤直方崇奉朱子学，提倡大义名分论，而这导致了其否定皇统万世一系，井上认为他的这一主张是不合国体的偏颇之说。由此可以得知，井上的真实用意在于借助儒学思想为建构国家主义服务，并借此建立与当时西方世界相对抗的日本民族认同。这种思想后来被日本军国主义所继承，给世界人民尤其是东亚人民包括日本人民本身都带来了深重的灾难。井上的这些狭隘和错误论断都应当受到强烈批判，并对其保持高度警惕。

我的博士学位论文题目为《山崎暗斋的神儒思想研究》，其中的一个重要课题便是朱子学在日本的传播与接受，即暗斋学的全貌，这本书正是博士学位论文的重要参考文献之一。以此为缘起，翻译这本书对于自身今后的研究工作也是一次全面学习的机会。朱子学在日本乃至整个东亚的传播是一个重要的课题，但其知识浩如烟海，也常常让人望而却步。仅以此为开端，如果今后可以自由翱翔于其中，也无愧于与这项翻译工作的结缘吧！

最后感谢导师刘岳兵教授启动这一翻译工作并给予我十分的信任，衷心感谢本书编辑韩国茹博士提出的宝贵修改意见，感谢诸位学友协力解决翻译中遇到的难题。因译者笔力不足，翻译过程中势必存在欠妥及待斟酌之处，恳请诸位批评指正！

万丽莉
二〇二〇年九月